# 프로이트 심리학 해설

## Die Traumdeutung

# 프로이트 심리학 해설

1판 1쇄 발행 / 1985년 09월 25일
2판 1쇄 발행 / 2010년 10월 30일
4판 1쇄 발행 / 2018년 01월 10일
4판 2쇄 발행 / 2023년 04월 10일

지은이 / S. 프로이트
옮긴이 / 설영환
편집 기획 / 김범석
표지 디자인 / 정은영

펴낸이 / 김영길
펴낸곳 / 도서출판 선영사
주 소 / 서울시 마포구 서교동 485-14 선영사
TEL / (02)338—8231~2 FAX / (02)338—8233
E—mail / sunyoungsa@hanmail.net

등 록 / 1983년 6월 29일 (제02—01—51호)

ISBN 978—89—7558—249—3  03180

·잘못된 책은 바꾸어 드립니다.
·이 책은 헤움디자인(주)에서 제공하는 서체로 제작되었습니다.

# 프로이트 심리학 해설

## Die Traumdeutung

S. 프로이트, C. S. 홀, R. 오스본 지음 | 설영환 옮김

도서출판 선영사

# 정신(精神)의 틀을 찾아서

　인간이 자신의 정신세계에 새로운 이해를 더해 온 길에는 모든 관련 과학의 발전과 수많은 이들의 노고가 어려 있다.

　프로이트 심리학도 인간의 심리라는 보이지 않는 미로를 온 삶을 바쳐서 탐구한 프로이트의 구도자적 노고의 소산이다. 프로이트 심리학은 프로이트 자신의 대학 연구실에서의 생리학과 신경학 연구 및 진료실에서의 임상적 심리 연구가 바탕이 되어 그 체계를 이루었다. 인간의 심리 속에는 어떤 역동력이 작용하고, 그것이 어떤 증상을 빚는 메커니즘이 있고, 그리고 그것을 지배하는 강력한 힘이 바로 심층의식 속에 있다는 사실을 설명하게 되었다.

　프로이트 심리학은 프로이트가 일생에 걸쳐서 저술한 방대한 양의 논문과 책에 그 기반과 가능성을 두고 있다.

　프로이트의 이론이 세상의 인정을 받고 성과를 얻으면서, 그가 이룩한 정신분석이 인간 생활의 구석구석까지 해석할 수 있는 해석 체계로서 자리를 굳히게 되었고, 오늘날에는 문학과 미술과 종교와 교육, 그리고 모든 사회과학에 이르기까지 누구나 프로이트의 정신분석학의 영향을 생각하기에 이르렀다. 사실 그의 방대한 저술은 인간 생활의 구석구석까지 비칠 수 있는 어떤 마력이라도 담고 있는 듯이 여겨지면서 수많은 사람들에 의하여 널리 읽히고 있다.

프로이트의 저술이 오늘날에 이르기까지 강력한 영향력을 발휘할 수 있는 것은 프로이트 자신의 학문적 자세와 그 이론 체계의 특성에서 비롯되었다고 하겠다. 프로이트는 결코 자신의 이론 체계가 완성되었다고 생각하지 않았으며, 새로운 경험이 쌓이거나 동료들이 새로운 자료와 증거를 제시하면 언제든지 자신의 이론을 확대하거나 수정해 갔던 것이다. 구체적으로, 1920년에 70대의 프로이트는 몇 가지 기본적인 이론을 수정했다. 불안에 대한 개념을 전혀 다르게 수정했으며, 동기에 대한 이론을 뜯어고쳤고, 이드(id:원시적인 본능. 개인의 본능적인 충동)와 자아와 초자아에 기초를 둔 퍼스낼리티(Personality:인격·개성·성격)의 새로운 모델을 만들었다.

그것이 바로 프로이트의 과학하는 자세였으며, 프로이트 이론 체계가 지닌 가능성인 것이다.

이 책은 프로이트의 삶과 학문의 요체를 쉽게 이해할 수 있도록 꾸몄으며, 프로이트 이론 체계를 객관적으로 해석할 수 있도록 심혈을 기울였다.

제1장은 프로이트 자신의 자필《자서전》영문판:An Autobiographical Study)을 수록함으로써 그 삶에 대한 절실한 이해를 돕고자 했다.

제2장은 프로이트 입문서로 유명한 미국 심리학자인 C. S. 홀 교수의《프로이트 심리학 입문》영문판:The Primer of Freudian Psychology을 수록함으로써 프로이트 심리학의 요체를 파악할 수 있도록 했다.

제3장은 프로이트 심리학의 사회과학과의 상관성에 대한 역저인 R. 오스본 교수의《정신분석과 마르크시즘》영문판: Marxism and Psychoanalysis에서 프로이트 심리학의 틀을 객관적으로 해설한 부분을 옮겨 수록함으로써 프로이트의 이론 체계를 객관적으로 음미할 수 있도록 했다.

편역자로서 프로이트 심리학 해설서로 손색 없는 책으로 엮어 보고자 노력했으나 여러분의 기대에 부응하기에는 미흡한 점이 많다고 할 수 있다. 앞으로 더욱 보완해 감으로써 보다 의미 있는 해설서로 나아갈 수 있으리라고 본다.

아무쪼록 이 책을 통하여 정신의 틀을 찾아 나선 위대한 선구자의 발자취를 따라 그 학문에 대한 올바른 이해로 나아가길 빈다.

1985년 여름
편역자 씀

# Contents

화면 속
프로이트와 그의 삶

**어머니 아말리와 프로이트**
프로이트의 최초의 교육은, 읽고 쓰는 것을 그에게 가르친 어머니에 의해 이루어졌다.

**프로이트와 마르타 베르나이스**
1886년 파리에서 돌아온 후 프로이트는 신경성 질환 전문의 개인 병원을 개업했다. 그는 또한 어린이들의 질병을 위한 맥스 카쇼비츠Max Kassowitz 연구소의 신경학부 소장이 되었고, 계속해서 두뇌 해부학에 대해 연구했다. 그는 파리에서의 그의 연구를 요약한 남성 히스테리에 대해 의사협회에서 강연을 했지만, 빈의 의학 단체에 의해 거부당했다.
4년 동안의 약혼 기간 후 9월 13일에 그는 약혼녀 마르타 베르나이스와 결혼했다.

**프로이트의 장녀 마틸드의 탄생**
1887~1888년 프로이트는〈신경계〉〈코카인의 공포와 코카인의 중독에 대해〉, 그리고 베른하임의 저서《최면술과 암시》를 번역 발표했다.

**1891년의 프로이트**

1891년 9월에 프로이트 가족은 새로 지어진 베르카쎄 19번지의 한 아파트로 이사하고, 거기에서 그들은 1938년 6월 런던으로 이주할 때까지 살게 된다.

**시뇨렐리**Luca Signorelli**의 'Licht und Lucke'**

1891년 프로이트는 처음으로 완전한 히스테리아의 분석으로 '엘리자베스 폰 알Elizabeth von R'의 치료를 시작했다.

**환자 안나 오**Anna O

1893~1894년 프로이트의 저서《히스테리 현상의 심적 메커니즘에 대해》, 그리고《소아기의 뇌성 양측 마비의 지식을 위해》《방어에 의한 노이로제와 정신 이상》등은 잠정적 보고 형식으로 씌어졌다.

1905년 알타무스시Altamussee에서 그의 아내
와 어머니 아말리와 함께
이 해에 성의 이론에 관한 세 가지의 논고, 농담과
무의식과의 관계, 도라의 히스테리의 분석편이 나
왔다.

프로이트의 의자 옆에 걸린 그라디바의 복사품
1907년 W. 옌젠의 〈그라디바에 있어서의 망상과 꿈〉
을 발표하다.

빈의 카페 코르브
1908년 제1차 프로이트 심리학 학술 대회가 잘츠부르
크에서 열렸고, 심리학 수요회는 스스로 해산된 후 빈
정신분석협회라는 이름하에 새롭게 설립되었다. 증가
하는 회원들 때문에 모임은 카페 코르브Cafe Korb로 옮
겨졌고, 후에 의과 대학으로 옮겨지게 되었다.

클라크 대학 앞에서의 단체 사진
1909년 앞줄 왼쪽부터 프로이트, 스탠리 홀,
융, 뒷줄 왼쪽부터 에이브러햄 브릴, 에른스트
존스, 산도르 페렌치.

1916년 전선으로부터 떠나 있는 동안 그의 아들 에른스트 운트 마르틴 Ernst und Martin과 함께 한 프로이트

정신분석 입문의 죄수의 꿈
뮌헨의 샥크 화랑에 있는 그림으로 1916년 슈빈트 Schwind가 그렸다.

프로이트와 딸 소피
1920년 《국제 정신분석》 영어판 기관지가 빈에서 에른스트 존스의 협력하에 만들어졌으며, 그 해 프로이트의 딸 소피가 함부르크에서 감기로 죽었다.

비밀회
1921년 앞줄 왼쪽부터 프로이트, 페렌치, 존스, 뒷줄 왼쪽부터 작스sachs, 에이브러햄, 아이팅콘, 랑크.

### 맥스 폴락의 오이디푸스와 스핑크스

1924년 프로이트는 노이로제와 정신 이상, 매저키즘의 경제적 문제, 오이디푸스 콤플렉스의 붕괴, 정신분석의 간단한 설명 등을 발표했다.

### 테오도르 라이크

1924년 빈 의학협회는 가짜 의사들에 대항해 의학 분석자가 아닌 테오도르 라이크Theodor Reik에 대해 법적 조치를 제기했다.

### 마리 보나파르트

1925년 미국인 도로시 버링햄이 그녀와 그녀의 아이들이 정신분석을 받도록 하기 위해 빈에 있는 프로이트에게 왔고, 곧 안나의 가까운 친구가 되었다.

이 해에 프로이트는 이상한 종이쪽지에 대한 메모, 자서전 연구, 정신분석에 대한 저항·불안·성 사이에 해부학적 특징의 몇 가지 정신적 결과 등을 발표했다.

1926년 국제 정신분석 편집부의 그 해 연감이 처음으로 출판되었으며, 70번째 생일에 프로이트는 다양한 영예를 안았다.

## 처음으로 비행기를 타는 프로이트
1928년 프로이트는, 마리 보나파르트Marie Bonaparte의 의사인 맥스 슈얼Max Schur을 알게 되었다. 후에 그는 그의 의사가 되었다.
이 해에 도스토예프스키의 부친 살해범과 종교적 체험에 관한 연구가 발표되었다.

## 아말리와 프로이트
1930년 프로이트는 여름을 그의 아픈 어머니의 집 가까이에 있는 구룬들시Grundlsee에서 보냈다. 가을에 어머니는 95세의 나이로 세상을 떠났다.

## 프랑크투르트에 있는 괴테 하우스
1930년 프로이트는 심장병 때문에 담배를 끊었다. 불릿C. Bullitt은 윌슨Wilson의 정신분석 연구에 대해 공동 연구를 하자고 프로이트를 설득했다.

### 프라이베르크에서의 안나
1931년 루 안드레아스 살로메는 프로이트에게 그녀의 저서 《프로이트에 대한 나의 감사》라는 책을 보냈다.

### 스테판 츠바이크
1931년 스테판 츠바이크는 정신을 통한 그의 치료에서 프로이트의 연구를 발표했으며, 프로이트는 〈여성 성욕의 리비도적 유형〉에 대한 글을 썼다.

### 유태인으로부터 사지 마라
1933년 히틀러가 독일의 수상이 되자, 프로이트는 '왜 전쟁인가?'`라는 의문으로 아인슈타인Einstein과 서신을 교환했다.
나치가 태운 책 속에 프로이트의 연구서들도 불태워졌다.

### 안나와 함께 출국하는 프로이트
1938년 빈의 정신분석협회는 해산되었다. 대부분의 분석자들은 이주를 준비하였고, 프로이트와 그의 가족은 영국행 비자를 받았다.

프로이트가 소장한 오래 된 인형 조각들

프로이트의 사무실 풍경

심리학 모임인 수요회가 토론을 위해 만났던 베르카
쎄 19번지의 프로이트의 대기실

빌헬름 폴리에쓰
1903년 프로이트는 마지막으로 그녀를 빈에서 만났다.

# 제1장 자전

## An Autobiographical Study

S. 프로이트 지음

나는 1856년 지금의 체코슬로바키아의 모라비아 프라이베르크 1856년 당시는 오스트리아 영토임에서 태어났다. 부모님은 유대인이었다. 아버지 쪽의 집안에 대해 알고 있는 것은, 오랫동안 라인 강변의 케른에 살고 있었으나 14, 5세기경 유대인이 박해를 당할 때 동방으로 이주하였고, 19세기 때 또다시 리투아니아에서 가리시아를 거쳐 옛 오스트리아에 되돌아왔다고 하는 정도이다. 나는 네 살 때 빈으로 와서 모든 학업을 이곳에서 끝마쳤다. 김나지움에서는 7년간 수석을 하였으므로 시험은 거의 면제받았다. 집안이 가난하였음에도 불구하고 아버지께서는 자기의 적성에 맞는 직업을 선택하라고 하셨다.

젊었을 때는 의사라는 직업에 별다른 관심이 없었다. 이것은 나중에도 역시 그랬다. 오히려 관심이 있는 것은 일종의 지식욕이었는데, 자연을 대상으로 한 것보다는 인간관계에 관한 것에 매력을 느끼고 있었다. 이 당시 지식욕을 충족시키기 위한 주요 수단으로 관찰이 얼마나 중요한가를 전연 깨닫지 못하고 있었다. 글을 배운 후 성경을 탐독하였는데, 뒤에 느낀 것이지만 나의 관심을 결정하는 데 많은 영향을 미친 것 같다. 얼마 후 유명한 정치가가 된 학교 친구들의 영향으로 법률 공부를 해서 사회적으로 활동하려고 생각했었다. 그러던 중 당시 화제가 되고 있던 다윈의 진화론에 심취하였는데, 이 학설이야말로 매우 빨리 세계를 이해할 수 있게 한다고 생각했다. 그리고 괴테의 아름다운 에세이 《자연 : Die Natur》1782년 말에서 1783년 초까지 썼다고 하는 단상에 대한 칼 뷔르르 교수의 평범한 사람을 위한 강연을 듣고 김나지움 졸업 시험 직전에 의학을 전공할 결심을 한 것으로 기억한다.

1873년에 대학에 입학했으나 유대인이라는 이유 때문에 하등 인간시되고 비국민 취급을 받았다. 나는 이 부당한 처사에 도저히 승복할 수가 없었다. 왜 자신의 혈통을 부끄러워해야만 하는가, 이것을 도대체 이해할 수가 없었다. 그러면서도 유대인이기 때문에 비국민 취급을 받는 것에 대해서는 체념하고 있었다. 그러나 인류를 위해서 무엇인가 보람된 일을 하면 대우를 받을 수 있을 거라고 생각하였다. 그렇지만 대학에 입학하자마자 받은 이 최초의 인상은 나를 야당적 입장에 서게 하였고, '횡포가 심한 다수파'로부터 배척당하는 운명에 익숙해져 버렸다. 판단의 자주 독립성이 그 당시 생긴 것이다.

그 외에도 대학 시절, 나의 재능이 뛰어났다고 느꼈지만은 한정된 상황하에서 무턱대고 공부하여 몇 개의 학문 분야에서는 아무런 성과도 얻지 못했다. 이리하여 나는 에피스트로부터 경고의 말을 들었다.

"네가 아무리 학문을 하려고 이리저리 방황해 봐도 이것 저것 다 되는 것은 아니다. 제각기 할 수 있는 것밖에 못 하는 것이다."

에른스트 브뤼케1819~1892, 19세기의 가장 저명한 생리학자로 그의 다양한 활약은 널리 알려져 있다의 생리학 교실에서 나는 겨우 마음의 안정과 충분한 만족을 얻었다. 거기에서 존경할 수 있는 사람들을 만나기도 했다. 브뤼케 교수가 준 테마는 신경계 조직학 중의 어떤 문제로, 나는 선생이 만족할 수 있도록 답을 구했으며, 또한 독자적으로 그 연구를 계속하였다. 잠시 중단된 적도 있지만 1876년부터 1882년까지 그의 연구실에서 연구를 계속하여 브뤼케 교수의 조수가 되는 것을 당연하게 생각했다. 정신의학은 별도로 하고, 본래 의학의 여러 분야에 그렇게 매력을 느끼지는 못했다. 그래서 의학 연구를 소홀히 하여 1881년에야 겨우 의학 전반에 걸친 자격을 취득하였다.

1882년 연구 생활에서 방향 전환을 하였다. 왜냐 하면 브뤼케 교수로부터 가정 사정을 생각해서 공부를 단념하는 것이 좋을 거라는 충고를 받았기 때문이다. 따라서 나는 종합 병원의 연구생으로 들어가 인턴으로 있으면서 여러 과에서 근무하였다. 그 중 학생 시절부터 존경하였던 아이켈 교수 밑에서 반 년 이상 있었다.

그러나 어떤 의미에서는 최초의 연구자로서의 자세를 계속 지키고 있었다. 브뤼케 교수의 지시로 앞서는 어떤 하등어칠성장어의 치어의 척수를 연구 대상으로 선택했는데, 이번에는 인간의 중추신경계의 연구로 옮긴 것이다. 그때 마침 파울 프랙시히1847~1929, 라이프치히 대학교수로 정신의학자, 중추신경계의 내부 구조에 대해서 발생사적 연구 방법을 수립했다가 비동시적인 수초의 형성을 발견하여 이 신경계의 복잡한 섬유 구조에 한 가닥 밝은 빛을 던지고 있었다. 그리고 우선적으로 오로지 연수를 선택하여 연구하고 있었다는 것도 최초 연구 방향의 계속이라고 해도 좋았다. 대학에 갓 들어갔을 때는 연구 방법이 광범위했던 것이 이번에는 반대로 어떤 하나의 소재라든가 문제에 집중하는 경향을 보이기 시작했다. 이 경향은 후에도 계속되어 연구가 편재되어 있다는 비난을 받기도 했다.

전에 생리학 교실에 있었을 때와 같이 이번에는 뇌 해부학 연구실에서 열심히 연구에 정진했다. 연수 내의 섬유의 주행과 기시학에 관한 소론은 이 당시 병원에서 쓴 것으로 에딩가에 의해서 인정되었다. 마이넬트는 내가 그의 곁을 떠난 후에도 자유롭게 연구실을 사용할 수 있게 해주었는데, 어느 날,

"결단을 내려 뇌 해부를 하는 것으로 결정하면 어떤가? 그러면 강의를 자네에게 맡기겠네. 나는 새로운 방법을 구사할 시기는 이미 지났어."

라고 말했다. 나는 놀라서 그런 역할은 나의 임무가 아니라고 거절했다. 그 시절, 이 독창적인 인물이 결코 나에게 호의를 품고 있지 않다는 것을 헤아리고 있었는지는 모른다.

뇌 해부는 생활의 실제적인 면에 있어서는 생리학과 별 차이가 없었다. 그리하여 경제적인 필요에 의해 신경병의 연구를 시작했다. 그런데 신경병은 특수한 부문으로써 당시 빈에서는 일반적으로는 거의 연구를 하지 않았으며, 연구 재료도 내과의 여러 분과에 분산되어 있어서 충분하게 연구할 기회도 없었으며, 지도를 바랄 선생도 없는 실정이었다. 헤르만 노트나겔1841~1905, 내과 의학자로서 예나에서 빈대학에 초대되었다. 34권의 《특수 병리학 및 치료법 강요》를 감수했다이 얼마 전에 뇌의 국제학에 관한 저서에 의해서 우연히 초빙되었는데, 거기에서도 신경병리학을 내과 의학의 다른 여러 부문에서 구별하지 않았다. 그 당시 프랑스 파리에서 장 마르텡 샤르코1825~1893, 프랑스의 신경의

학자(정신병의). 1882년에 신설된 샤르페트리에 신경과 병원의 교수가 되었다라는 이름이 유명하였으므로 나는 빈에서 신경병학의 강사 자격을 취득한 후 연구를 더욱 진행하기 위해 파리로 가려는 계획을 세웠다.

계속해서 인턴 근무를 하던 그 후의 시기에 신경계의 기질적 질환에 관한 증상례 관찰을 몇 번 발표했다. 그리고 이 분야에 더욱 정통하게 되어서 병리해부학자가 이견을 제시할 수 없을 정도로 정확하게 연수의 병소 부위를 지적할 수가 있었다. 또 어떤 환자에게 급성 다발성 신경염의 진단을 내리고 병리 해부에 붙인 것도 내가 처음이었다. 해부 검사의 결과, 진단대로였다는 것이 확인되어 나의 평판이 좋아졌는데, 미국의 의사들이 나에게 몰려와 담당 환자를 옆에 두고 엉터리 영어로 강의하는 촌극도 벌어졌었다. 그러나 노이로제에 대한 것은 아직 아무것도 알 수 없었다. 그러므로 한번은 심한 두통에 괴로움을 받고 있는 노이로제 환자를 만성적인 국한성 뇌막염의 증세라고 설명하여, 미국의 의사들이 모두 비판적인 의견이나 반대 의견을 품고 나를 멀리한 것은 어쩌면 당연한 것이었다. 이리하여 가르치는 것은 아직은 시기 상조라고 하여 교수 생활의 막을 내렸다. 물론 변명이지만, 그 당시에는 빈의 저명한 의사들도 신경쇠약증에 뇌종양이라는 진단을 내리는 것이 자연스럽던 시기였다.

1885년 봄에 조직과 임상 실험의 업적으로 신경병리학의 강사 자격을 취득했다. 그 후 브뤼케 교수의 추천으로 많은 장학금을 받게 되어 그 해 가을 파리로 떠날 수 있었다.

나는 샤르페트리에 신경과 병원에 견학생으로 들어갔고, 많은 외국 유학생 중에서 별로 뛰어난 존재는 아니었다. 어느날 샤르코가 전쟁 때문에 자신의 독일어 번역자의 소식이 불분명하니 누군가가 자신의 《새로운 강의》를 독일어로 번역해 주었으면 고맙겠다는 말을 하는 것이었다. 그래서 나는 편지로 번역을 맡겠다고 신청을 하였다. 지금도 기억이 생생한데, 그 편지 속에다 프랑스어에 대해서,

'운동성 실어증에 걸려 있을 뿐 감각성 실어증은 아닙니다.'

라고 표현을 하였는데, 불어로 자연스럽게 대화를 할 수는 없지만 이해할 수 있다는 뜻으로 그 표현을 썼던 것이다. 샤르코는 나의 신청을 승낙하였으므로 자연히 개인적인 접촉이 이루어져 친하게 되었으며, 나중에는 병원에서 일어나는 일들에 나도 완전히 참여할 수 있었던 것이다.

이 책을 쓰고 있는 사이에도 프랑스에서 논문이나 신문 기사 등을 많이 받고 있지만, 그 내용들을 보면 나와 프랑스학파와의 관계에 대해서 오해를 사는 기사가 종종 있다. 예를 들면, 내가 파리에 있었던 것을 기화로 해서 피에르 자네1859~1947. 프랑스 정신병리학의 시조라고 일컬어지며 프로이트와는 샤르코의 동문이었다의 학설을 그대로 도용하고 있다는 것이었다. 그러므로 여기에서 확실히 말하겠는데, 샤르페트리에서 공부하는 동안에는 자네의 이름조차 들어본 적이 없었다.

샤르코에게 배운 것 중에서 가장 기억이 남는 것은 히스테리에 관한 연구로서 내가 있을 때 그 일부분이 쓰여지기도 했다. 그것은 히스테리 현상의 진실성과 법칙성의 증명,

"그대들이여, 들어보라. 왜냐 하면 이곳에도 신들이 있다."아리스토텔레스의 《동물의 생성에 대해서》 중에서

라든가, 남자에게도 종종 히스테리가 일어난다는 것을 증명하거나, 최면술로 히스테리의 마비나 위축을 일으킬 수 있으며, 더욱이 이러한 인위적인 히스테리 증상은 자연발생적으로, 외부에 의해서 생성

되는 발작 등과 자세한 점까지도 같은 성질을 나타낸다는 결론을 유도하기도 하였다. 샤르코의 실물 강의는 청강생들에게 많은 의구심을 갖게 하여 우리들은 그때에 지배적인 이론으로 우리에게 반대되는 의견에 방패로 삼기도 하였다. 샤르코가 언제나 친절하게, 또한 강한 인내로 지극히 명석한 이론을 구사할 때에 "그러니까 별수없지"라고 내뱉던 말을 지금도 잊을 수 없다.

물론 우리가 알고 있듯이 그 당시 샤르코에게 배운 것이 모두 옳지는 않다. 명확한 것을 잃어버린 것도 있고 분명히 시간의 굴레에 걸린 것들도 있다. 그러나 그 중에는 지금까지도 생생하게 살아 있어 불멸의 학문적 업적으로 평가받고 있는 것도 많이 있다. 파리를 떠나기 전에 나는 히스테리성 마비와 기질적인 마비의 비교연구를 하고자 하는 계획을 선생에게 의논했다. 그리고 히스테리의 경우 개개인의 신체 부분의 마비나 지각 상실에는 인간에 대해서 가지고 있는 풍속해부학적이 아닌적인 관념과 일치하는 데 한계가 있다는 명제를 추구해 볼 것이라고 말했다. 그러자 선생은 그것을 양해하긴 했으나 근본적으로 노이로제의 심리학에 특별히 깊게 연구할 생각이 없다는 것을 곧 알았다. 샤르코는 역시 병리해부학 분야의 사람이었던 것이다.

빈에 들어오기 전 수주일간 베를린에 머무르면서 어린이의 일반적 질환에 대해서 조금 더 공부를 하려고 생각했다. 그 이유는 빈에 있는 어떤 공립 소아질환 연구소의 소장을 지내고 있는 카소비치가 내가 돌아오면 그 연구소 내에 소아 신경질환 부문을 새로 설치해도 좋다고 약속했었기 때문이다. 그런 연유로 베를린에서는 Ad. 바킨스키에게 친절하게 영접되어 여러모로 배우는 바가 많았다. 앞의 카소비치 연구소에서는 그 후 수년간에 걸쳐 편측성 및 양측성의 뇌성소아마비에 관해서 많은 부분의 노작을 몇 편 발표했다. 이 때문에 1897년 노트나겔에게서 매우 많은 양의 《특수 병리학 및 치료법 강요》가운데 뇌성마비 항목의 집필을 의뢰받은 일이 있다.

1886년 가을에 빈에서 개업을 하고 마르타 베르나이스와 결혼했다. 이제 와서 생각해 보면 젊었을 때 유명해지지 못한 것은 약혼녀탓이라고 말할 수 있다. 이유는 1884년의 일이지만, 우연히 그 당시별로 알려져 있지 않았던 알카로이드 코카인에 대해 한편으로 깊은흥미가 생겨서 일부러 메르크 회사에서 주문해다가 생리학적 작용을 연구하기 시작했었다. 그리고 연구 도중 2년간이나 떨어져 있던약혼녀를 만날 목적으로 여행을 떠나게 되었기 때문에 코카인의 연구를 급히 정리해서 그 결과를 발표하는 논문 중에서 이 약물이 언젠가는 훨씬 다양하게 사용할 수 있을 것이라고 예견하는 한편, 친구인 안과의 L. 케니히슈타인에게 권고해서 병든 눈에 코카인의 마취적 성질이 어느 정도 이용될 수 있는지 시험해 보라고 했었다. 휴가 여행에서 돌아와, 케니히슈타인이 아닌 또 다른 친구인 칼 콜라당시 뉴욕 거주가 동물의 눈에 대해서 중요한 실험을 시도하고, 그것을하이텔베르크의 안락학회에서 실물 실험 발표를 한 것을 알았다. 이러한 경위로 콜라는 작은 외과 수술에 있어서 매우 중요한 부분이된 코카인에 의한 국부 마취의 발견자로 간주되고 있는 것이다. 그렇다고 하더라도 당시 내가 유명하게 될 기회를 놓친 것에 대해 약혼녀를 원망할 생각은 추호도 없다.

그러면 또다시 얘기를 1886년 빈에서 신경과 의사로 개업한 시절로 되돌아가기로 하자. 샤르코에서 보았던 것이나 배운 것들을 의사회에 보고하지 않으면 안 되었다. 그런데 보고는 평이 매우 나빴고, 회장인 내과의 반베르가와 같은 부류의 사람들은 내 얘기가 신빙성이 없다고 하였다. 마이넬트는 내가 말한 것 같은 증상례를 반드시 빈에서 발견해서 모든 사람들에게 공감이 가도록 하라고 권했다. 나는 사실 그렇게 할 작정이었으나 모처럼 환자를 발견하면 그 과의 의사들은 내가 진찰하거나 손을 쓰는 것을 거부하였다. 어떤 늙은 외과의는 갑자기 이렇게 말하면서 소리를 질렀다.

"이봐, 자네 그런 엉터리 같은 얘기를 할 수 있나! 히스테리란 자궁을 말하는 것이야. 도대체 어떻게 해서 남자가 히스테리가 된단 말인가?"

나는 단지 증상례를 취급하게끔 해 주면 되는 것으로 별로 나의 진단을 승인받으려고 하는 것이 아니라고 항의를 해 보아도 허사였다. 결국에는 이 병원 밖에서 남성의 전형적인 히스테리성 편측지각상실의 증상례를 발견해서 의사회에서 실물 강의의 보고를 했다. 이번에는 박수는 나왔지만 누구 한 사람도 관심을 나타내는 사람은 없었다. 그래서 나는 남자에게도 히스테리가 있다는 사실을 입증한 것, 그리고 암시에 의해서 히스테리성 마비를 일으켜 보였다는 것 때문에 난처한 입장에 처했다는 것을 알았다. 그 후 얼마 안 되어서 뇌해부의 연구실에서도 쫓겨나 학교를 통해서 강의할 장소를 잃어버렸으므로 아카데미의 세계나 학회 같은 곳에서도 그만두었다. 그로부터 의사회에 참석 안 한 지 30년이 되었다.

노이로제 환자의 치료로써 생활을 하려면 약간이라도 환자를 치료하는 것이 필요하다는 것은 재론할 필요가 없다. 그런데 내가 알고 있는 치료요법은 두 가지밖에 없었다. 즉, 전기요법과 최면요법인데, 한 번의 진찰로, 곧 물리치료실에 보내 버리는 것은 커다란 수입이

되지 않았다. 전기요법에서는 빌헬름 엘프1840~1912, 라이프치히 및 하이델베르크 의과대학 부교수의 핸드북에 의지해서 지시한 대로 신경질환의 모든 증상의 치료에 사용했다. 그러나 별다른 효과가 없었다. 정밀한 관찰의 결과라고 생각했던 것이 실은 조작된 것임을 알았다. 독일의 유명한 신경병리학자인 엘프의 저서가 노점에서 팔고 있는 《이집트의 꿈판단》이라는 책과 같은 현실성이 없는 것임을 알고 심한 충격을 받았으나, 반면에 무조건 이름 있는 학자의 학설이라면 믿는 그런 소박한 권위를 얼마만큼은 버리게 되었다. 이런 까닭으로 전기 치료기는 곧 없애 버렸다. 그것은 파울 메비우스1853~1907. 신경병리학자로 괴테나 루소나 쇼펜하우어나 니체의 병력지를 쓴 것으로 알려져 있다가 신경병자에게 있어서 전기 치료기의 효과가 있다고 한다면 의사의 암시의 작용이라고 갈파하기 이전의 일이었다.

최면술 쪽은 약간 나은 편이었다. 학생 시절이었을 때 '자기요법 시술사' 한센의 실연을 보러간 적이 있었는데, 피시술자인 여자가 경직 상태에 빠졌을 때 안색이 창백해지고 시술 중 계속 이 상태가 지속되는 것을 보았다. 이때부터 최면 현상을 확실히 믿게 되었다. 그리고 얼마 후 최면술 긍정론은 주로 마를린 하이덴하인1864~1949. 뤼빙겐대학 의학부교수. 현미경에 의한 세포의 연구로 알려져 있다에 의해서 주장되었지만, 정신의학 교수들은 그 후에도 오랫동안 최면술을 비난하였다. 그러나 나는 파리에서 환자에게 증상을 만들어내기도 하고, 또다시 그것을 제거하는 방법으로 최면술을 사용하는 것을 보았다. 그후 들려오는 이야기로는 낭시에서 최면술을 사용하는 경우도, 사용하지 않는 경우도 있으나, 하여튼 암시를 치료 목적으로 매우 자주 사용하며 좋은 효과를 올리고 있는 한 학파가 나타났다고 하는 것을 알리고 있었다. 그러므로 내가 개업한 후 수년간은 체계적이 아닌 정신요법을, 별도의 치료법으로 구분하면 우연에 의지하는 최면술에 의한 암시가 나의 주요한 치료 수단이 된 것은 자연적인 추세라고 할 수 있을 것이다.

그 때문에 물론 기질적인 신경질환의 치료는 체념하였고, 그것이 또한 그렇게 문제되지 않았다. 그 이유는 기질적인 신경질환의 치료에는 일반적으로 밝은 전망이 없었으며, 또 하나는 도시의 개업의를 찾는 이런 종류의 신경병 환자는 신경쇠약 환자에 비하면 대단한 것도 아니었고, 환자들은 치료가 신통치 않으면 계속해서 다른 의사를 찾아다니므로 그 상대하는 숫자가 몇 배나 되었기 때문이다. 그러나 이 점을 별도로 한다면 최면술을 사용하는 치료는 매혹적인 일이었다. 이것에 의해서 비로소 내가 무력하다는 기분을 이길 수가 있었고, 또 세상에서 기적을 행하는 사람이라는 평판이 나면 기분이 나쁘지는 않았다.

그런데 최면요법의 결점을 발견한 것은 훨씬 뒤의 일로서 현재로는 다음의 두 가지 점에서 불만을 느꼈다. 첫째는 모든 환자에게 다 최면술을 잘 걸 수가 없다는 것과, 둘째는 환자에 따라서 최면 상태를 자기가 원하는 깊이까지 걸 수 없다는 점이었다. 거기에서 최면 기술을 연마할 작정으로 나는 1889년 낭시로 가서 수주일간 머물렀다. 늙은 리에보1832~1904. 프랑스의 정신의학자로 낭시학파의 지도자가 노동자 계급의 가난한 부녀자를 치료하는 것을 보고 매우 감격했고, 또 벨네임1837~1919. 리에보와 함께 낭시학파의 쌍벽으로 간주되는 정신의학자로 프로이트의 강제회상법과 자유연상법의 계기를 준 사람으로 알려져 있다이 입원 환자에게 행하고 있는 실험에 주목했고, 인간의 의식 속에는 강한 심적 과정이 있을 수 있는 것이 아닌가 하는 인상을 받았다. 낭시에서 다른 의사들이 단념한 신분 높은 히스테리 부인 환자를 진찰하기 위해서 나중에 오라고 말했었다. 이 환자는 최면술 치료를 하여서 정상적인 생활을 찾게 해 주었으나 잠시 시간이 지나면 재발해서 당시의 나는 그녀의 최면 상태가 기억 상실을 수반하는 몽유의 단계까지 달하지 않았던 탓으로 생각했었으나, 지금 생각하면 무식한 것이 부끄럽기까지 하다. 그런데 벨네임도 몇 번인가 그녀에 대해서 실험해 보았지만 잘 되지 않았다. 그래서 그는 암시요법이 성공한 환자는 자기에게 입원한 환자뿐으로 외래환자는 잘 안 된다고 솔직하게 이야기를 했다. 나는 벨네임과 얘기하면서 여러 가지 유익한 자극을 받았으며, 암시와 치료 효과에 대한 그의 저서 두 권을 독일어로 번역하는 일을 맡았던 것이다.

1886년에서 1891년에 걸친 시기에는 학문적인 작업은 거의 하지 않았으므로 이렇다 할 업적은 발표하지 않았다. 오로지 새로운 직업에 열중하였고, 나의 가족들의 생계를 위하여 노력했다. 1891년에 어린이의 뇌성마비에 관한 최초의 노작을 친구이면서 조수였던 오스카리 박사와 공저의 형식으로 출판했다. 같은 해에 또 어떤 의학 사전의 집필 의뢰를 받아서 당시 칼 빌닉케1848~1905. 베를린 브레슬라우, 하레대학 교수를 역임한 정신의학자로 뇌신경 섬유의 주행 연구로 유명해졌다와 리히트하임의 순국제론적인 견지가 지배적이었던 실어증의 이론에 대해서 논평했다. 《실어증 소견》이라는 비판적·사변적인 이 작은 책은 이때의 노력이 결실을 본 것이다. 그런데 이번에는 어떻게 해서 학문적 연구가 다시금 나의 생애의 주요 관심사가 되었는지 그 경위를 더듬어 봐야 하겠다.

우선 이제까지 말한 것에 대해서 약간 보충해 둘 일이 있다. 나는 처음부터 최면술을 그것에 의한 암시 이외에 다른 일에 이용하고 있었다. 즉, 환자 증상의 발생사를 알아내기 위해서 사용하고 있었다. 환자가 각성 상태에 있을 때는 증상의 발생에 대해서 아무것도 말할 수가 없든지, 말할 수가 있다고 해도 지극히 불완전한 것밖에 말하지 못했었다. 그래서 최면술을 사용하면 단지 암시에 의해서 명령하든지 금지하든지 하는 것보다는 한층 유효한 것같이 생각되었다. 그뿐만 아니라 의사의 지식욕도 충족시켜 주었다. 의사라는 것은 뭐라고 해도 암시라고 하는 단조로운 방법에 의해서 제거해 버리려고 하는 현상이 유래하는 것에 대해 알 권리가 있기 때문이다.

그런데 이렇게 최면술을 암시요법 이외의 수단에 사용하게 된 데 대해서는 다음과 같은 경위가 있었다. 브뤼케의 연구실에 있던 시절에 나는 요셉 브로이어1842~1925. 프로이트의 선구적 역할을 수행한 오스트리아의 생리학자·의사 박사와 알게 되었다. 그는 빈 굴지의 명의사 중의

한 사람이었고, 지난날에는 학자로서 알려졌었으며, 호흡의 생리나 평형기관에 대해서 가치 있는 역작을 몇 편씩이나 발표하고 있었다. 뛰어나게 명석한 두뇌 소유자로서 나보다도 열네 살이나 연상이었다. 우리들은 즉시 더욱 친하게 사귀게 되었고, 그는 생활 상태가 어려운 나를 도와주는 친구가 되었다. 우리 두 사람은 어느 새 모든 학문적 관심을 서로 교환하는 사이가 되었다. 그 점에서는 내 쪽이 더 많이 받는 편이었다. 그런데도 얼마 후 정신분석의 발전을 위해서 이 귀중한 우정을 희생하지 않으면 안 되는 처지가 되어 버렸다. 아무리 학문 때문이라고는 하지만 이렇게까지 대가를 지불하는 것은 다시없이 가슴 아픈 일이었는데, 그러나 할 수 없는 일이었다.

내가 파리에 유학하기 전에 미리 브로이어는 히스테리 증상의 한 가지 예를 얘기해 준 적이 있었다. 그가 1880년부터 82년까지 특수한 치료를 하고 있던 환자였는데, 그것은 히스테리의 증상과 원인의 의미에 대해서 깊은 통찰을 나타내는 것이었다. 아직 자네의 연구가 윤곽이 잡히지 않았던 시대의 일이다. 브로이어는 몇 번이나 병력을 계속해서 읽어 주었는데, 그것을 듣고 있으면서 노이로제라고 하는 것이 종래보다 훨씬 잘 이해되고 있다는 인상을 받았다. 거기에서 나는 내심 파리에 가면 기필코 샤르코에게 이 발견을 보고하려 했고, 사실 보고했었다. 그러나 샤르코는 모처럼의 시사에 대해서 아무런 관심도 보이지 않았기 때문에 그 뒤에는 두 번 다시 이 문제에 언급하지 않았고, 나도 어느 새 잊어버리고 말았던 것이다.

그 뒤의 빈에 돌아와서 또다시 브로이어의 관찰에 주의를 하게 되었고, 전보다도 많은 여러 가지 얘기를 들었다. 그 대상 환자는 교양이나 재능이나 모든 면에서 대단히 뛰어났던 소녀로 마음으로부터 사랑하고 있던 아버지를 간호하고 있는 사이에 노이로제가 된 것이었다. 진찰했을 때는 우측 마비와 상습성 정신착란 상태 등이 혼합되어 있는 병증을 드러내고 있었다. 브로이어가 그때 그녀가 지배되고 있던 잠재적인 공상을 말로 표현하게끔 하면 반드시 앞에 든 것 같은 의식 장해에서 해방되는 것은 우연한 관찰에서 인정되었다. 이 경험을 토대로 브로이어는 어떤 치료 방법을 생각해 냈다. 즉, 환자를 깊은 최면 상태로 인도해서 그때마다 그녀의 기분을 괴롭히고 있는 것에 대해서 얘기를 하게끔 했다. 이리하여 한 번 억울성 착란의 발작이 정복되어 버리자, 브로이어는 같은 방법을 반복해서 사용하여 그녀의 억제와 신체적 장애를 제거했다. 각성 상태에 있으면 이 소녀도 다른 환자와 같이 자기의 증상이 어떻게 해서 생겼는지를 말하지 못하며, 또 그 증상들과 이제까지의 생활에서 받은 어떠한 인상 사이의 연결도 전연 발견하지 못하는 것이었다. 그런데 최면술을 걸면 곧 요구하고 있는 관련을 발견했다. 그 결과 그녀의 증상은 모두 앓는 아버지의 간호 중에 일어난 인상 깊은 체험에 귀착한다는 것, 따라서 어느 것이나 모두 의미를 잃고 있어 이 잠재적인 상황들의 잔재라든가 회상이 합치되어 있다는 것을 알았다.

그녀는 아버지의 병상에서 어떤 생각 또는 충동을 억제하지 않으면 안 되는 일이 많았기 때문에 그 대신에, 즉 그 대리로서 상기한 증상이 나타났다고 하는 것이다. 그러나 이 증상은 대체로 단 하나의 '외상적인' 정경의 침전물이 아니고 다수의 유사한 상황을 총계한 결과였던 것이다. 이제 환자가 최면 상태에서 그러한 상황을 환각에 의해서 재차 회상하고 그때 눌려 있던 심적 행위를, 뒤에 가서 자유로운 잠재를 발산시키는 것으로 처리해 버리면 증상은 지워져 버리고 두 번 다시 나타나지 않는 것이었다. 이러한 처치를 취함으로써 브로이어는 오랫동안 고심한 끝에 이 환자를 모든 증상에서 해방시켜 줄 수가 있었다.

환자는 완쾌되고, 그 후 계속 건강을 유지해 어느 정도의 일도 할 수 있게 되었다. 그러나 이 최면술 치료의 결말에는 뭔가 애매한 점이 있었는데, 브로이어는 이 점을 아무리 해도 확실히 해 주지 않았다. 또 왜 그가 대단히 귀중한 인식을 그렇게까지 오래 숨기며 공표하지 않고, 학문의 진보에 공헌하려고 하지 않았는지도 이해하기가 곤란했다.

다음 문제점은 브로이어가 단 하나의 증상례에 대해서 발견한 것을 과연 일반화해도 좋은지 어떤지 하는 것이었다. 그의 발견에 관련되는 사태는 아무리 봐도 기본적인 성질의 것이라고 생각되었으므로 그것이 일단 단 하나의 증상례에서라도 입증된 이상, 다른 어떠한 히스테리 증상례에 있어서도 적용되지 않는다고 하는 것을 믿을 수가 없었다. 그러나 이 점의 결정은 경험을 기다리는 수밖에 없었던 것이다. 거기서 나는 브로이어의 방법을 나의 환자에게도 실험하기 시작했다. 특히 1889년에 벨네임을 방문한 이래 최면술에 의한 암시의 작업 능력에는 한계가 있다는 것을 안 다음부터는 오로지 브로이어의 방법만을 사용했다. 수년간 해 보고 더욱더 그것이 옳음을 확인하고 이런 종류의 처치를 한 모든 히스테리 증상례에 있어서 브로이어의 관찰과 유사한 틀림없는 관찰 재료를 입수했을 때 그를 향해서 공동으로 저서를 내지 않겠느냐고 제의했다. 이에 대해 그는 처음에는 맹렬히 반대하고 있었지만, 나중에는 결국 굴복하고 승낙했다. 다만 여기에는 이렇다저렇다 하고 있는 사이에 자네의 노작이 나와서 브로이어의 결론에 일부, 즉 히스테리의 증상은 실생활상의 인상에 귀착한다는 것, 그리고 최면술을 사용해서 증상을 그것이 발생한 상태를 재현시켜서 제거하는 방법 같은 것이 그 속에서 선취되어 버렸다고 하는 사정 같은 것이 작용하고 있었던 것 같다. 이리하여 우리들은 1893년에 잠정적으로 《히스테리 증상의 심적 메커니즘에 대해서:Über den Psychischen Machanismus hysterischer Phänomene》라고 하는 보고를 발표하고 계속해서 1895년에 단행본인 공저 《히스테리 연구:Studien über Hysterie》를 출판한 것이다.

이상 말한 것으로써 독자가 《히스테리 연구》는 그 소재 내용의 근본적인 점에서 모두가 브로이어의 정신적 재산이라고 예상했다 해도 그대로 맞는 것이다. 나는 언제나 그렇게 주장해 왔듯이 이번에도 또 거듭 그것을 밝히고자 하는 바이다. 그 책에서 시도하고 있는 이론에 내가 어느 정도로 협력했는지를 헤아리는 것은 이제 이미 불가능한 일이다. 어차피 나의 협력은 미미한 것으로 기껏해야 관찰 결과를 직접 쓰는 정도의 영역에서 벗어나지 못한 것이다. 즉, 히스테리의 본성을 규명하려고 하는 데까지는 가지 못하고 단지 히스테리 증상의 발생을 밝히려고 한 것에 그친다. 그럼에도 불구하고 나는 감동적인 생활의 의의 및 무의식적인 심적 행위와 의식오히려 의식할 수 있다고 하는 것이 좋다적인 심적 행위를 구별하는 일의 중요성을 강조하고, 증상은 감정의 정체에 의해서 발생한다고 간주함으로써 다이내믹한 요인을 도입함과 동시에, 또 증상을 정상적인 경우라면 다른 데 사용할 예정인 에너지 양을 바꾸어 놓은 결과라고 여김으로써 경제적인 요인도 도입하고 있다.

우리들이 이러한 요법을 브로이어는 카타르시스 요법이라고 했다.

이 치료법의 목적은, 증상을 계속 지니기 위하여 쓰이고 있는 감동의 총량은, 원래는 잘못된 궤도에 들어가서 막혀 있는 것이므로 그것을 정상적인 길로 돌려 놓아서 통하도록 해 주는 것이라고 했다.

그런데 카타르시스 요법의 실제 성과는 대단했다. 나중에 이것저것 결함이 지적되었지만, 그 정도는 어떠한 최면술 치료에도 따르기 마련인 결함이었다. 사실 지금도 브로이어식 카타르시스 요법을 예찬하여 따르는 정신요법사들이 많다.

제1차 세계 대전 중에 독일군의 전쟁 노이로제 환자의 치료에 있어서 이 요법이 간편한 최단기 요법이라는 것이 E. 지멜에 의하여 확증되기에 이르렀다. 이 카타르시스 이론에서는 성욕이라는 것이 크게 문제시되고 있지 않다. 내가 보기에는 그 책 속에 나타나는 몇몇 병력 속에서도 성생활에서 보는 계기가 어떤 역할을 하고 있지만 다른 감동적인 흥분과 거의 동렬의 평가밖에 내리고 있지 않다. 유명해진 그 최초의 부인 환자에 대해서 브로이어는 그녀가 놀라울 정도로 성적으로 미숙했다고 말하고 있다.

《히스테리 연구》만을 읽고서는 노이로제의 병인으로 성욕이 어느 정도의 의미가 있는지 쉽게 추측할 수 없을 수도 있다.

그 후의 정세 발전, 즉 카타르시스에서 본래의 정신분석으로 옮겨 간 경위에 대해서는 이미 몇 번이나 자세히 말했으므로 여기서 새삼스럽게 특별히 부가해서 말할 것도 없을 것 같다. 애당초 정신분석을 시작한 최초의 동기가 된 일은 브로이어가 두 사람의 협동 작업에서 손을 떼었기 때문이다. 이로 인하여 나는 혼자서 그가 남긴 재산의 관리를 하지 않으면 안 되었다. 원래 우리들 사이에는 여러 가지 견해의 차이는 있었지만, 그것이 결별의 원인은 아니었다. 어떤 심적인 경과가 병적인 것이 된다. 즉, 정상적인 해결을 할 수 없게 되는 것이 어느 시점에서냐 하는 문제에서 브로이어는 생리학 이론을 취했다. 그의 생각에 의하면 이상의 심적 상태에 있어서 일어난 과정은 정상적인 운명을 걸어갈 수가 없었다. 그렇다고 한다면 이번에는 이러한 최면 상태가 무엇에 유래하느냐 하는 새로운 의문점이 당연히 생겼던 것이다. 이에 반해서 나는 도리어 여러 가지 정신적인 힘의 작용이, 즉 정상적인 생활에 있어서도 관찰할 수 있는 의도나 경향이 작용하고 있지 않을까 하고 추측했다. 그래서 〈방위 노이로제〉설을 취하는 나와는 대립했다. 그런데 이런 종류 정도의 대립만으로 브로이어가 공동의 작업에서 손을 떼는 데까지는 이르지 않았을 것이고, 다른 것에 원인이 되는 것이 몇 가지가 있었다. 그 하나로 그는 더욱이 내과의로 개업하고 있어서 바쁘기 이를 데 없었다.

그래서 나처럼 전력을 다해서 카타르시스의 일에 열중할 수가 없었다고 하는 사정을 들 수가 있을 것이다. 그리고 또 그는 《히스테리 연구》가 자기가 있는 곳인 빈에서나 독일에서 심히 평이 나빴던 것에 대단히 신경을 쓰고 있었다. 다른 점에서는 높은 정신력의 소유자였는데, 의외로 자신과 세평에의 저항이라는 면에서 약했다. 예를 들면 《히스테리 연구》가 아돌프 폰 슈트림펠1853~1925. 라이프치히, 에아랑겐, 빈의 각 대학교수를 역임한 신경의학자로부터 심하게 공박당했을 때, 나는 이해할 수 없는 비판 같은 것은 웃어 넘겼는데, 그는 그것에 대단히 신경을 쓰고 완전히 의기 소침해져 버렸다. 그런데 그가 손을 뗄 결심을 한 가장 큰 원인은 나 자신이 그 후에 진행시킨 연구 방향에 아무래도 좋아올 수가 없기 때문이었을 것이다.

우리들이 《히스테리 연구》 속에서 수립하려고 한 이론은 분명히 아직도 불완전한 것이었다. 특히 병인론의 문제, 즉 어떠한 기반 위에 병인이 되는 과정이 생기는가 하는 문제에는 거의 언급하지 않았다. 이제 나는 급속히 경험을 쌓아감으로써 노이로제 현상의 배후에서 작용하고 있는 것이 무엇인지를 알게 되었다. 즉, 그것은 종류를 묻지 않는 감동적 흥분이 아니고, 현재 작용하고 있는 성적 갈등이든지, 이전의 성적 체험 후 작용이든지, 어느 쪽이 되든 간에 언제나 결정적으로 성적인 성질의 것이라는 것을 알기에 이르렀다. 전연 생각지도 않았던 것으로, 이러한 결론이 나오리라고는 예상조차도 하지 않았다. 나로서는 단지 타의 없이 노이로제 환자의 연구에 손을 쓴 데 불과했던 것이다. 1914년에《정신분석학 운동사》를 썼을 당시에 브로이어나 샤르코나 크로바크가 말한 두세 가지의 말이 염두에 떠올랐지만, 그때도 만일 이 말들을 잘 음미하고 있었더라면 좀더 빨리 앞에와 같은 인식을 얻을 수 있었음에 틀림없었을 것이다. 그러나 그 당시는 이 훌륭한 학자들이 생각하고 있는 것을 잘 알지를 못했다. 나에게는 그들의 말은 그들 스스로 알고 있으며, 또 주장하려고 생각한 것 이상의 것을 말하고 있었을 것이지만, 내가 그들로부터 들은 것들은 나의 마음 속에서 잠자고 있어서, 얼마 후 카타르시스의 연구 동기가 되어 갑자기 눈을 뜨기 시작해서 일견 나의 독창적이라고도 보이는 인식으로 된 것이다. 또 나는 히스테리를 성욕에 귀착시킴으로써 의학의 가장 오랜 시대에까지 되돌아가서 플라톤과 결부된 곳도 당시는 깨닫지 못했었다. 이것은 후일에 헨리 하베로크 엘리스 1895~1937. 영국의 성심리학자. 여기서 프로이트가 말하고 있는 소론이란〈성심리의 연구〉임의 어떤 논문을 읽고 비로소 알게 된 것이었다.

나는 나의 의외 발견에 움직여져서 이제는 중대한 결과를 가져오는 한 발자국을 내딛게 되었다. 나는 히스테리만으로 국한시키지 않고 소위 신경쇠약 환자의 성생활에도 탐구하기 시작했는데, 이런 종류의 환자는 나의 진찰을 받기 위해 오는 사람들 가운데 많이 있었던 것이다. 이러한 실험에 착수하였기 때문에 분명히 의사로서의 인망은 상실됐지만, 덕택에 그로부터 30년이 지난 오늘날까지 아직 약해지지 않는 여러 종류의 확신을 얻을 수가 있었던 것이다. 환자가 여러 가지로 거짓말을 하고 숨기고 하는 것을 이기지 않으면 안 되었지만, 그것만 잘 넘기면 이 환자들은 모두 성적 기능의 심한 남용의 경험자라는 것을 알았다. 한편에서는 번번이 성적 기능의 이러한 남용을 볼 수 있으며, 다른 면에서는 신경쇠약에 있어서 이 양자가 종종 같이 일어나고 있다고 하는 것만의 이유로는 물론 대단한 증명력이 있는 것은 아니었지만, 언제까지나 이 정도의 조잡한 사실에 멈추어 있는 것도 아니었다.

좀더 정밀하게 관찰해 보면 막연히 신경쇠약이라고 부르고 있는 각종 잡다한 명상에서 기본적으로 다른 두 개의 병형을 끄집어 낼 수가 있음을 알았다. 이 두 개의 병형은 여러 모양으로 혼합되어 나타나기 쉬었지만, 그럼에도 불구하고 그 순수한 특징은 관찰할 수 있었다. 하나의 병형에서는 불안의 발작을 중심으로 거기에 그 대리병이나 흔적적인 형식의 것이나 만성의 대상적 증상을 수반하고 있었으므로 나는 이것을 불안 노이로제라고도 불렀다. 그리고 신경쇠약이라고 하는 병명은 또 하나의 병형에만 사용하기로 했다. 그런데 그때 다음 사실이 쉽게 확인되었다. 즉, 이 두 개의 병형에는 제각기 성생활의 서로 다른 상태가, 즉 불안 노이로제에는 성교 중단·좌절 흥분·성 억제가, 쇠경쇠약에는 과도한 수음과 빈번한 몽정이 대응하는 것이었다. 병상이 한 쪽의 병형에서 다른 쪽의 병형으로 돌연 전환하는 것에 대해서는 특히 배우는 바가 많았지만, 이러한 경우에는 성적인 생활 체제에도 그것에 대응하는 변환이 밑바닥에 있었다는 것을 입증할 수가 있었다. 이 성생활의 남용을 시정하도록 하고 정상적인 성생활을 영위하게끔 해 주면 병상은 눈에 띄도록 좋아지고, 노력한 보람도 있었다고 할 수가 있다.

이리하여 내가 도달한 결론은 노이로제 일반은 성기능의 장애라고 하는 것, 더욱이 현실 노이로제는 성적 장애의 독성물의 직접적인 나타남이고, 정신 노이로제는 같은 성적 장애의 심적인 나타남이라고 하는 인식이었다. 이러한 학설을 수집한 의사로서의 나의 양심은 충당된 것을 느꼈다. 종래의 의학은 생물학적으로 보아서 이렇게도 중요한 성적 기능에 전염이라든가, 명백한 해부학적인 외상이라든가 하는 것 외에는 어떠한 상해도 인정하려고 하지 않은 것을 생각하고, 이것으로 겨우 의학의 미비한 점이 메워진 것같이 생각되었다. 더욱이 성욕이 단순히 심적인 사항은 아니라고 하는 것은 의학적 견해에도 플러스가 되었다. 성욕은 또 육체적인 측면을 갖고 있었으며, 거기에는 어떤 특수한 화학적 과정이 있다고 하고, 성적 흥분은 아직 어떠한 물질인지는 모른다고 하더라도 하여튼 어떤 특정의 물질이 있음으로써 일어난다고 생각할 수가 있었다. 진성의 특발적인 노이로제는 어떤 종류의 독성 작용을 가지고 물질이 유입되든지 결여되든지 함으로써 일어나는 중독 현상이나 금단 형상, 혹은 갑상선의 산물에 의해서 일어나는 것으로 일반적으로 알려져 있는 바세도우 씨 병 등에 대한 정도만큼 다른 어떤 질병균에도 유사성을 나타내지 않는다고 하는 것으로 보아 충분히 그것대로의 이유가 있을 것이다.

그 후 나는 또다시 현실 노이로제의 연구로 되돌아갈 기회를 가지지 못했으며, 또 나의 작업의 이 부분은 다른 사람에 의해서 계승되지 않고 끝났다. 오늘날에 와서 당시의 결론을 돌이켜보면 아마 훨씬 복잡한 것이었던 사태로 보아서 최초의 대강 도식화한 데 지나지 않았던 것을 인정할 수가 있다. 그렇지만 대체로 보아서 오늘날에도 아직 옳은 것같이 생각된다. 만일 될 수 있으면 그 후에도 더욱 순진한 연소자의 신경쇠약의 증상례에 정신분석적인 실험을 가해 보고 싶었지만, 유감스럽게도 그러한 기회가 주어지지는 않았다. 오해를 피하기 위해서 특히 강조해 두고 싶은 것이 있는데, 신경쇠약에는 심적 갈등이나 노이로제적인 콤플렉스가 존재하지 않는다는 것을 말하고 싶은 생각은 추호도 없다. 내가 주장하는 것은 단지 신경쇠약 환자의 증상은 심적으로 결정되어 있지 않으므로, 정신분석에 의해서 해소할 수 없다는 것, 오히려 그것은 성적인 화학 과정 장애의 독물에 의한 직접적인 결과라고 보지 않으면 안 된다고 하는 것이다.

《히스테리 연구》 발표의 수년간에 성욕의 노이로제에 있어서 병인적인 역할을 수행하고 있다고 하는 이 견해를 굳혔으므로 의사 단체에서 그것에 대하여 몇 차례 강연을 했지만 불신과 반대의 눈으로 나를 보았을 뿐이었다. 그래도 브로이어는 그 개인적인 명성에 빗대어서 몇 번 나를 도와주려고 하긴 했으나 효과는 없었다. 거기에 성욕 병인설을 승인하는 것은 사실 또 그가 가는 길에 반해 있는 것도 쉽사리 보일 이치였다. 그로서는 최초의 부인 환자에게 일견 성적인 계기가 아무런 역할을 하고 있지 않다는 것을 인용해서 나에게 일격을 가하든가 허둥대게 할 수도 있었을 것이다. 그런데 그렇게 하지 않았다. 왜 그랬는지 오랫동안 나로서는 이해가 되지 않았으나 겨우 나 자신이 이 부인 환자의 증상례를 올바르게 해석하고, 브로이어가 전에 말한 두세 마디의 말에 따라서 그의 치료의 진행 상황을 재구성하는 일을 배우고 나서 비로소 그 수수께끼가 풀렸다. 즉, 카타르시스 요법이 일단락지어졌다고 생각된 뒤에 그 소녀에게 돌연 '감정 전이의 애정'이라고 할 수 있는 상태가 일어났는데, 브로이어는 이것을 이미 그녀의 병과 관련시키려고 생각하지 않고 거꾸로 놀라서 그녀로부터 손을 떼고 말았던 것이다. 이러한 경위가 있고 보니 이제 새삼스럽게 무엇이 좋아서 과거의 재난을 회상하는 것 같은 싫은 일을 할 필요가 있겠는가. 그는 나의 학설을 인정해야 할 것인지 그렇지 않으면 호되게 비판을 퍼부을 것인지를 잠시 동안 망설이고 있던 중에 이러한 긴박한 고비에 반드시라고 해도 좋을 정도로 일어나는 우연지사가 겹쳐져서 우리들은 드디어 결별하고 말았던 것이다.

그런데 일반적인 신경질의 여러 가지 모양과 씨름하고 있던 중에 더욱 카타르시스의 기법에 변경을 가하게 되었다. 나는 최면술을 그만두고 그 대신에 다른 방법을 사용해 보려고 했는데, 그것은 이제까지 히스테리 같은 상태의 것밖에 치료의 대상으로 하고 있지 않던 것을 어떻게든 타파하려고 생각했기 때문이다. 또 경험을 더하게 됨에 따라서, 가령 카타르시스를 위해서만 최면술을 사용하는 경우에도 두 개의 중대한 명제가 일어났던 것이다. 하나는 환자에 대한 개인적 관계가 잘 어울리지 않게 되면 모처럼의 좋은 결과조차도 갑자기 씻은 듯이 상실해 간다는 것이다. 그래도 어떻게 해서라도 또다시 화해의 길을 모색하기만 하면 좋은 결과는 올 수가 있었으나, 그렇다고 하더라도 개인적인 감정관계 쪽이 역시 카타르시스 작업의 모든 것보다는 강력하다는 것을 배우게 되었다. 더욱이 이 개인적인 감정관계라고 하는 계기는 어떻게 손을 쓸 수가 없는 것이었다. 또 하나는 어느 날 내가 오랫동안 의심하고 있던 것이 노골적인 사실로써 보여주는 것 같은 경험을 하는 것이었다라고 하는 것은, 대단히 얌전하고 자유자재로 최면술에 걸리는 부인 환자가 동통 발작을 일으켰으므로 그 발작의 원인에까지 환원해서 그녀를 괴로움으로부터 해방시켜 줄 수 있었다는 것이다. 그런데 그녀는 눈을 뜨자, 곧 내 목을 끌어안는 것이었다. 마침 운좋게 하인이 들어와 주었다. 그렇지 않았으면 환자와 승강이를 벌이지 않고는 안 되었을 거다. 그 이후 이 환자와는 암묵의 양해로써 최면요법을 계속하는 것을 그만두고 말았다. 나는 냉정한 과학자이고, 내가 여자를 따르는 편이므로 우연히 이런 일이 일어났다고 자부할 턱은 없고, 이제야말로 최면요법의 배후에 작용하고 있는 신비적인 요소의 본성이 파악됐구나 하고 생각했다. 이 요소를 제거하기 위해, 혹은 적어도 떼어 버리기 위해서 아무래도 최면법을 그만두지 않으면 안 되었던 것이다.

그렇다고 해도 최면술은 카타르시스 요법에 대단히 필요한 것이다. 그것은 환자의 의식 분야를 넓히고, 환자가 각성시에 알 수 없었던 것을 알 수 있게끔 할 수가 있었다. 이 점에서 최면술을 대신 하는 요법이 용이하게 있을 것 같지 않았던 것이다.

이리하여 곤궁에 빠져 있을 때 이전에 흔히 벨네임의 병원에서 보았던 실험의 기억이 공교롭게도 되살아나 주었다. 피험자가 몽유 상태에서 깨어나면 반드시 그 동안에 일어났던 일에 대해서 기억을 상실하고 있는 모양이었다. 그런데 벨네임은 반드시 알고 있을 것이라고 주장했다. 그리고 그것을 상기할 것을 요구하며 당신은 무엇이든지 알고 있을 터이니 단지 말로 하면 된다고 단호하게 단언했다. 그러자 피험자는 아직 이마에 손을 대고 있었지만 잊어버리고 있던 기억이 정말로 되살아나서 처음에는 극히 드문드문이었으나 어느 새 둑이 무너진 것처럼 지극히 명료하게 입을 통해서 나오는 것이었다. 이것을 나도 해 보려고 생각했다. 내 환자들은 이제까지는 최면술에 의해서 비로소 탐지한 것을 모두 틀림없이 '알고 있을 것'이다. 경우에 따라서는 상대의 머리에 손을 놓고서 절대로 알고 있을 것이라고 보증해 주든지 격려해 주든지 하면 잊어버리고 있는 사실이나 관련을 의식 속에 끌어올리지 못할 턱이 없다. 물론 최면술을 거는 것보다 좀더 힘이 들 것이다. 그러나 그만큼 배우는 것도 많을 것이다. 이렇게 생각한 나는 최면요법을 그만두고, 단지 환자를 침대에 눕혀놓는 점은 최면술의 경우를 답습했다. 하지만 나는 침대의 뒤에 앉아서 이쪽에서는 환자를 볼 수가 있어도 저쪽에서는 나를 볼 수 없게끔 했던 것이다.

나의 기대는 충족되었다. 나는 최면술에서 해방되었던 것이다. 그러나 기법을 바꾼 것은 또 카타르시스 요법의 면모도 일변시키고 말았다. 최면술은 어떤 다이내믹한 작용을 은폐하고 있었는데 이제는 그것이 표면화되어 이 작용을 파악함으로써 확실한 이론적 밑바탕을 부여할 수 있게 된 것이다. 환자가 그렇게 많은 마음 속 및 외부의 체험 사실을 잊어버리고 있었는데, 앞에의 기법을 사용하면 그 사실들을 회상시킬 수가 있었던 것은 도대체 무엇에 의한 것일까? 이 의문에 대해서는 관찰이 남김없이 해답을 부여해 주었다. 즉, 잊어버리고 있었던 것은 모두 어떠한 의미에서 불쾌한 일이었던 것이다. 무서운 일이든가, 고통스러운 일이든가, 인격을 무시당한 것 같은 부끄러운 일이든가였다. 그렇기 때문에 잊어버린 것이다. 즉, 의식에 남아 있지 않았던 것이다라는 생각이 스스로 내 머리에 떠오르지 않을 수가 없었던 것이다. 그런데 그것을 또다시 의식에 올라오게 하기 위해서는 환자의 마음 속에서 반항을 기도하는 무엇인가에 이기기지 않으면 안 되며, 환자에게 다가가서 회상을 강요하기 위해서는 의사 자신도 노력을 지불할 필요가 있었다. 의사에게 요구되는 이 노력의 정도는 증상례가 다름에 따라서 다르고, 회상되어야 할 사항의 곤란한 정도에 정비례해서 커다랗게 되었다. 따라서 의사의 힘의 소비도는 분명히 환자의 저항을 재는 척도였던 것이다. 이에 이르러 이제까지 자신이 느끼고 있던 것을 이제는 단지 말로 옮기기만 하면 좋았다. 이리하여 억압의 이론은 성립되었던 것이다.

이 병인 과정은 이제는 손쉽게 재구성되었다. 극히 간단한 예를 들 뿐이지만 심적 생활 가운데 어떤 단일한 지향이 나타나면 반드시 다른 강력한 지향이 그것에 대항해서 일어나는 것이었다. 그곳에 생기는 심적 갈등은 우리들의 예상에 의하면 다음과 같은 경과를 취하는 것이었다. 즉, 이 양쪽의 다이내믹한 양 — 이것을 우리들의 목적에 맞추어서 충동과 저항이라고 명명하지만 — 은 한때 의식이 지극히 강력하게 관여해서 서로 맹렬하게 경쟁하지만, 결국은 충동이 격퇴되어서 그 지향에서 에너지의 충당이 상실되고 만다. 이렇게 되면 이것은 정상적인 해결인 것이다. 그런데 노이로제의 경우라면 — 이유는 아직 확실치 않으니 — 심적 갈등은 그것과는 다른 결말을 취했다. 즉, 자아는 말하자면 최초의 격돌시에 불쾌한 충동의 움직임을 만나 몸을 빼 버리고, 이 충동이 의식으로 올라가는 길, 직접적인 운동으로써 발산하는 길을 차단해 버리지만, 그때의 이 충동은 에너지의 충당을 충분히 유지했다. 이러한 과정을 나는 억압이라고 명령한 것이다. 이것은 새로운 발견으로써 이것에 유사한 것은 지금까지도 심적 생활 가운데서 인정된 것이 없었던 것이다. 이 과정은 분명히 도망의 시도에도 견줄 수 있는 원초적인 방어의 메커니즘으로, 후에 정상적인 판단에 의한 해결의 첫머리에 지나지 않았었다. 억압이 최초의 행위에 결부해서 더욱이 그것에 계속되는 행위가 있었다. 우선 첫째로 자아는 억압된 충동의 움직임이 언제 반격으로 나올지 모르는 데에 대비해서 지속적으로 에너지를 소비해서, 즉 반대 충동에 의해 방어하지 않을 수 없어서 그 때문에 약체화했지만, 이제는 무의식적인 것이 된 억압된 충동은 에움길을 돌아서 발산하고 대상적 충족을 획득하여 간다는 형편으로써, 이렇게 해서 자아는 억압의 의도를 좌절시킬 수가 있었던 것이다.

전환 히스테리에 있어서 이 에움길은, 신체의 신경 지배라는 것에 의해 억압된 충동의 움직임은 어떤 장소에서 발현해서 증상을 만들어 냈다. 그 때문에 이 증상은 타협의 산물로서 확실히 대상적 충족이긴 하지만, 자아의 저항에 의해서 외면되어 있으며, 본래의 목표에서 벗어나게 한 것이었다.

억압의 학설은 노이로제 이해의 근본 기둥이 된 것이다. 치료의 과제는 이제야말로 지금까지와는 다르게 파악되지 않으면 안 되었다. 그 목표는 이미 잘못된 궤도에 빠져 버린 감동의 '모든 반응'이 아니고, 억압을 파헤쳐 내고 전에 격퇴된 것을 결과로써 용인하든지 할 수 있는 판단 작용에 의해 억압을 해소하는 것이었다. 나는 이 새로운 사태를 고려에 넣어서, 이 진단 및 치료의 방법을 이미 카타르시스라고 부르지 않고 정신분석이라고 이름 지은 것이다.

억압은 말하자면 물건의 중심점과 같은 것이므로 여기서부터 출발해서 정신분석학설의 모든 부분을 억압에 결부시킬 수 있는 것이다. 그러나 여기서 논쟁적인 내용에도 관련되지만 또 하나 미리 말해 두고 싶은 것이 있다. 그것은 자네의 의견으로는, 히스테리 환자는 체질적인 결함 때문에 심적 행위를 통제할 수 없는 불쌍한 인간으로써 환자가 정신분석과 의식의 협일화에 빠지는 것은 그 때문이라고 했다. 그러나 정신분석에 의한 진단의 결론으로 본다면 이것들의 현상은 다이내믹한 요인인 심적 갈등과 성취된 억압의 결과였던 것이다. 이 견해의 차이는 실로 중대한 것으로 정신분석학에 가치가 있는 것이 있다고 하면 그것은 모두 자네의 생각에서 빌린 물건이라는 등의 요령을 잡을 수 없는 헛소리에 종지부를 찍는 것이라고 나는 생각한다. 내가 기술해 온 것으로 독자들은 충분히 알 수가 있겠지만 정신분석학은 역사적으로 말해도 자네의 발전과는 전연 관계가 없으며, 또 내용으로 봐서도 크게 다르며, 후자를 훨씬 능가하고 있는 것이다. 정신분석학을 정신 제(諸)과학에 있어서 지극히 중요한 것으로 만들고, 정신분석학에 널리 일반의 관심을 행하게 한 몇 개의 귀결은 결국 자네의 작업에서는 나올 수 없는 것들이었다. 물론 자네 그 사람들에게는 나는 항시 만감의 경의를 표해 왔다. 왜냐 하면 그의 발견은 브로이어의 발견과 전면적으로 일치하고 있었기 때문이다. 브로이어의 발견은 자네보다 실은 한 발 빨랐지만 단지 발표가 늦었던 것이다. 그런데 정신분석학이 프랑스에서도 논의의 초점이 되었을 때, 자네기 취한 태도는 한심하기 짝이 없는 것이었다.

사실에 대해서의 인식이 없음을 폭로하고 헛되게 더러운 논법을 취했다. 궁극에 가서는 자기는 '무의식적' 심적 행위라는 것을 말하긴 했지만 별반 의미가 있었던 것은 아니다. 단순히 '둘러댄 말'에 지나지 않는다고 공언하고 완전히 정체를 드러내고 말았으며, 모처럼의 업적 그 자체까지도 밑도 끝도 없이 만들어 버린 것으로 생각된다.

그런데 정신분석학은 병인이 되는 억압이나, 더욱이 이제부터 언급하지 않으면 안 되는 다른 모든 현상을 연구해 감으로써 '무의식'의 개념과 진지하게 씨름을 하지 않으면 안 되게 되었던 것이다. 정신분석학에 있어서는 정신적인 것은 모두 우선 무의식적인 것으로 하고, 의식이라는 성질을 그로부터 나중에 부가하는 때도 있고, 또 부가하지 않는 채로의 경우도 있는 것이다. 이것은 물론 철학자들의 반대가 있었다. 그들에게는 '의식적'이라는 것은 '심적'이라는 것과 같은 것이며, '무의식적인 심적인 것' 등이라고 하는 터무니없는 것은 거의 생각할 수가 없다고 단언했다. 그러나 뭐라고 말을 하든 간에 철학자들의 이러한 병적인 싫고 좋음을 어깨를 움츠리며 무시할 수밖에 없었다. 자기네들은 그것에 대해서 아무것도 모르지만, 외계의 어떠한 사실과 같이 해명하지 않으면 안 되었던 이런 종류의 충동의 움직임이 빈번히 또한 강력하게 일어나는 것을 철학자들의 알 바 없는 병리학적인 재료에 의해서 경험했을 바에는 그것은 호의의 문제가 아니었던 것이다. 거기에서 언제나 타인의 심적 생활에 대해서 이미 해 왔던 것만을 자기의 심적 생활에 대해서도 했다고 주장할 수가 있었던 것이다. 다른 사람의 심적 행위에 대해서는 직접적으로 인식될 수 있는 까닭은 없고 언어나 행동을 통해서 알 수밖에 없었음에도 불구하고, 역시 다른 인간들에게도 심적 행위는 있다고 했다. 그런데 타인에게 있어서 정당하다고 하는 것은 또 자기에 대해서도 옳지 않으면 안 된다.

이 논법을 밀고 나가서, 거기에서 자기의 숨은 행위는 틀림없이 제2의 의식에 속하는 것이라고 추론한다면 자기네들이 그것에 대해서 아무것도 모르는 의식, 즉 무의식적인 의식이라는 관념에 부딪치게 되는 것은 당연한 것이 아니었던가, 그런데 무의식적인 의식이라고 말해 봐야 무의식적인 심적인 것이라고 하는 가정에 비해서 각별히 뛰어났다고는 생각할 수 없다. 그런데 병리학적인 사상을 중시하는 것은 관계없지만, 단지 이 사상의 밑바닥에 있는 행위는 심적인 것이라고 부를 것이 아니고, 유심적인 것이라고도 불러야 한다는 다른 철학자들의 의견도 있다. 하지만, 그렇게 되면 차이는 결국에 가서는 무익한 언어의 싸움이 되고 말기 때문에 오히려 '무의식적인 심적인 것'이라는 표현을 취하는 것으로 결정하는 것이 가장 목적에 알맞은 것이다. 여기서 이 무의식적인 것 그 자체란 무엇인가를 묻는 것은 의식적인 것이란 무엇이냐라는, 앞에서 든 또 하나의 질문과 같이 우문의 영역을 벗어나지 못하여, 거기에 또 그렇게 간단하게 대답할 수도 없는 것이다.

그것보다도 좀더 어려운 것은 정신분석학이 왜 자기가 인식한 무의식을 분류해서 전의식과 본래의 무의식을 분해하게 되었는가를 간단하게 말하는 것일 거다. 여기서는 단지 경험의 직접적 표현인 이 이론을 소재의 처리에 소용되는 가설, 직접적 관찰의 대상으로는 될수 없는 사태에 관계하는 가설에 의해서 보충하는 것이 정당한 것같이 생각되었다고 이렇게 말해 주는 것만으로 충분할지도 모른다. 고대의 학문도 언제나 변함없는 방법을 해 오고 있다. 무의식의 분류는 심적 장치를 몇 개의 검문소 내지는 체계에서 구성된 것이라고 생각하는 시도와 관련되어 있다. 이것들의 검문소 내지는 체계의 상호 관계는 공간적인 표현 방법으로 말하고 있지만, 그렇게 함으로써 현실의 뇌 해부학에 결부하려고 하는 것은 더욱더 아니다소위 국제론적 견지. 이것과 같은 종류의 관념은 정신분석학의 사변적인 상부 구조의 하나이지만, 그 어느 하나의 관념이라도 불충분한 일이 판명되면 그대로 버려도 혹은 다른 것과 바꾸어도 전연 지장이 없는 것이다. 관찰에 의해 가까운 것으로 보고할 것이 얼마든지 남아 있다.

　노이로제의 유인 및 기초를 연구해 가던 중 빈번히 그 사람의 성적인 충동과 성욕에 대한 저항 사이의 갈등에 부딪친 것은 이미 말한 바 있다. 성욕의 억압이 일어나 있고, 이 억압된 것의 대상 형성물로서의 증상의 근원이 되어 있는 병인적인 상황을 탐색해 가면 환자의 이전의 생활을 앞으로 소급하는 것이 되어서 나중에는 그 사람의 최초의 소아시대에 도달한다. 시인이나 유명인들이 항상 주장하여 온 것이지만, 이 인생의 빠른 시기의 인상은 대체로 망각 속에 빠져 있기는 하지만, 그 개체의 발전 가운데 씻을 수 없는 흔적을 남기고 있다는 것, 특히 그것은 후년의 노이로제 발증의 소인을 굳혀 주는 것이라는 것을 알았다. 그런데 이 소아 체험에서는 항상 성적인 흥분과 이것에 대한 반응이 문제였기 때문에 여기서 유아형의 성욕이라는 사실에 당면하게 됐다. 유아형의 성욕이라는 것은 새로운 사실이며, 인간의 가장 강한 편견의 하나에 대한 반론을 나타내는 것이었다. 어린이는 '천진난만한' 거의 대체로 성적인 욕망과는 무관한 것으로 '관능'의 악마와의 싸움은 사춘기의 쉬토름·운트·드랑으로써 비로소 개시하는 것으로 되어 있었다. 때에 따라서는 어린이에게도 성적인 활동은 인정될 수 있었을 것임에 틀림없지만, 그것은 변질이라든가, 조기의 타락의 징조라든가, 자연의 진기한 변덕이라든가로 취급되었다. 정신분석학이 탐구한 학설 가운데 성적 기능은 인생의 최초부터 시작되고 있으며, 소아기에 일찍부터 중요한 현상으로써 나타난다고 하는 주장처럼 일반으로부터 거부되고 심한 분격을 산 것은 없다고 해도 좋다. 더욱이 정신분석학의 발견 가운데서 이것만큼 쉽게 완전히 증명할 수가 있는 것도 다른 것에는 없다.

유아형의 성욕에 대해서 좀더 깊이 들어가 평가하기 전에 한때 내가 빠져 있던 어떤 과오를 상기하지 않을 수가 없다. 만일 이 오류를 벗어날 수가 없었다면 그것은 얼마 지나서 나의 일 전체의 생명을 끊는 것이 되었을지도 모른다. 당시 내가 사용한 기법에 강요당해 가지고 자기네들이 어렸을 때 어른들로부터 성적인 유혹을 받은 적이 있다고 하면서 그 장면을 얘기해 주었다. 환자가 여성이면 이 유혹자의 역할이 귀착되는 것은 거의가 정해 놓고 아버지였다. 나는 이 얘기들에 신뢰를 주고, 소아기에 있어서 성적 유혹의 이러한 체험이야말로 후년의 노이로제의 원천이 된다고 생각했다. 약간의 증상례에 있어서는 아버지나 큰아버지나 오빠와의 이러한 관계는 환자의 기억이 확실하게 되는 나이 무렵까지 계속되어 있었으므로 나는 한층 강하게 그렇게 믿게 되었다. 도대체 당신에게는 사항을 경솔하게 너무 믿어 버리는 데가 있어서 곤란하다고 말씀하시는 분이 계셔도 그런 터무니없는 일은 없다고 한 마디로 반박할 수도 없지만, 마침 그 무렵에는 나 자신도 고의적으로 될 수 있는 한 사물에 비판적인 태도는 취하지 않으리라. 매일 부딪치는 많은 새 사실을 공평히 또한 순순히 받아들이기로 하고 있었다는 것을 첨가하여 두고 싶다. 그러나 앞에서의 유혹의 장면 같은 것은 결코 실제로 일어난 것은 아니었고 환자가 멋대로 창작한 단순한 공상, 내가 그들에게 강요해서 만들어지게 한 공상에 불과한 것이었다고 생각하게 되었다. 그때는 나도 잠시 갈피를 잡지 못했었다. 자기의 기법이나 그것에 의해 얻은 결과를 신뢰하는 기분은 큰 타격을 받은 것이다. 그런데 이 장면은 어디까지나 자기가 옳다고 생각한 기법을 사용해서 획득한 것이며, 그 내용도

나의 연구의 출발점을 이루고 있던 증상과 분명히 관계가 있었다. 이렇게 다시 생각하고 나는 나의 경험을 토대로 올바른 추론을 끄집어내기에 이른 것이다. 즉, 노이로제의 증상은 직접 현실의 체험과 결부되는 것이 아니고 원망에서 나오는 공상에 결부되는 것이라는 것, 그리고 노이로제에 있어서는 심적인 실제 쪽이 물질적인 실제보다도 한층 더 커다란 의미를 갖고 있었던 것이다.

오늘날도 나는 그 당시 내가 환자에게 강요해서 유혹의 공상장면을 만들어 내게 한, 즉 '암시를 걸었다'고는 생각하고 있지 않다. 이리하여 비로소 '오이디푸스 콤플렉스'에 부딪친 것이다. 이것은 뒤에 지극히 중대한 의미를 갖게 된 것이지만, 당시는 공상의 베일을 쓰고 있었기 때문에 그 실체를 인식할 수가 없었다. 그리고 또 소아기의 유혹도 노이로제의 병인이 되는 부분이 조금이라도 있다고 했다. 그러나 그러한 경우 유혹자는 대체로 연상의 어린이였으리라고 생각했다.

그러므로 나의 과오는 말하자면 티토스 리비우스B. C. 59~17. 여기서 말하고 있는 저서는 《로마사》 14권을 가리킨다가 얘기하고 있는 로마 황제시대의 전설을 정말로 있었던 역사적 사실이라고 취급하는 것과 마찬가지였다. 그런데 이 전설은 잘은 몰라도 반드시 영광에 차 있지는 않았으리라. 비참한 시대나 실정의 추억에 대한 반동 형성이었던 것이다. 이것을 잘못 알고 있었음이 확실해진 다음에 유아형의 성생활 연구의 길은 한꺼번에 열렸다. 여기에서 정신분석학을 다른 지식의 한 분야에 적용해서 그 사실을 근거로 해서 생물학적 사상 가운데서 종래 알려져 있지 않았던 어떤 일부분을 살펴서 알 수가 있게끔 되었던 것이다.

성적 기능은 처음부터 존재하고, 우선 최초는 다른 결정적으로 중요한 제 기능에 의존해 있었지만, 얼마 안 되어 그것들로부터 독립해 온 것이다. 그것은 성인의 정상적인 성생활이라고 알려져 있는 것이 되기까지의 긴 복잡한 발달을 경과하지 않으면 안 되었다. 성적 기능은 우선 다수의 충동 성분의 활동으로써 나타나지만, 이것들의 충동 성분은 신체의 최정부위에 의존하고 있으며, 일부는 한 무리의 반대물 '사디슴과 메저키즘, 규시충동'과 노출 기애가 되어 대두하여, 서로 관계없이 쾌감 획득을 노리고, 대개는 그 대상을 자기의 신체 부위에서 발견하는 것이다. 그러므로 성적 기능에는 처음에는 중심이 없고, 오로지 자체애적이었다. 그러나 나중에는 그 속에 집중화가 볼 수 있게 되고, 제1의 체제단계에서는 구순기적 성분이 우세를 점하며, 이어서 사디슴적·항문애위상이 계속되고, 최후에 도달하는 제3의 단계에서 비로소 성기 우위가 생김과 동시에 성적 기능이 생식의 용무를 수행하게 되는 것이다. 이러한 발달을 하는 사이에 충동 부분 중에는 이 최종 목적에는 무용한 것으로 버려지든가, 다른 용도에 배정되든가 하는 것이 적지 않으며, 또 그 목표에서 벗어나서 성기적 체제 가운데 이행되어 버리는 것도 있다. 나는 성충동의 에너지, 그리고 단지 이것만을 리비도라고 명명했다. 그런데 리비도는 앞에 기술한, 반드시 완벽하게 경과하지 않는다고 생각하지 않으면 안 되었다. 개개의 성분이 너무 강하든지 혹은 조기에 충족 체험을 한 결과, 발달도상의 어떤 장소에 리비도가 고착되어 버리는 수가 있다. 그리면 뒤에 가서 억압이 일어나는 경우 리비도는 이것들의 장소에 역행하려고 하여퇴행, 이것들의 장소에서 발증이 일어날 것이라고 생각했다. 더욱이 좀더 나중에 안 것을 부가하면 고착 장소의 부위는 노이로제 선택의 문제, 즉 뒤의 노이로제 이완이 어떠한 형태를 선택하는

가 하는 것도 결정하는 것이다.

리비도의 체제화와 아울러 대상 발견 과정이 진행되어 간다. 이 과정은 실생활에 있어서 커다란 역할을 점유하게 된다. 자체애의 단계 후에 최초의 성애의 대상이 되는 것은 남녀 다같이 어머니이며, 어머니의 포유 기관은 아마 처음에는 자기의 신체와 구별되지 않았을 것이다. 뒤에라고 해도 아직 유아기의 일이지만 오이디푸스 콤플렉스의 관계가 만들어지게 된다. 그러면 사내아이는 자기의 성적인 원망을 어머니라는 사람에게 집중하고, 아버지는 라이벌로 간주하여 이 것을 적대시하는 움직임을 나타낸다. 계집아이의 경우도 거의 흡사하며1935년의 추기(追記) ─유아형의 성욕에 관한 조사 연구는 남성에 대해서 행해진 것으로, 거기에서 끄집어 낸 이론은 오로지 사내아이를 위해서 구성된 것이었다. 남녀 양성 간에 일관된 평행 관계를 볼 수 있을 것을 충분히 기대했었지만, 결과는 멋지게 벗어나 버렸다. 그 후의 연구나 고찰에 의해서 남녀 양성 간의 성의 발달에는 대단한 차이가 있는 것이 발견된 것이다. 어린 계집아이에게 있어서도 어머니가 최초의 성적 대상이긴 하지만, 정상적인 발달의 목표에 도달하기 위해서는 여성은 단순히 성의 대상만이 아니고, 주된 성감대도 변경하지 않으면 안 된다. 여기에서 남성의 경우에 볼 수 있는 어려움과 억제의 가능성이 생겨나는 것이다 오이디푸스 콤플렉스의 모든 이형과 순열이 중대한 의미를 띠게 되고 타고난 양성적인 체질이 힘을 얻게 되어 동시적으로 존재하는 성향의 수를 증대시킨다. 이런 일은 어린이가 성별을 확실히 알도록까지 계속된다. 이 성탐구의 시기에 어린이는 유형적인 성이론을 몇 개 만들어 내지만, 이것들의 성이론은 자기의 신체적 체제가 불완전하기 때문에 올바른 것과 틀린 것을 혼동하고, 성생활상의 문제인 '어린아이는 어디서 오는 것인가 하는 스핑크스의 수수께끼'스핑크스는 행인에게 수수께끼를 걸어 풀지 못하는 사람을 죽였다고 함를 풀 수가 없는 것이다. 그러므로 어린이의 최초의 대상 선택은 근친상간적인 것이다. 이상 기술한 발달의 전과정은 급속히 경과할 것이다.

인간의 성생활 가운데 가장 현저한 성격은 중간에 휴지기를 두는 두 개의 시기의 발동이 있다고 하는 것이다. 4, 5세 시기쯤에 그것은 첫 번째의 정점에 달한다. 그렇지만 얼마 후 이 성욕의 조기 개화는 쇠퇴하여 가고, 그때까지 활발했던 성향은 억압되어 버리는 잠재기에 들어가, 사춘기에 이르기까지 계속되는 것이다. 이 잠재기에 도덕·수치·혐오 등의 반동 형성이 수립된다1935년의 추기 ─ 이 잠재기는 생리학적인 현상이다. 그러나 그것이 완전한 성생활의 중단을 불러일으킬 수 있는 것은 유치한 성욕을 누르는 것을 그 프로그램 가운데 집어넣은 문화사회에 있어서 뿐이다. 대체로 원시인의 경우에는 이러한 중단을 볼 수 없다. 성의 발달에 이러한 두 개의 시기가 있는 것은 모든 생물 가운데 인간뿐인 것 같으며, 그것이 아마 인간이 노이로제가 되는 소인의 생물학적인 조건인 것 같다. 사춘기와 함께 유아기의 성향과 대상충동이 또다시 활발해지고 오이디푸스 콤플렉스의 감정적 속박도 또 소생되어 온다.

사춘기의 성생활에 있어서는 유아기의 자극과 잠재기의 억압이 서로 싸우는 것이다. 유아형의 성발달의 고조시에도 또한 일종의 성기적 체제가 만들어져 있었지만, 이 성기적 체제 중에는 남성의 성기만이 어떤 역할을 하고, 여성의 성기는 아직도 미발견인 채로 머물렀다 소위 남근위. 양성의 대립은 그 시기에 있어서는 아직 남성이냐 여성이냐 하는 것이 아니고, 음경을 갖고 있느냐, 잘려져 있느냐거세되어 있느의 모양을 취했다. 이것에 관련하는 거세 콤플렉스는 성격이나 노이로제의 형성에 있어서는 대단히 중요한 것이 된다.

이상으로 인간의 성생활에 관해서 내가 발견한 것을 저술했지만, 그 속에서 때를 달리해서 차이가 생기고, 졸저《성의 이론에 관한 세 개의 논고》가 새로이 판을 거듭할 때마다 보충 또는 정정으로써 넣어 간 사항을 종종 새롭게 정리하여 온 것은 오로지 독자의 이해의 편의를 생각하였기 때문이었다. 성의 개념을 확대하고 있다고 흔히 강조되고, 또 이론도 삽입되지만, 어느 점에서 확대되어 있는지는 앞의 기술에서 쉽게 알 수가 있지 않을까 생각하고 있다.

요약하면, 확대는 두 개의 점에서 행해지고 있다. 첫째는 너무 좁게 생각해서 성욕을 성기에만 관계짓는 것에서 해방되어 쾌감을 추구하는 좀더 넓은 신체 기능이 성욕이라고 보고, 이 신체 기능은 처음에 제2의 적으로 생식에 봉사하고 있는 데 지나지 않는다고 하는 점이다. 둘째는 단순한 친애의 기분도 모두 성적인 충동의 움직임으로 인정되고, 우리들의 용어법에서는 각종의 의미를 가진 '사랑'이라는 언어를 이것에 사용하고 있는 점이다. 그러나 생각건대 이 확대는 사태를 새롭게 한 것이 아니고, 원래에 복귀시킨 것뿐으로 그것은 우리들이 자칫하면 빠지기 쉬웠던 개념의 불합리한 협일화를 지향한 것을 의미하고 있다. 성욕을 성기에서 떼어 냄으로써 생기는 이점은 이제까지 완전히 무시되어 있던 어린이의 성활동과 도덕적인 분노를 가지고 보았을 뿐으로 전연 이해가 결여되어 있던 도착자의 성활동이 정상적인 성인의 그것과 동일한 관점에서 바라볼 수가 있다고 하는 것이다. 정신분석학의 관점에서 본다면 지극히 이상한 또한 지극히 혐오해야 할 성의 도착도 성기 우위를 기피하여 리비도 발달의 원초기에 볼 수 있는 것같이 독립해서 쾌감 획득을 구하는 성적인 부분충동의 표출이라고 설명되는 것이다. 이것들의 성의 도착 가운데서 가장 중요하다고 생각하는 동성애도 실은 도착이라고 불러야 할 정도의 것은 아니다. 그것은 결코 체질적인 양성 공유성과 남근 우위의 후작용에 지나지 않는다고 할 수 있다. 따라서 정신분석을 해 보면 어떠한 사람에게도 다소는 동성애적인 대상 선택을 인정할 수 있는 것이 입증될 것이다. 어린이를 '다형도착적'이라고 부르는 경우, 이것은 단지 일반의 용어를 사용해서 말한 것뿐으로써 결코 거기에 도덕적인 비난을 첨가할 생각은 없다. 그러한 가치 평가는 정신분석학과는 전혀 인연이 없는 것이다.

또 하나, 성욕 개념을 확대한 것같이 보이는 점이 있는데, 이것은 정신분석학적 연구가 다음 것을 전하고 있다고 지적하는 것뿐으로 충분히 시인할 수가 있는 일이다. 즉, 이것들 모든 친애를 나타내는 감정의 움직임은 근원적으로는 완전히 성적인 성향이지만, 얼마 후 '목표를 억제한' 것이든지 '승화한' 것이었다. 성충동은 이렇게 간섭을 가해서 다른 곳에 빗나가게 할 수가 있는 것이기에 그것은 또 수많은 문화적 기능에 사용되어서 더없이 중요한 공헌을 하고 있는 것이다.

어린이 성욕에 관한 이러한 놀라운 발견은 처음에는 성인의 정신분석에 의해서 얻은 것이지만 나중에는, 즉 약 1908년 이후는 직접 어린이에 대해서 관찰한 결과 미세한 점에까지 이르러 생각한 대로 확인할 수가 있었던 것이다. 실제 어린이에게 정규의 성활동이 있는 것을 확인해 보려고 하면 아무것도 아닌 일이므로, 인간이 이 사실을 못 본 체하고 성적이 아닌 소아기라는 등의 원망전설을 그렇게 오랫동안 고지할 수가 있었다는 것은 이상하기 짝이 없다. 왜냐 하면 어른이라는 존재는 대체로 자기의 어린 시절의 일을 잊어버리고 마는 건망증 환자이기 때문이다.

# 4

저항과 억압, 무의식, 성생활의 병인적 의의, 소아체험의 중요성 등에 관한 여러 학설은 정신분석학 체계를 지탱하는 주요한 기둥이다. 그런데 유감스럽게도 여기서는 단지 그것을 산발적으로밖에 말할 수가 없으며, 그것들이 어떻게 짝을 맞추고 있으며, 또 서로 맞물리고 있는지를 기술할 수가 없다. 이번에는 정신분석 치료의 기법이 점차로 어떠한 변화를 해 왔는지에 얘기를 돌릴 때다.

우선 최초의 환자에게 강요하든지 보충하든지 함으로써 저항을 극복해 가는 것은 의사가 예상하지 않으면 안 되는 사태에 있어서 최초의 방향을 정하기 위해서 뺄 수가 없는 것이었다. 그러나 이것이 오래 계속되어서는 의사에게도 환자에게도 긴장이 너무 고되고, 또 그것에 따르는 어떤 종류의 불안도 면하기 힘들 것같이 생각되었다. 거기서 이에 대신해서 어떤 의미에서는 정반대라고도 할 수 있는 다른 방법도 사용해 보았다. 즉, 환자를 격려해서 어떤 특정의 테마에 대해서 얘기를 시키는 방법을 그만두고, 이번에는 자유로운 '연상'이 떠오르는 대로 얘기하게끔, 즉 의식해서 목표를 생각하는 것을 일체 하지 않고 머릿속에 떠오르는 것을 모두 얘기하게끔 요구했던 것이다. 단, 환자는 자기에 대해서 지각할 수 있었던 결과를 전부 있는 대로 보고할 의무가 있으며, 이런 것은 그리 중요하지 않다든가, 관계가 없는 일이라든가, 전연 무의미한 것이라든가 하는 동기가 붙여져서 떠오른 것을 적당히 말하지 않고 지나쳐 버리려고 하는 비판 비슷한 반항의 기분에 굴복하지 않게 할 필요가 있었다. 보고는 정직한 것이 아니면 안 된다는 등으로 짐짓 재차 주의할 것까지도 없었다. 그런 것은 정신분석 치료의 전제였었기 때문이다.

정신분석의 원리를 굳게 지키면서도 더욱이 자유연상의 방법을 사용해서 거기에서 기대되는 것, 즉 억압되고 저항에 의해서 멀리한 재료를 의식에까지 가져오게 하려는 것은 기이하게 생각될는지도 모른다. 그러나 잘 생각해 보면 자유로운 것은 아니다. 환자는 사고활동을 반드시 특정의 테마에 행하고 있지 않을 때는 정신분석적 상황에 좌우되고 있는 것에는 변함이 없다. 따라서 당연히 이 상황과 관계가 없는 것은 무엇 하나 환자의 생각으로 떠오르지 않을 것이라고 가정해도 좋다. 억압된 것의 재생에 행해지는 환자의 저항은, 이제는 나타나는 방법을 두 가지로 취할 것이다. 하나는 상술한 것같이 비판 비슷한 반항의 기분을 일으키는 것이지만, 이것에 대해서는 정신분석의 원리를 지키라고 명하게 된다. 그러나 환자가 이 원리를 지켜서 앞의 지장을 극복하면 저항은 다른 방법으로 나타나기 시작한다. 즉, 피분석자는 억압된 것 자체를 생각해 내지 않고, 그것을 암시하는 식으로 억압된 것에 가까운 것밖에 생각해 낼 수가 없다는 태도를 관철하려고 할 것이다. 그리고 저항이 크면 클수록 얘기하는 대상적인 연상은 요구하고 있는 본래의 것으로부터 멀어져 갈 것이다. 분석자는 마음을 침착하게 가지고, 그러나 편안한 기분으로 이것에 귀를 기울이고, 대체로 자기의 경험을 통해서 어떤 것을 얘기해도 마음가짐은 되어 있으므로, 환자가 내놓은 재료를 두 개의 가능성에 좇아서 이용할 수가 있는 것이다. 즉, 저항이 적은 경우에는 환자가 암시한 말에서 억압된 것 자체를 진찰할 수가 있을 것이며, 또 저항이 강한 경우에는 연상이 그 테마를 떨어져 있는 것같이 보이는 것으로 이 저항의 성질을 규명하고, 나중에 이 저항에 대해서 환자에게 얘기해 줄 수가 있을 것이다. 그런데 저항을 노골적으로 나타내 보이는 것이야말로 저항을 극복하는 제1보인 것이다.

이렇게 해서 분석 작업의 틀 안에서 하나의 해석의 기술이 생겨나지만 이것을 효과적으로 사용해 가는 데는 기지와 숙련이 필요하다. 그렇다고 해서 습득이 어렵다고 하는 것은 아니다. 자유연상법이 종전의 방법에 비해서 크게 뛰어난 것은 그리 수고를 하지 않고 할 수 있다고 하는 것만이 아니라, 이 방법에 의하면 피분석자는 거의 강제를 받지 않고 현재의 현실과의 접촉을 상실할 것도 없다. 반면, 또 대체적으로 분석자는 노이로제의 구조에 있어서의 어떠한 계기를 놓친다든가, 자기의 예상을 그 속에 가지고 들어갈 근심도 일체 없다고 보증할 수가 있다. 이 방법이면 분석의 진행이나 소재의 배열을 정하는 것은 근본적인 점에서는 환자에게 맡겨져 있으므로 개개의 증상이나 콤플렉스를 체계적으로 가공할 수는 없게 된다. 최면법 혹은 회상강제법의 경우의 경과와는 정반대로 서로 관련하는 것이 치료의 다른 시점이나 다른 곳에서 경험된다. 그러므로 만일 그 장소에 방청자가 있다고 하면 −실제로는 허용되지 않지만 −정신분석 치료는 전연 전망이 보이지 않는 것으로 비칠 것이다.

이 방법의 또 하나의 장점은 원래 그것이 상대에게 통하지 않는 일은 없다고 하는 점이다. 이론적으로 보면 특정한 종류의 연상만 요구하지 않는 한 항시 뭔가 어떤 연상이 떠오를 것이다. 그런데 어떤 경우에 반드시 이 방법이 통하지 않게 되는 때가 있는데, 이것도 그것을 떼어놓고 봄으로써 해석이 되는 것이다.

이리하여 드디어 나는 정신분석학의 모습에 어떤 본질적인 특징을 부가하고, 기법의 면에서도 이론상으로도 최대의 의미를 갖고 있다고 해도 좋은 어떤 계기에 대해서 얘기할 단계가 된 것이다. 모든 분석치료의 경우에 의사가 그렇게 하게끔 한 것도 아닌데 환자는 분석가에 대해서 현실의 상황 속에서는 설명할 수 없는 강한 감정 관계를 만들어 낸다. 때로는 양성의 것도, 때로는 음성의 것도 있으며, 또 열렬하고 관능적인 연모의 형태를 취하든가, 극단의 경우에는 반항·분노·미움 등의 표현을 취하든지 간에 그것은 다양하다. 통칭 간단하게 '감정 전이'라고 부르는 것이지만, 이것은 환자에게 있어서 치료에의 소망에 대신해서 직접 나타난다. 그것이 처음 단계의 정다운 기분 정도의 것만큼으로 머무르고 있는 사이에는 의료의 일조가 되는 의사와 환자의 공동 작업인 분석요법의 추진력이 되기도 한다. 그런데 뒤에 열렬한 연정으로 화하든가, 적의로 변하든가 하면 저항의 주요 도구가 되어 버리는 것이다. 그렇게 되면 또 그것은 환자의 연상 활동을 마비시켜서 치료의 효과를 위협하게도 된다. 그렇다고 해서 그것을 피하려고 하는 것은 무의미할 것이다. 실은 감정 전이 없이 정신분석은 불가능하기 때문이다. 정신분석이 감정 전이를 만들어 내는 것이라고 믿든지, 감정 전이는 정신분석에 의해서만 일어나는 것이라고 믿든지 해서는 안 된다. 감정 전이는 정신분석에 의해서 노출되어 고립되는 것뿐이다. 그것은 인간에게 일반적으로 볼 수 있는 현상으로써 모든 의료의 성패란 열쇠를 쥐는 것이라고까지 할 수가 있다.

　그뿐만 아니라 대체적으로 훌륭한 한 사람의 환경 관계를 좌우조차 한다. 최면술자에 의해서 피암시성이라고 불려온 것, 최면법의 상호 관계의 담당자인 것과 같은 다이내믹한 요인, 카타르시스의 방법도 예견하기 어려운 것을 개탄하지 않을 수 없었던 것과 같은 요인을 이 감정 전이 가운데 인정할 수 있는 것은 그렇게까지 어렵지는 않다. 조발성 치매나 파라노이아의 경우와 같이 감정 전이에의 경향이 없든가, 또는 전연 음성화하고 있을 때에는 환자에게 심적 영향을 줄 가능성도 없다.

　정신분석도 다른 정신요법과 같이 암시라고 하는 수단을 사용해서 행한다고 하는 것은 참으로 옳다. 그러나 다른 점은 정신분석에서는 암시라든가 감정 전이에 치료의 성과의 결정이 맡겨져 있지 않는 것이다. 암시나 감정 전이가 사용되는 것은 오히려 환자를 움직여서 심적인 작업을 성취시키는 ―즉, 그의 감정 전이 저항을 극복시키기 위한 것으로써 이 작업은 환자의 심적 경지의 지속적 변화를 의미하고 있다. 감정 전이는 분석자에 의해 환자에게 의식되어서, 환자가 자기의 감정 전이적 태도에서 재체험하는 것은 그 소아시대의 억압기인 대상충당에서 오고 있는 감정 관계라고 하는 것을 그 환자에게 납득시킴으로써 그것은 해소된다. 이와 같이 감정 전이를 방향 전환시키면 가장 강력한 저항의 무기였던 것도 정신분석 치료의 최상의 도구가 되는 것이다. 하여튼 감정 전이의 취급이야말로 정신분석 기법 중 가장 어려운 부분인 동시에 가장 중요한 부분일 것이다.

자유연상법과 그것에 부수하는 해석기법에 의해서 정신분석학은 일견 실제상에는 그렇게 의미가 없는 것 같으면서 기실은 학문적인 작업에 있어서 전연 새로운 위치와 가치를 가져오지 않고는 안 되었던 성과를 올렸던 것이다. 즉, 꿈에는 의미가 있다는 것을 증명할 수 있게 되었고, 꿈의 의미를 알 수가 있게 되었다. 꿈은 고대에 있어서는 또한 미래를 고지하는 것으로 중요시되어 왔었다. 그런데 근대 과학은 꿈을 처음부터 취급하려고는 하지 않고 오로지 미신 취급을 하여 그것은 단순한 '신체적인' 행위에 불과하다든가, 꿈을 꾸고 있지 않을 때는 자고 있는 심적 생활의 경련과 비슷한 모양의 것이라든가로 설명해 왔다. 따라서 진지한 학문의 연구에 종사해 온 사람이 '꿈의 해석가'로서 등장한다든가 하는 일은 도저히 있을 수 없는 일같이 생각되었다. 그러나 꿈이 이렇게 정지당하고 있는 것에 구애되지 않고, 그것을 말하자면 노이로제의 이해되지 않는 한 증상, 망상 내지는 강박관념으로써 취급하고, 그 외견상의 내용을 무시하고 개개의 상과 자유연상의 대상으로써 생각했을 때, 전연 별개 결론에 도달했던 것이다. 꿈을 꾼 사람의 많은 연상을 통해서 이미 불합리라든가 혼란이라든가로 불러서 처리할 수 없는 어떤 사상을 알 수가 있었다. 이런 사상은 훌륭한 심적 작업에 대응하고 있으며, 현재몽은 그것이 왜곡되고, 단축되고, 잘못된 번역, 대개는 시각상에의 번역이었던 것이다. 원래의 잠재적인 꿈의 사상에는 기만이며 겉치레에 지나지 않는 것으로서, 연상이면 이에 결부할 수가 있어도 해석을 결부시킬 수는 없는 것이었다.

이리하여 이제는 몇 개의 문제에 대답하지 않으면 안 되는 데까지

왔다. 그 중에서도 제일 중요한 것은 도대체 꿈을 형성하는 동기라는 것이 있는지 없는지, 어떠한 조건 아래서 꿈의 형성이 행해지는 것인가, 항상 의미심장한 꿈의 사상이 종종 의미가 없는 때도 있는 꿈으로 변하는 것은 어떠한 경로를 통해서인가 등등의 문제일 것이다. 1990년에 간행한 졸저 《꿈의 해석》 속에서 나는 이것들의 모든 문제에 해답을 부여하려고 시도했다. 여기서는 새로운 이 연구 가운데서 극히 간단하게 발췌하는 수밖에 없다. 꿈의 분석에서 알 수 있었던 그 잠재사상을 조사해 보면 그것들 가운데 어떤 하나만이 다른 조리가 서 있는 꿈을 꾼 당사자에게도 잘 알고 있는 다른 잠재사상과 두드러지게 다르다는 것을 알 수가 있다. 그런데 이 조리가 서 있는 다른 잠재사상이라는 것은 각성시의 생활의 잔재낮의 잔재인 것이다. 그런데 나중의 하나의 잠재사상 가운데는 종종 대단히 불쾌한 원망의 움직임이 인정된다. 이것은 꿈을 꾼 사람의 각성시의 생활에는 인연이 없는 것으로 당사자도 이상해 하기도 하며, 화를 내기도 하며, 그러한 소망을 품은 적은 없다고 부정하는 것이다. 이 소망의 움직임이야말로 정말로 꿈을 형성하는 물건인 것이다. 그것은 꿈을 만들어 내기 위해서 필요한 에너지를 수집하고, 낮의 잔재를 재료로써 이용하는 것이다. 이렇게 해서 생긴 꿈은 앞의 소망의 움직임에 대해서는 충족상황을 나타내는 것이며, 필경 그 소망충족인 것이다. 만일 수면 상태의 성질 가운데 무엇인가가 그것에 좋게 작용하지 않았다고 한다면 이 과정은 아마 일어나지 않았을 것이다. 잔다고 하는 일의 심적인 전제는 자아가 수면의 소망을 성취하려는 자세를 취하고 삶의 갖가지 관심에서 에너지 충당을 끌어들이는 데에 있다.

그와 동시에 운동 기구에의 통로가 차단되어 버리기 때문에 자아는 평소에 억압을 유지하기 위해 소비하고 있는 에너지의 소비를 낮출 수가 있다. 이렇게 밤에는 억압이 늦추어지는 틈을 타서 무의식적 소망의 움직임이 꿈과 같이 의식에까지 진입해 온다. 그런 반면, 자아의 억압저항은 수면 속에서도 지양된 것이 아니고 단지 저하된 것뿐이다. 남은 억압저항은 꿈의 검열로서 잔존하고, 이번에는 무의식의 소망의 움직임에 대해서 본래대로의 형태를 취해서 나타나는 것을 금한다. 꿈의 검열이 엄중하기 때문에 꿈의 잠재사상은 할 수 없이 모양을 바꾸어 약화되어서 꿈의 금지된 의미를 인정하기 힘들게 해 버린다. 현재몽은 가장 현저한 특징을 이루는 꿈의 왜곡은 이렇게 해서 설명된다. 꿈억압된은 소망모습을 바꾼의 충족이라고 하는 명제가 옳은 것은 이상으로 입증된다. 이리하여 우리들은 이미, 꿈은 노이로제의 증상과 같은 구조의 것이라고 하는 것, 그것은 억압된 충동의 움직임의 요구와 자아 속에 있는 검열력의 저항과의 사이에 있어서의 타협적 산물이라는 것을 인정하는 것이다. 꿈은 증상과 같은 발생 방법을 하는 결과 그것은 또 증상과 똑같이 이해하기 힘들고 같은 방법으로 해석을 필요로 하는 것이다.

꿈을 꾼다고 하는 일의 일반적인 기능을 발견하는 것은 아무것도 아니다. 즉, 그것은 잠을 깨게 하는 까닭이 될지도 모르는 내외의 자극을 일종의 완화작용에 의해서 방지하고, 이리하여 수면이 방해되지 않게끔 지켜 주는 데 소용되는 것이다. 밖으로부터의 자극은 그것이 다시 해석되어서 무엇인가 해롭지 않은 상황 가운데에 넣어지는 것으로 방지되고, 충동의 요구에서 오는 안으로부터의 자극은 자고 있는 당사자는 그대로 방치해 두고, 꿈의 잠재사상이 검열에 의한 제어를 회피하지 않는 한에서는 꿈을 형성하는 것으로써 그것을 만족시킨다. 그러나 검열의 제어를 회피할 수 없게 되는 위험이 다가와서 꿈이 너무나도 확실한 것이 되면 그 꿈은 파괴되고 깜짝 놀라서 잠을 깬다이러한 종류의 꿈은 불안몽으로 알려져 있다. 만일 밖으로부터의 자극이 너무 강해서 이제는 물리칠 수가 없게 되는 경우에도 이것과 마찬가지로 꿈에 기능의 정지가 일어난다이것은 각성몽의 일종이다. 꿈의 검열의 협력 아래서 잠재사상을 꿈의 드러난 내용으로 옮겨가는 과정을 나는 꿈의 작업이라고 이름지었다. 즉, 꿈의 작업이란 전의식적인 사상재료의 독특한 처리를 말하는 것이지만, 이 처리에 있어서 앞의 사상재료를 구성하는 모든 요소는 압축되고, 그 심적인 강조가 옮겨지고, 그리고 전체가 시각상에 변환되고 극화되고, 오해를 일으키기 쉬운 2차적인 가공에 의해서 보충되는 것이다. 정신생활에 있어서 무의식적인 심층은 우리들이 숙지하고 있는 정상적인 사고 과정과는 현저하게 다르지만, 꿈의 작업은 이 심층에서 일어나는 여러 가지 과정 가운데 뛰어난 한 모범형인 것이다. 그것도 또 몇 개의 태고적인 특징을 보인다. 예를 들면, 이 경우에는 주로 성적인 상징성을 이용하는 것 등이 그렇다. 그런데 성적인 상징성은 얼마 후 정신 활동의 다른 분야에 있어서도 또 발견하기에 이르렀다.

꿈의 무의식적인 충동의 움짐임이 낮의 잔재, 즉 각성시의 생활의 관심 가운데 처리되지 않은 부분과 결부하면, 그것에 의해서 이 충동의 움직임에서 형성된 꿈은 정신분석학으로써는 이중의 가치를 갖게 된다. 즉, 해석된 꿈은 일면 억압을 받은 소망의 충족이라는 것을 나타냄과 동시에 다른 한편에서는 낮의 전의식적인 사고활동을 계속해서 생각나는 대로의 내용으로 채워진 것이다. 즉, 어떤 의도나 경고나 사려나 이에 반해서 또 어떤 소망 충족도 표현하고 있을 때가 있다. 정신분석학은 꿈을 이 두 개의 방향으로 이용해서 피분석자에 있어서의 의식적 과정과 무의식적 과정을 알아내는 것이다. 정신분석학에는 또 꿈에서 소아기 생활의 잊어버린 소재를 입수할 수 있는 결과 유아형의 건망은 대체로 꿈의 해석과 관련하면서 극복된다고 하는 이점도 있는 것이다. 꿈은 여기서 이전에 최면술에 과해져 있던 역할을 일부 수행하는 것이다. 그런데 세상에서는 내가 꿈의 해석에 의해서 모든 꿈은 성적인 내용을 갖고 있다든가, 성적인 충동의 힘에 귀착시킬 수 있다든가 하는 주장을 수립한 것같이 종종 말하지만, 그런 것을 주장한 기억은 없다. 공복이나 목마름이나 배설의 욕구도 어떠한 억압된 성적 내지는 이기적인 움직임과 같이 충족된 꿈을 낳는 것은 누구에게서도 알 수 있는 것이 아닐까. 유아에 있어서 우리들의 꿈 해석은 쉽게 음미할 수가 있다.

유아는 여러 가지 심적 조직이 아직 그렇게까지 날카롭게 분화되어 있지 않으며, 억압도 아직 그렇게까지 깊이 형성되어 있지 않으므로 종종 꾸는 꿈은 어딘가에 낮 생활을 통하여 잠재된 소망의 노골적인 충족 이외의 것이 아님을 알 수가 있다. 어쩔 수 없는 욕구에 압도되면 성인도 이러한 유치한 형태의 꿈을 꾸는 일이 있다1835년의 추기 –꿈의 기능이 종종 실패로 끝나는 일이 있는 것을 고려해 넣으면, 꿈의 성격을 소망충족의 시도라고 규정하는 것이다. 옛날에는 아리스토텔레스에 의해서 꿈은 수면 중의 정신생활이라고 정의하였는데, 이것은 그런 대로 옳다. 내가 졸저에 '꿈'이라는 표제를 붙이지 않고 《꿈의 해석》이라고 한 것에는 미묘한 의미가 있다.

꿈의 해석과 마찬가지로 정신분석은 또 인간이 흔히 저지르는 실책 행위나 증상 행위의 연구까지도 이용한다. 1904년에 비로소 간행한 《일상생활의 정신병리》라고 하는 연구는 이런 종류의 것에 바쳐진 노작이었다. 이 책은 널리 읽혔지만, 그 내용을 이루고 있는 것은 이러한 현상은 결코 우연적인 것은 아니라는 것, 그것은 생리학적인 설명이 되지 않는 것이라는 것, 거기에는 의미가 있어서 해석할 수가 있는 것이라는 것, 그리고 결국은 억제되었다든가 억압되었다든가 하는 움직임이나 의향이라고 추론할 수가 있는 것이라는 것의 증명인 것이다. 그러나 꿈의 해석이나 실책 행위 및 증상 행위가 가지는 탁월한 가치는 그것이 정신분석 작업에 지주를 부여한다는 점에 있는 것이 아니고, 그것과는 별개의 성질에 존재하고 있는 것이다. 이제까지 정신분석은 단지 병리적인 현상을 해소키는 것만을 해 왔기 때문에 이 병리적인 현상을 설명하려고 취급된 소재의 중요성과는 아무런 관계도 없는 듯한 의미밖에 갖고 있지 않는 가설을 종종 세우지 않을 수가 없었다. 그런데 그 후 취급한 꿈은 병적인 증상이 아니고 정상적인 정신생활의 한 현상으로 아무리 건강한 사람에게도 일어날 수가 있는 것이었다. 꿈이 증상과 같은 구조를 가지는 것으로 꿈의 해명에 증상 때와 동일한 가설, 즉 충동의 움직임의 억압이라든가, 대상형성과 타협형성이라든가, 의식과 무의식을 간직해 두기 위한 여러 가지 심적 체계이다라든가의 가설을 필요로 하는 것이므로 정신분석학은 이미 정신병리학의 한 보조 과학이 아닌 것이다. 그것은 오히려 정상인의 심리를 이해하기 위해서도 뺄 수가 없는 것으로 되어 있는 더욱 새로운 근본적인 심리학의 단서인 것이다. 정신분석학의 전체나 결론은 심적 및 정신적인 사상의 다른 분야로 옮겨도 지장이 없다. 이리하여 정신분석학의 전도는 양양한 바가 있고, 넓은 세계적 관심에의 길이 열려 있다고 말할 수 있다.

　　정신분석학의 내적인 발전을 말하는 것은 이 정도로 하고, 이 부근에서 눈을 돌려 그 외적인 운명에 대해서 쓰기로 하겠다. 정신분석학의 성과에 관해서 이제까지 써온 것은 대체로 나 자신의 작업의 성과였다. 그러나 후에 얻은 결과들도 그 관련 가운데에 넣고 있으며 또 내 제자들이나 지지자들이 기여한 것을 나의 것으로부터 특히 구별하지도 않았다.

　　브로이어와 손을 끊고서 10여 년 동안 나에게는 한 사람의 지지자도 없었다. 나는 완전히 고립되어 있었다. 빈에서는 차가운 눈초리를 받아야 했고, 외국에는 이름도 알려지지 않았다. 1990년에 나온 《꿈의 해석》의 전문 잡지에서조차 거의 취급된 적이 없었다. 《정신분석학 운동사》 속에서 나는 빈의 정신의학자들의 태도를 나타내는 한 예로써 한 사람의 조수와 나눈 담화를 기재해 두었다. 이 사나이는 나의 학설에 반대하는 책 한 권을 저술했지만 《꿈의 해석》을 읽었느냐고 물으니까 읽지 않았다고 대답했다. 그런 것은 읽어도 헛수고라고 임상 강의에서 말을 하더라고 했다. 이 사나이는 후에 원외 교수가 된 다음에 그런 얘기를 한 기억이 없다고 주저함이 없이 앞의 이야기를 뒤집고, 나의 기억을 의심하는 것 같은 말을 했다. 그러나 내가 전기의 책에 기록한 것은 한 자도 틀림이 없는 것이므로 새삼 그일을 주장해 둔다.

내가 조우한 운명은 피할 수 없는 것임을 안 다음부터는 그렇게 신경이 쓰이지 않게 되었다. 거기에 점차로 고립 상태도 종말을 고하게 되었다. 1906년 이후에는 취리히의 정신의학자 오이겐 브로이어1857~1939. 스위스의 정신의학자로 정신분열증이라는 명칭을 처음으로 제창한 것으로 알려져 있다. 후에는 프로이트와 헤어졌다와 그 조수 칼 구스타프 융1875~1961. 정신분석학의 분야에서 프로이트와 쌍벽을 이룬 존재였지만, 후에는 무의식의 계통발생설 등을 수립하여 프로이트와 견해를 달리하고 심하게 대립했다, 그 밖의 사람들이 정신분석학에 활발한 관심을 나타내고 있는 것을 들었다. 얼마 후 이 사람들과 개인적인 관계를 맺게 되고, 1908년의 부활제를 기해서 이 젊은 과학자 벗들과 잘츠부르크에 모여서 이러한 내적인 회합을 정기적으로 열 것과 잡지를 발행할 것을 결정했다. 잡지의 이름은 《정신분석학·정신병리학·연구연보(Jahrbuch für psychopathologische und psychoanalytische Forschungen)》로 결정되고, 편집은 융이 맡게 되었다. 발행인은 브로이어와 저자였지만, 잠시후 제1차 세계 대전이 일어남과 동시에 폐간되었다. 이러한 스위스의 학자들과의 연결과 동시에 독일 내에서도 도처에서 정신분석학에 대한 관심이 환기되어 갑자기 다수의 문헌 가운데서 정신분석학의 일에 대해 언급하게 되었고, 또 학회에서도 이에 대해서 자주 의론이 교환되었던 것이다. 그러나 어느 경우도 따뜻한 호의를 가지고 받아들인 것은 아니었다. 정신분석학을 겉만 핥고는 곧 독일의 학계는 일치해서 이것에 비난을 퍼부었던 것이다.

정신분석학이 정신의학·심리학 및 정신 제과학 일반에 대해서 가지는 가치는 후세에 가서도 결정적 판단이 어떻게 될 것인가 하는 것은 물론 오늘날에도 아직 알 수가 없다. 그러나 생각건대 우리들이 살아나온 그 시기를 기술하는 역사가가 어느 날엔가 나타나는 일이 있으면 반드시 이 역사가는 그 시기의 대표적인 학자들의 태도가 독일의 학문에 대해서 결코 명예스런 것은 아니었다는 것을 인정할 것임에 틀림이 없을 것이다. 그렇다고 해서 내가 여기서 가리키고 있는 것은 그들이 정신분석학을 부정한 사실이라든가 부정함에 있어서 심하다는 것이 아니다. 이런 일이라면 둘 다 이해할 수가 없는 것도 아니고, 또 예상한 대로의 것이었음에 불과하고, 적어도 반대자의 품성에 어두운 그림자를 던지는 것 같은 것은 아니었다. 그런데 그들의 지나친 우쭐댐, 도리도 아무것도 없는 비양심적 태도, 난폭함, 비열한 공격 태도에 대해서는 변명의 여지가 없을 것이다. 그로부터 벌써 15년이 지난 지금도 아직 이런 울분을 터뜨리는 언사를 하는 것은 어린애 같지 않느냐고 나무라는 사람도 있을지 모르겠다. 사실 또 나로서도 만일 그 후에 경험한 다음과 같은 쓰디쓴 사실만 없었더라면 이런 것을 써 내려가지는 않았을 것이다. 그로부터 몇 년 후, 제1차 세계 대전 중에 적으로부터 일제히 독일 국민을 향해서 야만인이라고 부르는 비난이 일어났을 때, 그 내용이 독일의 학자들에 대해서 내가 지적한 것과 매우 같았으므로 나는 나 자신의 경험에 비추어 이것에 대해서 일언반구 반박도 하지 못하고 참으로 쓰라린 심정이었다.

반대자의 한 사람 가운데는 환자가 성적인 사항에 대해서 얘기하기 시작하면 언제나 입을 막아 버린다고 대단히 자랑스럽게 떠벌리는 자가 있었는데, 이러한 일을 하는 것은 성욕이 노이로제에 있어서 수행하는 병인적 역할에 대해서 판단하는 권리를 분명히 정신분석 기법에서 배제하는 것이었다. 감정적인 저항은 정신분석의 이론을 적용하면 쉽게 설명되는 것으로, 우리들도 그것에 현혹된 일이 없었으므로 이것은 일단 도외시했다. 그리고 우리들의 뜻을 전하는 데 주요한 장애는, 반대자가 정신분석학을 나의 사변적인 공상의 산물이라고 간주하는 이 학설을 작성해 내는 데 소요된 긴 세월의 강한 인내에도 불구하고 전제도 아무것도 없는 작업을 믿으려고 하지 않는 점에 있는 것같이 생각되었다. 그들의 의견에 의하면 정신분석은 관찰이나 경험과 아무런 관계가 없기 때문에 자기네들도 자기가 경험해 보지 않고 배척해도 괜찮지 않느냐고 생각하고 있었다. 또 그 중에는 확실한 확신이 있을 턱이 없고, 자기네들이 반론을 가하고 있는 그 자체의 것을 보지 않기 때문에 현미경을 들여다보지 않는다는 흔히 있는 저항의 수법을 반복하는 자들도 있었다. 어떤 새로운 사태에 있어서 자기의 판단에 의지하지 않으면 안 되는 경우, 대개의 인간이 얼마나 부당한 태도를 취하는가 하는 것은 새삼스럽게 주목할 만하다. 다년간, 그리고 또 오늘날도 또한 '호의적'인 비판자들로부터 정신분석학도 이것과 이 점까지는 옳지만 이 점에서부터 조금이라도 벗어나면 지나친 면이 시작되어 부당한 일반화가 시작된다는 말을 들었다. 그런데 나에게 말을 하게 하면 그러한 한계를 짓는 것같이 어려운 것은 없고, 현재 그것들의 비판자들 자신조차도 수일 전 혹은 수주 전까지는 그 사실을 전연 몰랐지 않았느냐고 반론하고 싶다.

정신분석학을 향한 공공연한 저주는 결과적으로 분석학자들의 결속을 한층 굳게 하는 것이 되었다. 1910년의 제2회 '뉘른베르크 대회'에서, 그들은 산돌 페렌치1873~1933, 프로이트의 문하생으로서 헝가리의 지도적인 정신분석학자. 후에 의견의 차이로 프로이트와 결별했다의 제안에 의해, '국제정신분석학협회'를 조직했다. 협회는 지역 그룹으로 나뉘어지고, 한 사람의 회장이 이것을 통괄했다. 이 협회는 제1차 세계 대전 후까지 존속해서 오늘에 이르러 빈, 베를린, 부다페스트, 취리히, 런던, 네덜란드, 뉴욕, 범아메리카, 모스크바, 캘커타의 각 지부를 포괄하고 있다. 초대 회장에 나는 C. G. 융을 밀었지만, 이것은 나중에 밝혀진 것같이 참으로 불행한 처사였다. 그 무렵, 정신분석학의 제2의 기관지로서 알프렛 아들러1870~1937. 프로이트 문하의 오스트리아의 심리학자로 후에 프로이트로부터 떨어졌다와 스테켈이 편집에 관여한 《정신분석학 중앙지(Zentralblatt für psychoanalyse)》가 발간되고, 그 후 얼마 안 되어 제3의 기관지 《이마고Imgo》가 이것에 따랐는데, 이쪽은 의사가 아닌 한스 작스최후까지 프로이트의 충실한 제자의 한 사람와 오토 랑크1884~1939. 프로이트의 최초 문하생의 한 사람이었으나 후에 의견의 차이를 일으킴의 손으로 편집되어 정신분석학을 정신 제과학에 응용하는 면을 과제로 한 것이었다.

브로이어가 정신분석학 옹호의 책《프로스트의 정신분석학》, 1910년을 공개한 것도 그로부터 얼마 안 되어서였다. 사면초가 속에서 하여튼 정당한 의견과 공정한 논리가 나왔다는 의미에서는 참으로 기쁜 일이었지만, 이 브로이어의 노작도 나를 충분히 만족시켜 주는 것은 아니었다. 그것은 너무나도 공평을 가장하려고 한 지나친 자세가 있었다. 쌍가성이라는 귀중한 개념이 정신분석 한가운데 도입된 데 대해서는 다름아닌 이 저자의 덕을 입은 것이 반드시 우연한 것은 아니었던 것이다. 브로이어는 그 후에 논한 곳에서는 정신분석학설을 부정하는 태도를 취하고, 이 근본적인 부분에 의심을 품고 비난을 퍼붓기에 이르렀다. 그렇다면 정신분석학 가운데서 그에게 승인을 받을 부분으로는 도대체 무엇이 남는 것인가 나는 의심하면서 자문했을 정도였다. 그렇다고는 하나 브로이어는 후년에 또 '심층심리학'을 위해서 마음으로부터 유리한 발언을 해 주었을 뿐 아니라, 그의 정신분열병에 관한 커다란 기술을 심층심리학을 기초로 하기도 했었다. 그러나 브로이어는 '국제정신분석학협회'에 오래 머물러 있지는 않았다. 융과의 불화가 원인이 되어 탈퇴하고, 정신분석학은 여기에서 '부르크횔츠리 병원브로이어가 원장이었던 병원의 소재지였는데, '성 안의 한 그루 나무'라는 의미가 있다. 취리히 소재'을 상실했던 것이다.

공공연한 반대에도 정신분석학이 독일 및 다른 나라로 퍼져가는 것을 막지는 못했다. 나는 다른 곳에서《정신분석학 운동사》정신분석학 발전의 단계를 조사하여 밝혀 두고 중요한 대표적인 학자들의 이름을 열거해 두었다. 1909년에 융과 나는 그란빌 스탠리 홀1846~1924. 미국의 심리학자. 존 홉킨스대학 교수를 거쳐서 당시 클라아크대학 총장이었다에 의해서 미국에 초대되어 매사추세츠 주 우스티아의 클라아크 대학에서 그 대학 창립 20주년 기념에 즈음하여 1주일 간에 걸쳐서 축하 강연독일어로을 했다. 홀은 그의 명망에 걸맞은 심리학자 겸 교육학자로 이미 수년 동안 정신분석학을 그 수업 속에 넣고 있었던 것이다. 그는 권위 있는 학자들을 자기의 뜻대로 좌지우지하는 것을 좋아했는데, 마치 '국왕 옹립자'와도 같은 기개가 있었다. 우리들은 그곳에서 또 하버드 대학의 신경학자 제임스 J. 포트남과도 만났다. 이 사람은 노령인데도 불구하고 정신분석학에 열중하여 널리 일반으로부터 존경받으며 인격의 힘을 다 해서 정신분석학의 문화적 가치와 그 의도의 순수함을 홍호해 주었다. 그런데 이 훌륭한 사람도 강박 노이로제적인 소질이 있어서, 그것의 반동으로써 윤리적인 지향이 강했기 때문에 정신분석을 부당하게도 어떤 특정의 철학 체계에 결부시켜서 도덕적 교화에 사용해야 한다고 요구해 온 것만은 곤란했다. 철학자 윌리엄 제임스1842~1910. 미국의 프래그머리즘의 철학자요, 심리학자. 하버드대학 교수였다와 만난 것도 언제나 나의 인상에 남아 있다. 나는 그 조그마한 정경을 잊을 수가 없다. 마침 둘이서 산보하고 있을 때였는데, 그는 갑자기 멈추어 서서 가방을 나에게 건네 주더니 지금 협심증이 발작할 것 같으니, 발작이 가라앉으면 뒤좇아 가겠다고 하면서 먼저 가라는 것이었다. 1년 후 그는 그 심장병으로 죽었다. 그 이래 나는 죽음을 앞에 두고도 이 사람과 같이 태연자약해야겠다고 다짐하고 있는 바이다.

　당시 나는 겨우 53세가 되었는데도 나 자신은 아직 젊고 건강하다고 생각하고 있었다. 거기에 단기간이지만 신세계에 체류한 것으로 훨씬 자신을 강하게 했었다. 유럽에서는 이단시되고 있었지만, 미국에서는 가장 훌륭한 학자들로부터 동등한 인간으로서 대우를 받았다. 워체스터에서 〈정신분석학 5강〉을 강의하기 위해 단상에 올라갔을 때는 믿을 수 없는 백일몽이 실현된 것 같은 감개 무량함을 느꼈다. 정신분석학은 이미 환상이 아니었다. 현실의 가치 있는 일부가 된 것이다. 그것은 우리들의 미국 방문 이래 이제는 그 기반을 잃지는 않게 되었다. 비전문가들 사이에서도 널리 퍼져서 많은 뚜렷한 정신의학자에 의해 의학교수의 중요한 요소로서 인정되어 있었다. 단지 유감스럽게도 미국에서의 그것은 다분히 내용이 빈약했다. 즉, 정신분석학과는 관계도 인연도 없는 것들이 정신분석학의 이름으로 불리는 일을 적지 않게 볼 수가 있었다. 그리고 기법이나 이론을 철저하게 완성시키는 기회가 결여되어 있는 것이다. 또 미국에서의 정신분석학은 행동주의 심리학심리학은 내성적인 방법을 버리고, 오로지 행동을 객관적으로 고찰하는 것으로 비로소 과학일 수 있다고 주장하는 미국의 한 심리학파과 정면으로 충돌하고 있다. 행동주의 심리학은 소박하게도 심리적인 문제 일반을 배제하였다고 자랑스럽게 여기고 있는 것들이다.

유럽에서는 1911년에서 13년에 걸쳐 정신분석학에 배반하고 두 개의 분파 활동이 행해졌는데, 그 앞을 선 것은 이제까지 이 젊은 학문에서 두드러진 역할을 해 온 자들이었다. 하나는 알프렛 아들러에 의한 것이며, 또 하나는 C. G. 융에 의한 것이었다. 양자 모두 위험한 움직임을 나타내고 급속히 다수의 추종자를 획득해 갔다. 그러나 그들의 장점은 그들 자신의 내용의 가치에 힘입고 있는 것이 아니고, 정신분석의 사실상의 재료는 이미 부정하지 않았다 하더라도, 그 귀결이 주는 불쾌감에서 벗어나고 싶다고 하는 마음의 유혹에 힘입고 있었던 것이다. 융은 정신분석에 의한 사실을 추상적·비인격적·비역사적인 것으로 해석을 다시 하려고 시도하고, 이것에 의해서 유아형의 성욕이나 오이디푸스 콤플렉스의 평가 및 소아기 분석의 필요를 없애 버리려고 희망했다. 아들러 쪽은 좀더 정신분석에서 멀어진 것 같이 생각되었다. 그는 성욕 일반의 의미를 부인하고 성격 형성 및 노이로제의 형성을 오로지 인간의 권력 추구욕과 체질적인 열등으로 바꾸려고 욕구에 귀착시켜 정신분석학이 새로이 획득한 심리학상의 성과를 돌아보려고 하지 않았다. 그런데 그는 그가 배격한 것을 다른 명칭으로 그의 사적인 체계 속에 넣지 않을 수가 없었던 것이다. 그가 말하는 '남성 반항'이라는 것은 실제로는 부당하게 성욕화된 억압인 것이며, 이 두 사람의 이단의 무리에게 행해진 비판은 대단히 관대한 것이었다. 나는 아들러와 융에게 그들의 학설을 '정신분석학'이라고 칭찬하는 것을 단념시키는 수밖에 없었다. 10년 후의 오늘날에 와서 보니 양자의 기도는 정신분석학에 아무런 해도 끼침이 없이 소멸해 버린 것은 확실히 인정할 수가 있을 것이다.

어떤 단체가 주된 두세 가지 점에서의 의견의 일치를 근거로 해서 창설되어 있는 경우, 이 공통의 기반을 포기해 버린 사람들이 그 단체에서 떨어져 나가는 것은 당연한 이치이다. 그런데 세상에서는 이전의 제자들이 그렇게 배반하고 간 것을 나의 협량의 증거라고 해서 종종 그 책임을 나에게 돌린다든가, 또는 내가 지니고 있는 특별한 비운의 출현을 거기에서 보려고 했다. 이에 대해서는 다음의 사실을 지적해 두는 것으로 충분할 것이다. 즉, 융과 아들러, 스테켈, 그 밖의 소수의 사람들이야말로 나를 버리고 갔지만, 에이브러햄 1877~1925. 초기 정신분석학의 발전에 기여함, 페렌치, 아이틴곤, 랑크, 어니스트 존스1875~1956. 취리히의 목사요, 교육가. 프로이트와 친교를 맺고, 열렬히 정신분석학을 지지했다, 브릴, 작스, 피스터, 판 엠덴, 라이크 등 그 밖의 다수의 사람들은 대개 15년에 걸쳐서 충실한 나의 협동자로 머무르고, 대체로 두터운 우정을 기울여서 나를 지지해 주고 있었다. 지금 여기에 열거한 것은 정신분석학의 문헌 가운데 이미 그 이름이 알려져 있는 가장 옛날부터의 제자들뿐으로, 그 밖의 사람들을 열거하지 않은 것은 그 사람들을 가볍게 보았기 때문이 아니다. 오히려

이 뒤에 참가한 신진 기예의 학자들 가운데서 크게 촉망되는 유능한 인재들이 있는 것이다. 그러나 좀 큰소리치는 것 같지만, 마음이 좁고 자기는 절대로 틀림이 없다고 자만하고 있는 인간이 어떻게 해서 이렇게 많은 훌륭한 정신의 소유자들을 잡아둘 수가 있겠는가. 더욱이 나 정도로밖에 실제적인 매력을 갖고 있지 못한 경우 더욱 그럴 것이다.

제1차 세계 대전 때문에 다른 많은 조직은 파괴되었지만, 우리들의 '국제정신분석학협회'는 상처가 없었다. 전후 제1회 대회는 1920년, 중립국인 네덜란드의 헤이그에서 열렸다. 굶주림과 가난함을 알고 있는 중부 유럽의 사람들을 맞아들인 네덜란드의 따뜻한 마음 씀씀이에 감동했지만, 또 내가 아는 한에서는 당시 파괴되었던 세계에서 처음으로 영국인과 독일인이 학문상의 관심에서 가깝게 동일한 테이블에 어깨를 나란히 하였던 것이다. 전쟁은 서구의 제국에 있어서와 같이 독일에 있어서도 정신분석에 대한 관심을 높여가고 있었다. 전쟁 노이로제 환자의 관찰에 의해서 겨우 노이로제 장애에 대해서도 정신발생의 의미에 대해서도 의사의 눈은 깨어나고, 우리들의 심리학적 관념의 약간의 것, '질병 이득'이라든가, '질병에의 도피'라고 하던 자가 급속히 일반화되어 갔던 것이다. 붕괴 직전의 최후의 대회가 1918년 부다페스트에서 개최되었을 때에는 독일과 그 동맹국 정부는 공식 대표를 파견해 와서 전쟁 노이로제 환자 치료를 위해서 병원 안에 정신분석과를 설치할 것을 약속했다. 사태의 추이는 이 약속을 실현시키지 못했다. 또 우리들의 가장 훌륭한 회원의 한 사람인 안톤 폰 프로인트 박사가 제안한, 부다페스트에 정신분석학설과 치료의 중앙 본부를 설치하고자 하는 웅대한 계획도 그 직후에 일어난 정변과 드물게 보는 인재의 요절 때문에 좌절되고 말았다. 그러나 이 사람이 제창한 것의 일부는 후에 마르크스 아이턴곤의 손으로 실현을 보게 되어 1920년 베를린에 시립 정신분석병원이 설립되었던 것이다. 헝가리에 단기간 볼세비키 정권이 성립되어 있는 동안에도 페렌치는 여전히 대학에 있어서 정신분석학의 공공연한 대표자로서 훌륭하게 교육 활동을 계속했다. 전후 우리들의 적은 의기양양하게 전쟁의 경험에 의해서 정신분석학의 주장이 옳지 않다는 것을 입증하는 유력한 반증이 나왔다고 보고했다.

그리고 전쟁 노이로제는 노이로제적 질환의 병인과 성적인 계기가 터무니없는 것임을 증명했다고 했다. 그런데 이것으로 개가를 올렸다고 생각하는 것은 경솔하며, 빨랐던 것이다. 왜냐 하면 누구 하나 전쟁 노이로제의 한 증상례에 대해서도 철저한 분석을 행할 수가 없었으므로 그 동기에 대해서 무엇 하나 확실한 것은 알고 있지 못했다. 따라서 이러한 무지에서 어떠한 결론도 끌어낼 수가 없었던 것이다. 그런데 다른 면에서 정신분석학은 일찍부터 나르시시즘과 나르시시즘적 노이로제라는 개념을 획득하고 있으며, 이 개념은 리비도가 대상 대신에 자기의 자아에 고착하는 것을 내용으로 하고 있었던 것이다. 그렇다고 하는 것은, 즉 이제까지 정신분석학이 성욕의 개념을 부당하게 확대했다고 해서 비난하고 있다가 논쟁에 편리하다고 하면, 정신분석학의 이 그릇된 것을 멋대로 잊어버리고, 이번에는 가장 좁은 의미에서의 성욕을 지적해 가며 정신분석학을 비난하기 시작한 것이다.

오로지 카타르시스 요법에 의존해 있었던 전사를 도외시한다면 정신분석학의 역사는 두 개의 시기로 나눌 수 있다고 생각한다. 제1기는 나의 고군분투의 시대로 모든 작업을 나 자신이 하지 않으면 안 되었다. 1895~6년에서 1906~7년까지가 그랬다. 제2기는 그 이후 오늘에 이르기까지인데, 이 시기에는 나의 제자인 협동자들의 참여가 더욱더 커다란 의미를 띠었으므로, 이제 나는 무거운 병 때문에 죽을 때가 가까웠음을 깨닫고 있어도, 마음을 조용히 갖고 나의 일이 끝날 때의 일을 생각할 수가 있는 것이다. 이 〈자전〉 속에서 제2기의 정신분석학 진전의 모양을 나 개인의 활동으로 꽉 차 있던 제1기에 정신분석학이 점차로 수립되어 간 경위를 말할 만큼 자세히 취급하지 않은 것은 다름아닌 앞에서와 같은 사정이 있기 때문이다. 따라서 여기서는 내가 더욱 크게 관여한 새로운 지견知見, 그 가운데서도 나르시시즘, 충동설 및 정신 이상에의 그 응용의 분야에서 새로이 얻는 것에 언급해 두는 것이 좋을 것 같은 느낌이 든다.

경험을 쌓아감에 따라서 오이디푸스 콤플렉스가 더욱더 확실히 노이로제의 중핵인 것이 판명되어 왔음을 부언해 두지 않으면 안 되겠다. 오이디푸스 콤플렉스는 유아형의 성생활의 장점인 동시에 뒤의 발전이 모두 거기에서 출발하고 있는 마디이기도 했던 것이다. 그런데 이 일과 동시에 정신분석에 의해서 노이로제에 특수한 계기를 표출시킬 수가 있다고 생각하고 있던 기대는 허무하게 사라지고 말았다. 융이 정신분석에 의존하고 있던 그 초기에 놀랍게도 지적한 것처럼 노이로제에는 특별히 고유의 내용 같은 것은 없다. 노이로제 환자는 정상인이 운좋게 제압하는 그것과 같은 것 때문에 파탄을 일으키는 것이라는 것을 인정하지 않을 수가 없었다. 그러나 이 통찰은 결코 실망을 의미하지는 않았다. 오히려 그것은 정신분석에 의해서 발견된 심층심리학이야말로 바로 정상적인 정신생활의 심리학이라고 하는 그 다른 견해와 멋지게 일치하고 있었던 것이다. 우리들의 경우도 화학자와 마찬가지의 진행이 되었다. 즉, 산출물의 커다란 질적 차이는 동일한 원소의 화합의 비율에 있어서의 양적 차이에 귀착시켜졌던 것이다.

오이디푸스 콤플렉스에 있어서 리비도는 부모의 표상에 결부되어서 나타났다. 그런데 그 이전에는 이러한 대상을 일체 가지지 않는 한 시기가 있었다. 여기에서 리비도 학설의 근본을 이루는 생각, 즉 리비도가 자기의 자아를 충당하고, 자아 자체를 대상으로 하고 있던 상태라고 하는 관념이 생겨났던 것이다. 이 상태를 '나르시시즘' 또는 '자기애'라고 부를 수가 있었다. 그 다음에 온 고찰에 의해서 나르시시즘적 상태는 결코 완전히 지향되는 것은 아니라는 것, 일생을 통해서 자아는 리비도의 일대 저장고로서 대상충당의 리비도는 여기서부터 보내지고, 또 대상에서 또다시 되돌아올 수도 있다는 것을 말하게끔 되었다. 즉, 나르시시즘적 리비도는 끊임없이 대상 리비도로 변환하며, 그 거꾸로의 변환도 또 가능한 것이다. 이 변환이 어느 정도까지 행해질 수가 있는가를 나타내는 멋진 한 예는 자기희생도 불사하는 성적인, 또는 승화된 연애일 것이다. 이제까지는 억압의 과정 속에서 단지 억압된 것밖에 주의해 오지 않았는데, 이러한 표상에 의해서 이번에는 억압하는 것까지 올바르게 표기할 수 있게 되었다. 종래 억압은 자아 속에 작용하는 자기보존의 충동자아충동에 의해서 실행에 옮겨지고, 리비도적 충동에 따라서 실현을 본다고 해 왔다. 그런데 이제는 자기보존의 충동도 리비도적 성질의 것, 즉 나르시시즘적 리비도라고 인정되었으므로 억압의 과정은 리비도 그 자체의 내부에 있어서 한 과정이 되어 나타났다. 나르시시즘적 리비도는 대상 리비도에 대립하는 것이며, 자기보존의 관심은 대상에의 요구

에뿐만 아니라, 협의의 성욕에 항거해서 자기를 방위했었다.

　대체로 심리학에 있어서 하나의 생산적인 충동설만큼 그 필요성이 통감되는 것은 없을 것이다. 충동설 위에 수립하면 심리학의 이후의 발전은 기대해도 좋은 것이 있을 것이기 때문이다. 그런데 그러한 이론은 현실에는 존재하고 있지 않으므로 정신분석학은 손으로 더듬는 모색을 계속하면서 어떠한 충동설을 수립하는 노력을 하지 않을 수가 없는 것이다. 최초의 정신분석학은 자아충동자기보존 본능, 기아과 리비도적 충동사랑의 대립 방식을 세웠지만, 이어서 이것을 나르시시즘적 리비도와 대상 리비도의 새로운 대립으로 바꾸어 놓았다. 그러나 이것으로 이제는 최후의 결말이 지어졌다는 것은 아니었다. 생물학적인 고려에서 본다면 인간의 충동 가운데서 단지 한 종류의 충동을 가정하는 것만으로 족하다고 하는 것은 허용되지 않는 것같이 보이기 때문이다.

　최근의 노작《쾌락 원칙의 피안》《집단 심리와 자아의 분석》《자아와 이드》 속에서 나는 오랫동안 억제해 왔던 사변에의 경향을 마음대로 발휘해서 거기에서 충동 문제의 새로운 해결을 노렸다. 그리고 자기보존과 종족보존을 에로스의 개념 아래에 포괄하고, 소리도 없이 계속 일하고 있는 죽음의 충동 또는 파괴의 충동을 그것에 대치한 것이다. 충동이란 생명이 있는 것의 일종의 탄성이며, 일단은 존립해 있었지만, 외적인 장애 때문에 지양되어 버린 어떤 상황을 회복하려고 하는 절실한 욕구라고 이것을 지극히 일반적으로 파악하고 있다. 충동의 이러한 성질은 본질에 있어서 보수적인 것이지만, 그것은 반복강박의 여러 현상을 통해서 설명된다. 에로스와 죽음의 충동의 협력작용 및 대항작용은 우리들에게 생명의 상을 제시해 준 것이다.

이와 같이 사변적인 생각을 구성하는 것은 과연 유일하다고 확증되는지 어떤지는 뭐라고 말할 수가 없다. 분명히 이 구상은 정신분석학의 가장 중대한 두세 가지의 이론적 표상을 고정시키려고 하는 노력에서 생긴 것에 틀림이 없지만, 정신분석학의 범위를 초월한 생각이다. 정신분석학에 있어서 리비도라든가 충동이라든가 하는 개념만큼 불명확한 것은 없지만, 그런 것을 최상위 개념으로 하고 있는 것 같은 학문은 학문이라고 할 수 없다고 하는 혹평을 몇 번이나 들어왔다. 그런데 이런 등속의 비난은 원래 사태의 완전한 오인에서 오고 있는 것이다. 명석한 기본 개념이나 엄밀하게 세워진 정의라고 하는 것은 정신 제과학이 사실의 영역을 어떤 지적인 체계 형성의 틀 안에서 포착하려고 하는 경우에만 가능한 것이다. 심리학도 그 하나인 자연과학에 있어서 상위 개념의 이러한 명석함은 필요없을 뿐 아니라 불가능한 것이다. 동물학이나 식물학은 동물이나 식물의 정확하고 충분한 정의에서 시작한 것도 아니고, 생물학만 하더라도 오늘에 이르러서도 아직 생물의 개념조차 꼭 확실한 내용으로 완전하게 규정할 수 있는 형편이 아닌 것이다. 그것뿐이 아니고 물리학조차도 만일 물질·힘·중력 등의 개념이 유감 없을 만큼 명석·정밀하게 정의될 때까지 기다리지 않으면 안 되었다고 하면 오늘날의 발전은 볼 수가 없었을 것이다. 모든 자연과학의 기본적 개념 내지는 최상위 개념은 항시 당초에는 애매한 채로 방치되어 당장은 단지 그것들이 어떠한 현상 영역에서 유래하고 있는가를 지적하여 설명하는 데 불과하며, 관찰 재료의 분석이 진행되었을 때 비로소 명석하고 충분한 내용이 있는 모순되지 않는 것으로 될 수 있다.

세상 사람들이 정신분석학을 다른 모든 자연과학과 동등하게 취급하려고 하지 않는 것을 나는 언제나 대단히 부당한 것으로 느껴 왔다. 이러한 거부적 태도가 있었기 때문에 완고한 반대론도 나타났던 것이다. 애당초 관찰에 의한 학문이라는 것은 그 결론을 조금씩 끌어내어 문제를 한 발자국씩 해결해 가는 수밖에 없음에도 불구하고, 세상 사람들은 정신분석학에 대해 충분하지 않느니, 완전하지 않느니 하면서 비난했다. 게다가 종래 세상에서 인정되지 않았던 성기능을 어떻게 해서 승인시키려고 노력했을 때 정신분석학은 '범성욕설'이라는 낙인이 찍혔다. 또 종래 간과되어 온 소아기의 우연적인 인상의 역할을 강조하면 정신분석학은 체질이나 유전의 요소를 인정하지 않는다고 하는, 전연 생각지도 않았던 말을 듣는 형편이었다. 뭐든지 간에 단지 그저 반대만 하면 된다고 하는 것은 이것일 거다.

나는 나의 이론적 활동의 초기의 단계에 있어서 이미 정신분석적 관찰을 근거로 좀더 보편적인 견지에 도달하려고 시도하고 있었다. 1911년에 〈심적 사상의 두 개의 원칙에 대해서의 정식〉이라는 소론 속에서 유쾌·불쾌의 원칙이 정신생활에 대해서 가지는 우위와 이 원칙이 소위 '현실원칙'에 의해서 바꾸어지는 것을 강조해 두었지만, 이것은 분명히 독창적인 방법이라고는 말할 수가 없었다. 거기에서 나중에는 과감하게 '초심리학'이라는 시도를 해 왔다. 모든 심적 과정이 다 이내밀한 요인, 국제론적 요인, 경제적 요인의 세 가지에 따라서 평가되는 관찰 방법을 '초심리학'이라고 명명한 것으로서, 이것이야말로 심리학이 도달할 수 있는 궁극의 목표라고 보았던 것이다. 이 시도는 미완성인 채로 끝나고 나는 몇 가지의 논문충동과 충동의 운명 −억압 −무의식 −비애와 멜랑콜리아 등을 쓴 것으로 끝냈지만, 분명히 그것은 현명했다. 그 까닭은, 당시는 아직 그러한 확정이 될 수 있는 시기는 아니었기 때문이다. 최근의 사변적인 노작 가운데는 정신분석적 방법에 의해서 병리학적인 사실의 이용을 근거로 해서 우리들의 심적 장치를 분류하는 것을 기도하여 이것을 자아ego와 이드id와 초자아super ego로 나누었다〈자아와 이드〉, 1922년. 초자아는 오이디푸스 콤플렉스를 계승하는 것이며, 인간의 윤리적인 모든 요구를 대변하는 것이다.

이 최근 연구의 시기에 내가 강한 인내가 필요한 관찰에 등을 돌리고 완전히 사변에 빠졌던 것 같은 인상을 불러일으킨다면 참으로 의외이다. 오히려 나는 더욱더 분석 재료와 가깝게 접촉해서 임상상 또는 기법상의 특수한 테마에 손을 대는 것을 그만두지 않았다. 관찰에서 멀어졌을 경우에도 신중하게 본래의 철학에 가까워지는 것을 피해 왔다. 원래 나는 체질적으로 철학에는 맞지 않았기 때문에 이 자세는 대단히 쉽게 되었다. 구스타프 테오돌 페히너1801~1887. 독일의 물리학자요, 철학자, 실험 심리학 또는 자각 심리학의 원조라고 일컬어짐의 생각은 언제나 잘 이해가 되었고, 사실 또 중요한 점에서는 이 사상가를 거처로 삼아왔다. 정신분석학은 쇼펜하우어 철학 — 이 철학자는 감동적 자극의 우위와 성욕이 가지는 커다란 의의를 주장했을 뿐 아니라 억압의 메커니즘까지도 알고 있었다 — 과의 광범한 일치를 나타내고 있으나, 이것은 결코 내가 쇼펜하우어 철학을 알고 있었기 때문이 아니다. 실은 쇼펜하우어를 읽은 것은 훨씬 뒤의 일이었다. 또 한 사람의 철학자 니체의 예견과 통찰도 정신분석학이 고심 끝에 획득한 결론과 종종 놀랄 정도로 합치되어 있었으므로 나는 그 때문에 오히려 오랫동안 고의적으로 니체를 피하고 있었을 정도였다. 어느 쪽이 먼저냐 나중이냐 하는 것보다, 나는 항상 구애되지 않는 태도를 계속 가져야겠다고 생각하였기 때문이다.

노이로제는 정신분석의 최초의 대상이며 동시에 또 오랫동안에 걸쳐서 그 유일한 대상이기도 했다. 의학의 실천이 노이로제를 정신병으로 보지 않고, 기질적인 신경질환에 관련시키는 것이 옳지 않았다고 하는 것은 정신분석 학자라면 의심하는 사람이 없었다. 노이로제학은 정신의학의 한 분야로서 정신의학의 입문에는 빠질 수 없는 것이다. 그런데 정신 이상의 정신분석에 의한 치료의 효과가 희망이 적기 때문에 그 연구도 제외되고 있는 것같이 생각된다. 정신병적 환자들은 일반적으로 양성의 감정 전이의 능력이 결여되어 있기 때문에 정신분석 기법의 주요 수단이 절대로 적용되지 않는 것이다. 그런데도 분석 기법이 통하는 길은 적지 않을 것이다. 감정 전이만 하더라도, 한 발자국도 꼼짝 할 수가 없다고 할 정도로 완전히 결여되어 있지 않는 일이 많으며, 주기적인 기분 변조나 가벼운 편집병적인 변화나 부분성 정신분열증의 경우에는 정신분석에 의해서 틀림없는 성과를 거두어 오고 있다. 또 많은 증상례에 있어서 꽤 오랫동안 정신 노이로제나 조발성 치매로 진단을 내릴 수가 없다는 것도, 이 학문에는 이익이 되었던 것이다. 그러므로 치료를 시도해 보고, 노이로제가 아닌 것을 알고 그것을 중지하지 않을 수 없게 되기 전에 대단히 중요한 사실이 해명되는 일이 있었다. 그러나 가장 문제가 되는 것은 노이로제에서는 고심참담해서 심층에서 파내는 수많은 일들이, 정신 이상에서는 누구나 확실히 볼 수 있게끔 표면에 드러난다고 하는 것이다. 그 때문에 정신분석학의 많은 주장에는 정신의학의 임상이야말로 최선의 실물 강의의 대상을 부여해 주는 것이다. 그러므로 정신분석이 얼마 후 정신의학적인 관찰의 대상을 취급하는 길을 발견한 것도 필연의 결과였던 것이다.

훨씬 초기 때1896년 나는 어떤 망상성 치매의 증상례에서 노이로제에 있어서와 같은 병인적인 계기와 동일한 감정적인 콤플렉스의 존재를 확증할 수가 있었다. 융은 치매증 환자에게 있어서 불가해한 증상들을 그 환자의 과거의 생활 경력에 소급해서 관계를 맺는 것으로 설명했다. 브로이어는 여러 가지의 정신 이상에서 정신분석을 사용해서 노이로제 환자에게 볼 수 있었던 것과 같은 메커니즘을 지적했다. 그 이래 정신분석 학자가 정신 이상을 이해하려고 하는 노력은 끊임없이 계속되고 있다. 특히 나르시시즘의 개념을 들고 나와서 할 수 있게 된 다음부터는 여러 지점에서 정신 이상의 안쪽을 엿볼 수가 있게 되었다. 최대의 성공을 거둔 것은 에이브러햄의 우울증에 대해서의 해명이었다. 물론 이 영역에서는 현재로서는 반드시 모든 지식이 아직 치료상의 힘이 되기까지에는 이르고 있지 않지만, 단순한 이론상의 수확이라고 해서 이것을 경시할 것이 아니고, 실제로 응용되는 날도 멀지 않을지도 모르는 일이다. 정신의학자들도 그들의 환자라고 하는 자료가 제시해 주는 증명력에 언제까지나 항거할 수는 없을 것이다. 이제는 독일의 정신의학계에 정신분석적 견지를 갖고 하는 일종의 평화적 침공이 행해지고 있다. 자기네들은 정신분석가가 되려고 생각하지 않는다든가, 정신분석학의 '정통파'에는 속하고 있지 않다든가, 그러한 과대한 학설에는 찬성하지 않는다고, 특히 성적인 계기가 압도적 우위를 점한다고는 믿을 수가 없다든가 하면서 입으로 단언하면서도, 사실은 신진의 연구들은 대개 정신분석 학설을 몰래 가지고서 그들 나름의 방법으로 자기의 재료에 그것을 응용하고 있는 형편이다. 이러한 경향은 이후에도 더욱더 증대해 갈 것인데, 모든 징후에 비추어 봐서 분명하다.

오랫동안 반항적이었던 프랑스에 정신분석이 들어갈 때 어떠한 반응 증상을 나타냈는지는 지금 여기서 멀리서부터 추적해 보기로 한다. 대체로 이전에 체험한 것을 그대로 재현한 것 같은 인상을 주지만 또 다른 특색도 있다. 가령, 프랑스 인의 섬세한 감정에는 정신분석학의 여러 가지 명령이 현학적이며, 촌스럽기 짝이 없다고 하는 약간 믿어지지 않는 단순한 반대의 소리가 공공연하게 나오고 있는 형편이다(이것을 들으면 레싱의 불멸의 기사 리코 드 마리니엘(《민나 폰 빌헬름》의 등장 인물로 제4막 제2장에서 민나를 상대로 대화하는 대목)의 일이 상기되지 않는가. 좀더 진지하게 들리는 반대론도 있다. 이쪽은 소르본의 한 심리학 교수에게조차도 경청할 만한 가치가 있다고 생각되고 있는 것으로, 즉 라틴적 정신에서는 애당초 정신분석학의 사고방식을 참을 수가 없다고 하는 것이다. 그렇다고 한다면 그들의 일파로 간주되어 있는 앵글로색슨의 동맹국 사람(영국인을 말함)을 분명히 버리는 것이 된다. 그런 것을 들으면 튜톤적 정신은 정신분석학 탄생 때부터 곧 그것을 가장 사랑하는 아들로서 가슴에 끌어안았다고 누구나가 그렇게 믿을 것임에 틀림이 없다.

프랑스에서의 정신분석학에 대한 관심은 문학 분야의 사람들로부터 시작되고 있다. 이 일을 이해하기 위해서는 정신분석학이 꿈의 해석을 가지고 순 의학적인 문제의 한계를 초월한 것을 상기하지 않으면 안 된다. 정신분석학이 독일에서 등장한 다음부터 프랑스에서 등장하기까지의 사이에 그것을 문학이나 예술학의 분야에, 종교사나 선사학에, 더욱이 신화학·민속학·교육학 등에 다양하게 응용하게 되었다. 이 사항들은 모두 의학과는 거의 관계없는 것으로써 단지 정신분석학을 가운데 두고 의학과 연결되어 있는 데 불과하다. 따라서 여기에 들어가 그것에 대해서 논할 권리가 나에게는 없다. 그러나 그렇다고 해서 전연 언급하지 않을 수 없는 것은 일면 정신분석학의 가치나 본질을 올바르게 알아달라기 위해서는 그것들은 불가결한 것이며, 다른 한편 내 생애의 일을 말하는 과제를 맡은 이상에는 그것을 무시할 수도 없기 때문이다. 더욱이 이 응용면의 것은 대부분 나의 노작勞作에서 발단하고 있다. 나는 이곳 저곳에서 옆길을 다녀서 그러한 의학 외의 관심을 만족시키려고 했지만, 의사뿐이 아니고 여러 전문가들이 얼마 후 나의 발자취를 좇아서 각기의 영역에 훨씬 깊이 발을 들여놓았던 것이다. 그러나 나는 자신의 프로그램에 따라서 정신분석학의 응용에 대해서 수행한 나 자신의 기여에 대해서 기록하려고만 생각하고 있기 때문에 응용면의 전파나 의의해 대해서 독자로서는 극히 불충분하게라도 아실 수가 없게 될 것이다.

무엇이 동기가 되어 그런 종류의 관심을 품게 되었는가 하면, 오이디푸스 콤플렉스가 누구한테도 존재하고 있음을 인식하였기 때문이었다. 무서운 소재를 선택하고, 아니 창조하고 있다는 것, 그 소재의 문학적 표현이 감동적인 효과를 갖고 있다는, 그리고 운명 비극 일반의 본질이 이전에서부터 언제나 수수께끼였지만, 이 모든 것이 설명되는 것은 예술작품에 있어서 심적 사상의 합법칙성이 충분히 감정적인 의미로 파악되고 있었다고 하는 것을 통찰한 것에 의해서였다. 저주받은 숙명이라든가, 신탁이라든가 하는 것은 내적 필연의 단순한 우상화에 지나지 않았다. 그러므로 주인공이 자기가 모르면서, 또 자기의 의도에 반해서 죄를 범하는 것은 그의 범죄 지향의 무의식적인 본성이 올바르게 표현된 것으로 이해되었다. 운명 비극을 이렇게 이해하면 햄릿의 성격 비극은 당대인들의 환상의 적이었지만, 그 의미를 분명히 하는 것도, 작가의 모티프를 읽어낼 수도 없었다. 주목할 만한 것에, 햄릿이라고 하는 셰익스피어가 창조한 노이로제 환자는 현실의 세계에 있는 다수의 같은 병자들과 마찬가지로 오이디푸스 콤플렉스 때문에 좌절된다. 그 까닭은, 햄릿은 오이디푸스적 성향의 내용을 이루나, 두 개의 행위로 다른 인간에 대해서 복수한다고 하는 과제에 당면하고 있지만, 그 자신의 어두운 죄책감 때문에 팔이 말을 듣지 않게 되기 때문이다.

셰익스피어가 《햄릿》을 쓴 것은 아버지가 죽은 직후였다1935년의 추기 — 이 생각은 확실히 철회해야겠다고 생각한다. 스트래트포드 태생의 윌리엄 셰익스피어라고 하는 배우가, 오랫동안 그가 쓴 것으로 되어 있던 그 작품의 작자라는 것은 이제는 믿어지지 않는다. I. Th 루니의 저서 《셰익스피어의 검증》이 간행된 이래, 나는 이 익명의 작자라고 하는 것이 어쩐지 옥스퍼드 백작 에드워드 드 비르 같다고 거의 확신하고 있다. 이 비극의 분석에 나는 여러 가지로 시사를 했지만, 이것은 후에 어니스트 존스에 의해서 남김없이 수행되었다. 이어서 오토 랑크도 이 동일한 예를 극작가의 소재의 선택에 관한 그 연구의 출발점으로 했다. '근친상간의 모티프'에 대해서 그의 대 저작 가운데는 시인들이 얼마나 빈번히 오이디푸스적 상황의 여러 모티프를 선택해서 묘사하고 있는가를 멋지게 제시했으며, 그리고 이 소재가 어떻게 변화·변경되고 완화되어 왔는지는 세계 문학 속에서 찾아 보여주었다.

여기에서 문학 및 예술창조 일반의 분석에 착수하는 것은 자명한 일이었다. 공상의 왕국이란 쾌감원칙에서 현실원칙에의 이행이 고통을 수반하므로, 그때 현실생활에서 체념하지 않으면 안 되었던 충동충족의 대상을 부여하기 위해 만들어진 '비호지대'였다는 것을 알았던 것이다. 예술가가 충당되지 않는 현실에서 이 공상의 세계에 틀어박혀 버리는 것은 노이로제 환자와 다를 바 없지만, 이 공상의 세계에서 돌아가는 길을 빌건해서 현실 속에서 또다시 굳건하게 발판을 잡는 것을 터득하고 있는 점에서는 노이로제 환자와는 다르다. 예술가가 창조한 예술작품은 무의식적인 원망을 공상에 의해서 충족시킨 것이라고 하는 점에서도 그렇지만, 그리고 또 타협적인 성격이라는 점에서 꿈과 아주 똑같은 것이다. 왜냐 하면 예술작품도 억압의 여러 힘과의 공공연한 갈등은 피하지 않으면 안 되었기 때문이다. 그러나 비사회적인 나르시시즘적인 꿈의 산물과는 달라서 예술작품은 다른 인간의 관여를 계산에 놓고 있으며, 다른 인간의 동일한 무의식적인 원망의 움직임을 자극해서 만족시킬 수가 있었던 것이다. 그 위에 예술작품은 형식이라고 하는 지각적 쾌감을 '경품'으로 이용했다. 정신분석학이 성취한 것은 생활의 인상, 우연의 운명 및 예술가의 작품의 상관관계에서 그 예술가의 체질과 이 체질 가운데 작용하고 있는 충동의 움직임, 따라서 또 이 예술가에 있어서 보편적·인간적인 것을 구성한다고 하는 것이었다. 이러한 생각으로 나는 레오나르도 다 빈치를 연구의 대상으로 취급했다. 이 연구는 다 빈치가 말하고 있는 단 하나의 어렸을 때의 회상을 근거로 하고 있으며, 근본적인 점에서는 그의 그림 〈성 안나가 있는 세 사람의 상〉의 설명을 목표로 하고 있다. 그 후 나의 친구나 문하생들은 마찬가지의 분석을 예술가와 그 작품에 대해서 기도했다.

예술작품을 이렇게 정신분석적으로 이해함으로써 그 감상이 방해된다고 하는 것은 맞지 않는다. 그런데 문외한은 예술작품에 관해서 정신분석에 너무나 많은 기대를 걸기 쉽지만, 아마도 그들이 가장 많은 관심을 보내고 있는 두 개의 문제에 대해서는 정신분석학은 아무런 빛도 비치지 않는다는 것을 고백하지 않을 수가 없다. 즉, 정신분석은 원래가 예술가의 천부의 재능을 해명하는 데 무력한 것이며, 거기에 또 예술가가 창작에 사용하는 방법인 예술적 기법의 비밀을 밝히는 것을 임무로 하고 있지 않는 것이다.

빌헬름 엔젠1837~1922, 독일의 작가의 작품으로써는 그리 가치가 없는 단편소설 《그라디바》를 예로 들어 나는 작품 속에 나오는 꿈이 현실의 꿈과 같은 해석을 허용한다는 것, 따라서 작가의 창작 가운데 꿈의 작업에서 알 수 있는 무의식의 메커니즘이 작용하고 있는 것을 논증할 수가 있었다프로이트 전집 제7권에 수록된 〈빌헬름 엔젠의 '그라디바'에서 보는 망상과 꿈에 대해서〉를 가리킨다.

졸저 《기지와 그 무의식과의 관계》는 직접 《꿈의 해석》에서 옆길로 간 부산물이다. 그 무렵, 나의 일에 관여하고 있던 단 한 사람의 친구는 나의 꿈의 해석에 대해 종종 '기지가 풍부한' 인상을 준다고 하는 것이었다. 거기서 이 인상의 실태를 분명히 하기 위해서 나는 기지의 연구를 기도하고 기지의 본질은 그 기교적인 수단에 있지만 이 수단들은 '꿈의 작업'의 작용과 같은 것이라는 것인 압축·이동, 그 반대물, 즉 가장 시시한 것에 의한 표현 등등인 것을 알았다. 이것과 관련해서 다음에 어떻게 해서 기지를 들은 사람에게 높은 쾌감이 생기는가 하는 경제적인 연구가 필요했다. 그 대답은 이러했다. "억압에 소비되는 흥분량은 어떤 쾌감의 프레미엄전구쾌감을 제공하는 것을 올라타고 유인되어 오면 일시적으로 제거되기 때문이었던 것이다."

　나 자신도 이 이상으로 좀더 높이 평가하고 있는 것은 종교 심리학에의 기여이다. 이것은 1907년에 강박 행위와 종교적 관습예배의식과의 사이에 놀랄 정도로 유사성이 있는 것을 확인한 것이 동기가 되어 시작한 것이었다. 아직 매우 깊은 관련은 알지 못한 채로 나는 강박 노이로제를 왜곡한 개인 종교라고 했고, 종교를 말하자면 세계적인 강박 노이로제라고 했던 것이다. 그 후 1912년에 노이로제 환자의 정신적 산물과 원시인의 그것과의 사이에 넓은 유사점을 볼 수 있다고 하는 융의 강력한 시사에 촉구되어서 오로지 이 테마에 관심을 가지게 되었다. 《토템과 터부》라는 제목의 책에 묶여진 네 편의 소론 속에서 상술한 것은 원시인 사이에서는 문명인보다도 훨씬 강하게 근친상간 혐오가 확실히 나타나고 있어서 아주 독특한 방어 수단을 만들어 내고 있다고 하는 것이었다. 동시에 또 최초의 도덕적 제안이 나타날 때에 취하는 형태인 터부적 금제가 감정의 양가성과 어떠한 관계를 가지는가를 탐구하고 애니미즘인 원시적 세계 체계 가운데 심적 실재의 과대 평가, 즉 '사상의 전능력'의 과대 평가의 원리가 있다는 것, 그리고 이 원리야말로 또 마술의 근저를 이루고 있는 것임을 분명히 해 보였다. 이리하여 시종 강박 노이로제의 대비를 시도하고, 이 주목할 만한 질환에 있어서는 얼마나 많은 원시적인 정신생활이 작용하고 있는가를 제시했다. 그런데 그 중에서도 내가 매력을 느낀 것은 토테미즘이었다. 이 원시 종족의 최초의 조직 체계 속에서는 사회 질서의 시작이 미발달의 종교나 두세 가지의 터부적 금제의 엄격한 지배와 일체화하고 있다. '숭앙받는' 것은 여기서는 원래 항상 동물이며, 그 부족도 이 동물에서 파생되었다고 주장된다. 모든 민족은 가령 가장 진보한 민족일지라도 이전에는 토테미즘의 이 단계를 거쳐왔다는 것은 갖가지 징후에 의해서 추론될 수가 있다.

이 방면의 연구에 사용한 주된 전거 문헌은 제임스 조지 프레이저의 유명한 저서〈토테미즘과 이종적 결혼〉〈금지편〉로 실로 귀중한 사실과 견해로 가득 차 있었다. 그러나 토테미즘 문제의 해명에는 프레이저도 이렇다 할 성과를 올리고 있지 못하며, 거기에 이 문제에 관한 관점을 몇 번이나 근본부터 바꾸고 있다. 또 다른 인류학자나 선사학자들도 이것들의 문제에서는 불확실하며, 일치하고 있지 않은 것같이 생각된다. 나의 출발점은 토템숭앙받는 동물을 죽여서는 안 된다. 같은 토템신앙의 씨족의 여자를 성적으로 사용해서는 안 된다고 하는 토테미즘의 두 개의 터부 규칙이 아버지를 죽이고 어머니를 아내로 하는 오이디푸스 콤플렉스의 두 개의 내용과 두드러지게 일치하고 있는 사실이었다. 이리하여 원시인이 토템동물을 씨족의 조상으로서 숭앙함으로써 그렇지 않아도 확실히 하고 있는 것처럼 동물과 아버지를 동일시하려고 하는 강한 기분이 생긴 것이다. 그때 정신분석학 측에서 나의 도움이 된 것은 다음의 두 가지 사실이었다. 하나는 페렌치가 어린이에 대해서 행한 멋진 관찰로, 토테미즘의 유치한 복귀로 운운할 수가 있었던 것도 이 관찰의 덕택이었다. 또 하나는 어린이들에게서 초기에 볼 수 있는 동물 공포증의 분석으로 이것에 의해서 종종 이 동물은 아버지의 대용물로서 오이디푸스 콤플렉스에 의한 부친에 대한 공포가 이 내용물에 이동되어 있는 것을 알았다. 이리하여 부친 살해가 토테미즘의 핵심이며 종교 형식의 출발점임을 인식하는데 한 발자국 내디딘 것이다.

그 일보는 W. 로버트슨 스미스의 저서 《샘족의 종교》를 아는 것으로 이루어졌다. 이 천재적인 물리학자 겸 성서 연구가는 토템종교의 본질적인 부분은 소위 토템향연이라고 간주했다. 1년에 한 번, 평소 신성시되고 있는 토템동물을 종족 전원이 참석한 가운데서 엄숙히 살해하여 먹고, 그 뒤에 애도하였던 것이다. 이 애도에서 대대적인 세사가 엉위되었다. 나는 여기에서 또다시, 인간은 원래 유목지의 무리를 이루어 생활하고 있었으므로 그 무리의 성원은 어느 누구나 단 한 사람의 강하고 폭력적이고 질투가 심한 남자의 지배하에 있었다고 하는 다윈의 추론을 부가해서 생각하고, 이상 모든 것의 견해를 근거로 해서 다음과 같은 결과를 얻었다고 하는, 가설이라기보다는 비견鄙見이 이루어진 것이다. 즉, 원시 유목자 무리의 아버지는 절대적인 독재자로서 모든 여자를 그의 것으로 하기 위해 연적으로서 위험한 존재인 자식들을 죽이든가 추방하든가 했다. 그런데 어느 날인가 자식들이 서로 모여 단결해서 그들의 적이기도 하고 이상이었던 아버지를 넘어뜨려 죽인 후 먹어 버렸다. 그러나 그것을 수행한 다음 이번에는 형제들이 서로 적대시했기 때문에 누구도 후계자가 될 수가 없게 되었다. 아차 하고 후회하는 순간 그들은 화목하게 되고 이후 두 번 다시 이런 종류의 행위를 반복하면 안 된다고 하는 토테미즘의 규칙을 세우고, 하나의 동포 씨족을 만들어 내어 아버지를 죽이는 원인이 되었던 여자들을 소유하는 것을 모두 다같이 단념하였다. 이리하여 그들은 다른 씨족의 여자에게 행하게 되었던 것이다. 이것이 토테미즘과 밀접하게 결부되어 있는 이족 혼인의 기원인 것이다. 토템향연은 이 무서운 행위를 기념하는 제사인데, 인류의 죄책의 식원죄은 이 행위에서 유래하고, 사회 조직과 종교, 도덕적 제약도 이 행위와 동시에 시작되고 있는 것이다.

그런데 이러한 가능성이 역사적으로 승인될 수 있는지 어떤지는 별도로 하고, 이렇게 생각하는 것으로 종교의 형성이 부친 콤플렉스의 토대 위에 놓여지고, 부친 콤플렉스를 좌우하는 양가성 위에 세워지기에 이르렀던 것이다. 토템동물에 의한 부친 대응이 폐기된 다음에는 공포·증오·존경·선망의 대상이었던 부족의 부조父祖 그 자체가 신의 원형이 되었던 것이다. 자식의 반항과 부친 동경은 서로 싸울 때마다 항시 새로운 타협 형성물을 낳고 이것에 의해서 한쪽은 부친 살해 행위가 속죄됨과 동시에, 다른 한편에서는 이 행위의 이득을 유지하려고 했다. 종교를 이렇게 파악하면 기독교를 심리학의 근거로 해서 바라보는 사고방식도 특히 확실해져 오는 것이다. 기독교 속에는 토템향연의 의식이 성체 배수라는 형태로 아직 거의 왜곡되지 않은 채 살아 있는 것이 아닌가. 이 일은 내가 처음으로 인정한 것이 아니고 로버트슨 스미스나 프레이저에게서 이미 볼 수 있는 견해임을 확실히 말해 두어야겠다.

Th. 라이크나 민속학자 G. 로하임은 굉장히 주목할 만한 노작 가운데서 《토템과 터부》의 생각을 취급하여 계승하고 깊게 수정을 가하고 있다. 나 자신도 후에 또 몇 번이나 이 생각으로 되돌아갔다. 가령 노이로제적인 질환의 동기 속에서도 지극히 커다란 의의를 가진다고 생각되는 '무의식적인 죄책감'의 연구라든가, 사회 심리학을 개인 심리학과 더욱 긴밀히 결부해서 생각하려고 한 서론〈자아와 이드〉〈집단 심리와 자아 분석〉 등이 그것이다. 더욱이 최면의 가능성을 설명하기 위해서도 인간의 원시군거시대에서 태고적인 유산을 들고 나왔던 것이다.

정신분석학은 그 이외의 면을 응용하는 데 있어서 나는 직접 너무 관여하고 있지 않지만, 이것도 역시 가장 널리 일반의 관심을 끌 수 있는 가치가 있는 것이다. 개개의 노이로제 환자의 공상을 근거로 신화나 전설이나 동화 가운데 나타나고 있는 집단이나 민족의 공상적인 산물을 해명하는 넓은 길이 통해 있다. 신화학은 오토 랑크의 연구 영역이 되어 신화화해서, 즉 신화를 주지의 무의식직인 소아콤플렉스에 귀착시켜 정신의 설명을 인간적인 동기로서 바꾸어 놓은 것은, 대개의 경우 그의 정신분석적인 연구의 성과였다. 또 상징성이라는 제목에 대해서도 나의 동료들로부터 다수의 연구자가 배출되었던 것이다. 상징성의 문제 때문에 정신분석학은 얼마나 많은 적의를 초래했는지 모른다. 정신분석학이 꿈의 해석에서 생긴 이 상징성을 인정한 데 대해서 너무나도 착실한 다수의 연구가들은 참을 수가 없었던 모양이다. 그러나 상징성을 발견한 것은 정신분석학이 아니다. 그것은 다른 분야에서는 훨씬 이전부터 알려져 있던 것이며, 그것들의 영역민속학·전설·신화학 등에서는 '꿈의 언어'에 있어서보다는 좀더 커다란 역할조차 하고 있다.

정신분석학을 교육학에 응용하는 방면에 대해서는 나 자신은 전혀 공헌하고 있지 않다. 그러나 당연한 일이다. 그러면서도 어린이의 성생활이나 심적인 발달에 관한 정신분석에 의한 보고는 교육자의 주의를 끌어서, 그들의 과제에 새로운 빛을 던지게 되었다. 교육학 분야의 이 방향의 불꽃의 투사로서는 취리히의 프로테스탄트의 목사 O. 파스터를 우선 꼽지 않을 수 없다. 이 사람은 정신분석학의 비호는 종교심, 그렇다고 해도 물론 승화된 종교심의 견지와 서로 허용 안 되는 것은 아니라고 생각했다. 그와 더불어 빈의 후그 헬무트 박사여성 심리학자·아동 심리학자, 정신분석학의 지지자나 S. 베른펠드 박사도 열거해 두어야 겠다1935년의 추기 — 그 후 멜라니 클라인 부인과 나의 딸 안나 프로이트의 작업에 의해서, 이 소아분석의 부문이 힘찬 비약상을 보였던 것이다. 건강한 어린이의 예방적 교육 및 아직 노이로제라고는 할 수 없지만 발육이 정상이 아닌 어린이의 과정에 정신분석을 사용한 결과는 실제로 중대한 것이 있었다. 정신분석은 의사만 하는 것으로 하고 아마추어를 거기에서 쫓아 버린다고 하는 것은 이제는 불가능한 것이다. 사실 의사라고 하지만 특수한 교육을 받지 않은 이상은 면허증이 있다 하더라도 일단 정신분석에 대해서는 아마추어이며, 의사가 아니라도 그것에 상당한 준비를 하고 때와 경우에 따라서 의사와 상담해서 한다면, 노이로제의 정신분석 치료의 과제는 훌륭하게 수행할 수가 있다.

정신분석학은 항거하기 힘든 성과를 거두면서도 다방면에 걸쳐서 발전을 해 왔지만, 정신분석학이라는 언어는 그 때문에 여러 가지 의미를 띠게 되었다. 원래는 어떤 특정의 치료 방법을 가리켜 말하는 것이었지만, 이제는 무의식적·심적인 것을 취급하는 학문의 명칭이 되었다. 이 학문은 그것만으로 어떤 문제를 완전히 푼다는 것은 극히 드물다고 하지만, 가지각색의 학문의 영역에 중요한 공헌을 하는 사명을 띠고 있는 것같이 생각된다. 정신분석학의 응용분야에 심리학의 그것에 뒤지지 않는 넓은 것이 있음과 동시에 심리학은 정신분석학에 의해 현저하게 영향 분야를 보충했음에 틀림없다.

그런데 나는 보잘것없는 나의 생애의 작업을 뒤돌아보고 이렇게 말할 수가 있다. 나는 여러 가지로 최초의 실마리를 만들고 적지 않은 단서를 주었을 뿐으로 멀지않은 장래 거기에서 무엇인가가 생겨날 것이라고, 그것이 괄목할 만한 것이 되는지 또는 보잘것없는 것으로 끝날는지는 나 자신도 알 수가 없다. 그러나 나나 우리들 인류의 인식에 있어서 중대한 진보의 선을 긋기 위한 길을 열었다고 하는 희망적인 감회를 말하는 것은 허용될 것이다.

# 1935년 : 추기追記

　내가 아는 한 이 《자전》 총서의 간행자는 몇 년이 지난 다음에 속편이 씌어지리라고는 생각하지 못했을 것이다. 아마 이것이 효시가 될 것이다. 이것을 쓰게 된 동기는 미국의 출판업자로부터 이전의 나의 소저小著를 신판으로 독자에게 제공하고 싶다는 간청이 있었기 때문이다. 이 소저라고 하는 것은 1927년에 미국의 브렌타노 사社에서 최초로 《자전풍 연구록》이라는 표제로 출판된 것이지만, 서투르게도 또 한 편의 다른 소론 〈아마추어에 의한 정신분석의 문제〉와 합쳐졌기 때문에 후자의 뒤에 숨겨지고 말았다. 《자전》에 일관하고 있는 것은 나의 생애의 경력과 정신분석학의 역사, 이 두 개의 제목이지만, 양자는 밀접하게 결합되어 있다. 즉, 이 《자전》은 정신분석학이 어떻게 해서 나의 인생 내용이 되어 있는가를 나타내고 있는 것이지만, 그때 나는 자기의 일상에서 생긴 일은 정신분석학이라는 학문에 대한 관계에 비하면 관심을 가질 만한 가치가 있는 사항이 아니라는 생각에 따르고 있었다. 이것은 어디까지나 옳다고 믿고 있다. 《자전》

집필 직전에는 악질병의 재발로 나머지 생애가 얼마 남지 않았다고 생각되었다. 1923년에 받은 외과 수술 덕택에 생명을 건지고 완전히 고통이 없어진 것은 아니었으나 하여튼 일은 계속할 수가 있게 되었다. 그로부터 10여 년간 나는 정신분석의 연구를 계속하는 한편, 학설 간행의 작업을 중지하지 않았다. 12권으로 완결한 《총서》빈의 국제정신분석학회 협회 출판부 간행가 이것을 나타내고 있다. 그러나 나는 내가 이전에 비해서 대단히 달라졌다고 생각했다. 나의 발전 속에는 몇 개의 실이 서로 헝클어져 있었지만, 그것이 풀어지지 시작한 것이다. 후년에 얻은 관심은 흐려지고, 원래의 관심 쪽이 또다시 강화되었다.

물론 이 최근 10년간에도 '억제·증상·불안'에 있어서 불안의 문제의 수정과 같이 아직 적지 않은 중요한 정신분석의 작업을 기도했고, 혹은 또 1927년에는 성적인 '페티시즘'의 쉬운 해설을 쓰기도 했었지만, 그렇긴 해도 두 종류이 충동에로스와 죽음의 충동을 내세워 정신적 인격을 자아와 초자아와 이드로 나눈1923년 뒤에는 정신분석학에 이제는 이렇다 할 결정적인 기여를 하지 않았다고 해도 좋을 것이다. 따라서 그 후에 내가 쓴 것은, 씌어지지 않았어도 아무렇지도 않았을 것이며, 얼마 후 다른 방면에서 들고 나왔을지도 모른다. 이것은 나에게 일어난 어떤 변화, 말하자면 일종의 퇴행적 발전과 관련이 있었던 것이다. 여러 자연과학·의학·정신요법 식으로 일생 동안 배움길을 돈 다음에 나의 관심은 그 옛날 아직 충분한 사색력도 트이지 않았던 청년시대에 마음이 끌렸던 그 문화의 여러 문제들로 다시 되돌아갔다. 1912년이라고 하면 정신분석 연구의 클라이맥스의 시기이지만, 그 도중에 이미 《토템과 터부》 속에서 종교와 도덕을 탐구하는 데 정신분석으로 새로이 획득한 통찰을 남김없이 활용하려고 시도했었다. 그 후 두 편의 소론 《환상의 미래》1927년와 《문화와 불안》 1920년은 이 연구 방향의 계속이었다. 이리하여 나는 점차로 인류사에서 생긴 일, 인간이나 문화의 발전과 종교에 가장 단적으로 나타나 있는 원시시대 체험의 그 잔재 사이의 상호작용은 정신분석학이 개개의 인간에게 있어서 배우는 자아와 이드와 초자아 사이의 다이내믹한 갈등의 반응에 지나지 않는다는 것, 단지 그와 같은 과정이 보다 넓은 무대에서 반복되는 데 불과하다는 것을 인식하기에 이르렀다. 《환상의 미래》에서 종교에 오로지 부정적인 평가를 내렸지만, 나중에는 종교가 한층 정당한 것임을 논증하는 방식을 발견했다. 즉, 종교의 힘은 분명히 그 진리 내용에 기인하지만, 이 진리는 결코 물질적인 것은 아니고 역사적인 것이라는 것을 입증한 것이다.

이것들의 연구는 정신분석학을 출발점으로 하고 있지만 그 범위를 훨씬 넘고 있어서 아마도 일반 세상에서는 정신분석학 그 자체보다도 더욱 반향을 불러일으킬 것 같다. 극히 짧은 시간이라곤 하지만 독일 국민과 같은 뛰어난 국민이 귀를 기울이는 저자의 한 사람으로 꼽게 되었다는 꿈과 같은 일이 일어난 데 대해서는 이것들의 연구가 크게 힘이 되었는지도 모르겠다. 독일 민족의 가장 명성 높은 대변자의 한 사람인 토마스 만이 실로 멋지고 동시에 호의 넘치는 소론 가운데서《근대 정신사상에 있어서의 프로이트의 지위》를 가리킨다 영광스럽게도 나 같은 사람에게 근대 정신사상의 한 지위를 마련해 준 것은 1929년의 일이었다. 그리고 얼마 안 있어 딸인 안나가 내가 받게 될 1930년 괴테상을 받기 위해서 프랑크푸르트 암 마인에 가서 나를 대신해서 그곳 시청에서 거행되는 명예로운 수상식에 참석했다. 참으로 내 생애 최고의 때였다. 그런데 그 후 얼마 지나서 우리들의 조국은 그

편협 고루한 상태에 빠지고, 독일 국민은 우리들의 일 같은 것은 전연 돌보지도 않게 되었다.

이상으로 나의 자전의 글을 마쳐도 괜찮을 것이다. 그 이외의 일신상의 사정이라든가, 투쟁·환멸·성과 등에 관해서 이 이상 알 권리는 세상 사람들에게도 없을 것이다. 그렇지 않다도 두세 가지의 졸저속에서 ─ 《꿈의 해석》《일상생활의 정신병리》 등 ─ 보통 사람들이 같은 시대라든가 후세를 위해서 기록한 것 이상으로 솔직하게 자신의 생활을 기술했다. 그런데 그것에 대해서 거의 감사하다는 말을 들은 적이 없다. 이 경험으로 보건대, 남에게 나와 같이 하라고 권할 기분은 나지 않는다.

또 두서너 마디, 최근 10년간에 있어서의 정신분석학의 운명에 대해서 말해 두고 싶다. 정신분석학이 앞으로도 존속해 나갈 것이라는 것은 의심할 나위가 없다. 학문의 한 분야로서, 또 치료법으로써 살아가고 발전할 수 있다는 것은 이미 입증되어 왔다. 국제정신분석학협회에 가입하고 있는 신봉자의 수는 두드러지게 늘어가고 있다. 빈, 베를린, 부다페스트, 런던, 네덜란드, 스위스 등 옛날부터 있던 지역 그룹에 파리, 갤커타, 일본에서 두 개, 미 합중국에서 여러 개 그룹, 최후에 예루살렘, 남아프리카에서 각각 하나, 스칸디나비아제국에서 두 개의 그룹이 각기 새로이 가입했다. 이것들의 지역 그룹은 독자적인 수단으로 교육 시설을 유지하고, 그 시설에서 통일적인 교육계획에 따라서 정신분석학의 지도가 행해지고 있다. 또 외래 진료소를 설치하고, 숙달된 분석학자나 문하생들이 빈곤한 자에게 무료 치료를 행하고 있다. 그리고 또 이러한 시설이 없는 곳에서는 그것을 창설하는 데 노력하고 있다. 〈국제정신분석학협회〉의 멤버는 2년마다 모여서 대회를 열고, 학술 강연을 개최하고, 조직의 문제를 결정한다. 제12회 대회에서는 나 자신은 출석할 수가 없었지만, 이것은 1934년 스위스의 뒤체른에서 개최되었다. 회원의 연구 전부에 걸쳐 공통의 것으로부터 갖가지 방향으로 다양하게 이르고 있다. 심리학적인 인식을 해명하고 심화하는 것에 중점을 두는 자도 있으며, 내과의학 및 정신의학과의 관련을 유지하는 것에 노력하는 자도 있다.

실제적인 점에서 일부의 정신분석 학자는 정신분석학의 대학에 의해서 승인되고, 의과의 교육 계획 가운데 채택하게끔 하는 것에 목표를 두고, 또 다른 사람들은 겸허하게 어디까지나 대학 밖에 있는 것에 만족하고, 왜 하필이면 정신분석학의 교육적 의의를 그 의학적 의의와 대비해서 부족한 것으로 할 필요가 있느냐 말하고 있다. 때로는 또 어떤 정신분석학의 협동자가 단 하나의 정신분석학상의 발견 내지는 관점을 다른 모든 것을 희생해서라도 관철하려고 하여 고립해버리는 일이 흔히 있다. 그러나 전체적으로 높은 수준의 진지한 학문적 연구가 진행되고 있다는 인상을 주는 것이 기쁘기 그지없다.

# 제2장 프로이트 심리학의 이해

## The Primer of Freudian Psychology

C. S. 홀 지음

# 1
## 퍼스낼리티性格의 구성

프로이트가 생각한 총체적 퍼스낼리티는 세 가지 주요 부분으로 이루어져 있다. 즉, 이드id·자아ego 및 초자아super ego이다. 정신적으로 건강한 사람에게 있어서 이 세 부분은 통일적이고도 조화로운 구성을 이룬다. 이들의 상호 협동이 잘 이루어짐으로써 인간은 환경과 효율적이고 만족스러운 상호 작용을 해 나갈 수 있다. 인간은 자신의 기본적인 욕망과 욕구를 충족시키기 위해 환경과 상호 작용을 한다. 따라서 만일 인격을 이루는 세 부분이 서로 조화를 이루지 못하면 그 사람은 적응을 못 하는 사람이며, 또한 자신과 세상에 대해 만족을 느끼지 못하고, 매사에 능률도 발휘하지 못한다.

### 1) 이드

이드의 독자적인 기능은 내적·외적 자극으로 인해 인체의 조직에 발생한 흥분에너지 또는 긴장을 즉시로 줄이는 것이다. 이러한 이드의 기능은 삶에 있어서 가장 원초적이고 일차적인 원리 — 프로이트는 이를 쾌락원리라 불렀다 — 를 충족시키는 것이다. 쾌락원리의 목적은 인간에게서 긴장을 제거하거나, 만일 그것이 불가능하다면 긴장의 크기를 적절한 수준까지 끌어내려 가능한 한 평상적인 상태를 유지하게 하는 것이다. 긴장은 고통이나 불쾌감으로 느껴지는데 반해, 긴장의 완화는 쾌락이나 만족감으로 느껴진다. 따라서 쾌락원리의 목적은 고통을 제거하고 기쁨을 되살리는 데 있다.

쾌락원리는 모든 생물체가 내적·외적 장애에 처했을 때 평형 상태를 유지하기 위해 취하는 공통된 경향 중의 특별한 경우이다.

가장 원초적인 형태로 나타날 때의 이드는 어떤 감각적 흥분이 전달되었을 때, 즉시 운동계를 통해 이를 해소하는 일종의 반사 정치라 할 수 있다. 예를 들어, 매우 밝은 빛이 눈의 망막에 들어오면 눈꺼풀이 닫혀서 빛이 망막에 닿지 못하도록 막는다. 이리하여 빛 때문에 신경계에 일어난 흥분은 가라앉고 생체 조직은 평형 상태로 돌아가게 된다.

생체는 이러한 반사 장치를 많이 가지고 있어서 감각 기관에 전달되는 자극에 의해 고조된 긴장을 자동적으로 해소하고 있다. 이러한 운동을 통한 긴장 해소의 결과로 자극이 제거된다. 예를 들면, 코의 점막에 있는 감각 기관에 이물질이 들어오면 반사적으로 재채기가 나고, 이때 눈물이 나와 코 속에 들어온 이물질을 씻어낸다.

자극은 외부로부터뿐만 아니라 내부로부터도 주어진다. 예컨대, 방광에 오줌이 어느 정도 차게 되면 내적인 자극이 일어나서 반사적으로 방광의 밸브가 열린다. 오줌이 차서 생긴 방광 속의 흥분긴장은 오줌을 배설함으로써 해소된다.

만일 생체에서 일어나는 모든 긴장이 전부 반사 작용에 의해 해소될 수 있다면 이러한 원시적인 반사 장치 이외에 어떠한 심리적 발달의 필요성도 없게 될 것이다. 그러나 실제로는 이렇게 될 수만은 없다. 긴장이 일어나는데도 반사적으로 이를 적절히 처리하지 못하는 경우가 많이 있다. 예를 들면, 젖먹이는 배가 고프면 위장이 자연히 수축된다. 그러니 이렇게 위장이 수축되었다고 해서 음식물이 바로 뱃속에 들어오지는 않는다. 따라서 젖먹이는 안절부절못하고 울게 된다. 만일 젖먹이에게 젖을 먹이지 않으면 긴장의 강도가 증가되어 나중에는 느껴지지 않게 될 것이고, 시간이 지나면 젖먹이는 마침내 굶어 죽게 될 것은 물론이다.

배고픈 젖먹이는 어른이 음식물을 먹여 주지 않는 한 자동적으로 배고픔을 충족시켜 줄 반사 장치가 없다. 적당한 음식을 입에 넣어 주고, 그것을 삼켜서 소화기의 반사 작용이 자동적으로 일어나면 비로소 배고픔으로 인한 긴장은 해소되는 것이다.

젖먹이가 배고픔으로 인한 긴장을 느낄 때마다 즉시 음식이 주어진다거나, 또 다른 긴장들이 이와 비슷하게 부모의 도움에 의해 즉시 해소된다면 심리적 발달은 일어나지 않을 것이다. 그러나 부모들이 아무리 잘 보살펴 준다 해도 아기의 요구 모두를 즉각적으로 충족시켜 줄 수는 없는 법이다. 게다가 실제로 부모들은 아기들을 훈련 또는 교육시키기 위해 일정한 시간을 정하고 관례를 만들기 때문에, 아기의 긴장을 해소해 주는 만큼 긴장을 만들어 내기도 한다. 이렇게 되면 아기는 반드시 어느 정도의 좌절감이나 불쾌감을 느끼게 된다. 이러한 느낌들이 이드의 발달을 촉진시키는 것이다.

좌절감으로 인해 이드 내에서 일어나는 새로운 발달을 정신분석학적 용어로는 일차적 과정primary process이라 부른다. 일차적 과정의 성격을 이해하기 위해서는 인간의 심리적 잠재 능력에 대해 먼저 논의하지 않으면 안 된다. 심리적 장치에는 감각말초기관과 운동말초기관이 있다. 감각말초는 자극에 감응하는 특수한 구조의 감각 기관으로 구성되어 있고, 운동말초는 행동이나 움직임을 일으키는 근육으로 되어 있다.

반사 행동을 일으키는 데는 감각 기관과 근육, 그리고 이들 사이를 연결하고 정보로 전달해 주는 신경조직만 있으면 된다.

이와 같은 감각계와 운동계 외에도 사람은 인지계認知系와 기억계를 가지고 있다. 인지계는 감각계로부터 메시지를 전달받아서 정신적 영상 또는 대상 물체의 표상을 만들어 감각 기관에 되돌려 보낸다. 그리고 이러한 정신적 영상은 기억계 속에 저장된다. 기억계 안에 저장되어 있던 기억이 활성화되면 원래 인지되었던 사물의 영상에 대한 기억이 되살아나게 된다. 과거는 이러한 기억의 영상을 통해 현재에 재현하게 된다. 인지는 사물의 정신적 표상인 데 비해 기억된 영상은 인지된 것의 정신적 표상이다. 우리가 세상의 어떤 사물을 볼 때 인지가 형성된다. 우리가 한 번 본 것을 회상할 때 기억된 영상이 형성되는 것이다.

이제 다시 배고픈 젖먹이의 경우로 돌아가 보자. 과거에는 젖먹이가 배고플 때마다 음식물이 주어졌다. 음식을 먹는 동안 젖먹이는 그 음식을 보고, 맛을 보고, 냄새를 맡고 느낀다. 이렇게 인지된 것은 그의 기억계에 저장된다. 계속적인 반복을 통해 음식물은 긴장 해소와 연관을 갖는 것으로 된다. 따라서 만일 젖먹이가 배고플 때 즉각적으로 음식이 주어지지 않으면, 그때의 긴장은 그것과 연관된 음식물에 대한 기억을 살려낸다. 다시 말해서 이드 속에는 배고플 때의 긴장을 해소시켜 줄 수 있는 물질의 영상이 자리잡고 있는 것이다. 긴장을 해소해 주는 물질에 대한 기억 영상을 살려내는 과정을 '일차적 과정'이라 부르는 것이다.

일차적 과정은 프로이트가 '인지와의 동일성 확인'이라 부르는 과정을 통해 긴장을 해소할 목적으로 일어난다. '인지와의 동일성 확인'이란 기억 속에 존재하고 있는 영상과 현재 인지하고 있는 대상을 이드가 동일한 것으로 인식하는 것을 의미한다. 이드에게 있어서는 음식에 대한 기억은 현재 눈 앞에 있는 음식을 먹는 것과 똑같은 것이다. 다시 말하면, 이드는 '주관적'인 기억 영상과 실재하는 사물에 대한 '객관적'인 인식을 구별하지 못하는 것이다.

일차적 과정의 비근한 예로 사막에서 목마른 여행자가 마치 물이 보이는 듯한 착각을 일으키는 것을 들 수 있다. 또한 다른 예를 들자면 잘 때 꾸는 꿈을 들 수 있다. 꿈은 대개 시각적으로 나타나는 연속적인 이미지의 집합이며, 과거의 즐거웠던 사건이나 사물에 대한 기억을 재생시킴으로써 긴장을 해소시키는 기능을 가지고 있다. 배고픈 사람은 음식물이나 먹는 것과 관련된 꿈을 꾸는 데 반해 성적으로 흥분된 채로 잠이 든 사람은 성행위 또는 그와 관련된 꿈을 꾸게 된다.

긴장을 해소시켜 주는 사물에 관한 영상을 만들어 내는 것을 '원망충족wish fulfillment'이라 한다. 프로이트는 모든 꿈이 원망충족이거나 원망충족을 의도하는 것이라 믿었다. 우리는 우리가 원하는 것에 관한 꿈을 꾸게 되는 것이다.

물론 배고픈 사람이 음식에 관한 꿈을 꾼다고 배가 불러질 수 없고, 목마른 사람이 생각 속에서 물을 마신다고 목마름이 해소될 수는 없다. 프로이트는 꿈꾸는 사람의 경우에 원하는 사물이나 사건에 대한 꿈은 그 사람이 깨지 않고 잘 잘 수 있도록 해 준다고 생각했다. 잠들지 않고 깨어 있을 경우에도 일차적 과정은 전혀 쓸모없는 것은 아니다. 왜냐 하면 사람이 원하는 것을 가지거나 행하기에 앞서 그가 원하는 것이 무엇인가를 아는 — 즉, 그에 대한 영상을 가지는 — 것이 필요하기 때문이다. 가령 음식물에 대한 정신적 표상을 떠올리고 있는 배고픈 사람은 자기가 무엇을 바라고 있는지조차 모르는 사람보다는 음식물을 취해 만족을 얻을 가능성이 더 많은 것이다. 만약 일차적 과정이 없었더라면 사람들은 자기가 정확히 무엇을 바라고 있는가를 모르기 때문에 무수한 시행 착오를 거쳐야만 목적을 이룰 수 있을 것이다.

일차적 과정 자체만으로는 긴장을 효과적으로 제거할 수 없기 때문에 이차적 과정이 발달된다. 그러나 이차적 과정은 자아에 속하는 과정이므로 그에 대한 논의는 다음으로 넘기기로 하자.

프로이트는 이드에 관한 또 다른 말도 하고 있다. 즉, 이드는 심리적 에너지의 일차적 원천이요, 본능의 자리라는 것이다 에너지와 본능에 관한 논의는 제2장의 2 〈퍼스낼리티의 역동〉을 보라. 이드는 외부 세계보다는 신체 및 그 작용 과정과 보다 밀접한 관련을 맺고 있다. 또한 이드는 자아나 초자아에 비해 조직적이지 못하다고 볼 수 있다. 이드의 에너지는 항상 동적인 상태에 있으므로 한 대상에서 다른 대상으로 전이되거나 쉽게 배설되어 버리기도 한다. 이드는 시간의 흐름에 따라 변화하지는 않는다. 그것은 외부 세계와 접촉되어 있지 않기 때문에 인간의 경험에 의해서 수정되는 일도 없다. 다만, 자아에 의해서 통제되거나 조절될 수는 있다.

이드는 이성이나 논리법칙에 지배되지 않고, 가치의식·윤리, 또는 도덕성도 가지지 않는다. 그것은 오직 한 가지, 쾌락원리에 따른 본능적 욕구의 충족을 위해서만 움직인다. 이드의 작용 방향은 두 가지 경로만이 있을 수 있다.

하나는 행동이나 원망충족을 통해서 배설되는 길이고, 다른 하나는 자아의 영향을 받아서 에너지를 배설하는 대신 동결시키고 마는 길이다.

프로이트는 이드야말로 진정한 심리적 현실 세계라고 했다. 이 말은 이드가 원초적인 주관적 현실 세계, 즉 사람이 외부 세계에 대한 경험을 갖기 이전에 존재하는 내적인 세계임을 가리키는 것이다. 본능이나 반사작용뿐 아니라, 긴장 상태가 만들어 내는 영상도 태어날 때부터 가지고 있는 내면적인 것이라 할 수 있다. 이것은 배고픈 젖먹이는 음식물로 배를 채워본 경험이 없다 해도 본능적으로 음식물에 대한 생각을 하게 된다는 것을 의미한다. 프로이트는 이러한 경험이 계속적으로 여러 세대를 통해 반복 전수되면서 이드 안에 영원히 보존되어 내려가게 된다고 생각했다. 사람들이 살아가는 동안 억압의 메커니즘이 작용한 결과 이드 내부에 새로운 경험들이 축적되어 간다. 억압은 제2장 3 〈퍼스낼리티의 발달〉에서 다루고 있다.

이드는 인류의 역사라는 관점에서 본다면 원시 상태라 할 수 있고, 개인의 생애에 있어서도 만찬가지라 할 수 있다. 이드는 그 위에 퍼스낼리티가 형성되어 있는 기초가 된다. 이드는 일생 동안 그 유치한 성질을 그대로 지닌다. 그것은 따라서 긴장을 참고 견디지 못하며 즉

각적인 쾌락을 원하는 것이다. 그것은 또한 보채고, 성급하며, 비합리적이고 이기적인 동시에, 쾌락만을 추구하는 성질을 가지고 있다. 퍼스낼리티의 구성 요소들 중에서 하나의 망나니 구실을 한다고 할 수 있다. 이드는 상상이나 환상·환각·꿈 등을 통해서 원하는 바를 충족시킬 수 있는 마술적인 힘을 가지고 있기 때문에 전지전능하다고도 할 수 있고, 바다와 같이 모든 것을 포용하고 있기 때문에 대양적이라고도 할 수 있다. 이드는 쾌락의 추구와 고통의 추방만을 유일한 기능으로 갖는 주관적인 현실 세계인 것이다.

프로이트는 이드가 퍼스낼리티 중에서도 매우 애매하고 잘 알 수 없는 부분이며, 그나마도 꿈이나 신경증 연구를 통해서만 연구가 가능하다는 것을 알고 있었다. 그러나 우리는 사람들이 어떤 성급한 상태에 있을 경우에 이드의 정체를 볼 수 있다. 예를 들어, 어떤 사람이 창 밖으로 돌을 던지려 하거나, 어떤 여인을 강간하려 들 때에, 그는 이드의 지배에 사로잡혀 있는 것이다. 이와 비슷한 예로, 날마다 백일몽에 잠겨서 허공 중에 공상의 성만을 쌓고 있는 사람 역시 자신의 이드에 사로잡혀 있다고 할 수 있다. 이드는 생각을 하지 않는다. 오직 원하고 행동을 할 뿐이다.


## 2) 자아

이드가 긴장을 해소하기 위해 취하는 두 가지 길은 충동적인 행동과 이미지 형성원망충족이라 할 수 있는데, 이것만 가지고는 생존과 재생산생식이라는 보다 높은 진화론적인 목표를 달성할 수 없다. 단순한 반사 작용이나 원망만 가지고는 배고픈 사람이 음식을 얻을 수도 없을뿐더러 성적으로 흥분한 사람이 상대를 구할 수도 없다. 오히려 실제로 충동적인 행위가 외부로부터의 처벌을 초래함으로써 긴장고통을 증가시키는 결과만을 가져올 뿐이다. 마치 어린아이 때처럼 돌보아 주는 사람이 계속 존재하지 않는 한 사람은 음식, 성적 대상 및 그 밖에 살아가는 데 필요한 여러 가지 목표를 스스로 추구하고 찾아내지 않으면 안 된다. 이러한 일들을 성공적으로 수행하기 위해서는 외부 세계, 즉 환경에 대해 눈을 돌리지 않으면 안 되며, 자기 자신을 환경에 순응시키든가, 환경을 지배하든가 해서 자기가 원하는 것을 환경에서 얻어내야 한다. 이러한 인간과 환경 간의 상호작용을 위해서 새로운 심리적 기구인 자아ego가 형성되어야 한다.

원만한 사람의 경우를 보면 자아는 퍼스낼리티의 집행 기관의 역할을 맡아서 이드와 초자아를 조절·통제하고 총체적인 인격과 장기적인 욕구 총족을 위해 외부 세계와의 관계를 맺어 나간다. 자아가 그 집행 기능을 슬기롭게 해 내는 경우에는 조화로운 적응이 이루어진다. 만약 자아가 이드나 초자아, 또는 외부 세계에 대해 너무 많은 양보를 하게 되면 부조화나 부적응이 뒤따르게 된다.

자아는 쾌락원리 대신에 현실원리의 지배를 받는다. 현실이란 현재 실재하고 있는 것을 의미한다. 현실원리의 목표를 욕망을 충족시켜 줄 대상이 발견되거나 만들어질 때까지 에너지의 배설을 연기하는 데 있다. 예를 들어, 어린애는 배가 고플 때 아무거나 마구 입에 집어넣지 말아야 함을 배워야 한다. 그는 음식물을 인지하고, 적절한 음식물을 구할 수 있을 때까지는 먹는 것을 연기하는 법을 배워야 한다. 그렇지 않고 배가 고프다고 아무거나 집어먹다가는 고통스러운 경험을 겪게 될 것이다.

　행동을 연기한다는 것은 긴장이 어떤 적절한 형태의 행위를 통해 해소될 때까지 그 긴장을 참을 수 있어야 함을 의미한다. 현실원리가 생겨났다는 것이 쾌락원리의 포기를 의미하는 것은 아니다. 단지 현실적인 사정에 따라 당분간 쾌락의 추구를 유보한다는 것뿐이다. 궁극적으로는 현실원리도 쾌락에 이르게 되지만, 사람이 현실에 따르는 동안 약간의 불편함을 참아야 함을 뜻하는 것이다.

　현실원리는 프로이트가 말하는 바 이차적 과정왜냐 하면 그것은 이드의 일차적 과정이 일어난 후에, 그와 겹쳐서 일어나기 때문에 이차적인 것이다에 의해 작동한다. 이차적 과정이란 말이 의미하는 바를 이해하려면 일차적 과정이 개인의 욕구 충족 과정 중 어느 지점까지 작용하는가를 알아야 한다. 그것은 그가 욕구를 충족시켜 줄 대상에 대한 영상을 갖는 바로 그 지점까지만 작용한다. 다음의 단계는 그 대상물을 발견하거나 생산하는, 즉 현실적으로 존재하게 하는 일이다. 바로 이 작업이 이차적 과정에서 해결되는 것이다. 이차적 과정은 사고와 이성인식력을 통해 만들어진 행동 계획에 따라 현실을 찾아내거나 만들어 내는 일을 한다. 따라서 이차적 과정은 우리가 보통 '문제 해결' 또는 '문제 판단'이라 부르는 것과 대동소이하다.

　보통 어떤 행동 계획이 제대로 실천될 수 있을지 없을지를 따져보는 일을 '현실성 진단'이라 부른다. 만일 이 진단 결과 계획이 잘못된 것으로 판정된다면, 즉 바라는 대상을 발견하거나 만들어 낼 수 없다면 새로운 행동 계획을 고안하여 다시 진단을 해야 한다. 이러한 과정은 최종적으로 올바른 해답현실이 발견되고, 적절한 행위를 통해 긴장이 해소될 때까지 반복하게 된다. 가령 배고픔의 경우에 적절한 행위는 음식물을 먹는 일이 된다.

이차적 과정은 일차적 과정이 해 낼 수 없는 일, 말하자면 마음이라는 주관적 세계를 물리적 현실이라는 객관적 세계와 구분하는 일을 해 낸다. 이차적 과정은 일차적 과정과는 달리 대상 자체와 대상 이미지 간의 구분을 확실히 할 수 있다. 현실원리가 도입되고, 이차적 과정이 기능을 발휘하며, 삶에 있어서 외부세계가 보다 중요한 역할을 하게 되면 인지·기억·사고 및 행동 등의 심리적 과정들이 자극을 받아 성장하고 정교하게 되어 간다.

인지계통의 판단력은 더욱 발달하여 외부 세계를 보다 정확하고 면밀하게 파악할 수 있게 된다. 그리하여 세계를 재빨리 판단하여 여러 가지 자극들 중에서 문제 해결에 도움이 되는 요소들만을 선별해 낼 수 있도록 해 준다. 게다가 감각 기관을 통해서 얻은 정보 외에도 기억계통에 저장되어 있던 정보를 사용하여 사고하게 된다.

기억력은 각종 기억의 편린들을 잘 연결시키고 조직화함으로써, 그리고 이들을 표현할 수 있는 체계인 언어를 발달시킴으로써 더욱 개선된다. 사람의 판단력은 더욱 예리해져서 어떤 것이 옳은실재하는 것인지 또는 그른실재하지 않는 것인지를 명확하게 판단할 수 있게 된다.

이차적 과정에서는 또 하나의 중요한 변화가 따르게 되는데, 그것은 운동계통의 능력 향상이다. 사람은 점차 근육을 더욱 기술적으로 다룰 수 있고, 보다 복잡한 동작을 해 낼 수 있게 된다. 결국 한 마디로 말해서 이와 같은 심리적 기능의 새로운 응용으로 말미암아 사람은 더욱 슬기롭고 더욱 효율적으로 행동할 수 있게 되어서, 보다 큰 만족과 기쁨을 얻어내기 위해 자신의 충동과 외부 세계를 지배하게 된다. 이렇게 보면 자아는 이드와 외부 세계 사이의 중간 역할을 하는 심리 과정이라 할 수 있다.

현실을 위해 봉사하는 일 외에, 자아는 마치 이드의 일차적 과정과 비슷한 기능을 할 경우도 있다. 그것은 환상이나 백일몽을 만들어 내는 기능인데, 이러한 기능은 현실성 진단의 요구는 무시한 채 쾌락원리의 지배만을 받는다. 그러나 이러한 자아의 기능은 일차적 과정과는 다르다. 왜냐 하면 일차적 기능은 환상과 현실을 구분하지 못하는 데 반해 자아는 양자를 구분할 수 있기 때문이다. 자아에 의해서 만들어진 환상은 소위 일종의 오락적 내지는 즐길 수 있는 환상이라 해야 할 것이다. 현실을 잊어버리는 경우도 없이 다만 자아가 열심히 일하다가 잠시 휴식을 하는 경우라 할 수 있다.

비록 자아가 주로 외부 세계와의 상호 관계의 산물이라고는 해도 그 발달 방향은 유전적 요인의 영향을 받고 있고, 자연적인 성장 과정(성숙)에 의해 이끌어진다는 점을 지적해야겠다. 이 말은 누구나 사고하고 이성적으로 행동할 수 있는 잠재력을 천부적으로 타고난다는 것을 뜻한다. 이러한 잠재력은 경험·훈련 및 교육 등에 의해 현실화된다. 예를 들면, 모든 정규 교육은 사람들이 어떻게 하면 보다 효율적으로 사고할 수 있게 될까 하는 주요 교육 목표를 설정하고 있다. 효율적인 사고는 진실에 도달하게끔 도와주는 것이며, 이때의 진실이란 실제로 존재하는 것을 의미한다.


## 3) 초자아

퍼스낼리티의 세 번째 주요 영역인 초자아는 인격 중의 도덕적·배심적倍審的 기능을 맡는다.

초자아는 현실보다는 이상 세계를 대표하며, 현실적 성취나 쾌락보다는 완전함을 추구한다. 따라서 초자아는 인간의 내적 도덕률이 된다.

초자아는 자아에서 발달되어 나오는 것인데, 이는 어린아이가 무엇이 선하고 덕이 있는 것이며, 무엇이 악하고 죄짓는 것인가에 대한 부모의 판단 기준을 답습하는 데서 발달된다. 즉, 부모의 도덕적 권위를 닮음으로써 아이들은 부모들의 권위를 마음 속으로 흡수하여 자기 것으로 삼게 된다. 이렇듯 부모의 권위를 내재화시키게 되면 아이들은 자신의 욕망을 추구하는 행동도 제어하게 되고, 그 결과 부모 또는 내재화된 권위의 칭찬을 받고자 한다.

다시 말하면 아이들은 고통을 피하고 쾌락을 얻기 위해서 현실원리에 따라야 할 뿐 아니라 부모들의 도덕적 규제에도 순응해야 한다는 것을 배우게 된다. 그런데 인간은 다른 동물과 달리 부모에게 의존하는 기간이 길기 때문에 초자아의 형성이 용이해진다.

초자아는 두 개의 하위 체계로 나뉘어지는데, 하나는 자아 이상自我理想:ego ideal이고 다른 하나는 양심이다. 자아 이상은 부모들이 도덕적으로 선하다고 생각하는 일을 아이들이 깨닫게 해 주는 역할을 한다. 부모들은 자녀들이 착한 일을 했을 때 일정한 상을 내려 줌으로써 도덕적 기준을 세워 주게 된다. 예를 들면, 아이들이 깔끔하고 예의바른 행동을 할 때마다 칭찬을 받았다면 이러한 깔끔하고 예의바른 행동은 아이들의 이상 중의 하나가 될 것이다.

한편, 양심은 부모들이 도덕적으로 나쁘다고 생각하는 일에 대한 관념을 아이들에게 갖게끔 해 주는 역할을 하며, 이러한 인식은 처벌의 경험을 통해서 생겨난다. 만일 어린이가 종종 옷을 더럽힌 데 대해 꾸중을 들었다면 더러움은 어떤 나쁜 것으로 인식하게 된다.

자아 이상과 양심은 같은 도덕률을 이루고 있는 동정의 겉과 안 같은 관계이다.

부모들이 어린이의 초자아를 형성하기 위해 칭찬하거나 벌을 주는데 과연 이러한 칭찬이니 벌이니 하는 것은 무엇을 의미할까? 이들은 물리적인 것과 심리적인 것으로 나눌 수 있다. 물리적 칭찬은 어린이가 바라는 물건으로서 예를 들면 과자·장난감·어머니·아버지·안아 주는 것, 달콤한 사탕 등이다. 물리적인 벌은 아이들의 몸에 고통을 가하는 것으로, 때린다든가 아이들이 갖고 싶어하는 물건을 빼앗는다든가 하는 것 등이다. 주요한 심리적인 보상은 말이나 표정 등으로 보여주는 인정認定이다. 어떤 행동을 인정한다는 것은 사랑한다는 것을 나타낸다. 이와 같은 맥락에서 사랑을 회수하는 것은 심리적인 처벌의 주요한 형태가 된다. 이러한 행위는 꾸짖음·욕 또는 한심하다는 표정으로 쳐다보는 일 등으로 나타난다. 물론 물리적인 보상이나 처벌도 아이들에게는 사랑이나 사랑의 회수로 느껴지게 된다. 가령 매를 맞은 아이는 신체적으로 아플 뿐 아니라 벌을 준 부모가 자기를 버렸다고, 즉 사랑을 회수했다고 느낄 수도 있다. 그러나 사랑을 베푼다거나 회수한다거나 하는 것은 애당초 아이들의 기본적인 욕구의 충족 또는 불만족과 관계가 있기 때문에 아이들에게 영향력을 행사하게 되는 것이다. 예컨대, 아이들이 어머니의 사랑을 바라는 것은 만일 사랑이 없어지면 오랫동안 밥도 안 주고 하면 불쾌한 긴장 상태가 생긴다는 것을 알고 있기 때문이다. 마찬가지로, 아이들이 아버지가 허락치 않은 일을 하지 않으려 하는 것은 만일 아버지가

화를 내면 그럴 때려서 신체적인 고통을 주리라는 것을 경험을 통해 알고 있기 때문이다. 결론적으로 말해서 보상이나 처벌은 그 원인이 무엇이든 간에 긴장 상태를 만들어 내거나 제거해 주는 조건이 된다.

초자아가 부모가 했던 것과 같이 아이들을 다스리기 위해서는 초자아 스스로가 갖는 도덕적 강제를 강화해야 한다. 부모들과 마찬가지로 초자아도 보상이나 처벌을 통해 강제력을 강화한다. 이러한 보상과 처벌은 자아에게 내려지는 것이다. 왜냐 하면 자아는 인간의 행동을 제어하고 있으므로 도덕적 또는 비도덕적 행위에 대해 책임을 져야 되기 때문이다. 만일 어떤 행위가 초자아가 설정한 도덕적 기준에 부합된다면 자아는 상을 받게 된다. 그러나 초자아가 자아에게 상 또는 벌을 내릴 때 물리적인 행위로써 할 수는 없다. 자아는 다만 그렇게 한다는 생각만으로 상이나 벌을 받는 것이다. 초자아의 눈에는 사고와 행동이 같은 것으로 보인다. 이러한 점에서는 초자아는 이드와 닮았다고 할 수 있다. 즉, 양자 모두 주관과 객관을 구분하지 않는 것이다.

이러한 사실은 매우 도덕적인 삶을 사는 사람이 그럼에도 불구하고 끊임없는 양심의 매질에 고통스러워 할 수도 있다는 사실을 설명해 주고 있다. 초자아는 자아가 한 생각이 실제 행동에 옮겨지지 않더라도 나쁜 생각을 한 그 자체만으로도 자아를 책망하게 된다.

초자아가 내리는 상벌은 어떤 것인가? 이들 또한 물리적인 것과 심리적인 것으로 구분된다. 가령 어떤 사람이 착한 일을 했을 때에는 "자, 너는 그 동안 착한 일을 많이 했으니 네 마음대로 즐겨도 좋다. 즐겁게 지내도록 해라"하고 말할 것이다. 여기서 즐긴다는 것은 맛있는 음식, 장기간의 휴가, 또는 성적 쾌락 등을 말한다. 예를 들어,

휴가는 보통 열심히 일한 사람에 대한 일종의 보상이라 볼 수 있다.

도덕적 파과자에 대해서 초자아는 "너는 그 동안 나쁜 일을 많이 했으니 뭔가 네 신상에 안 좋은 일이 생김으로써 벌을 받을 것이다"라고 말한다. 이때의 안 좋은 일은 배탈이 나거나, 다치거나, 귀중품을 분실하거나 하는 것을 말한다. 프로이트는 바로 이러한 현상을 통찰하여, 사람이 마음 속으로 나쁜 짓을 하게 되면 병에 걸리고, 사고를 당하고, 재물을 손실당한다고 지적했다.

대개의 불상사는 적든 많든 간에 어떤 나쁜 짓을 한 데서 오는 자책감에서도 그 원인을 찾아볼 수 있다. 예를 들어, 어떤 젊은이가 불륜의 성관계를 맺고 나서 자동차가 일부 부숴지는 사고를 당했다면 그는 자기도 모르게 양심의 가책을 느낄 것이고, 이것이 사고를 초래한 원인이 되고 있음을 알 수 있을 것이다. 물론 사람은 양심의 가책과 사고 사이의 상관관계를 전혀 의식하지 못하는 것이 보통이지만, 초자아가 내리는 심리적인 상벌은 자부심을 느끼거나 죄의식·열등감 등을 느끼는 일로 나타난다. 자아가 착한 일을 하거나 착한 생각을 했을 때는 자부심으로 충만된 느낌을 갖게 되고, 어떤 유혹에 빠져 버렸을 때는 스스로를 부끄럽게 느끼게 된다. 이 경우 자부심은 '자기애'와 같은 것이 되고, 죄의식이나 열등감은 '자기 증오'와 같은 것이다. 물론 이들은 부모의 사랑이나 거부의 내적 표현이다.

초자아는 부모를 통해서 아이에게 전달되는 사회적 가치관과 도덕률의 표상이다. 따라서 어린아이의 초자아는 부모의 행위를 닮는 것이 아니라 부모의 초자아를 닮는 것이라고 보아야 한다. 어른들이 이런 말 저런 행동을 하며 때론 위협도 하고 상을 주기도 하는 가운데 이것이 무의 식중에 어린아이의 윤리적 기준을 형성하는 계기가 된다는 것을 알아야 한다.

부모 외에 다른 사회적 인사들도 아이들의 초자아 형성에 영향을 준다. 선생님·목사·경찰관 등 아이들이 볼 때 권위적인 자리에 있는 사람들은 부모와 같은 역할을 할 수도 있다. 아이들이 이러한 권위에 대해 어떤 태도를 취하는가는 대체로 어렸을 적에 부모와의 관계가 어떠했는가에 따라 결정된다.

그러면 초자아가 이루고자 하는 목적은 무엇일까? 첫째로, 사람들의 본능적 충동을 억제·조절함으로써 사회적 안정을 해칠지도 모르는 행위를 예방하기 위함이다. 이러한 충동은 성적, 혹은 파괴적 충동을 지칭한다. 즉, 말을 안 듣고 반항적이거나 성에 대해 지나치게 밝히는 어린이는 나쁘며, 비도덕적인 사람이라고 간주된다. 또한 어른도 성적으로 음란하거나, 상습적으로 법을 어기거나, 늘 파괴적이며 반사회적인 사람은 못된 놈이라고 낙인이 찍힌다. 초자아는 마음속에서 일어나는 무법 행위와 무정부적인 생각 등에 굴레를 씌어서 사람들이 선량한 사회의 일원이 되도록 하는 것이다.

만일 이드가 진화 과정의 산물이고 인간의 생물학적인 유전의 심리적 표상이라 한다면, 자아는 객관적인 현실과 보다 높은 정신의 상호작용의 산물이라 할 수 있고, 초자아는 문화적 전통의 계승을 통한 사회화 과정의 산물이라 할 수 있을 것이다.

그러나 독자들은 이드·자아·초자아의 3자간에 뚜렷한 경계선은 없다는 점을 명심해야 한다. 이들의 이름이 세 가지로 나뉘어져 있다 해서 그들의 실체 또한 분리되어 존재한다고 생각하면 오해다. 이들의 이름은 그 자체만으로는 아무런 뜻도 없는 것이다. 그럼에도 불구하고 이렇게 갈라놓은 것은 총체적 퍼스낼러티 내에서 작용하는 서로 다른 정신 과정·기능·메커니즘·역동 등을 보다 쉽게 묘사하기 위한 방편에 불과한 것이다.

자아는 이드에서 생겨났고, 초자아는 자아에서 생겨났다. 사람의 일생을 통해 이들은 서로 상호 작용하면서 서로 뒤섞이기도 한다. 이들이 서로 어떻게 상호 작용하고 이합 집산을 하며 변형되어 가는지는 다음 장에서 다루기로 하겠다.

# 2
## 퍼스낼리티의 역동

앞장에서 우리는 퍼스낼리티의 구조를 다루면서 이드·자아·초자아의 세 영역이 갖고 있는 독특한 과정 및 기능을 살펴보았다. 이 장에서는 이들이 어떻게 작용을 하며, 상호간에 그리고 환경과 어떻게 상호 관계를 맺어나가는지를 살펴보기로 하자.

### 1) 정신적 에너지

인간은 복잡한 에너지 체계라고 할 수 있다. 음식물로부터 에너지를 섭취하여 순환·호흡·소화·신경 전달·근육 활동·지각·기억 활동·사고 등 각종 생명 현상을 유지하는 데 쓰고 있다. 인체를 움직이는 에너지가 우주를 움직이는 에너지와 본질적으로 다를 하등의 이유가 없다. 에너지는 여러 가지 형태 ─ 기계적·열·전기적·화학적 에너지 등 ─ 를 취하며, 한 형태에서 다른 형태로 변화할 수 있다.

퍼스낼리티의 세 영역을 움직이는 에너지 형태를 정신적 에너지라 부른다. 이러한 정신적 에너지를 뭔가 신비스럽다거나 초자연적인 것처럼 생각할 필요는 없다. 그것도 다른 에너지들과 마찬가지로 자신의 일을 수행하거나 수행할 수 있게 하는 것이다. 기계적 에너지가 기계적인 일을 수행하듯이 정신적 에너지는 심리적 작업 — 즉, 생각하고, 느끼고, 기억하고 하는 — 을 수행한다.

우리는 신체적 에너지가 정신 에너지로, 그리고 정신 에너지가 신체적 에너지로 자유롭게 전환될 수 있다고 말할 수 있다. 이러한 에너지 전환은 끊임없이 일어나고 있다. 예를 들어, 우리는 생각정신 에너지하고, 행동근육 에너지하며, 어떤 종류의 음파에 자극을 받고기계 에너지, 누군가의 얘기를 듣기도 한다정신 에너지. 다만 우리는 이러한 에너지 전환이 어떻게 일어나는지를 모르고 있을 뿐이다.


## 2) 본능

퍼스낼리티의 작업을 수행하는 데 쓰이는 모든 에너지는 본능에서 나온다. 본능은 심리적 과정에 방향을 제시해 주는 천부적인 조건이라 할 수 있다. 예를 들어, 성본능은 지각·기억·사고 등의 제반 심리적 과정들을 성적 흥분의 해소라는 목적만을 향해 몰고 간다. 본능은 어떤 특정된 수로를 따라 흐르는 강물과도 같은 것이다.

본능은 그 원천·목표·대상 및 충동성을 갖는다. 본능 에너지의 주요 원천은 육체적 욕구나 충동이다. 욕구나 충동이 일어나는 것은 인체 조직이나 기관에서 흥분 작용이 일어나고, 그 속에 축적되었던 에너지가 방출됨으로써 나타난다. 예를 들어, 배가 고프게 되는 육체적 조건이 생기면 배고픈 본능이 발동되어 정신 에너지를 방출한다. 이러한 본능적 에너지는 지각·기억·사고 등의 심리적 과정을 본능적인 욕구 충족의 방향으로 끌고 나간다. 따라서 사람은 음식을 찾게 되고, 예전에 어디에 가면 음식물이 있었던가 하는 기억을 되살리며, 음식을 얻기 위해 어떻게 행동할까 하는 계획을 짜고 하게 된다.

본능의 최종적인 목표는 신체적 욕구가 완전히 충족되어 사리지는 것이다. 예컨대 배고픔의 본능 목표는 배를 고프게 하는 물리적 조건의 제거이다. 본능적 욕구가 충족되면 신체적 에너지가 더 이상 방출되지 않고 배고픔의 본능은 사라진다. 따라서 사람은 신체적·심리적 안정을 되찾게 되는 것이다. 달라 말하면, 본능의 목표는 본능을 생기게 하는 원인의 제거에 있다고 할 수 있다.

본능의 최종 목표가 심신의 안정에 있다는 사실 외에도 프로이트는 이러한 최종 목표에 이르기까지의 중간 과정에 충족되어야 할 하위 목표들도 있다는 사실을 발표했다. 배고픔의 본능이 완전히 충족되기 이전에 음식을 찾아내고 그것을 입 속에 집어넣을 필요가 있다. 이러한 음식의 발견이나 그것을 먹는 일들은 배고픔을 제거한다는 목표에 부수되는 것들이다. 프로이트는 본능의 최종 목표를 "외적 목표"라 불렀다.

본능의 목표는 사람을 흥분시키는 과정에 의해 교란되기 이전의 안정된 상태로 되돌려 놓는 것이다. 따라서 본능은 보수적인 성격을 지녔다고 할 수 있다. 본능이 진행되는 과정은 언제나 긴장된 상태로부터 이완된 상태를 향해 진행된다. 그런데 몇몇 경우에, 특히 성적 충동의 만족과 같은 경우에는 최종적으로 흥분이 해소되기까지는 긴장이 계속 고조됨을 볼 수 있다. 그러나 이러한 경우도 본능의 기능에 대한 일반적인 원칙에서 벗어나는 것은 아니다. 왜냐 하면 도중에 아무리 흥분이나 긴장이 고조된다 해도 결국에는 긴장의 해소 및 흥분의 제거라는 것이 드러나기 때문이다. 실제에 있어서 사람들은 긴장을 대량으로 쌓았다가 한꺼번에 풀면 매우 커다란 쾌감을 얻을 수 있기 때문에 긴장을 축적해 두는 법을 알고 있는 것이다.

달리 말하면 본능은 항상 전에 있던 상태로 되돌아가려는 경향이 있다. 이와 같이 본능이 흥분에서 긴장 해소로 계속 주기적으로 되풀이되는 현상을 반복강박repetition compulsion이라 부른다. 우리는 일상생활에서 이 반복강박을 자주 경험한다. 예컨대, 매일 밤에 잠자고 아침이면 깨고 또 밤에 자는 것도 그 한 예이며, 매일 3번씩 식사를 하는 것도, 성적 흥분을 느꼈다가 흥분을 해소하고 또다시 느끼곤 하는 것도 모두 반복강박의 예인 것이다.

결론적으로 말하면 본능의 목표는 보수적이고, 회귀 성향을 가지며 반복적이라고 특징 지을 수 있다 하겠다.

본능의 대상이란 본능이 그 목적을 달성하기 위해 사용하는 수단이나 대상을 말하는 것이다. 가령 배고픔의 본능 대상은 음식을 먹는 것이고, 성본능 대상은 성교이며, 공격적 본능의 대상은 싸움이다. 본능의 대상이나 수단은 매우 다양하고 복잡하게 나타나는데, 이는 많은 서로 다른 대상이나 행위들이 서로 대체될 수 있기 때문이다. 우리가 다음 〈퍼스낼리티의 발달〉에서 살펴보겠지만, 본능이 긴장 해소라는 목표에 접근하기 위해 채택하는 수단의 정교화는 인격 발달의 주요 통로라 할 수 있다.

본능의 충동성은 그 충동에 강도를 가지고 있는데, 이는 그것이 가진 에너지의 양에 따라 달라진다. 가령 강한 배고픔은 약한 배고픔보다 훨씬 강한 심리적 충동을 일으킨다. 어떤 사람이 매우 배가 고플 때에 그는 마음 속으로 밥 먹는 생각밖에는 하지 않게 된다. 이와 마찬가지로, 사랑에 깊이 빠져 있는 사람은 사랑 이외의 어떤 다른 일도 생각하지 못하는 것이다.

본능은 이드에 자리잡고 있다. 본능은 정신 에너지의 총량이므로 이드는 정신 에너지의 가장 밑바탕이 되는 저장고라 할 수 있다. 자아와 초자아를 형성하기 위해서는 이 저장고에서 에너지를 뽑아 와야 한다. 어떻게 에너지를 뽑아 오는가에 대해서는 다음에 설명하기로 하겠다.


## 3) 정신 에너지의 분배 및 처분

### A. 이드

이드의 에너지는 반사적 행동이나 원망충족을 통해 본능적 만족을 얻는 데 쓰여진다. 음식을 먹거나, 방광을 비우거나, 성적 오르가슴에 이르는 등의 반사행동에 있어서는 에너지가 자동적으로 운동계의 활동으로 흘러들어간다. 원망충족의 경우에 에너지는 본능의 대상에 관한 영상을 만들어 내는 일에 쓰이게 된다. 이 두 과정반사행동과 원망충족의 목표는 사람의 흥분과 욕구를 제거하고 안정된 상태로 복귀시키기 위해 본능적 에너지를 최대한 이용하는 것이다.

대상을 상상해 내기 위해서 정신 에너지를 투입하거나 본능의 충족을 위한 대상을 찾고 긴장을 해소하는 데 에너지를 사용하는 현상을 대상선택object-choice, 또는 대상 카텍시스object-cathexis라 한다. 이드의 모든 에너지는 결국 대상 카텍시스에 쓰이는 것이다.

대상 카텍시스를 위해 이드로부터 투입되는 에너지는 매우 유동적이다. 이는 에너지가 하나의 대상에서 다른 대상으로 쉽사리 이동할 수 있음을 의미한다. 이렇게 에너지가 이동해 가는 것을 정신분석학에서는 전위displacement라고 한다. 따라서 만일 배고픈 어린애에게 음식물이 주어지지 않으면 나무토막이나 자기 주먹을 빨게 되는 것이다. 어린애는 사물을 구별하는 것을 미처 배우지 못했기 때문에 음식이나 나무토막, 자기 주먹 등이 모두 같다고 생각한다. 이러한 대상들이 서로 한두 가지 특징에서 닮은 점이 있다면 같은 것으로 간주되는 것이다. 예를 들어, 우유병과 나무토막은 둘 다 손에 쥘 수 있고 입에 넣을 수가 있기 때문에 결국 같은 것이 아닌가 하고 생각하는 것이다. 이드의 에너지가 이와 같이 쉽사리 전위될 수 있는 것은 이드가 대상들 간의 구분을 제대로 하지 못하기 때문이다.

이드는 대상들 사이의 차이가 분명 존재함에도 불구하고 같은 것으로 보려는 경향이 있는데, 이렇듯 왜곡된 사고 형태를 가리켜 '술어적述語的 사고predicate thinking'라 한다. 예를 들어, 어떤 사람이 남자의 성기나 나무조각이 둘 다 돌출되어 있다는 물리적인 성질을 가지고 있다고 해서 이 둘은 같은 것이라고 생각한다면 이 사람은 술어적 사고를 하고 있는 것이다. 이러한 사고방식은 꿈의 세계에서 흔히 볼 수 있는 것으로, 꿈에서 나타나는 상징은 모두 이러한 술어적 사고와 관계가 있다. 예컨대 말을 탄다든가, 밭을 가는 등의 꿈을 꾼다면 이는 성적인 상징을 나타낸다고 할 수 있다. 왜냐 하면 말 타는 일, 밭가는 일과 성행위 사이에는 유사한 행동을 한다는 공통점이 있기 때문이다. 술어적 사고는 깨어 있는 동안에도 흔히 일어나는데, 이럴 경우에는 사고의 혼란이 일어나서 사물을 올바르게 구분하지 못하게 된다. 예를 들어, 인종 차별도 이러한 술어적 사고 때문에 생길 수 있다. 즉, 검둥이는 검은 피부를 가지고 있고, 검고 어두운 것은 옛날부터 음험하고 더러운 일과 관계를 맺어 왔기 때문에 우리는 무의식 중에 검둥이는 더럽고 나쁘다는 생각을 갖게 되는 것이다. 이와 마찬가지로 붉은 머리의 사나이는 맹렬한 성격의 소유자로 생각되는데, 이는 붉은색이 그런 맹렬함을 나타내기 때문이다.

본능 에너지의 흐름이 자아나 초자아에 의해 차단당할 경우에, 그것은 저항을 뚫고 나가서 환상이나 행동을 통해 배설되려고 한다. 이때 저항을 성공적으로 뚫고 나가게 되면 에고의 합리적 과정이 장애를 받게 된다. 그렇게 되면 사람은 말하거나, 쓰거나, 대화, 지각 및 기억하는 일에 실수를 연발하게 되고, 결국은 현실과 들어맞지 않고 혼란이 생겨서 사고를 유발하는 경우가 많다. 이러한 사람은 현실을 진단하고 문제를 해결할 수 있는 능력이 현저히 감소되는데, 왜냐 하면 충동적 욕구가 합리적 사고를 방해하기 때문이다. 우리는 몹시 배가 고프거나, 성적으로 흥분되어 있거나, 화가 머리 끝까지 나 있을 경우에는 차분히 일하기가 쉽지 않다는 것을 누구나 알고 있다. 이드가 본능적 에너지의 배설구를 찾아내지 못할 경우에는 이 에너지를 자아나 초자아가 받아들여서 자기들의 목적에 사용하게 된다.

### B. 자아

자아는 자체의 에너지를 갖고 있지 않다. 실제로 이드의 에너지가 자아를 형성하고 있는 잠재적인 과정에 투입되기 전까지는 자아란 존재한다고도 할 수 없는 것이다. 이제까지는 퍼스낼리티 속에 단지 유전적으로, 잠재적 가능성으로만 존재하는 식별력·기억·판단·합리화 등의 모든 과정에 에너지가 불어넣어짐에 따라 독자적인 체계로서 자아가 활성화되고, 지속적으로 발달하게 된다.

이렇듯 잠재의식인 자아의 기능성들이 활성화되기 시작하는 출발점은 이른바 동일시identification라는 메커니즘이 생기는 순간부터라고 할 수 있다. 이 동일시라는 메커니즘의 성격을 이애하기 위해서는 우리가 지금까지 살펴본 부분들을 다시금 되새겨 볼 필요가 있다. 이드가 주관적 상상과 객관적 현실을 구분하지 못한다는 것은 이미 언급한 바와 같다. 따라서 이드가 객관적 대상을 연상하는 것, 즉 객관적 대상의 정신적 표상을 만들어 내는 일련의 과정에 에너지를 들이는 것은 객관적 대상 자체를 추구하는 것과 마찬가지가 된다. 이드에게 있어서는 대상 자체나 대상의 영상이나 같은 것이고 아무런 구분이 되지 않기 때문이다.

이드가 심리적 긴장을 현실적으로 풀어낼 수는 없기 때문에 자아의 형성이 불가피하게 요청된다. 실제 사물과 그 영상이 동일한 것으로 간주되는 대신에 양자간의 구분이 생기게 되는 것이다. 이러한 구분이 생김으로 해서 순전히 주관적인 이드의 세계는 주관적·내적 세계마음와 객관적·외적 세계환경로 양분된다. 그래서 적절한 적응력을 갖추고 있는 사람은 이 두 세계를 서로 잘 조화시켜 나가게 되며, 따라서 마음의 상태는 현실과 일치하게 되는 것이다.

예를 들어, 배고픈 사람이 음식물에 대한 기억 영상을 떠올리게 되면 그는 이 영상과 동일한 실제의 대상물을 구해야 된다. 만일 이 기억 영상이 정확한 것이라면 그가 구하는 대상물은 음식물이 될 것이다. 또한 만일 이 기억 영상이 정확히 음식물을 표상하는 것이 아니라면 음식물의 영상이 떠오를 때까지 그는 계속 그것을 수정해야 할 것이다. 만일 그렇지 않고 그가 계속 엉뚱한 것만 생각한다면 필경 굶어 죽게 될 것이다. 한때 사람들은 지구가 평평하다고 생각했었다. 그러나 콜럼버스나 다른 탐험가들이 지구는 평평한 것이 아니라 둥글다는 것을 밝히게 되자 이전의 잘못된 생각은 수정되었다. 인간의 지식 발달로 말미암아 우리는 세계를 있는 그대로 점점 정확하게 알게 되었다. 이와 마찬가지로 사람이 떠올리는 영상도 계속적인 수정과 더불어 점점 정확한 것에 접근하는 것이다.

마음 속에서 생각하는 내용을 실제 객관적 세계에 존재하는 그것과 일치시키는 작업은 이차적 과정에서 수행하는 것이다. 대상에 대한 생각과 대상 자체가 맞아 떨어질 때, 이 생각은 대상과 동일시되었다고 말할 수 있다. 생각한 뒤의 행동이 자신의 목표를 실제로 달성하게끔 해 줄 수 있기 위해서는 이 동일시가 정확하게 이루어져야 한다.

이러한 동일시라는 메커니즘의 결과로, 현실과는 전혀 동떨어진 생각에만 투입되던 이드의 에너지가 객관적 세계에 대한 정확한 표상을 형성하는 데 투입되게 된다. 바로 이 시점에서 원망충족 대신에 논리적 사고가 자라잡기 시작하는 것이다. 이러한 이드로부터 인식 과정에로의 에너지 전환은 자아 발달의 첫걸음이 된다.

이렇듯 퍼스낼리티의 새로운 단계에의 이행은 주관마음과 객관사물의 구분에서 출발한다는 점을 이해하는 것이 중요하다. 이드에게 있어서는 이러한 구분이 없다. 따라서 동일시도 있을 수 없는 것이다.

이드 속에서 생각과 대상이 혼연일체되어 있는 것은 일종의 원시적 동일시라고 볼 수도 있다. 그러나 이런 경우는 '동일성identity'이라는 개념을 사용하는 것이 타당하며, '동일시identification'라는 개념은 주관적 상상과 객관적 실체 사이의 엄밀한 구분이 선행된 뒤에 양자가 동일하게 일치되는 것을 말하는 것이다.

이러한 마음의 세계와 객관적 현실세계가 구분되는 것은 좌절감과 학습의 결과에서 오게 된다. 이미 설명한 바와 같이 이드는 자신의 반사 행동이나 원망충족만을 가지고는 삶의 기본적인 요구를 충족시킬 수가 없다. 따라서 사람은 살아남기 위해서는 상상과 현실을 구분짓는 법을 배워야 한다. 물론 사람은 천부적으로 내적인 정신현상과 외적인 현실을 구분할 수 있는 잠재력을 가지고 있다. 그러나 이러한 잠재력은 경험과 훈련을 통해서 개발되어야만 쓸모 있는 것이 된다. 어린아이는 매우 일찍부터 마음 속에 있는 내적 세계와 밖에 있는 외적 세계를 구분하는 법을 배우게 된다. 더 나아가서 그는 경험과 훈련을 통해 마음 속에 있는 것을 실제로 외부세계에 존재하는 것과 일치시키는 법을 배운다. 달리 말하면 그는 양자를 동일시하는 법을 배우는 것이다.

동일성과 동일시 사이의 차이점을 살펴봄으로써 양 개념의 의미를 보다 명확히 알 수 있다. 이러한 차이점을 다음 예를 통해 살펴보기로 하자.

어떤 사람이 사자에 쫓기고 있는 꿈을 꾸고 있다면 그는 진짜로 사자가 자기를 쫓고 있는 것처럼 느끼게 된다. 꿈 속에서는 허상과 그 실제 대상 사이의 구분이 안 되기 때문이다. 바로 이것이 동일성이다. 따라서 꿈꾸는 사람은 꿈 속의 일이 실제로 일어났을 경우와 똑

같은 느낌을 갖게 된다. 이와 마찬가지로 정신분열증에 걸린 사람도 실제와 환상 간의 구분을 못 한다.

이와는 달리, 만일 어떤 사람이 책을 읽거나 텔레비전을 보고 있다면 그는 화면이나 글씨들을 실제 대상 자체라고 생각하지는 않을 것이다. 다만 화면이나 책 속에서 어떤 일이 일어난다는 것을 느끼면서 보는 것이다. 이때 그는 텔레비전이나 책 속에서 일어나는 사건이나 이야기를 현실과 동일시하여 웃기도 하고 슬퍼하기도 한다. 그러나 그것이 실제로 진행되고 있는 현실이라고는 생각지 않는 것이다.

외부세계의 현실과의 동일시를 통해 주관적인 표상은 비로소 자신을 실현하기 위한 추진력cathexes을 갖게 된다. 이러한 새로운 추진력은 이드의 본능적인 대상 선택과 구분하여 자아추진력ego cathexes이라고 부른다. 이러한 동일시에 의해 이드와 환각적인 원망충족일차적 과정을 대신하여 현실적 사고이차적 과정가 발달해 나가는 데 에너지가 쓰여지게 되는 것이다. 이렇듯 이드에서 자아로 에너지의 재분배가 일어나는 현상은 퍼스낼리티의 발달에 있어서 매우 중요한 역동적 현상이다.

이드와는 달리 합리적인 기능을 가진 자아는 본능적 욕구를 잘도 충족시켜 주기 때문에 날이 갈수록 이드에 저장되어 있던 에너지는 자아 쪽으로 더 많이 흡수되어 간다. 자아가 강해짐에 따라 이드는 점차 약해진다. 그러나 만일 자아가 본능적 욕구를 충족시키는 데 실패하는 경우에는 자아추진력은 다시금 본능적인 대상추진력object-cathexes에 밀려서 유치한 원망충족의 행위가 일어나게 된다. 이러한 현상은 꿈에서 흔히 일어난다. 자아는 잠자는 동안에도 효과적으로 기능을 못하기 때문에 일차적 과정이 일어나서 환상에 사로잡히게 된다. 깨어 있는 동안에도 자아가 만족할 만한 결과를 만들어내지 못할 때는 일차적 과정이 다시 활성화될 수가 있다. 이러한 현상을 정신분석학에서는 자폐증적 사고autistic thinking, 또는 원망사고wishful thinking라 한다. 예컨대 한푼도 없는 사람이 마치 궁전 같은 집을 짓는 생각에 빠져 있다면 그는 심히 병적인 자폐증적 사고를 한다고 하겠다.

어떤 일이 일어나기를 간절히 바라는 사람은 종종 마치 그 일이 진짜로 일어난 것처럼 생각하는 경우가 있다. 일상생활에 있어서도 어떤 편견이나 간절한 갈망이 우리의 사고를 얼마나 왜곡시키는가를 잘 알 수 있다. 비록 냉철한 과학자라 할지라도 예외는 아니다. 그가 어떤 이론을 선호한다면 종종 그 사실이 실험 결과에 영향을 미쳐 잘못된 판단을 할 수 있는 것이다. 과학자들이 실험과 관찰에 엄격한 통제를 가하고, 그들이 첫 번에 얻은 결과를 확인하가 위해서는 몇 번이고 실험 관찰을 반복하는 것도 바로 이 때문이다. 원망사고는 언제든지 우리를 함정에 빠뜨릴 수 있는 것이다.

정상적인 사람의 경우에는 자아가 정신 에너지를 대부분 독점 사용하고 있다. 자아는 이드로부터 에너지를 끄집어내어 와서 본능의 충족보다는 다른 목적에 사용한다. 즉, 이 에너지는 지각·집중·학습·기억·판단·분별·이성·상상 등의 심리 작용을 발달시키는 데 사용되는 것이다. 자아가 에너지를 잘 컨트롤 할 수 있을 때는 이러한 심리작용이 잘 발달하게 된다. 사람이 세계에 대해 더 많이 알게 되면 될수록 세계는 새로운 의미를 갖게 되며, 그는 이렇게 향상된 지식을 가지고 자신의 목적을 달성하기 위해 세계를 더욱 잘 요리할 수 있는 보다 나은 위치를 점하게 된다. 개개인의 발달뿐 아니라 인류의 문화적 진보의 경우에도 비합리적인 이드의 과정으로부터 합리적인 자아의 과정에로의 진화를 통해 자연에 대한 지배력을 지속적으로 증가시켜 나간다.

자아의 에너지 중 일부는 본능적 충동이 운동계를 통해 그래도 행동으로 나타나는 것을 억지하고 연기시키는 데 쓰인다. 이러한 작용은 자아가 행동을 하기 전에 미리 현실적인 행동 계획을 수립할 수 있도록 하기 위한 것이다. 이때 본능적 충동이 곧장 배설 또는 행동화하려는 것을 추진력cathexes이라 한다면, 이러한 본능적 충동을 저지하는 자아의 작용을 억제력anticathexes이라 한다. 억제력은 추진력을 막기 위한 정신 에너지의 전류電流의 흐름이라 할 수 있다. 자아의 억제력은 이드의 추진력과 반대로 작용하는데, 이는 추진력이 긴장의 즉각적 해소를 요구하기 때문이다. 자아와 이드의 경계선은 마치 국경선과도 같아서 한 쪽은 다른 쪽을 서로 침공하려 든다. 이드가 자아를 침공이드의 추진력하면 자아는 방어를 한다억제력. 이때 억제력이 방어에 실패하면 이드의 대상추진력은 자아를 압도하여 충동적 행동을 일으키게 된다. 정상인도 종종 격정을 이겨내지 못하는 경우가 있는데, 바로 이러한 경우이다.

자아의 에너지는 또한 새로운 대상추진력을 형성하는 데에도 쓰인다. 이러한 대상들은 신체적 욕구를 직접 충족시켜 주는 것은 아니고, 욕구 충족과 관련이 있는 것일 뿐이다. 예를 들어, 배고픔의 본능이 생기는 경우 바로 밥을 먹거나 해서 배고픔의 욕구를 채워주지는 않는다 해도 이 먹는 것과 관련된 여러 가지 방향으로 생각이 연결될 수 있다. 즉, 요리책을 산다든가, 고급 식기나 은그릇을 산다든가, 부엌에 전기구이 기구를 설치한다든가, 어떤 별미를 제공하는 음식점을 찾아다닌다든가, 음식에 관한 이야기를 나눈다든가 하는 것이다. 이때 이런 짓을 한다고 해서 곧 배가 불러지는 것은 아니지만 나름대로 어떤 효과는 있는 것이다.

자아가 비본능적인 목적을 위해 충분한 에너지를 저장해 두는 이유는 이렇게 저축된 에너지를 생명 유지를 위한 기본적인 일에 쓰기 위해서이다. 자아가 신체적 욕구에 쓰이는 에너지를 절약하면 할수록 여가 선용에 더 많은 에너지를 활용할 수 있다. 어떻게 자아가 에너지를 절약하는지에 대해서는 다음 장에서 논하기로 하자.

끝으로 자아의 에너지는 퍼스낼리티의 세 영역을 통합하는 데도 쓰인다. 이 세 영역을 통합하는 이유는, 그렇게 해야 내적 조화가 이룩되고, 환경이나 외부 세계와의 상호작용을 원만하게 해나갈 수 있기 때문이다. 자아가 통합기능을 잘 수행할 경우에는 이드·자아·초자아는 원만하고 조직적으로 자기 역할을 해 나갈 수 있다. 우리는 다음 장에서 자아의 통합기능에 대해 더 깊이 살펴보기로 하자.

이드 내에서의 에너지의 움직임은 자유자재로 되었던 데 반해, 자아 내에서는 보다 융통성이 적고 속박된 상태에 놓여지게 된다. 이는 에너지가 정신적 기능에만 쓰여지고 충동적 행동이나 원망충족을 위해서는 사용되지 못함을 의미한다. 자아의 에너지는 오직 심리적 과정이차적 과정, 억제력, 에너지의 저장, 퍼스낼리티의 통합 등에만 쓰이도록 제한되어 있는 것이다. 자아가 발달하면 할수록 자아의 에너지는 더욱 통제를 받게 된다.

## C. 초자아

처벌에 대한 두려움, 칭찬받기를 바라는 마음 등의 심리 때문에 아이들은 부모들의 도덕적 기준에 스스로를 동일시하게 된다. 이와 같은 부모에의 동일시는 초자아의 형성을 초래한다. 자아가 현실적인 것에 동일시하는 데 비해 초자아는 이상화되고 전지전능한 부모에 대해서 동일시하는 것이다. 보통 부모들은 아이들을 칭찬하거나 처벌하는 어마어마한 힘을 갖고 있다. 따라서 초자아도 처벌하거나 보상해 주는 능력을 가지게 된다. 전자는 양심에 의해 수행되고, 후자는 자아 이상에 의해 수행된다.

양심은 본능적 에너지의 배설을 금지한다. 즉, 본능적 에너지가 직접적으로 충동적 행동이나 원망충족을 통해 배설되는 것과, 또한 이 에너지가 자아의 작용을 통해 간접적으로 배설되는 것, 둘 다를 억제하는 것이다. 다시 말해서 양심은 이드와 자아 양자 모두를 억제하는데, 이는 쾌락원리와 현실원리의 작용을 둘 다 정지시키려는 것이다. 예를 들어, 도덕 의식과 양심이 지나치게 강한 사람은 비도덕적인 충동을 항상 경계하고 있다. 이 사람은 이드를 방어하는 데 너무 많은 에너지를 낭비하기 때문에 막상 필요한 만족을 얻어내는 일에 쓸 에너지가 모자라게 된다. 따라서 이런 사람은 정신병원에서 날뛰는 환자에게 입히는 꼼짝 못 하게 하는 재킷을 입은 것처럼 아무런 일도 하지 못하고 말게 되는 것이다.

양심이 갖고 있는 억제력은 자아의 그것과는 다른 것이다. 자아의 억제력은 자아가 실천 가능한 행동 계획을 세울 때까지 본능의 요구를 연기시키는 데 목적이 있다. 그러나 초자아의 일부인 양심의 금지 작용은 이드의 어떠한 요구든 모조리 근절시키겠다고 하는 데 목적이 있는 것이다. 그것은 마치 이드의 요구에 대해 자아는 '좀 기다려라'라고 한다면, 양심은 '절대로 안 돼!'라고 하는 것과 같다.

초자아의 또 한 부분인 자아 이상은 완전함을 추구한다. 물론 이 자아 이상의 에너지는 부모들의 도덕적 가치가 내면화되어 나타나는 이상을 추구하는 데 투입된다. 이와 같은 이상은 완전무결한 대상 선택을 나타내는 표상이라 하겠다. 자아 이상에 많은 에너지를 투입하는 사람은 항상 이상을 그리며 높은 뜻을 추구한다. 그가 어떤 대상이나 관심거리를 선택하는 것을 보면 현실적인 가치보다는 도덕적인 가치에 기준을 두고 있다. 이러한 사람은 '참이냐 거짓이냐' 하는 것보다는 '선이냐 악이냐' 하는 문제에 더욱 관심을 쏟는다. 그에게 있어서는 가치가 진리보다 더욱 소중하기 때문이다.

자아 이상에 맞는 도덕적인 대상 선택에 동일시하게 되면 자아는 일종의 자긍심을 느끼게 된다. 자긍심은 자아가 어떤 착한 일을 했을 경우에 자아 이상이 내려 주는 보너스라 할 수 있다. 이것은 어린아이가 부모에게 칭찬을 받았을 경우에 느끼는 감정과 같은 것이다.

또한 이와 반대로, 자아가 초자아가 싫어하는 대상을 선택하게 되면 초자아는 어떤 부끄러운 마음이나 죄악감을 가지도록 함으로써 자아를 처벌한다. 이것도 어린아이가 무슨 잘못을 저질러서 부모로부터 꾸중을 듣고 벌을 받았을 때 느끼는 감정과 유사한 것이다.

자긍심은 정신분석학에서 보면 이차적인 나르시시즘이라 할 수 있다. 자아는 어떤 착한 일을 함으로써 자기 자신을 사랑하게 된다. "착한 일은 그 자체 속에 보상이 담겨져 있다"는 말은 옳다. 이렇게 보면 '죄는 그 자체 속에 벌을 담고 있다'는 말도 할 수 있을 것이다.

여기서 우리는 이드의 에너지가 동일시라는 메커니즘을 통해서 자아와 초자아로 옮겨진다는 것을 알 수 있다. 이때 자아와 초자아는 이드의 목표를 추진시켜 주거나, 좌절시켜 버리거나 하는 데 정신 에너지를 사용한다고 할 수 있다. 이드의 목표란 물론 쾌락을 추구긴장으로부터의 자유하고, 고통긴장의 고조을 회피하는 데 있는 것이다.

우리는 자아가 본능을 충족시키기 위해 이드와 연합 작전을 편다는 것을 이미 살펴보았다. 그리고 이와 반대로 초자아는 비도덕적이요 쾌락 추구적인 본능과는 원수이기 때문에 언제나 억압 작용만을 한다는 것도 알았다. 그러나 항상 이런 것만은 아니다. 초자아도 본능의 만족을 위해서 이드에 놀아나는 수도 있는 것이다. 즉, 초자아가 외부 세계나 자아에 대해서 이드의 역할을 대행해 주는 경우도 있는 것이다. 예를 들면, 매우 양심이 강한 사람의 초자아는 자아에 대해 대단히 공격적으로 될 수가 있다. 이 경우 자아는 무가치하고 사악한 것으로 간주되게 마련이다. 이렇게 느끼는 사람은 자기 자신의 신체를 학대하기도 하고 심지어는 자살을 하기까지 한다. 이러한 자학적인 행위는 이드의 공격적 본능을 충족시켜 주고 있는 것이다.

또한 양심이 매우 곧은 사람의 초자아는 비도덕적인 사람들을 마구 공격함으로써 동시에 이드로 하여금 만족을 얻게 해 줄 수도 있다. 도덕적 행동을 한다는 사람들이 결국은 사회 정의라는 미명하에 잔혹 행위나 살인 행위까지 저지르는 경우를 우리는 역사에서 많이 보아 왔다. 예를 들어, 중세 암흑시대에 있었던 종교 재판의 경우에는 마녀들에게 신의 저주를 받았다는 죄명을 씌워서 집단으로 불태워 죽였고, 제2차 세계 대전 때 나치들은 고상한 이념을 내세워 놓고 이를 실천하기 위한 도덕적인 행위를 한답시고 유대인들을 대량 학살했던 것이다. 역설적이게도 역사상 잔인하기 짝이 없는 행위들은 대개가 보다 나은 질서를 위한 도덕적인 목적을 표방하고 있었음을 볼 수 있다. 그러나 실제로 이들은 원시적인 이드의 본능을 충족시키고 있었던 것이다. 바로 이러한 경우에 초자아는 이드에 의해 부패되어 버렸다고 말할 수 있다.

이드와 초자아에게는 또 하나의 공통점이 있다. 이 양자가 모두 비이성적으로 작용하며 현실을 왜곡한다는 점이다. 아니, 그보다도 이드와 초자아는 자아의 현실적 사고를 왜곡한다고 하는 편이 옳겠다. 초자아는 자아가 사물을 있는 그대로 보는 것을 싫어하고, 보다 높은 차원의 도덕성을 가지고 보도록 강요한다. 이와 반대로 이드는 본능적 욕구가 바라는 방향으로 보아 주도록 자아에게 보챈다고 할 수 있다. 이들 양자의 경우는 다같이 비합리적인 영향을 자아에 미쳐서 이차적 과정, 현실 진단 및 현실 원리에 입각한 사고나 판단을 못 하게끔 방해하는 것이다.

정신 에너지의 분배 및 처분이라는 제목의 본 절을 끝맺기에 앞서 정신 에너지는 한정된 양만 있는 것이어서 어느 한 영역에서만 주로 사용된다는 점을 명심해야겠다. 다시 말해서 만일 자아가 에너지를 사용하게 되면 이드나 초자아는 자기들이 사용할 에너지를 빼앗기게 된다는 뜻이다. 어느 한 영역에 에너지를 충전하는 것은 다른 영역의 에너지가 방전된다는 것을 의미한다. 따라서 자아가 강한 사람은 이드나 초자아가 약할 수밖에 없다.

퍼스낼리티의 역동이란 퍼스낼리티의 각 영역 간의 에너지 분배가 변화하는 것을 말하는 것이다. 한 인간의 행동 양태는 이러한 역동에 따라 결정된다. 만일 정신 에너지가 초자아의 영역에 기울어져 있다면 그의 태도는 매우 도덕적이고 예절바르게 될 것이다. 만일 이 에너지가 자아에 기울어져 있다면 그의 태도는 매우 현실적이고 타산적인 될 수밖에 없다. 마찬가지로, 만일 에너지가 그 본 고장인 이드에 머무르고 있다면 그의 행동은 충동적이고 개망나니처럼 나타나게 될 것이다. 따라서 한 인간이 어떤 사람이며 어떤 행동을 하느냐 하는 점은 에너지가 어떻게 분배되는가 하는 역동적 상태에 따라 판이하게 달라지는 것이다.

### 4) 추진력cathexes과 억제력anti-cathexes

프로이트는 그의 저서 중 한 부분에서 정신분석학을 '정신생활을 본능적 충동의 힘과 이를 억제하려는 힘 사이의 상호작용으로 환원시켜서 파악하는 역동적 인식의 학문'이라고 특징짓고 있다. 여기서 충동적인 힘을 추진력이라 하고, 이를 억제하려는 힘을 억제력이라 한다.

이미 살펴본 바와 같이 이드는 단지 추진력만을 갖는 반면에, 자아와 초자아는 억제력도 가지고 있다. 실제로 자아와 초자아는 이드의 제멋대로의 행동을 억제하기 위해 생겨난 것임을 상기할 필요가 있다. 그러나 자아와 초자아는 이드에 대해서는 억제력을 행사하지만, 자신들 나름대로의 충동적인 힘을 또한 가지고 있는 것이다.

억제력이라는 개념을 다른 각도에서 살펴보면, '내적 좌절감'이라고 볼 수 있다. 즉, 저지하는 힘은 긴장의 배설을 좌절시키는 것이다. 그런데 이러한 형태의 좌절감은 소위 '외부적 좌절감'이라고 불리는 형태와는 구분할 필요가 있다. 외부적 좌절감이란, 개인이 어찌할 수 없는 외부적 사정 때문에 목표물을 얻지 못하는 현상을 말하는 것이다. 예를 들어, 어떤 사람이 음식물을 원한다 하자. 만일 그 사람의 주위에 음식물이 전혀 없거나, 있더라도 사정상 도저히 가져올 수 없을 때에는 배고픔의 상태는 마냥 그대로 계속되고 만다. 외부적 좌절감은 일종의 결핍 상태 또는 박탈 상태라고 할 수 있는 반면에, 내적 좌절감은 내부적인 자기 억압 상태라 할 수 있다. 어떤 사람이 무슨 일인가를 하려고 할 때 외부적인 장애가 나타나면 외부적 좌절감이 발생한다. 그러나 어떤 사람이 일을 하려 할 때 그의 마음 속의 자아나 초자아가 그것을 못 하게 저지하는 경우에는 내적 좌절감이 발생한다고 볼 수 있다.

프로이트는 이 내적 좌절감억제력은 반드시 외부적 좌절이 그 밑바탕을 만들고 있는 경우에만 생긴다는 것을 밝힌 바 있다. 즉, 어떤 사람이 내부적으로 충동에 대한 억제를 가하기에 앞서서 반드시 외부적인 기회 박탈이나 빈곤 현상이 선행된다는 것이다. 예를 들어, 초자아의 경우를 보면 부모의 금지가 있고, 이 금지를 받아들여서 동일시하기 전에는 어린이는 자기의 생의 지침을 만들어 나가지 못한다. 이 어린이는 처벌을 통해 무엇이 나쁜 것인지를 배워야만 비로소 스스로의 내적 통제력을 가질 수 있게 되는 것이다.

충동을 재촉하는 추진력이나 이를 억제하려는 억제력의 개념을 잘 이해하면 우리는 우리의 평소 생각이나 행동이 왜 그렇게 이루어지는지를 이해할 수 있게 된다. 일반적으로 추진해 나가려는 힘이 억제하려는 힘보다 강할 경우에는 어떤 생각이나 행동이 그 모습을 드러내게 된다. 이와 반대로, 억제력이 추진력보다 강할 때는 생각이나 행동은 억압되어 표출될 수 없는 것이다. 그러나 억제력이 작용하지 않는 경우일지라도 심리 과정을 추진하는 힘이 너무 약하게 충전되어 있으면 생각이 의식계까지 올라올 수도 없을뿐더러 행동이 일어날 수도 없게 된다.

예를 들어, 어떤 사람이 무언가 지난 일을 회상하려는 경우를 생각해 보자. 그 기억에 충전된 정신 에너지의 양이 너무 빈약하면 그는 기억을 떠올리지 못하게 된다. 이것은 우선 기억을 할 당시 경험된 일이 강한 인상을 심어 주지 못했기 때문이다. 아니면 그 기억에 충전되었던 에너지가 다른 새로운 기억으로 옮아가 버려서 남아 있지 않게 되었기 때문이다. 어떤 일을 배운다는 것은 흔히 과거에 배웠던 일을 지워 버리거나 잊어버리게 된다는 것을 의미한다. 그 이유는, 사람은 한정된 양의 정신 에너지만을 가지고 있기 때문이다. 새로운 일을 하려면 이미 형성되어 있는 일에 투여되었던 에너지를 끌어와야 한다. 그 결과, 새로운 기억을 갖기 위한 추진력에 에너지가 더 많이 투입되어 감에 따라 낡은 기억을 유지하기 위한 추진력은 점점 약화되어 가는 것이다.

처음부터 기억에 에너지가 빈약하게 투입되었거나, 다른 기억한테 에너지를 빼앗겨 버림으로 해서 기억력이 약화되어 버리는 과정을 '망각'이라 부른다. 따라서 어떤 사람이 전화 번호를 잊어버렸을 때는 전화 번호부를 봄으로써 기억에 재충전을 시켜야 한다. 이것을 기억의 재생이라 부른다.

다른 한편으로는 기억을 추진하는 힘이 억제력이나 저항력의 작용으로 인해 억압되는 경우에도 기억을 할 수 없게 된다. 이러한 경우 기억은 '망각되었다'기보다는 '억제되었다'고 해야 옳을 것이다.

억압된 기억은 억제력의 힘을 약화시키거나 추진력의 힘을 강화시킴으로써 재생이 가능하게 된다. 그러나 이 양자 중 어느 쪽도 그리 쉬운 일은 아니다. 왜냐 하면 억압을 제거하려고 하면 할수록 저항도 더욱 거세어지기 때문이다. 물론 최면술이나 자유연상법 등을 쓰면 저항을 약화시킬 수 있다. 또한 저항 현상은 잠잘 적에는 약화되는 경향이 있다. 따라서 우리는 낮에는 억압되어서 생각해 내지 못하던 일들을 꿈 속에서 떠올릴 수 있는 것이다.

그러면 기억은 왜 억압되는 것일까? 여기에는 두 가지 주요한 이유가 있다. 첫째는 그 기억이나 기억과 연관된 일들이 매우 불쾌하고 고통스러운 경우이다. 예를 들어, 어떤 기분 나쁜 일이 있었던 상대방에 대해서는 이름이 기억나지 않는 경우가 흔히 있다. 또한 어떤 생각조차 하기 싫은 일과 관계되어 있는 사람의 이름도 잊을 때가 많다. 이러한 경우는 억제력이 작용하여 우리가 불쾌감이나 불안에 휩싸이지 않게끔 보호하고 있다고 할 수 있다. 이러한 예와 마찬가지로 우리는 애인과 데이트하기로 한 약속은 반드시 기억하는 데 반해, 치과에서 이를 뽑기로 한 약속 시간은 잊어버리는 경우가 많다.

퍼스낼리티 내의 추진력과 억제력은 부단히 현실 가운데서 대결하고 있다. 예를 들어, 중요한 회의 도중에 소변이 마려울 경우, 방광을 비우려는 추진력이 적절치 못한 상황이기 때문에 억제되고 있는 것이다. 이와 비슷한 예로, 어떤 사람이 여행을 떠나고 싶은 충동에 사로잡혔다 해도 그의 사회적 입장이 그것을 허락하지 않으면 그냥 참을 수밖에 없다. 어떤 경우에는 우리가 무슨 일을 기억해 내려고 아무리 애를 써도 기억이 떠오르지 않다가도 잠시 주의를 딴 데 팔다보면 '아차!' 하고 기억이 떠오르는 수가 있다. 이것은 기억하려고 애쓰면 애쓸수록 추진력의 강화 이에 대한 저항력도 강화되어 기억이 떠오르지 않다가 기억하려는 추진력을 정신을 딴 데 팖으로써 약화시키면 저항력도 약화되어서 기억이 의식계에 떠오르게 되는 현상이다.

이러한 억제력이 작용하는 예는 얼마든지 있다. 억제력과 추진력이 이렇게 대립하고 있음을 모르는 경우 사람들은 막연한 긴장감만을 느끼게 된다.

무의식의 내부에서 추진력과 억제력이 서로 대립한 상태에 있는 것을 우리는 '내적 갈등innerconflict' 또는 '정신 내적 갈등 endopsychic conflict'이라 한다. 이것은 퍼스낼리티 내부에 존재하는 것으로서 사람과 그의 주변 환경 사이에 존재하는 갈등과는 구분지어야만 한다. 정신 내적 갈등에는 추진력과 억제력의 무수한 대립 형태만큼 무수한 형태가 있지만, 이들을 크게 나누면 두 가지로 집약할 수 있다. 그 하나는 이드와 자아 간의 갈등이고, 또 다른 하나는 자아와 초자아 간의 갈등이다. 이드와 초자아 간의 갈등 같은 것은 없다. 왜냐 하면 이드와 초자아 사이에는 어김없이 자아가 개재하게 마련이기 때문이다. 즉, 이드와 초자아는 서로 자아를 자기네 목적에 사용하려고 다툴 뿐이지 직접 둘이 충돌하는 경우는 없다. 게다가 단순한 이드와 자아 갈등에 초자아가 끼어들어 둘 중의 어느 한편을 들게 되면 문제는 더욱 복잡해진다. 결국 자아는 정신 내적 갈등에는 항상 끼어들게 마련이며, 나아가 환경과의 갈등에도 나서는 것이다. 갈등이 빚어내는 결과는 퍼스낼리티의 발달에 결정적인 계기가 된다. 우리는 이 중요한 주제를 다음 장에서 다루기로 하자.

실제로 모든 퍼스낼리티의 심리 과정은 추진력과 억제력 간의 상호 작용에 의해 규정된다. 때로는 이 양자 간의 균형이 아주 미묘하게 잡혀 있어서 어느 한 쪽으로 약간만 기울어져도 결과는 엄청나게 다르게 나타날 수도 있다. 즉, 어떤 일을 하느냐, 하지 않으냐의 차이로 나타나게 된다는 것이다. 예를 들어, 이러한 균형 상태에서 추진력이 약간이라도 강해지거나, 억제력이 약간이라도 약해진다면, 권총 방아쇠에 손을 걸고 있던 사람이 방아쇠를 당겨 사람을 죽인다는 엄청난 결과를 초래하게 되는 것이다. 따라서 이러한 퍼스낼리티의 추진력과 억제력 사이의 미묘한 균형 때문에 한 인간이 어떤 행동을 하게 될 것인지를 예측하기란 극히 어려운 일이다. 즉, 추진력의 수준이 약간만이라도 변화하면 한 인간의 삶이나 사회생활은 뜻밖의 연쇄적인 반응을 불러일으키는 것이다. 이렇듯 인간의 행동을 예측할 수 없다는 사실이 심리학을 엄밀한 과학으로 성립될 수 없게 만든다. 프로이트는 이 점을 충분히 인식하여 다음과 같이 말하고 있다.

"우리가 어떤 결과를 놓고 이 일이 어떻게 일어나고 어떻게 저질러졌는가를 설명하는 일은 그리 어렵지도 않으며, 때로는 그럴 듯한 해답을 얻을 수도 있다. 그러나 역으로 우리가 다시 위와 같은 과정에서 추출된 원인에서 출발하여 장차 어떤 일이 일어날 것인가를 추론해 나간다면 이는 극히 어려운 일임을 알게 된다. 같은 조건, 같은 원인에서도 얼마든지 다른 결과들이 일어날 수 있기 때문이다. 따라서 지난 일에 대한 것을 따지는 분석은 못 할 바 아니지만, 닥쳐온 일들을 예언한다는 것은 얼마나 어려운지 모른다. 바꾸어 말한다면, 우리가 어떤 전제된 지식만을 놓고 결과를 예측하기란 극히 어렵다는 것이다.

이와 같이 예측한다는 것이 어렵다는 것은 쉽게 알 수 있다. 심지어 어떤 결과를 가져오는 요인이 무엇인가를 충분히 안다고 하더라도 이것은 어디까지나 질적으로만 아는 것일 뿐 양적으로 그 상대적 강도를 아는 것은 아니다. 때로는 어떤 요인들은 너무 약한 강도를 가지고 있어서 쉽사리 억압당하여 어떤 결과를 보여주지 못하는 경우도 있다. 그러나 불행하게도 어떤 요인은 약하고 어떤 요인은 강한 지를 미리 알 도리는 없는 노릇이다. 우리는 단지 결과를 보고서야 그 결과를 나타내게 한 요인이 강했었다는 것을 알 수 있을 뿐이다. 따라서 항상 결과를 분석하여 원인을 알아내는 것은 확실히 할 수 있는 데 반하여, 원인들을 종합하여 결과를 예측하기란 불가능한 것이다.

프로이트가 말하고 있는 것은, 추진력과 억제력의 상대적 강도는 알 수 없으며, 양자 간의 균형 상태에서 극히 사소한 힘의 변화만 있어도 엄청난 결과의 차이가 생기기 때문에 심리학은 예측하는 과학이 될 수 없다는 점이다. 그러나 일단 어떤 일이 일어났을 경우에는 그 원인을 따지고 분석하여 그것이 어떻게 일어났는가를 설명해 주는 학문은 될 수 있다.

추진력과 억제력이 퍼스낼리티의 발달에 대해 어떤 역할을 하고 있는지에 대해서는 다음 장에서 다시 살펴보기로 하자. 또한 추진력이 어떻게 저항을 피하여 배출구를 찾는가 하는 문제도 아울러 다음 장에서 살펴보기로 하겠다.


## 5) 의식과 무의식

정신분석학의 초기에 있어서 프로이트 학설의 가장 중심 과제는 무의식이었다. 훗날, 즉 1920년부터 프로이트는 지난날의 학설을 수정하게 되었다. 즉, 처음에는 무의식이 인간 심리의 가장 큰 영역을 차지하는 가장 중요한 부분이라고 생각했던 것을 단순히 정신 현상의 한 부분이라는 보다 낮은 위치로 격하시켰던 것이다. 그 대신, 무의식에 집중했던 중요성은 이드로 옮겨졌고, 의식과 무의식의 구분보다는 이드·자아·초자아의 세 영역을 구분하는 데 더욱 강조점을 두었던 것이다.

우리는 여기서 정신분석학의 역사와 관련지어 프로이트 생각의 발달사를 쓰고자 하는 것은 아니지만, 정신분석학에서 무의식의 중요성이 감소되는 것과 함께 심리학에서는 의식의 중요성이 점차 감소되어 갔다는 점을 지적해 둘 필요가 있다. 19세기를 통해 심리학은 의식세계를 탐구하는 데 정신이 없었고, 정신분석학은 무의식의 세계만을 파고들어갔다. 프로이트는 인간의 의식은 마음의 극히 표층부에 있는 얇은 부분에 불과하고 대부분은 무의식으로 구성되어 있다고 생각했다. 즉, 마치 빙산을 생각할 때 의식계는 물 위에 드러난 부분과 같고, 무의식은 그 밑의 큰 부분을 차지한다는 것이었다.

심리학자들은 이러한 프로이트의 생각에 격렬한 반대를 퍼부었다. 그들에 의하면 '마음'이란 의식을 뜻하는 용어이기 때문에 '무의식의 마음'이란 용어 자체가 모순된 것이라는 거다. 그러나 20세기에 들어와서 심리학과 정신분석학은 각각 그 연구 대상을 바꾸었기 때문에 이 논쟁은 결코 결론에 도달할 수가 없게 되었다. 심리학은 형태과학이 되었고, 정신분석학은 퍼스낼리티를 연구하는 과학이 되었던 것이다. 오늘날에 와서는 두 과학이 하나의 학문으로 공통의 보조를 맞추는 듯한 조짐이 자주 보인다.

우리의 논제로 다시 초점을 맞춰 보기로 하자. 1890년부터 1920년까지의 30년간에는 무의식이 심리 구조 중에서 가장 중심 과제로 취급되고 있었는데, 당시 프로이트는 쉽사리 관찰되지 않는 퍼스낼리티를 결정하는 힘을 발견하는 데 온 힘을 쏟고 있었다. 마치 물리학과 화학이 미지의 세계를 탐구할 때 실험과 증명을 통해 알려지지 않은 사물의 속성을 밝혀내는 것과 같이 프로이트는 심리학에 대한 연구를 통해 아직 알려지지 않고 있었던 퍼스낼리티의 결정 요소들을 찾으려 했던 것이다. 프로이트의 다음과 같은 말은 이러한 의도를 나타내고 있다.

"우리가 심리학에서 찾고자 하는 것은 무의식의 과정을 의식적인 과정으로 읽어 냄으로써 의식적인 인식에 있어서 갭을 메우는 것이다."

프로이트는 다른 모든 학문과 마찬가지로 과학의 목적은 무지를 알게끔 바꾸어 놓는 것이라는 평범한 사실에 착안하고 있었을 뿐이다. 예를 들면, 사람은 음식을 먹었을 때 소화가 어떻게 이루어지는지를 직접 알지 못한다. 그러나 생리학을 공부하면 그것을 알 수는 있다. 이러한 지식이 있다고 해서 그가 현재 진행되고 있는 음식물의 소화과정을 감지직접적으로 인식하고 있는 것은 아니다. 그럼에도 불구하고 그는 소화가 진행될 것이라는 것을 이해하고 있다. 이와 마찬가지로 우리는 무의식적인 정신 과정을 지각할 수는 없다. 그러나 심리학은 우리에게 지각할 수 없는 의식의 밑바닥에 어떠한 과정이 진행되는 것인지를 가르쳐 준다.

예를 들어, 사고를 자주 내는 사람은 자기가 왜 그런 짓을 저지르게 되는가를 알 수도 없고, 더욱이 자신의 무의식 속에 스스로 상처받고 싶어하는 심리가 존재한다는 사실을 까맣게 모르는 것이 당연하다. 그러나 이것은 정신분석학의 사례 연구에서 자주 드러나는 틀림없는 사실이다. 또한 음식이나 술을 지나치게 좋아하는 사람은 자기의 무의식 속에 있는 옛날에 받지 못한 부모의 사랑 때문에 그렇다는 것을 추호도 알지 못한다. 비록 사람이 사고를 내는 일과 죄악감, 또는 알코올 중독과 애정 갈구 사이에 상호관계가 있음을 알게된다 할지라도 그는 자신의 내부에 존재하는 이러한 심리를 직접적으로 인식하지는 못한 것이다.

프로이트는 만일 심리학이 하나의 과학으로 정당한 대우를 받기를 원한다면 인간 행위의 숨은 원인을 알아내지 않으면 안 된다고 강력히 믿고 있었다. 바로 이런 이유 때문에 그는 정신분석을 연구한 초기 시절에 무의식의 원인과 동기를 찾는 데 열중했던 것이다. 프로이트에게 있어서 '무의식'이란 바로 '숨은' 원인에 해당하는 것이었다.

1920년 이후에는 의식과 무의식은 하나의 정신 현상으로서 정신분석 학설 속에 남아 있게 되었다. 마음이란 것이 의식이든 무의식이든 간에 그것에 투입되는 에너지의 양과, 이에 대해 저항하는 힘에 의해 크게 좌우되는 것은 사실이다. 우리가 고통이나 쾌락을 의식상으로 느끼게 되는 것은 심리학에서 인지 수준threshold라고 부르는 경계선 위로까지 고통이나 쾌락의 양이 커지게 될 때이다. 이와 마찬가지로 우리가 세상에 있는 사물을 지각하게 되는 것은 이 사물을 감각기관이 받아들이고, 중추신경 내에서 일정 수준 이상 에너지의 자극이 일어나면 우리가 지각할 수 있게 되는 것이다. 그러나 감각을 느끼게 하는 추진력이 인지 수준 위로까지 올라온다 해도 억제력이 더욱 크게 작용하게 되면 우리는 느끼거나 지각을 하지 못하게 된다.

예를 들면, 시각기관에 아무런 이상이 없는 데도 어떤 물체를 보지 못하는 경우가 있다. 이 경우는 보기를 원치 않기 때문에 못 보게 되는 것이라 할 수 있다. 이러한 경우는 억제력이 시작 추진력을 효과적으로 봉쇄한 경우이다. 그러면 이때 이 사람은 왜 보기를 원치 않는 것일까? 그것을 보면 견딜 수 없이 불쾌하고 불안해지는 탓이라 하겠다. 이는 마치 영화나 TV 화면을 볼 적에 어떤 징그러운 장면이 나오면 자기도 모르게 눈을 감아 버리는 현상과도 같다.

지각이나 느낌은 그 사람이 현재 느끼고 있는 경험이다. 그 반면에 기억력이나 사유 등은 지나간 일에 대한 정신적인 연상작용이다. 이때 생각이나 기억이 의식이 되기 위해서는 이것이 언어와 연결되지 않으면 안 된다. 우리는 우리가 본 것을 언어와 연결시키지 못하면 생각하거나 회상해 낼 수 없다.

그렇기 때문에 인간은 언어가 발달되기 이전인 어린 시절의 기억을 의식하지 못하는 것이다. 그러나 사람이 어린 시절의 기억을 떠올리지 못한다고 할지라도 그 어린 시절의 경험은 퍼스낼리티의 발달에 결정적으로 중요한 것이다.

프로이트는 무의식을 두 가지로 나누었는데, 하나는 전의식 preconscious이고, 또 하나는 진짜 무의식unconscious proper이다. 전의식의 생각이나 기억은 저항이 약하기 때문에 쉽사리 의식계에 떠올릴 수 있다. 그러나 진짜 무의식의 생각이나 기억은 여간해서 의식계로 올라올 수 없다. 억제력이 너무 강하게 작용하기 때문이다. 실제로는 무의식에도 많은 단계적 차이가 존재한다. 가장 밑바닥에는 언어와 연결되어 있지 않기 때문에 결코 의식화되지 못하는 기억이 깔려 있으며, 가장 위에는 금방 떠올릴 수 있는 기억이 자리잡고 있다.

무의식의 생각이나 기억을 의식계로 떠올리기 위해서는 이 정신 과정에 많은 에너지가 집중되어야 한다. 이때 이를 위해 투입되는 에너지는 다른 정신 과정에서 끌어올 수밖에 없다. 따라서 우리는 어떤 일을 기억할 때 한 가지씩밖에 기억할 수 없다. 그러나 하나의 생각·기억·지각·느낌 등에서 다른 생각·기억 등으로 이동할 경우 그 회전 속도가 빨라지게 되면 거의 동시에 여러 가지 생각이나 기억을 할 수 있게 된다. 지각계통은 마치 레이더와도 같이 주변 세계를 빨리 돌면서 그 영역에 있는 것을 밝혀 준다. 이때 만일 레이더가 새로운 대상을 발견하거나 잠재적인 위험을 포착했을 때는 그 물체에 대해 고정 감시하는 현상이 일어난다. 이와 함께 각종 기억이나 생각들이 전의식으로부터 흘러들어와서 이 사람이 봉착한 상황에 적응할 수 있도록 도와주게 된다. 위험이 사라지거나 욕구가 충족되고 나면 마음은 경계 태세를 풀고 다시 다른 일에 종사하게 된다.

## 6) 본능

우리는 같은 제목인 앞장의 본능 부분P.130 참조에서 본능이란 심리 과정의 방향을 잡아 주는 정신 에너지의 총체이며, 그 근원·목적·대상·충동성을 특징적으로 가지고 있는 것이라고 지적한 바 있다. 그러면 본능의 종류는 얼마나 될까? 본능이란 신체적 욕구의 정신적 표상이기 때문에 본능의 종류는 신체적 욕구의 종류만큼이나 많다고 할 수 있다. 프로이트는 본능의 종류에 관한 문제는 생물학에서 연구해야 될 것이라고 말한 바 있다.

프로이트는 본능은 크게 보아서 두 개의 그룹으로 나뉘어진다고 생각했다. 그 하나는 '삶'에 쓰이는 본능의 그룹이요, 다른 하나는

'죽음'에 쓰이는 그룹이다. 이때 죽음의 본능의 최종 목표는 무기물의 상태로 돌아가는 것이다. 프로이트는 죽음의 본능은 지구의 진화 과정에서 우주적 힘이 작용하여 생명체를 만들어 낼 당시부터 이 생명체 속에 잠재해 있던 것이라고 믿었다. 이 당시의 원초적 생명체는 아마도 극히 짧은 기간 동안만 살다가 다시금 그 전 단계인 무생물, 즉 무기질의 상태로 돌아갔을 것이다. 이들의 생명은 주로 외계의 자극이 만들어 낸 혼란된 상태로 이루어져 있었고, 이러한 자극이 끝나게 되면 동시에 생명 현상도 사라져 버렸던 것이다. 이와 같은 생명체의 창조를 둘러싼 조건들을 고려해 볼 때 모든 유기물에는 무기물로 돌아가려는 경향이 내재해 있음을 알 수가 있다.

세계가 진화함에 따라 새로운 형태의 에너지가 생겨나서 생명 현상을 이루는 혼란 상태를 보다 길게 지속시키게 되었고, 이에 따라 생명의 기간도 길게 되었다. 마침내 진화 과정의 어떤 시점에서 생명체는 생식의 능력을 가지게 되었으며, 이 시기부터는 생명의 창조는 반드시 외계의 자극에 의존하지 않고 독립적으로 가능하게 되었다.

비록 생식의 본능이 생명의 연속성을 보장하기는 했으나 '죽음의 본능'이 있기 때문에 어떤 개별적인 생명체도 영원히 살지는 못한다. 결국은 최종적으로 무기물로 환원되는 것이다. 프로이트는 생명이란 결국 죽음을 향해 가는 숨바꼭질의 길이라고 갈파했다.

죽음의 본능은 눈에 띄지 않게 작용한다. 그것이 어떻게 작용하며 어떤 과정을 통해 나타나는지에 대해서는 아직 잘 알 수가 없다. 그러나 죽음의 본능의 유도체, 그 중에서도 파괴 본능과 공격 본능에 대해서는 잘 알 수가 있다. 본능의 유도체에 대해서는 다음 장인 〈퍼스낼리티의 발달〉 부분에서 다시금 살펴보기로 하자. 다만 여기서는 본능의 유도체란 원래의 본능과 그 원천이나 목표가 같지만, 목표에 도달하는 수단이 다른 충동력이라고만 정의해 두자. 달리 말하면 본능의 유도체는 대치된 대상추진력이라고 할 수 있다.

　삶의 본능은 그 작용이 널리 알려져 있기 때문에 우리가 쉽게 이해할 수 있다. 삶의 본능은 모든 신체적 욕구를 나타내는 정신적 표상이라 할 수 있는데, 이들 욕구는 어떠한 방식으로든 만족되어야 살아 남을 수 있고 번식할 수가 있다. 이러한 삶의 본능 중에서도 성본능은 가장 연구가 많이 되었고, 퍼스낼리티에 관한 정신분석학적 이론에서 매우 중요한 위치를 차지하고 있다고 할 수 있다. 성본능은 이른바 성감대라 불리는 신체상의 여러 부분에 그 원천이 산재해 있다. 주요한 성감대는 입·항문·성기라 하겠다. 프로이트는 성감대란 성호르몬선에서 분비되는 생화학 물질인 호르몬 때문에 민감해진 신체 부분이라 보았다. 각종 성본능은 인간의 발달 단계에 따라 각각 독립적으로 일어나지만, 사춘기를 지나게 되면 모든 성본능은 생식이라는 목표를 향해 집약된다. 성본능은 다른 곳이지만, 어느 경우 잘 자극하면 성적 쾌감을 주는 곳이기도 하다. 항문은 배설물을 내보내는 기관이지만, 역시 특정한 방식으로 자극을 가하면 성적 쾌감을 주기도 한다. 성본능의 주된 유도체는 사랑이다. 성본능과 그 유도체에 대해서는 다음 장에서 보다 자세히 살펴보기로 하겠다.

　삶의 본능에 사용되는 에너지의 형태를 가리켜 '리비도libido'라 부른다. 그러나 프로이트는 죽음의 본능과 관계되는 에너지의 형태에 대해서는 아무런 이름도 붙이지 않았다. 프로이트는 초기에는 리비도란 개념을 단지 성 에너지에 대해서만 썼었다. 그러나 그가 후에 동기에 관한 자기 학설을 수정하고 난 뒤에는 리비도란 개념을 넓혀서 삶의 본능 전반에 관계되는 에너지라고 보기에 이른 것이다.

삶의 본능과 죽음의 본능은 서로 엇갈려 있기도 하고, 서로 중화되기도 하고, 심지어 서로 뒤바뀌기도 한다. 예를 들어, 두 본능의 엇갈리는 현상은 잠에서 볼 수 있다. 잠을 잔다는 것은 생명력을 재생시키기 위해 휴식을 취하는 것이므로 삶의 본능을 나타내는 것인 동시에, 부분적으로는 긴장이 제거되어 무기물로 볼 수 있는 것이다. 또한 음식물을 먹는 것도 두 본능을 모두 나타내고 있다. 첫째로, 먹어야 살 수 있기 때문에 삶의 본능을 나타내는 것이며, 동시에 먹는 도중에 음식물을 씹고 삼키고 하는 행위는 일종의 파괴 행위이므로 죽음의 본능, 즉 공격본능을 나타낸다 할 수 있다. 성본능의 유도체인 사랑도 간간이 증오를 내포하게 되는데, 이 증오는 물론 파괴본능, 즉 죽음의 본능의 표현이라 할 수 있다. 사랑은 또한 증오감으로 나타날 수도 있고, 증오 역시 사랑으로 나타날 수도 있다.

본능은 이드 속에 있다. 그러나 이것이 나타나는 과정에는 자아와 초자아의 안내가 필요하다. 자아는 삶의 본능의 가장 주요한 중개인 역할을 한다. 자아가 삶의 본능을 위해 일하는 방식에는 두 가지가 있다. 우선 자아는 원래 신체의 기본적인 욕구를 만족시켜 주기 위해 생겨났다는 사실을 상기할 필요가 있다. 자아는 환경과의 현실적인 상호작용을 통해 신체적 욕구를 만족시켜 줌으로써 삶의 본능에 이바지한다. 둘째로, 자아는 죽음의 본능을 잘 설득하여 삶의 목적으로 전환시켜 줌으로써 삶의 본능에 이바지한다. 예를들어, 자아는 이드 속에 들어 있던 죽음의 본능을 외부세계에 대한 공격본능으로 전환시킴으로써 자신은 삶을 영위하게 만드는 것이다. 공격적인 행동을 함으로 해서 인간은 적이 자신을 파괴하거나 손상시키지 못하게 할 수 있다. 공격본능은 적들뿐 아니라 자신의 기본적인 욕구 충족에 방해가 되는 것은 무엇이든 이를 제거하는 데 동원되기도 한다.

그러나 인간이 공격적인 행동을 하게 되면 필경 적이나 권위체로부터 오히려 역습을 당하기 쉽다. 이러한 처벌을 회피하기 위해서 그는 공격자와 동일시를 할 필요가 있다. 이것은 그가 타인에 대해 공격적이 되고자 하는 충동 그 자체를 공격하는 것을 의미한다. 달리 말하면 그는 외부의 권위체가 하듯이 자신의 충동을 억누르는 역할을 맡는 초자아를 발달시키는 것이다.

마음 속에 내재화된 권위로서 작용하는 초자아는 자아가 외부의 적이나 권위체에 대해 적대적이거나 공격적으로 나올 때 이 자아를 꾸짖고 공격하게 된다. 이러한 경우를 일련의 사건으로, 예를 들어 본다면 다음과 같이 요약될 수 있다.

① 아이가 부모에 대해 공격적이 된다.

② 부모는 아이를 처벌하고 보복한다.

③ 아이는 벌을 주는 부모에 대해 동일시를 한다.

④ 부모의 권위가 아이에게 내재화되어 초자아가 된다.

⑤ 초자아는 아이의 자아가 도덕적 규율을 어기면 이 자아를 처벌한다.

이때 극단적인 경우에 초자아는 자아를 없애 버리려고도 한다. 이렇게 되면 그 사람은 스스로 너무 부끄러운 나머지 자살을 하려 하게 되는 것이다.

초자아는 삶의 본능의 중개인이기 때문에 자아를 파괴하려고 달려드는 이드 속에 있는 죽음의 본능과 똑같은 목표를 가진 것이 된다. 따라서 초자아를 죽음의 본능의 중개자라고 부르는 것이다.

## 7) 불안

불안은 정신분석학에 가장 중요한 개념 중의 하나이다. 왜냐 하면 불안은 퍼스낼리티의 발달이나 퍼스낼리티의 역동에 있어서 대단히 중요한 역할을 하기 때문이다. 더구나 이것은 신경증이나 정신병에 대한 프로이트의 학설이나, 이들 병리적 상태를 치료하는 데 있어서 중심적인 의미를 가지고 있다. 이 장에서는 불안이 정상적인 퍼스낼리티의 기능에 있어서 어떤 역할을 하는가에 대해서 살펴보는 데 그치기로 하자.

불안은 신체의 내부 기관에 생기는 흥분 때문에 오는 일종의 고통스러운 감정적 경험을 말한다. 이런 흥분은 내적·외적 자극에 의해서 생겨나게 되고 인체의 자율신경계통의 지배를 받는다. 예를 들면, 어떤 사람이 위험스러운 상황에 봉착하게 되면 심장이 빨리 뛰고, 호흡이 가빠지며, 입은 마르고, 손발에는 땀이 많이 난다.

불안은 긴장·고통·우울증 등 다른 고통스러운 상태와는 구별된다. 그 기준은 불안이 의식적인 상태라는 데 있다. 물론 무엇이 이러한 불안의 성질을 규정하는지는 아직 알려져 있지 않다. 프로이트는 그것이 내장 기관의 흥분 자체가 가지는 특이한 어떤 특징일 것이라고만 생각했다. 어떠한 경우일지라도 불안은 배고픔과 목마름, 성적 흥분 및 기타 신체적 욕구에서 오는 고통·우울증·비판·긴장 등과는 확실히 구분되는 의식적인 상태이다. 따라서 무의식적인 고통이 있을 수 없는 것처럼 무의식적인 불안도 있을 수 없다. 사람은 자신의 불안이 왜 생기는 것인지 그 이유는 모를 수도 있지만 불안한 느낌 자체를 못 느낄 수는 없다. 느껴지지 않는 불안이란 애당초 존재하지 않는 것이다.

불안은 공포감과 유사하다. 프로이트는 '공포'라는 말보다 '불안'이라는 용어를 즐겨 사용했다. 왜냐 하면 공포라는 말은 흔히 외계의 대상에 대한 두려운만을 나타내는 것이기 때문이다. 프로이트는 사람들이 외적인 위험뿐 아니라 내적인 위험도 두려워한다는 사실을 알고 있었다. 그는 불안의 형태를 세 가지로 구분했는데, 첫째는 현실적 또는 객관적 불안, 둘째는 신경증적 불안, 셋째는 도덕적 불안이 그것이다.

이 세 가지 불안은 어떤 성질상의 차이를 기준으로 분류된 것이 아니다. 이들 모두가 그 성질에 있어서는 불쾌하다는 동질성을 가지고 있는 것이다. 이들은 다만 그 원천에 있어서 서로 다를 뿐이다. 예컨대 현실적 불안은 그 원천이 외부세계에 있다. 사람은 독 있는 뱀이나, 총을 들고 있는 사람, 또는 미친 듯이 달리는 자동차 등을 무서워한다. 신경증적 불안에서는 불안의 원천은 이드의 본능적인 대상 선택에 있다. 사람들은 혹시 자기도 모르게 감정에 휩싸여서 스스로에게 유해한 행동이나 생각을 하게 되지 않을까 하는 두려움을 갖고 있다. 도덕적 불안은 그 원천이 초자아의 양심에 있다. 사람들은 자아 이상이 싫어하는 일을 저지름으로 해서 양심의 가책을 받고 벌을 받지 않을까 하는 두려움을 가지고 있는 것이다. 간단히 말하면 자아가 경험하는 세 가지 형태의 불안은 외부세계에 대한 공포, 이드에 대한 공포, 초자아에 대한 공포라고 할 수 있다.

이 불안의 세 가지 형태를 구별한다는 것은 불안을 느끼는 사람이 그 불안이 실제로 어디에서 오는 것인지를 알게 된다는 것을 의미하지는 않는다. 사람은 불안감이 이드의 충동적 위험 의식에서 오든 초자아의 위협에서 오든 간에 실제로 느끼기에는 외부세계에 어떤 두려운 것이 있다고 느끼게 된다. 예를 들어, 날카로운 칼을 다루기를 두려워하는 사람은 날카로운 칼이 위험하기 때문에 두렵다고 느끼겠지만, 실제로는 자기 손에 칼이 쥐어졌을 때 그 칼로 다른 사람을 공격하게 되지나 않을까 하는 점을 두려워하는 것일 수도 있다. 또한 어떤 사람이 높은 곳에 올라가기를 두려워한다고 했을 때, 그는 실제로는 자신의 양심이 갑자기 발동해서 자아를 처벌하기 위해 떨어져 죽게 만들지 않을까 하는 점을 두려워하고 있을지라도 느낌상으로는 높은 곳은 위험하기 때문에 두려움을 느끼게 되는 것이다. 불안한 상태는 한 가지 원천에서만 오는 것은 아니다. 그것은 신경증적 불안과 객관적 불안이 혼합된 것일 수도 있고, 신경증적 불안과 도덕적 불안의 혼합일 수도 있는가 하면, 이들 모두 합쳐서 나타는 경우도 있다.

불안이 갖는 유일한 기능은 자아에게 위험 신호를 보내는 주는 것이며, 이러한 위험 신호가 의식계에 나타나면 자아는 위험에 대처할 준비를 갖추게 되는 것이다. 비록 불안이 고통스럽기 때문에 사람들은 그것이 없어지기를 바라겠지만, 불안은 사람에게 내적·외적 위험이 다가오고 있음을 알려 주는 매우 요긴한 기능을 맡고 있는 것이다. 이러한 경고를 받음으로써 그는 다가오는 위험을 물리치거나 회피할 수 있는 방법을 모색할 수 있다. 한편, 만일 위험을 적절히 피해 내지 못하게 되면 불안은 쌓이게 되어 결국 그 사람을 휘감고 만다. 이렇게 되면 그 사람은 신경쇠약에 빠져 버리고 마는 것이다.

## A. 현실적 불안

현실적 불안이란 외부세계에 존재하는 위험을 인지했을 때 받는 고통스러운 감정적 경험을 말한다. 여기서의 위험은 그 사람을 해치려 위협하는 어떤 환경적 조건을 말한다. 위험의 인지와 불안의 발생에는 두 가지 경우가 있다. 첫째로는 어떤 물체 또는 환경 조건이 주어지면 저절로 두려워하게 되는 유전적 경향, 즉 선천적인 경우와 개인의 생애에서 이차적으로 학습된 후천적인 경우가 그것이다. 예를 들면, 우리가 어둠을 두려워하는 것은 타고난 습성으로 이것은 인류의 초기 단계에 밤이 되면 언제나 위험물이 나타났고 불을 켜서 손을 쓰기 전에 변을 당하는 수가 많았기 때문이다. 밤을 두려워하는 것은 비단 선천적인 것뿐 아니라, 특히 어렸을 적에 밤에 무서운 일을 겪은 사람의 경우에도 나타날 수가 있다. 또한 유전적인 경우와 경험적인 경우가 함께 작용하여 어두움에 대한 공포를 만들어 내기도 한다. 이때 유전성은 사람을 민감하게 만들고, 경험은 이 예민한 상태를 실제의 공포감으로 바꾸어 놓는다.

어쨌든 간에 공포증은 유아나 어린이들에게 특히 쉽사리 습득되는데, 이는 속수무책인 이들 유아나 아동은 외부적 위험에 대처할 능력이 없기 때문이다. 어린이들은 다량의 자극이 밀려올 적에 그들의 자아가 이를 조절할 수 있을 만큼 발달해 있지 못하기 때문에 공포감에 휩싸이게 된다. 사람을 불안으로 꼼짝 못 하게 하는 경험을 외상적外傷的 경험이라 부른다. 왜냐 하면 이러한 경험이 그 사람을 속수무책의 어린애와 같은 상태로 만들어 놓기 때문이다. 모든 외상적 경험의 원형은 출생 외상이다. 새로 태어나는 유아는 어머니 뱃속에서는 잘 지내면서 아무런 준비도 없다가 갑자기 태어나면서 바깥 세상을 느끼게 될 때 말할 수 없이 큰 충격을 받는 것이다. 어린이는 특히 발달 초기에 그가 감당 못 할 일들을 무수히 겪게 되는데, 이러한 외상적 경험들이 결국 훗날까지 발달해 가는 공포망의 기초를 이루는 것이다. 나중에 컸을 때에도 그가 어렸을 때처럼 속수무책이 되어 버리는 상황에 봉착하면 불안의 신호가 올라오게 된다. 모든 공포증은 어렸을 때의 꼼짝 못 하던 경험에서 비롯되고, 그것과 연관되는 것이다. 따라서 어린이들이 외상적 경험을 겪지 않도록 잘 보호할 필요가 있다.

그러나 우리는 불안의 신호가 울려나올 때 이에 효과적으로 대처하는 방법을 배울 수 있고, 실제로 배워간다. 우리는 위험이 있는 곳에서 도망칠 수도 있고, 그 위험 자체를 없애 버릴 수도 있다. 우리는 또한 어떤 위험을 예견하여 그것이 외상적인 것이 되기 전에 제거하기 위한 조치를 취할 수 있는 능력을 갖고 있다. 이러한 능력은 어떤 불안감을 미세하게 느낄 때의 신호를 포착하여 그것이 더 큰 위험으로 되기 전에 막아내는 것을 의미한다. 사람은 항상 미세한 불안의 신호를 잘 포착하여 적절한 행동을 취하게 마련이다. 예를 들어, 어떤 사람이 차를 몰고 갈 때는 큰 사고를 예방하기 위해서 줄곧 사소한 불안감을 겪으며 적절히 핸들을 틀게 되는 것이 그것이다.

위험 신호가 왔는데 아무런 대처를 하지 못하게 되면 불안은 극도로 상승되어 마침내 사람은 무너져 버리고 만다. 공포감은 심지어 사람을 죽게 할 수도 있다는 사실이 밝혀져 있다. 우리가 다음 장에서 살펴보겠지만 자아에게는 불안을 다루는 또 다른 방식이 있다.

### B. 신경증적 불안

신경증적 불안은 본능으로부터 오는 위험성이 인지될 적에 일어난다. 즉, 이것은 자아의 억제력이 본능의 대상추진력을 막지 못하여 어떤 갑작스러운 충동적인 행위를 저지르게 되지는 않을까 하는 데에서 오는 불안이다.

신경증적 불안은 세 가지 형태로 나타난다. 첫째로는 아주 사소한 일에도 즉각적인 반응을 일으켜서 항상 불안해 하는 조바심의 형태로 나타난다. 이런 종류의 불안은 항상 어떤 불상사가 일어나지나 않을까 하고 조마조마해 하는 신경질적인 사람에게서 자주 나타난다. 우리는 이런 사람을 가리켜서 자기 자신의 그림자를 두려워한다는 표현을 쓴다. 좀더 정확히 표현하면 그는 자신의 이드를 두려워한다고 할 수 있다. 이 사람이 실제로 두려워하고 있는 것은 자아에게 부단히 압력을 넣고 있는 이드가 마침내 자아를 완전히 장악해서 꼼짝 못 하게 만들어 버리지 않을까 하는 것이다.

신경증적 불안의 또 다른 형태는 강렬하고 비합리적인 공포심이다. 정신의학에서는 이를 '공포증'이라 부른다. 이 공포증의 특징은 어떤 사물이 실제로 가지고 있는 위험성보다 훨씬 커다란 위험이 도사리고 있다고 느끼게 되는 것이다. 예를 들면, 공포증에 걸린 사람은 겉으로는 별 이유도 없는데 생쥐, 높은 곳, 군중, 넓은 광장, 단추, 고무, 길 건너는 일, 여러 사람 앞에서 얘기하기, 물, 전구 ─ 이들은 무수한 공포증의 예 중의 일부에 불과하다 ─ 등을 죽도록 무서워하게 되는 것이다. 이러한 경우에 대개 불안의 진짜 원천은 외부가 아닌 이드에 있는 것이고, 따라서 외부의 사물에 대해 느끼는 공포감은 비합리적인 것이다. 공포증을 느끼게 하는 대상은 본능충족의 욕구를 표현하거나 어떤 형태로든 본능적 대상 선택과 관계가 있는 것들이다. 모든 신경증적 공포감의 배후에는 자기가 두려워하는 대상을 갈망하는 이드의 원시적 욕구가 숨어 있다. 즉, 이러한 사람은 자기가 두려워하는 것, 또는 두려워하는 대상과 관계가 있거나 그 대상이 상징해 주는 어떤 것을 원하고 있는 것이다.

예를 들어 보겠다. 어떤 젊은 여성이 고무제품은 무엇이든 만지기를 죽도록 두려워했다. 그녀는 자기가 왜 그러는지를 알지 못했다. 다만 아주 오랜 옛날부터 그런 상태가 계속되어 왔음을 기억할 뿐이었다. 이 여자에 대한 정신분석의 결과 다음과 같은 사실이 밝혀졌다. 그녀가 어린 소녀시절에 아버지가 두 개의 고무풍선을 사오셔서 하나는 그녀에게, 또 하나는 여동생에게 주셨다. 그런데 서로 말다툼 끝에 그녀는 화가 나서 여동생의 고무풍선을 터뜨려 버렸다. 그래서 아버지한테 호된 꾸중을 듣고 더구나 자기 고무풍선을 동생에게 주어야만 했던 것이다. 분석을 계속해 나가면서 그녀는 여동생에 대해 매우 질투를 잘 했었고, 심지어는 동생이 죽어 버려서 아버지의 사랑을 자기만이 독차지했으면 하는 생각까지도 가지고 있었음이 드러났다. 고무풍선을 터뜨려 버린 것은 동생 자신을 파괴한 것과 상징적으로 같은 의미를 가진다. 그에 대한 호된 처벌과 그녀 스스로 느끼는 죄악감은 고무풍선이란 대상과 깊은 관련을 맺게 되었다. 따라서 그 때부터는 그녀가 고무제품과 접촉하게 될 때마다 자기가 동생을 해치려 했었다는 낡은 죄악감이 무의식적으로 떠올라 그녀를 몹시 두렵게 만들었던 것이다.

마음 속으로 바라면서도 두려움을 느끼는 물체나 대상이 초자아의 이상에 위반되는 것일 때에는 공포증은 도덕적 불안에 의해서 더욱 악화된다. 예를 들어, 어떤 여자는 항상 자기가 강간당하지나 않을까 하는 비합리적인 공포감을 갖고 있는데, 이 여자는 실제로는 강간당하기를 원하지만 그녀의 초자아가 그 욕망을 억누르고 있는 것이라고 할 수도 있다. 즉, 이 여자는 실제로는 강간당하는 것을 두려워하는 것이 아니라 원하고 있는 것이다. 그녀가 두려워하고 있는 것은 그러한 흉직한 욕망을 억제하려 하는 자신의 양심이다. 바꾸어 말하면 그녀의 마음 속에는 두 가지 정반대의 심리가 서로 항상 싸움을 하고 있다 할 수 있다. 이드는 '나는 그것을 원해요!' 하면 초자아는 '그런 망측한 짓을!' 하게 된다. 그러면 자아는 '나는 그것이 두려워요' 하게 되는 것이다. 이러한 경우는 수많은 강렬한 공포증에 대한 설명이 될 수 있을 것이다.

신경증적 불안의 세 번째 형태는 정신적 공황, 또는 그와 유사한 상태로 나타난다. 이러한 현상은 별다른 뚜렷한 이유도 없이 돌연히 일어나게 된다. 우리는 신문 지상에서 가끔 어떤 사람이 갑자기 광포해져서 자기에게 아무런 일도 하지 않았고 심지어는 알지도 못하는 사람들을 마구 쏘아 죽였다는 기사를 읽을 수 있다. 결국 그는 자기가 왜 그런 짓을 했는지를 설명하지 못한다. 다만 그가 알 수 있는 것은 자신이 몹시 격해졌고 감당할 수 없을 만큼 긴장이 고조되어 무슨 일이든지 해서 자기 자신이 폭발해 버리는 것을 막아야겠다는 생각에 사로잡혔었다는 사실뿐이다. 이러한 심리적 공황 현상은 너무도 고통스러운 신경증적 불안에서 벗어나기 위해 자아나 초자아의 제지에도 아랑곳없이 이드의 요구에 맹목적으로 따르게 되는 일종의 감정적 배설 행위인 것이다.

심리적 공황에 의한 행동은 평소에는 대수롭지 않게 넘어가던 문제에 대해 아주 극단적으로 반응하는 형태로 나타난다. 그것은 언제나 평소의 행동과는 동떨어진 엉뚱한 짓을 저지르는 식으로 나타난다. 갑자기 입에 담지 못할 욕설을 퍼붓는다든지, 별것도 아닌 물건을 상점에서 훔친다든지, 어떤 사람을 형편없이 헐뜯는다든지 하는 행동으로 나타나기도 한다. 이러한 경우에 그는 충동을 행동화했다고 말할 수 있다. 사람은 충동을 행동화함으로써 이드가 자아에 대해 요구해 왔던 압력을 해소하고 신경증적 불안을 해소하게 된다.

말할 필요도 없이 이러한 충동의 행동화는 현실적 불안을 증가시키게 된다. 왜냐 하면 충동적인 행동은 반드시 주위로부터의 보복적인 반응을 불러일으키기 때문이다. 어린아이는 자신의 충동적인 행위에 대해 지속적으로 처벌을 받으면서 자라는 동안에 대개 자신의 충동을 자제하는 법을 배우게 된다. 만약 그가 이러한 자제력을 배우지 못하고 충동적인 사람으로 자라나게 되면 사회는 그를 법으로 다스리게 될 것이다. 그러나 평소에는 법을 잘 지키던 사람도 신경증적 불안에 휩싸이게 되면 법을 어기는 짓을 할 수도 있다. 이 경우, 그의 자제력이 있는 사람은 충동적인 행위나 감정의 폭발을 저지르고 나서 대개 후회를 하지만, 그러면서도 감정의 폭발에서 얻어지는 해방감을 느끼기도 한다.

사람들은 자신의 본능을 두려워하기에 앞서서 그 본능적인 욕구를 외부적인 위험과 연결시켜서 생각하기 때문에 신경증적 불안은 현실적 불안에 그 바탕을 두고 있다. 본능적인 배설이 아무런 처벌도 수반하지 않는다면 본능적인 행동을 두려워할 아무런 필요도 없다. 그러나 본능적 행동이 그 사람에게 처벌을 가져오게 될 때 비로소 그는 이 본능이 얼마나 위험한 짓인지를 깨닫게 된다. 아이들이 본능적인 만족을 얻기 위해 충동적 행동을 했을 때 때리거나 혼을 내주면 아이들은 본능의 만족은 곧 고통스러운 상태에 이르는 길이란 것을 알게 된다. 따라서 아이들은 충동적인 행위로 인해 처벌당할 때 신경 증적 불안을 익히게 되는 것이다.

신경증적 불안은 현실적 불안보다 자아에 대해 훨씬 큰 부담을 안겨 준다. 우리는 나이가 들어감에 따라 외부적 위험을 피하거나 잘 처리하는 방법을 익히게 된다. 심지어는 어린아이들도 위험한 물체나 상황을 피할 수는 있다. 그러나 신경증적 불안은 그 원천이 자신의 퍼스낼리티 내부에 있기 때문에 이를 처리하기도 어려울뿐더러 회피하기란 불가능한 것이다. 우리가 다음 장에서 살펴보겠지만 퍼스낼리티의 발달은 자아가 신경증적 불안과 도덕적 불안을 다루면서 형성되는 적응 양식이나 메커니즘에 따라 상당 부분이 결정된다. 공포감과의 싸움은 심리적 발달의 결정적 계기가 되는 것이어서 그 결과는 사람의 성격에 커다란 영향을 미치게 된다.

이 절을 끝내기 전에 꼭 첨부해 두고 싶은 것은 신경증적 불안은 신경증 환자에게만 있는 현상이 아니라는 점이다. 정상적인 사람들도 신경증적 불안을 경험한다. 다만 신경증 환자처럼 생활상에 드러나거나 결정적인 영향을 미치는 것이 아닐 뿐이다. 결국 신경증적인 사람과 정상인과의 차이는 정도 차이일 뿐이고 양자간인 경계선을 뚜렷이 그을 수는 없다.


## C. 도덕적 불안

자아 속에서 죄악감 또는 부끄러움으로 느껴지게 되는 도덕적 불안은 양심으로부터 오는 위험이 인지될 때에 일어난다. 부모의 권위가 내재화된 양심은 부모가 심어준 이상적 행동 기준을 어기는 생각이나 행동을 했을 적에 그를 처벌하려는 목적으로 나타난다. 도덕적 불안을 만들어 내는 공포감은 원래 객관적인 것이다. 즉, 벌을 내리는 부모에 대한 공포감인 것이다. 신경증적 불안의 경우와 마찬가지로 도덕적 불안의 원천은 퍼스낼리티 구조 내부에 자리잡고 있기 때문에, 사람은 죄악감으로부터 도피할 방도가 없다. 즉, 이 경우에 생겨나는 갈등은 순전히 정신 내적인 현상이다. 다시 말해서 도덕적 불안의 형성 시기에는 공포의 대상이 바깥에 있는 부모였지만, 일단 부모의 권위가 자신의 마음 속에 내재화된 이후로는 자기 마음 속에 있기 때문에 회피할 수 없게 되는 것이다.

도덕적 불안은 신경증적 불안과 밀접한 관련을 갖고 있다. 왜냐 하면 초자아의 주된 적이 바로 이드의 원시적 대상 선택이기 때문이다 신경증적 불안이 이드의 본능적 충동에 대한 공포에서 오는 것임을 상기하라. 이들 양자간의 연계는 주로 성적·공격적 충동을 억제하려는 부모의 가르침에서 오는 것이다. 결과적으로 부모의 권위가 내재화된 목소리인 양심은 본능적 쾌락 추구나 불복종 따위를 억제하는 역할을 한다.

도덕적인 사람이 비도덕적인 사람보다 더욱 부끄러워지는 경험을 많이 하게 된다는 것은 역설적인 현상이라 하겠다. 그 이유는 도덕적인 사람은 어떤 나쁜 짓을 저지르려는 생각만으로도 스스로를 부끄럽게 여기기 때문이다. 자제력이 강한 사람은 자신의 본능적 충동을 해소할 별다른 방도를 가지고 있지 못하므로 본능적 유혹에 대해서 많은 생각을 쏟게 마련이다. 이에 반해서 부도덕한 사람은 강한 초자아를 갖고 있지 않기 때문에 어떤 도덕률에 어긋나는 생각이나 행동을 하게 되어도 예사로 넘길 수가 있다. 죄악감은 도덕적인 사람이 본능에 따라 움직였을 때 치르게 되는 대가의 일부라고 할 수 있다.

우리는 불안이 예고한 어떤 위험에 봉착했을 때 경고를 해 주는 신호라는 사실을 알고 있다. 현실적 불안의 경우에는 자아가 그 경고 신호를 무시하게 되면 몹시 해로운 어떤 일이 그에게 부딪치게 된다. 그는 신체적 상처나 고통을 당하게 되거나, 결핍 상태나 박탈감을 느끼게 될 것이다. 경고 신호에 주의를 기울이면 이러한 위험은 피할 수 있을 것이다. 그러나 신경증적 불안이나 도덕적 불안의 경우에는 위험이 외부에 있는 것도 아니고, 그 공포의 대상이 육체적 상처나 결핍도 아니다. 그러면 이때 사람이 두려워하는 것은 무엇인가? 그는 공포감 그 자체를 두려워하는 것이다. 이것은 사람에게 직접 고통을 안겨 주는 죄악감의 경우에 명백하게 드러난다. 실제로 죄악감은 너무도 견딜 수 없이 고통스럽기 때문에 죄지은 사람은 차라리 외부에서 어떤 처벌을 해 주어서 속죄하고 죄악감에서 벗어날 수 있기를 바라게 된다. 죄를 짓는 사람들은 죄악감에 빠지게 된다. 이 죄악감에 쫓기다 못 해 자신이 잡혀서 처벌받게 되기를 바라게 되기 때문에 그들은 쉽사리 체포된다. 이와 비슷한 이치로 신경증적인 불안이 점차로 커지게 되면 사람은 이것 저것 생각할 여지도 없이 충동적인 행위에 빠져들게 된다. 이런 본능적인 충동에서 저지르는 행위의 결과가 차라리 불안에 싸여 있는 것보다는 덜 고통스럽다고 느끼게 되는 것이다.

신경증적 불안과 도덕적 불안은 자아에게 부딪쳐 오는 위험에 대한 경고 신호일 뿐 아니라, 위험 그 자체이기도 한 것이다.

## 3) 요약

이 장에서 우리는 퍼스낼리티는 일종의 복잡하고 미묘한 에너지 체계라는 것을 살펴보았다. 퍼스낼리티를 작동시키고 그 본연의 작업을 수행하게끔 하는 에너지 형태를 우리는 정신 에너지라 부른다. 그러면 이 에너지는 어디에서 오는 것일까? 그것은 신체의 생명력에서 오는 것이다. 즉, 생명 에너지가 정신 에너지로 전환되는 것이다. 그러나 이러한 전환이 어떻게 일어나는 것인지는 알 수가 없다.

정신 에너지의 저장소는 이드이다. 이드의 에너지는 기본적인 삶의 본능과 죽음의 본능을 만족시키는 데 쓰인다. 동일시라는 메커니즘을 통해 에너지는 저장소에서 추출되어 자아와 초자아의 활성화를 위해 쓰이게 된다.

자아와 초자아가 사용하는 에너지는 두 가지 일반적인 목적에 쓰인다. 즉, 추진력에 투입되어 긴장 해소를 돕거나 억제력에 투입되어 긴장 해소를 억제하는 데 쓰이는 것이다. 억제력도 원래는 불안을 제거하고 고통을 적게 하기 위해 생겨난 것이다. 사람이 생각하는 것이나 행동하는 것은 이 추진력과 억제력 사이의 힘의 강약에 따라 달라진다.

끝으로, 퍼스낼리티의 역동은 퍼스낼리티의 세 부분인 이드·자아·초자아 사이의 정신 에너지 이동 및 교환으로 이루어지는 것이다.

# 3

# 퍼스낼리티性格의 발달

퍼스낼리티에 있어서 명백한 사실은 그것이 계속 변화하고 발달해 가다는 점이다. 이러한 현상은 특히 유아기·아동기·청춘기에서 두드러지게 나타난다. 구조적으로 볼 때 자아는 더욱 다양하게 세분되어 가고, 역동적인 면에서 볼 때 본능적 에너지에 대한 자아의 통제력은 더욱 강하되어 간다.

이렇게 해서 행동의 양상은 더욱 다양해지고, 외부세계에 대한 관심과 집착 같은 따위의 대상추진력 현상이 많이 일어나며, 지각·기억·사고와 같은 심리 작용이 발달하게 되는 것이다. 그러면서도 총체적 퍼스낼리티는 한층 통합되어 인격 속의 세 영역 사이에는 에너지가 활발히 교환되어 균형 상태를 이루게 된다.

사람이 나이가 들어갈수록 추진력과 억제력은 안정화되면서 퍼스낼리티는 보다 융통성 있고 질서 정연하며, 시종 일관된 행동을 나타내게 된다. 또한 사람들은 학습을 통해서 좌절감과 불안을 능숙하게 조절할 수 있는 능력을 키우게 된다.

한 인간은 다음의 다섯 가지 조건을 통해서 여러 모로 변화해 가는
데,

① 성숙 과정

② 외부로부터 받는 좌절감외부적 부족이나 기회 박탈로 인한 불안과 고통 등

③ 내적 갈등추진력과 억제력의 대립

④ 성격상의 부조화

⑤ 불안

등이라 하겠다.

성숙 과정은 선천적으로 마련되어 있는 일련의 발전적인 변화들로
이루어진다. 예를 들면, 걷는 일을 들 수 있다. 유아는 처음에는 일어
서거나 균형을 취할 능력이 없다. 그러나 뼈·근육·신경계통이 발달
함에 따라 이미 선천적으로 마련되어 있는 일련의 진보 과정을 통해
유아는 머리를 들고 첫발을 내딛기에 이르는 것이다.

또 다른 예로 언어의 발달 과정을 들 수 있는데, 유아는 처음엔 의
미를 알 수 없는 말들을 더듬거리다가, 걷는 과정과 유사한 진보 과
정을 거쳐서 마침내 뜻이 통하는 언어화의 단계에 들어서게 된다. 지
각·기억·학습·판단 및 사고 과정 등은 중추신경계의 성숙과 관련되
어 있고, 성욕 등의 발달은 본능의 자율신경과 내분비선으로 이루어
진 신경 호르몬 계통의 성숙과 관련지어져 있다. 물론 성숙 과정은
선천적으로 타고난 어떤 힘에 의해서 진행되어지지만, 그와 병행하
여 후천적인 학습이 매우 중요한 것도 사실이다. 이처럼 성숙 과정과
학습의 상호협동작용을 통해서 인격 발달이란 결과를 가져올 수 있
는 것이다.

좌절감이란 고통스럽거나 기분 나쁜 긴장을 배설시키지 못했을 때

오는 현상이다. 다시 말하면, 좌절감은 쾌락원리의 작용과 같은 관계를 맺고 있다. 필요한 목표물이 주변 환경 속에서 구해질 수 없을 경우, 사람들은 좌절감에 빠진다. 심리학에서는 이를 가리켜 목표물의 '결핍'이라 하며, 목표물이 있더라도 그것이 바라는 사람의 손에 들어오지 않고 멀리 떠나는 경우, 이를 일컬어 목표물의 '박탈'이라 한다. 목표물의 '결핍'이나 목표물의 '박탈'은 모두 외부적 좌절감이라 불려지는데, 이것은 좌절의 원인이 외계에 있기 때문이다.

그런데 좌절감은 사람의 마음 속에서 작용하는 힘 때문에 올 수도 있다. 사람으로 하여금 본능적인 만족을 즉시로 얻지 못하게 하는 힘, 즉 억제력을 들 수 있는데, 이러한 경우를 정신분석학에서는 '갈등'이라 한다. 반면에, 필요한 기술이 없거나 이해력·지능·경험 등의 부족으로 만족스런 적응을 못 하는 경우와 같이 그 개인 속에 있는 약점이나 능력의 한계성 때문에 좌절감이 생기는 경우를 정신분석학에서는 '개인적 부적응성'이라 부른다. 끝으로 좌절감이 어떤 공포감 때문에 오는 경우를 들 수 있다. 이 경우 사람들은 자신이 원하는 일을 추구하는 것 자체를 두려워하게 된다. 이때 그 공포는 실제 존재하는 것일 수도 있고, 신경증적 또는 도덕적인 것일 수도 있으며, 때로는 이들 모두가 합쳐진 경우일 수도 있다.

사람이 어떠한 일에 당면하여 그 일을 극복하거나, 또는 이들 외적 장애물에 어떻게 적응해 나가는가에 따라 퍼스낼리티의 모습이 달라지게 된다. 바로 이 문제가 이 장의 주요 과제라 할 수 있다.

그러면 이제 우리는, 사람들이 좌절감·갈등·불안 등을 어떻게 해결해 나가는가에 대한 몇 가지 주요 방식들에 대해서 생각해 보기로 하자. 이러한 문제들은 동일시·대상 전이·승화·방어기제·상호

얽힘과 타협을 통한 본능의 변형 등의 방식들을 통해서 주로 해결된
다.


## 1) 동일시|identification

앞장에서 우리는 자아와 초자아의 형성이 동일시라는 메커니즘과
밀접한 관련이 있음을 살펴보았다. 즉, 자아와 초자아는 이드의 본
능적인 대상 선택을 현실적 또는 도덕적으로 동일시시킴으로써 이드
로부터 정신 에너지를 추출해 내는 것이다. 여기서 이번에는 동일시
의 성질과 인격 발달에 해당하는 역할 등에 대하여 보다 자세히 다
루어 보고자 한다. 여기에서 동일시란, 외부적 대상이나 타인의 특징
을 자기 자신의 마음 속에 내제화시키는 것이라 정의할 수 있다. 다
른 사람과 잘 동일시하는 사람은 그 사람을 닮게 된다는 결론이 나
온다. 왜 아이들이 부모를 닮는가 하는 것은 그들이 부모의 특징을
자기 것으로 흡수하기 때문이다. 따라서 타인을 본따서 닮고자 하는
경향은 우리의 인격형성에 매우 중요한 역할을 한다.
　　그러면 동일시는 어떤 조건하에서 일어나는 것인가? 적어도 네 가
지 중요한 조건을 들 수 있다. 첫 번째로, 좌절감이나 불안과는 거의
관계가 없는 조건을 들 수 있다. 이것은 자기애적인 카텍시스<sup>자기 자</sup>
<sup>랑</sup>가 뻗어나가서 가기 마음에 드는 타인에게서 나르시시즘을 확인하
는 형태를 말한다. 예컨대, 자기 자신의 근육에 자부심을 느끼고 있
는 소년은 타잔과 같은 사람의 근육 모습을 찬미하게 되는데, 이것
은 타잔의 근육 모습을 자신이 가지고 싶기 때문이 아니고, 그것이

자기의 근육과 비슷하기 때문이다. 이런 이유 때문에 사람들은 자기와 비슷한 성질을 가진 사람과 동일시하는 경향이 있다. 즉, 캐딜락을 타고 다니는 사람은 포드를 타고 다니는 사람보다는 캐딜락을 갖고 있는 사람을 동일시하기가 쉽다. 이러한 동일시의 형태를 자기애적自己愛的 동일시라 한다.

나르시시즘이란 말은 프로이트가 그리스 신화인 나르시스의 얘기에서 따온 학술 용어로서, 나르시스는 물에 비친 자기 모습에 스스로 반해서 사랑을 느꼈던 소년이다. 일반적으로 우리는 자기 자신에 대해 얘기를 많이 하거나 칭찬하는 데에 시간을 많이 보내는 사람을 일컬어 나르시시즘적인 인물이라 한다.

그러나 그간 우리가 누차 살펴온 대상 선택과 자기애적 동일시를 혼동해서는 안 된다. 사람들이 대상 선택을 하는 것은 그 대상을 원하기 때문인 것에 반해, 자기애적인 동일시에 있어서는 그가 원하는 것을 이미 갖고 있다는 점이 특색이다. 즉, 그의 추진력은 바로 자기 자신을 향하고 있기 때문에 단지 자기 자신과 비슷한 특징을 가진 사람이나 대상을 향해서 나갈 뿐이라는 것이다. 이러한 성질을 가진 남자는 자기와 비슷한 속성을 가지고 있는 남자끼리만 동일시한다. 상대가 이성異性일 경우에는 긴장을 배설할 수 있는 대상으로만 본다는 점이 특이하다. 이것은 상대를 오직 자기 자신의 일부로 확대 해석하는 것뿐이라 하겠다.

만일 자기애적인 요인이 매우 강한 경우에는 자기 자신을 닮은 사람만 선택해서 사랑의 대상으로 찾고 만족을 취한다는 결론이 나온다. 이 점을 잘 이해하면, 왜 사람들이 이성보다는 동성에게 더 매력을 느끼고 동성애에 빠지는 사람들이 생겨나는가, 왜 어떤 남자는 자기처럼 근육이 발달되고 목청이 큰 여인을 아내로 맞는가 하면, 어떤 여성은 연약하고 여성적인 남성을 남편으로 맞게 되는 것인가를 알 수가 있는 것이다. 이것은 바로 그리스 신화의 나르시스가 한 것과 같이 자신의 이미지를 그대로 반영하고 있는 상대를 사랑한다는 것이 되고, 이는 결국 자기 자신을 사랑한다는 뜻이 된다.

자기애적 동일시 현상은 같은 그룹의 구성원들간에 통하는 유대감과도 관계가 있다. 즉, 그들은 적어도 한 가지의 공통점을 갖고 있기 때문에 그 그룹의 회원끼리는 서로 동일시하기가 쉽게 된다. 그것은 같은 조직의 같은 구성원이라는 점을 갖고 있기 때문이다. 두 사람 내지는 그 이상의 사람들이 같은 공통점을 갖고 있을 적에는 그것이 육체적인 고통점이든 정신적인 것이든, 혹은 취미·가치관·재산 정도가 같다든가, 같은 시민이라는 사실이든지, 아무튼 공통점이 있기만 하면 서로가 동일시하기가 매우 쉽다. 또한, 두 사람이 모두 원하고 있는 것이 같은 경우나, 서로가 같은 물건을 가지려고 노력하는 경우에도 서로간에 닮는 수가 흔히 있다. 따라서 적들 사이에도 서로 친숙감을 느끼게 된다면 이상하게 생각될지 모르지만, 그러한 경우는 흔히 있다.

흔히 적들끼리 친구가 될 수도 있고, 서로 경쟁이 협동으로 바뀌게 될 수도 있다. 또한 묘하게도 경찰관은 도둑과, 도둑은 경찰관과 이상한 친밀감을 느끼는 일은 바로 이런 이유 때문이라 하겠다.

두 번째로, 동일시는 좌절감과 불안에서 온다. 예를 들어, 사랑을 받기를 원하고 있는 처녀를 상상해 보자. 그녀는 친구들이 남자들과 사랑에 잘 빠지는 것을 보았을 적에 '왜 나는 사랑을 받지 못할까?' 하고 자신의 부족한 점을 찾으려 할 것이다. 마침내는 친구와 자신의 공통된 목적 — 사랑을 받는 것 — 을 이루기 위해 친구와 닮으려 하게 되는 것이다. 이와 같이 실패한 사람이 성공한 사람을 닮고자 하는 형태의 동일시를 가리켜 '목표지향적 동일시'라고 한다.

목표지향적 동일시는 가장 흔한 형태의 동일시이며, 퍼스낼리티의 발달에 진정 지대한 영향을 미치는 것이다. 예를 들어, 아버지가 자녀들이 원하는 바를 잘 해결해 주는 경우에 아들은 성장함에 따라 점차로 아버지를 닮게 되며, 같은 이유로 딸은 어머니를 동일시하게 된다. 그러나 만일 부모가 아이들이 바라는 바를 잘 해결해 주지 못할 경우에 아이들은 부모에게 실망을 느끼고 다른 적절한 대상을 찾아 헤매게 된다. 오늘날 영화가 대중적인 인기를 끌고 있는 것은 관중이 영화 속에서 성공한 주인공이나 자기가 좋아하는 배우를 동일시하여 자신의 좌절된 욕구를 대리적으로 충족시키려 한다는 데에도 그 원인이 있다. 대리적 만족이란 사람이 스스로는 목표에 접근하지 못했지만 누군가 그 목표를 달성한 사람과 동일시함으로써 마치 목표를 달성한 듯이 만족을 얻게 되는 것을 말한다. 예컨대, 어떤 사람이 자기 스스로는 유명하지 못할지라도 단지 유명한 사람과 관계가 있다는 사실만으로도 만족을 얻을 수 있는 것이다.

목표지향적 동일시는 대개 다른 사람의 어떤 개별적인 특징만을 닮게 되는 것인지, 아니면 반드시 그 사람 전체를 닮게 되는 것인지를 분명히 해야 한다. 예를 들어, 아들은 보통 아버지에게서 힘센 점만을 동일시하고 아버지가 독서나 골프를 좋아한다는 점은 동일시하지 않는다. 왜냐 하면 아들이 중요하게 생각하고 원하는 것은 아버지처럼 힘이 세지는 것뿐이지 아버지의 취미 활동은 아니기 때문이다. 그러나 한 가지 특징에 동일시를 하게 되면 반드시 전체에 대해서도 동일시가 일어나게 된다. 그래서 처음에는 어떤 사람의 한 가지 특징만을 닮게 되다가 점차로 그의 모든 인간성·행동·걸음걸이까지 닮게 되는 현상을 볼 수가 있다. 또한 어떤 점이 훌륭한 것이며, 어떤 것이 그 사람의 결점인지를 정확하게 가려낸다는 것은 어렵기 때문에 결국 그 사람의 모든 점을 닮아갈 수밖에 없는 것이다.

세 번째로, 어떤 사람이 자기가 추구하는 대상을 상실했거나 가질 수가 없게 됐을 때에 그는 자기 자신을 마치 잃어버린 대상처럼 만들어 버림으로써 어떤 보상 심리를 만족하려고 한다. 이와 같은 형태의 동일시를 '대상상실 동일시'라고 한다.

대상상실의 동일시는 부모의 사랑을 못 받고, 또는 부모가 바라는 바대로 행동함으로써 부모의 사랑을 다시금 받으려고 노력한다.

즉, 부모가 자기에게 바라는 바대로 자신이 되고자 하며, 그럼으로써 그런 형태의 상상적 모형에 자신을 동일시하게 된다. 가령, 부모가 돌아가셨거나 오랜 여행을 떠난 경우에 있어서, 아이들은 자기 부모님이 살아 계셨더라면 자신이 어떤 존재가 되기를 바랐겠는가 하는 것을 이상적인 모델로 만들어 놓고, 여기에 동일시하려는 생각을 하게 된다. 이때 실제로 아버지가 없더라도 아이들의 동일시는 가능하다는 결론이 나오는데, 아이들은 현실상의 부모보다는 부모가 세워 둔 가치관에 기준을 두고 동일시를 하는 것이며, 이것이 바로 자아 이상을 형성하는 것이다.

대상상실의 동일시는 현실적으로 대상을 되찾게 해 준다. 즉, 아이들은 착한 일을 함으로써 부모의 관심과 사랑을 다시금 얻게 된다. 또한 때로는 잃어버린 대상의 자리를 자기 스스로가 차지하게 하는 경우도 있다. 즉, 어떤 사람이 현존하지 않는 위인의 특성을 받아들여서 닮게 되면 그 위인은 그 사람의 퍼스낼리티의 일부가 되는 것이다. 이렇게 함으로써 우리는 성장 과정 중에 잃어버린 수많은 대상들을 우리의 인격 속에 끌어들이고 동일시하게 된다는 결론이 나온다.

네 번째 형태의 동일시는 권위체가 금지한 것과 동일시를 하게 되는 경우이다. 이러한 동일시를 하게 되는 목적은 잠재적으로 체제의 규칙에 순종함으로써 처벌받는 것을 면해 보려는 속셈이 있기 때문이다. 즉, 사랑하기 때문에 닮는 게 아니라 공포감 때문에 닮는 것이 된다. 이와 같은 동일시는 인간의 양심이 형성되는 바탕이 되는 것이다. 양심에 저해되는 각종 금지 사항들은 결국 부모가 금지하는 지시와 명령을 받아들여서 이룩되는 것이다. 아이들이 커감에 따라 부모의 간섭이나 명령 또는 금지가 없더라도 스스로 삼가는 억제력을 발휘하게 되고, 아이들은 처벌받는 일을 회피할 수가 있게 된다. 아이들이 점차 커감에 따라서 부모뿐 아니라 다른 사회의 권위체들의 요구도 받아들여져서 다양한 동일시가 이루어지게 되는 것이다.

아이들은 권위 있는 존재들과의 동일시를 통해서 사회화의 과정을 밟게 되는 것이다. 즉, 아이들은 자신들이 살고 있는 사회의 규칙과 규율 등에 복종하지 않으면 안 된다는 사실을 배우게 된다. 이와 같이 젊은이들은 기성세대가 제시하는 이상이나 금기에 대해서 동일시함으로 해서 사회는 안정을 유지할 수가 있는 것이다. 때로는 물론 젊은 세대들이 주어진 전통이나 체제에 대해서 도전할 수 없는 것은 아니지만, 결국엔 사회의 요구에 일치하는 쪽으로 기울어지게 된다.

그러면 이제 동일시의 여러 형태에 대한 논의를 끝내기에 앞서, 우리는 한 가지 매우 원시적 형태의 동일시를 언급하지 않을 수 없다. 가령 사람들은 어떤 대상과 같아지기 위해서 그것을 잡아먹는 경우가 있다. 즉, 포수는 자기가 잡은 사자의 심장을 꺼내어 먹는데, 그것은 그가 사자와 같이 강해지지 위해서이다. 이와 같은 원시적 형태의 동일시는 기독교의 성찬식에서도 찾아볼 수 있는데, 예수님의 살과 피의 상징인 떡과 포도주를 먹음으로 해서 그 신자는 더욱 그리스도와 같은 존재가 될 수 있다고 믿는 것이다.

이제 우리는 동일시가 한 사람이 외계의 다른 사람권위체을 닮게 됨으로 해서 인격을 형성한다는 사실을 알게 되었다. 동일시를 하게 되는 동기가 되는 힘은, 자기애적 동일시를 제외하고는 주로 좌절감·부적절감 및 불안 등에 의해서 제공받는다는 것을 알 수 있으며, 이런 동일시를 하는 목적은 좌절감·부적절감·불안 등을 잘 조절하여 고통스런 긴장을 배설하는 데 있다. 즉, ①자기애적 동일시로 자기와 꼭 닮은 대상을 발견하여 자기 사랑을 거기로 확대하는 것 ②목표지향적 동일시로서 본인이 바라는 목표에 다다르고, 성공한 사람을 대상으로 해서 그를 본뜸으로써 동일시하는 것 ③대상상실 동일시로 잃어버렸거나 가질 수 없는 대상을 가상하고, 이것을 자기 마음에 받아들이는 동일시 ④공격자에의 동일시로 권위체가 금지한 사항을 내재화하는 동일시이다.


## 2) 전이와 승화displacement and sublimation

3 〈퍼스낼리티의 발달〉에서, 본능에 대한 논의를 하면서 우리는 본능의 목표, 즉 긴장 해소를 달성하기 위한 대상 또는 수단이 본능 중에서 가장 변하기 위한 것이란 점을 살펴보았다. 이때 긴장을 해소하

고자 하는 본능의 목표는 항시 불변이다. 만일 하나의 대상이 사용될 수 없을 경우 그 추진력은 그 대상을 포기하고 다른 대상을 찾게 되는데, 이것은 심리적 에너지가 전이할 수 있는 성질이 있음을 뜻한다. 에너지가 하나의 대상에서 다른 대상으로 유입되는 과정을 바로 '전이'라고 한다. 인격의 발달은 대개 일련의 에너지의 전이 또는 대상의 대처 과정을 통해서 진행된다. 이때 에너지가 전이된다 해도 본능의 원칙과 목표에는 변함이 없고, 변화되는 것은 대상밖에 없다.

전이의 원인은 모든 인격 발달, 예컨대 성숙·좌절·갈등·부적절감·불안 등을 만들어 내는 것과 똑같은 데서 찾을 수 있다. 그러면 구강기 만족이라 부르는 경우에 일어나는 일련의 전이들을 생각해 보자. 입과 입술은 먹는 행위와 밀접한 관련이 있지만, 동시에 매우 민감한 부위이다. 젖꼭지로써 입술을 자극해 주면 유아는 빨기 시작한다. 젖을 빠는 것은 허기증을 면하기 위해서였지만, 입술을 부드럽게 자극해 주면 그것 자체만으로도 쾌감이 따른다. 따라서 만일 그런 자극이 주어지지 않으면 신경질이 날 것이다. 다시 말해서, 빨아 봐도 젖이 나오지 않고 배가 부르지 않는다 할지라도 입술의 자극을 얻기 위해 무언가를 빨고자 하는 욕구는 남게 되는 것이다. 우유 꼭지에서 우유가 나오지 않게 될 때 젖먹이 아기들은 자기 손가락 또는 아무 물건이나 손에 잡히는 대로 빨게 된다. 만일 젖먹이들이 손가락을 빤다고 꾸중을 듣게 되면 다른 물건, 즉 사탕 등을 빨게 되고, 이때는 아무런 처벌도 받지 않는다.

어린이가 점차 성장함에 따라 유치한 형태의 빨기는 사회적 압력으로 인해 단념하게 되고 다른 어른스런 입술 자극법이 개발된다. 가령 담배 피우기, 키스하기, 휘파람 불기, 노래 부르기, 얘기하기, 껌과 담배 씹기, 침뱉기 등은 모두 어른들이 채택한 구강 활동이라 할 수 있다.

그러나 이렇게 대치된 대상추진력이 오직 본능적인 빨기와 배고픔만을 만족시키기 위한 것이라고는 말할 수 없다. 다른 본능들도 구강 활동에 의해서 만족을 취할 수가 있으며, 동시에 입 부분에서 일어나는 긴장도 다른 활동에 의해서 해소될 수도 있다. 예를 들어, 키스를 하는 것은 앞서에 들었던 본능 외에도 성본능도 만족시켜 주는 일이며, 술을 마시는 행위는 많은 긴장을 풀 수 있는 길이 될뿐더러 입술에도 쾌감을 주는 것이다. 어른들의 경우에는 여러 가지 본능적인 원천에서 에너지를 받고 거기에서 하나의 대상 선택을 결정한다. 이것을 정신분석학에서는 '본능의 융합'이라 부른다. 어른들의 취미나 기호는 어린아이들의 경우와는 달리 매우 복잡미묘한 여러 동기들이 합쳐져서 이루어진다. 프로이트는 이러한 사실을 일컬어 '복합결정'이라 칭했다. 즉, 복합결정이란 용어는 대상 선택이 여러 본능의 복합적인 참여에 의해 결정됨을 뜻한다. 다른 말로 본능의 융합과 복합결정을 '응축'이라 부르기도 한다. 여러 가지의 본능이 하나의 대상에 모여졌다는 것은 에너지 원源의 응측 현상이다. 가령 정원 가꾸기나 모형 비행기 만들기 등의 취미는 많건 적건 간에 여러 가지의 서로 다른 긴장들을 동시에 해소해 주는 것이라 하겠다.

어른들이 자신이 하는 일이나 취미생활에 있어 끈질기고 쉽사리 손을 들지 않는 이유는 그 밑바탕에 깔린 동기가 매우 복합적으로 여러 갈래에서 나오기 때문이다. 이에 반해 어린아이들이 쉽게 싫증을 내 버리는 까닭은 모든 행동이 단지 하나의 동기에서 이룩되었기 때문이다. 즉, 하나 또는 기껏해야 두어 개의 동기에서 비롯되어 어떤 일을 행하게 되면 쉽게 이루어지고, 또한 쉽게 싫증을 내기 마련이다.

그러면 전이가 일어남에 있어 그 방향은 어떻게 결정되는 것인가? 어째서 다른 것들이 아닌 특정한 대상이 원래의 대상 선택의 대치물로 선택되는 것일까? 어째서 어떤 사람은 이러한 취미와 기호를 가지며, 다른 사람은 또 다른 취미와 기호를 갖게 되는 것인가? 왜 한 사람이 일생을 지내는 동안에 취미와 기호는 변하는 것인가?

어째서 전이는 특정한 코스를 밟게 되는가에 대해선 두 가지의 중요한 이유가 있다. 첫째로, 사회의 전통과 관습이 어떤 대상은 장려하고, 어떤 것은 금지하기 때문이다. 물론 이때 방향 제시를 직접 행사하는 것은 부모라 할 수 있다. 아동기에 있어선, 손가락 빠는 것은 야단을 맞게 되지만, 사탕을 빠는 것은 허용된다. 그러나 어른이 되어서도 사탕을 빨고 있다면 조롱을 받게 될 것이다. 대신에, 어른이 담배·파이프 등을 빠는 것은 예사롭게 여겨진다. 또한 어른이 아이들의 우유 젖꼭지를 빤다면 조소거리밖에 안 되겠지만 맥주병을 빤다면 별 문제가 될 게 없다. 사회는 어떤 대상 선택에 대해선 제한을 가하지만 다른 대치된 대상에 대해서는 그냥 통과시킨다. 이때 아무런 대치물도 구할 수가 없는 경우에는 사람들은 어떤 방식이든 금지된 대상을 찾을 수밖에 없다. 1920년 대에 미국에서 금주법이 통과되어 술을 합법적으로 만들 수 없게 되자 어떻게 되었던가? 사람들은 구강기의 만족을 단념할 수가 없어서 제각기 밀주를 만들어 먹었던 것이다.

전이가 일어남에 있어 그 방향을 결정해 주는 두 번째 요인으로 원래의 대상과 얼마나 닮았는가 하는 유사성, 즉 서로 동일시될 수 있는가 하는 점을 들 수 있다. 가령 어떤 사람이 긴장을 해소하고자 할 때 어느 한 통로로는 그것이 불가능할 때에는 그것과 비슷한 다른 방법을 통해서라도 긴장을 배설시키고자 하는 마음이 생긴다. 만일 두 번째 통로도 막혔을 때엔 세 번째의 대상으로 바꾸게 된다. 그러나, 두 번째, 세 번째로 넘어갈수록 그 유사성의 정도는 점점 약해져서, 나중에 가서는 애당초의 대상과 거리가 먼 것으로 나타난다. 즉, 하나의 대상이 본래의 대상과 거리가 멀다는 것은 그 대상을 가지고는 긴장을 해소하는 것이 불충분하다는 뜻이 된다.

다시 말하면, 대치물이 점점 옮겨갈수록 긴장 해소는 점점 어려워짐을 알 수 있다. 대상을 점차 바꾸는 행위는 일종의 현실과의 타협이라 하겠는데, 최종적인 선택은 애당초 바라던 대상에 비하면 그나마도 못 구하는 것보다는 나을지는 모르나, 긴장 해소에 있어서는 별로 탐탁스런 작용을 못 함을 알 수 있다. 이같이 최종적으로 손에 들어오는 대상을 선택하게 될 때까지 자아는 서로 상충되는 이드·초자아 및 외부세계의 요구 사이에서 끊임없이 타협을 하지 않으면 안 되는 것이다.

이와 같이 전이가 계속됨에 따라 애당초의 대상 선택과는 거리가 멀어진다는 점을 다음에 예에서도 볼 수 있다. 한 소년의 최초의 사랑의 대상은 언제나 그의 어머니이다. 왜냐 하면 어머니는 언제나 가장 이상적인 여인상으로 받아들여지기 때문이다. 그러나 불행히도 어머니의 사랑을 독점한다는 것은 현실적으로 불가능하며, 또한 점차 어머니가 결코 완전한 여성이 아니란 사실도 느끼게 된다. 이제 점차 소년은 보다 완전한 다른 새로운 여인상을 구하게 된다. 초등학교 1학년 담임 선생님, 옆집 아줌마, 숙모 등이 자연스럽게 다음번의 대상 선택이 된다. 그러나 이 경우에도 실패하는 것이 뻔하고, 다음으로 소년은 자기보다 나이 많은 소녀나 손위 누이, 형의 여자 친구, 아버지의 여비서 등에서 대상을 구하게 된다. 결국에 가서는 이러한 시도들이 모조리 막다른 골목에 부딪쳐 버리게 되면, 그는 드디어 완전한 여성에 대한 백일몽을 꾸기도 하고, 영화나 소설의 주인공에서 찾아보기 시작한다. 이때 만일 소년이 소질이 있을 경우엔 이 이상적 여인상을 시나 그림으로 표현해 보려 노력할 것이다. 마침내 진정한 여인을 만났을 때 그녀는 애당초의 대상인 어머니의 모습을 어딘가 간직하고 있는 사람인 것이다.

이와 같이 어머니의 대치물을 찾아 헤매는 작업을 하는 동안에 전이에 전이가 쌓여져서 전체적인 대상추진력의 망을 형성하게 된다. 차단된 추진력의 에너지는 많은 새로운 활동 무대로 분배되는데, 마치 둑을 넘쳐흐른 강물이 많은 논밭으로 흘러들어서 새로운 수로를 따라 흐르는 것과 같다. 그의 취미·기호·개인적 습벽·성질·가치·태도·마음씨·집착력 등은 애당초의 대상인 이상적인 어머니상을 향한 에너지가 전이되어 흘러가서 이룩한 것이라 할 수 있다.

대치물이 높은 수준의 문화적인 목적을 표방하는 것일 경우에 이와 같은 전이를 가리켜 승화라고 한다. 예컨대, 승화란 본능적 에너지가 지적·인도적·문화적 및 예술적인 면으로 흘러가는 것을 말한다. 즉, 성적 또는 공격적 본능이 직접 그대로 표출되기보다는 이것들이 변형되어서 성이나 공격심이 없는 형태로 나타나게 된다. 다른 모든 전이와 마찬가지로 승화의 경우에 있어서도 본능의 목표와 원천은 언제나 같은 것이다. 그러나 본능 충족을 위한 수단, 즉 대상 선택이 달라짐은 물론이다.

프로이트는 레오나르도 다 빈치가 마돈나를 그렸던 것은, 그가 어렸을 적에 헤어지지 않을 수 없었던 이상적인 어머니상을 승화시켜 그린 것이라고 해석하고 있다. 또한 셰익스피어의 희곡, 월터 휘트먼의 시, 차이코프스키의 음악, 프루스트의 장편 소설 등은 모두 어느 정도 동성애적 갈망이 승화된 것이라고 할 수 있다. 현실적으로 이들 작가들은 그들이 진정 바라던 성적인 갈망을 이룰 수가 없었기 때문에 하나의 가상적인 창작물을 통해 그들의 욕구를 승화시킨 것으로 해석할 수 있다. 이러한 위대한 작가와 예술가들처럼 승화에의 욕심은 있으나, 불행히도 재능이 없는 평범한 사람들은 그들의 본능적 에너지를 일상생활의 여러 가지 면으로 발산시키게 된다. 프로이트는 인류가 문명을 이룩할 수 있었던 근본 이유는, 인간이 원시적 대상 선택을 억압하고 승화된 행동을 할 수 있기 때문이라고 갈파하고 있다. 원시인과 달리 문명세계의 인간은 자신의 성적인 욕구를 그대로 발산시킬 수가 없기 때문에 이런 잉여 에너지는 사회적으로 유용하고 문화적으로 창조적인 물길을 따라 흘러들어가게 되는 것이다. 그러나 승화는 물론 충분한 만족을 가져다 주지는 못한다. 승화된 대상 선택에는 언제나 충분한 본능 충족이나 긴장 해소를 하지 못함으로 해서 오는 긴장의 잔재가 도사리고 있다. 이렇게 완전히 해소 못 하고 남은 긴장은 현대 문명사회의 인간들에게서 볼 수 있는 신경증과 관계가 있다고 본다. 하지만 이러한 에너지는 인류로 하여금 더욱 분발하게 하고 높은 성공을 거두게 하는 동기가 되기도 한다.

인간은 결코 애당초의 본능적인 대상추진력을 완전히 성공적으로 해소할 수는 없는 것이라고 프로이트는 지적한 바 있다. 왜냐 하면 프로이트에 따르면 사람들은 언제나 대치된 대상에서 첫사랑의 모습을 찾지 않으면 안 되기 때문이다. 즉, 완전히 만족스러운 대치물을 찾는 것은 불가능하기 때문에 인간은 언제나 차선의 대상을 찾기 마련이다. 사람들이 대치물을 받아들일 때, 그는 원래의 대상 대신에 주어지는 '보상'을 얻는다고 할 수가 있다. 가령 키가 작은 사람들은 '큰 인물'인 것처럼 행동함으로써 보상받고자 하며, 사랑을 받고자 하는 사람은 어머니의 젖 대신에 술 마시기, 많이 먹기 등을 통해 보상을 받으려 하며, 아기를 갖고 싶었지만 실패한 미혼 여성은 여선생이 됨으로써 보상을 받으려 한다. 사람들의 성격 구조에도 가만히 보면 대개 이러한 보상 심리가 깔려 있음을 알 수 있는데, 어른들이 가진 취미나 집착심은 거의 대부분 유아기 및 아동기에 열렬히 바랐으나 좌절감을 맛본 일에 대한 보상 심리로써 이룩되어 있는 것이다. 그러나 그렇다고 해서 보상 그 자체가 모두 유치한 것은 아니다. 다만 보상 심리가 형성되는 과정을 볼 때 어릴 적성적 대상 선택의 에너지가 전이된 데서 비롯된다는 점이다.

변호사는 배심원 앞에서 열렬히 변호하는 것을 통해서 어릴 적엔 있었으나 크면서 좌절된 구강기 욕구를 만족시킬 수 있고, 외과의는 환자를 수술하는 것을 통해 공격 본능을 만족시키며, 정신분석 의사·심리학자들은 성행위에 대해 연구를 함으로써 어릴 적의 성적 호기심을 만족시킬 수가 있다. 그렇지만 변호사·외과의·정신분석 의사·심리학자 들은 모두 유치하고 미숙하다고는 할 수 없다. 본능의 원천이나 목표는 어린이건 성숙한 성인이건 간에 모두 같지만 그 본능 에너지를 어떻게 사용하는가 하는 점은 크게 다르다는 것이다. 즉, 변호사가 배심원 앞에서 열렬히 변론을 함으로 해서, 마치 어린이가 어릴 적 사탕을 빠는 것과 같은 구강적 만족을 취하는 것은 사실이지만, 본능 충족의 방법과 수단이 전혀 달라진 것을 알 수 있다. 일생을 인간의 성문제를 탐구하는 과학자는 플레이보이 돈환처럼 일생을 여인 행각으로 보낸 사람과 성적 본능을 만족시키고 있다는 점에서는 같다고 볼 수 있으나, 양자간의 활동과 결과에는 엄청난 차이가 있다. 전자는 인간에게 지식을 공급해 주었으나, 후자는 단지 자신의 성적 쾌감만을 맛보고 만 것이다.

하나의 대상에서 다른 대상으로 에너지를 전이할 수 있는 능력은 퍼스낼리티의 발달에 있어서 가장 강력한 수단이 된다. 앞장에서 이미 본 바와 같이 자아와 초자아의 형성 과정도 이드로부터 대량의 에너지가 전이되어서 결국 자아와 초자아를 만드는 것이다. 퍼스낼리티의 각 영역 상호간의 에너지 전이에 의해 자아와 초자아는 더욱더 발달해 가게 된다. 성인들의 기호·취미·가치관·태도·집착심과 살아가면서 이들을 취하거나 버리는 등의 모든 심리적 편향은 에너지의 전이에 의해 일어나는 것이다. 심리적 에너지가 전이될 수 없고, 다른 심리 과정에 분배될 수 없다면 퍼스낼리티의 발달은 결코 이룩될 수 없을 것이다.

우리가 정신 에너지는 분배될 수 있다고 말하는 것은 그 에너지가 여러 가지 행위로 분산되어 나갈 수 있음을 의미한다. 한 가지의 에너지 원은 여러 가지의 서로 다른 작업을 수행할 수 있다. 이는 마치 어떤 집에 들어온 전기 에너지가 빵을 굽고, 케이크의 재료도 섞으며, 청소도 하고 수염도 깎는 등 여러 가지 일을 동시에 할 수 있는 것과 같은 이치이다. 예를 들어, 성본능의 에너지는 정원 가꾸기, 편지 쓰기, 야구 구경 가기, 낮잠 자기 등의 다양한 활동에 분배되어 쓰일 수 있는 것이다.

## 3) 자아의 방어기제defense mechanism

자아에게 부여된 주요 과제 중의 하나가 개인에게 불안감을 조성하며 닥쳐오는 위험이나 위협에 어떻게 대처하는가 하는 문제이다. 자아는 현실적인 문제 해결 방식을 체택하여 위험을 극복하려 하겠지만, 그것이 뜻대로 되지 않을 때에는 현실을 부인·왜곡, 또는 위장함으로써, 아니면 퍼스낼리티의 발달을 중지시킴으로써 불안을 경감시키려 하게 된다. 이때 후자의 방법을 자아의 '방어기제'라 부른다. 이러한 방어기제에는 무수한 종류가 있으나, 그 중에서 가장 중요한 몇 가지만 여기서 다루기로 하자.

### A. 억압repression

불안을 일으키는 이드·자아·초자아의 추진력은 억제력의 반대 작용에 부딪쳐 의식계에 떠오르지 못하게 되는 수가 있다. 이때 추진력을 억누르는 억제력의 작용을 억압이라 한다.

억압에는 두 가지 종류가 있으니, 원시적 억압primal repression과 본연의 억압proper repression이 그것이다. 원시적 억압은 아주 깊숙이 자리잡고 있는 본능적 대상 선택에 작용하여 그것이 아예 의식계에 떠오르지 못하게 근원적인 봉쇄를 한다. 원시적 억압은 선천적으로 물려받은 장벽으로써 이드를 구성하는 대부분의 내용들을 영원히 무의식 속에 붙잡아 두는 것이다. 이러한 원시적 억압은 수만 년 전부터 경험했던 인류의 고통스러운 기억이 개인 내부에 유전되어 자리잡게 된 것이다. 예를 들어, 근친상간에 대한 금기는 오랜 옛날부터 내려왔던 것으로 부모와의 성관계를 맺고자 하는 강렬한 욕망을 강하게 억압하는 것이다. 근친상간의 욕망은 부모에 의해 처벌을 받게 됨은 물론이고, 이러한 욕구의 처벌의 과정이 인류 역사를 통해 계속 이어지면서 근친상간 욕망에 대한 억압이 개인의 내부에 자리 잡게 되고, 그것이 원시적 억압이 된 것이다. 따라서 이제는 새로 태어나는 세대는 이미 그 억압 자체가 유전되어 있기 때문에 새로이 억압하는 법을 배울 필요가 없게 되었다.

덧붙여 말하자면, 근친상간에 대한 금기와 같은 강력한 금기는 그만큼 그것이 금지하고 있는 대상에 대한 욕망이 강렬한 것임을 반영하는 것이다. 그렇지 않다면 그렇게 강력한 금지가 필요치 않았을 것이다.

이러한 욕망에 대한 생각 자체를 아예 없애 버림으로써 위험한 본능적 대상 선택이 불안을 조성하지 못하게 만든다. 즉, 우리가 알지 못하는 것은 우리를 해치지도 못한다는 원리를 관철시키는 것이다. 그러나 이러한 대상선택은 마음 속 깊이 숨어 있으면서 간접적으로 여러 가지 행동에 영향을 주기도 하고, 의식계에 떠오르는 다른 생각 속에 끼어들거나 해서 불안을 조성한다. 이러한 위험한 이드의 추진력이 의식이나 행동에 교묘하게 끼어들게 될 때에는 자아는 본연의 억압을 동원하여 이를 막게 된다. .본연의 억압이제부터는 그냥 억압이라고만 부름은 위험한 기억·사고·지각 등을 의식계에 올라오지 못하게 막고 어떠한 형태의 행동으로든 표출되지 못하게 장벽을 치는 역할을 한다.

예를 들어, 억압을 자아가 어떤 위험한 일이나 위험과 관계된 일과 맞부딪쳤을 때 일어나는 불안으로부터 자아를 보호하기 위해서 그것을 못 보게 하거나, 할 수 없이 보았을지라도 그것을 왜곡해서 받아들이게 한다. 이와 마찬가지로 우리가 지난 달에 당했던 상처 입은 기억이나 그와 관련된 기억들이 떠오르지 못하도록 막는 역할도 한다. 이때 관련된 기억은 그 자체로서는 무해할지라도 그것을 기억함으로써 원래의 상처받은 기억이 떠오를 위험성이 있다. 따라서 기억 전체가 모두 억압의 영향권 안에 들게 되는 것이다. 위험한 생각 역시 억압당하게 됨은 물론이다. 억압을 당하는 것이 지각이든, 기억이든, 생각이든 간에 억압의 목적은 자아의 안전을 위협하는 내적·외적 위험의 존재를 왜곡 또는 부인함으로써 현실적·신경증적 및 도덕적 불안을 제거하는 데 있다.

비록 억압이 정상적인 퍼스낼리티의 발달에 필요한 것이고, 어느 정도는 모든 사람에게 다 작용하고 있는 것이지만, 어떤 사람들은 위협에 대처하는 방법으로써 전적으로 이 억압에만 의존하는 경우가 있다. 정신의학에서는 이런 사람들을 가리켜 '억압되었다'고 말한다. 이들은 바깥 세상과의 접촉을 극히 싫어하며, 항상 위축되고 긴장되어 있으며, 딱딱하고, 사람들과 거리를 두는 듯한 느낌을 준다. 입술은 항상 굳게 닫혀 있고, 행동은 나무 막대기처럼 굳어 있다. 이들은 마음 깊숙이까지 억압을 가하는 일에 너무 많은 에너지를 소모하므로 바깥 세상이나 다른 사람들과 즐겁고 생산적인 관계를 맺는 데 신경을 쓸 여유가 없는 것이다.

때로는 억압이 심하게 되면 신체 일부의 정상적인 기능마저 장애를 받는 수가 있다. 억압된 사람은 성충동을 두려워하기 때문에 임포텐츠나 불감증에 걸리게 되고, 때로는 히스테리성 장님이나 히스테리성 마비증에 빠지기도 하는 것이다. 히스테리성 장님이나 마비의 경우, 눈이나 근육은 완전히 정상이다. 그러나 자아의 억제력이 작용하여 그 사람은 보는 것이나 팔다리를 움직이는 일을 못 하도록 억압받는 것이다. 이러한 억압의 메커니즘 때문에 여러 가지 신체적 장애가 발생하게 된다. 예를 들면, 관절염·천식·위궤양 등을 들 수 있는데, 이들 외에도 소위 정신신체증psychosomatic disorders이라 할 수 있는 증세들은 많다. 관절염은 적개심이 억압되었을 경우에 발생한다. 즉, 화나는 일을 나타내지 못하고, 꾹 참고 있으면 이것이 근육조직 속으로 확산되어 통증이 나타나게 되고, 이러한 상태가 오래 지속되면 만성 관절염이 되고 마는 것이다. 마찬가지로, 억압이 호흡기 계통에까지 확산되면 천식이 생길 수도 있다. 사람은 불안과 긴장 상태가 지속되면 숨을 얕고 가볍게 쉬게 된다. 그 결과, 그는 충분한 산소를 흡입하지 못할뿐더러 이산화탄소를 잘 내보내지 못하게 된다. 그래서 폐의 한 부분에 질식 현상이 생기고, 숨 쉴 때마다 숨이 막히는 현상이 오며, 마침내는 천식 증상이 오게 되는 것이다. 위궤양의 경우도 마찬가지여서 공포심 때문에 소화가 잘 안 되고, 이런 상태가 지속되면 위궤양이 될 수 있는 것이다.

비록 억압을 하는 당사자는 자아라 해도 그것은 초자아의 명령에 따라 억압을 행하는 경우도 있다. 따라서 성격 구조 속에서 초자아의 영향력이 크면 클수록 억압이 더 많이 일어나게 된다. 초자아가 내리는 억압은 부모들이 아이들에게 내리는 금제가 내재화된 것이다.

억압된 추진력은 어떻게 되는 것일까? 이들 추진력은 퍼스낼리티 내에 변함없이 존재하면서 억압의 장벽을 제거하고 자기를 관철시키거나, 전이를 통해서 달리 빠져나갈 출구를 찾거나, 억압 자체를 제거하려고 갖은 애를 쓸 것이다. 예를 들어, 사춘기에는 성적 충동이 너무 강해지기 때문에 어린아이 때 설치된 억압의 장벽으로는 도저히 막을 수가 없게 된다. 또한 평소에는 공격적 충동을 잘 억압하던 사람도 화가 머리끝까지 치밀어오르면 일을 저지르게 된다. 억압의 댐이 무너지면 막혔던 에너지가 한꺼번에 쏟아져 나오기 마련인데, 우리는 이런 현상을 학교에서 퇴학당한 아이들의 행동에서 볼 수 있다.

전이의 메커니즘은 억압된 추진력에 다소 만족스러운 충족을 얻을 수 있는 출구를 제공할 수가 있다. 그러나 악압된 본능이 전이를 통해서 밖으로 빠져나가려 할 때에는 자기의 정체를 감춰야 한다. 그렇지 않으면 자아는 그러한 속임수를 발견하고는 다시금 억압의 장벽을 칠 것이 틀림없기 때문이다. 악압된 추진력은 어떻게 억압을 뚫고 탈출해서 긴장을 해소하기 위해 별의별 변장술을 다 동원하게 된다. 가령 아버지에 대한 증오심을 억압하고 있든 아들은 그 증오심을 변장해서 반사회적인 위법 행위를 저지르는 행위로 표현하게 된다. 또한 억압된 욕구는 때로는 꿈에서 상징적인 충족을 얻기도 한다. 예를 들어, 어떤 집에 들어가는 꿈은, 꿈 꾼 사람의 마음 속에 집과 어머니가 관계가 있다는 생각이 있었을 경우에는 자기 어머니와 근친상간을 하는 것을 상징하는 것이다. 자기 자신을 처벌하고자 하는 욕구가 억압된 사람은 간접적인 방법으로 자신을 처벌하게 된다. 즉, 그는 자신도 모르게 사고를 당하거나, 물건을 잃어버리거나, 바보 같은 실수를 저지르게 되는 것이다. 어떤 욕구를 억압하고 있는 사람은 말로는 자기가 실제로 원하고 있는 일을 극구 부정함으로써 그 욕구에 대한 억압을 표현하게 된다. "나는 그것을 싫어해요"라는 말은 실제로는 "나는 그것을 원한답니다"라는 말이 될 수도 있다. "그런 생각은 경멸할 만한 생각이오"라는 말은 실제로는 "그거야말로 멋진 생각이지요"라는 말과 같을 수도 있다.

　억압은 위험성이 없어지면 사라지게 되는데, 그것은 이미 억압이 필요치 않게 된 탓이다. 그렇다 해서 억압이 자동적으로 제거되는 것은 아니다. 그 이유는 당사자 스스로가 위험성이 더 이상 존재하지 않는다고 확인할 수 있어야 하기 때문이다. 그는 현실을 검증해 보아야만 위험이 사라졌는지를 알 수가 있는 것이다. 물론 억압이 계속 남아 있는 상태에서 이러한 테스트를 한다는 것은 어려운 일이다. 그러나 억압은 테스트 결과 위험성이 없어졌다는 확인이 되기 전에는 없어지지 않는 것이다. 이 때문에 사람들은 어릴 때 느끼던 여러 가지 공포감을 커서까지 불필요하게 느끼게 되는 것이다. 왜냐 하면 그들은 어릴 때 느끼던 공포심이 아무런 근거도 없는 것이 되었다는 사실을 확인할 기회를 갖지 못했기 때문이다.

　비록 억압이 여러 가지 비정상적인 조건들을 만들어 내기는 하지만 정상인의 인격 발달에 미치는 영향이 과소 평가되어서는 안 된다. 억압이 이드의 본능적 충동에 쐐기를 박아 줌으로 해서 아직 미숙한 상태의 자아가 이드의 공격으로부터 보호를 받으면서 자신의 잠재력을 키워나갈 수 있게 하는 것이다. 자아가 충분히 힘을 길러서 보다 합리적인 방법으로 위험에 대처할 수 있게 되면 억압은 더 이상 필요치 않게 되고, 따라서 억압을 한답시고 자아의 에너지를 소모시킬 필요가 없게 된다. 사람이 나이가 들어감에 따라 억압으로부터 독립하게 되면 억제력에 투입되었던 에너지는 보다 생산적인 다른 활동에 쓰여지게 된다.

## B. 투사投射 : projection

자아나 초자아의 압력 때문에 불안을 느끼는 사람은 그 불안의 원인이 자기 내부에 있는 것이 아니라 외부에 있는 것처럼 가장하여 불안을 덜어보려는 심리를 갖게 된다. "나는 그를 증오합니다"라는 말 대신에 "그가 나를 미워해요" 한다든가, "내 양심이 나를 괴롭히고 있어요" 하는 말 대신에, "그 녀석이 나를 괴롭히고 있답니다" 하고 말하게 되는 것이다. 첫 번째 경우를 보면, 이 사람은 증오감이 자신의 이드에서 생겨난 것임에도 불구하고 이를 부인하고 책임을 다른 사람에게 전가하고 있다. 두 번째 경우에, 이 사람은 피해 의식의 원인이 자신의 초자아에 있는 데도 타인에게 있는 듯이 가정한다. 이와 같은 신경증적 불안이나 도덕적 불안에 대한 자아의 방어 형태를 가리켜 '투사'라고 한다.

투사의 중요한 특징은 느끼는 주체, 즉 자기 자신이 다른 것으로 바뀐다는 것이다. 우선 주체와 객체가 서로 바뀌는 형태를 취할 수 있다. '나는 당신을 미워한다'는 생각이 '당신이 나를 미워하고 있다'는 생각으로 바뀌게 되는 것이다. 또 한편으로는, 객체는 그대로 있는데 주체가 다른 주체로 대치되는 경우도 있다. '나는 자신을 벌주고 있다'는 생각이 '그가 나를 벌 주고 있다'는 것으로 바뀌게 되는 것이다. 자아가 투사를 방어기제로 채택하는 목적은 신경증적 불안이나 도덕적 불안을 현실적 불안으로 바꾸어 놓으려는 데 있다. 자기 자신의 공격적 또는 성적 충동을 두려워하고 있는 사람은 그 충동을 마치 다른 사람이 가지고 있는 것처럼 전가함으로써 어떤 구제를 받을 수 있다. 즉, 공격적이고 음란한 자는 저쪽이지 자기가 아니라고 생각하는 것이다. 이와 마찬가지로 자신의 양심을 두려워하는 사람은 자기를 괴롭히는 것은 남들이지 자기의 양심이 아니라고 생각함으로써 스스로를 위로하게 된다.

그러면 이러한 변형이 일어나는 목적은 무엇일까? 그것은 자아가 다루기 어려운 이드나 초자아의 내적 위협을 자아가 쉽게 다룰 수 있도록 외부적 위협으로 바꾸어 놓는 것이다. 사람들은 대개 자기 내부의 신경증적 불안이나 도덕적 불안보다는 객관적 공포에 대처하는 법을 더 많이 배우게 되기 때문이다.

투사는 불안을 경감시키는 것 외에도 또 다른 일을 한다. 그것은 사람이 자기의 진정한 느낌을 표현할 수 있는 핑곗거리가 되어 주기도 하는 것이다. 예컨대, 실제로는 자기가 남을 미워하면서도 남이 자기를 미워하고 있다고 생각하는 사람은 이 생각을 자기가 미워하는 사람을 공격하는 것에 대한 구실로 삼을 수가 있는 것이다. 즉, 적으로부터 자기를 방어한다는 구실로 자신의 적개심을 만족시키는 것이다. 이때 그는 자신의 행동이 정당한 것이라고 믿기 때문에 자신의 적개심이 충족되는 데서 오는 쾌감을 아무런 죄악감도 없이 만끽할 수 있다. 물론 이런 행동은 자기의 행위에 대한 책임을 남에게 뒤집어씌움으로써 자기는 책임 회피를 하려고 하는, 스스로를 합리화시키는 행동이라 하겠다.

합리화란 용어는 초자아가 용납하지 않는 일을 저지르게 되었을 때, 그 책임을 외부세계나 타인에게 돌림으로써 자신을 정당화시킬 수 있는 구실이나 알리바이를 찾는 것을 말한다. 합리화는 또한 사회적으로 인정받을 수 없는 생각이나 동기를 인정받을 수 있는 것으로 대치시키는 행위를 의미하기도 한다.

자선 단체에 돈을 많이 내는 사람은 자기가 진정 좋은 일을 하고픈 마음에서 그랬다고 느끼겠지만, 사실은 자신을 돋보이게 하고 이름을 날리려는 의도가 있거나 아니면 죄의식을 무마시키려는 의도에서 그런 일을 했을 경우가 많다. 사람들은 자기들이 하고 있는 투사나 합리화를 의식하지 못하는 경우가 대부분인데, 이는 만약 자기가 자신의 동기를 알게 되면 불안이 경감될 수 없기 때문이다. 이것은 비단 투사나 합리화에만 국한된 것이 아니라 모든 방어기제에 있어서 마찬가지이다. 즉, 불안을 경감시키는 효과를 얻기 위해서는 모든 방어기제는 무의식적으로 작용해야 하는 것이다.

초자아의 금지나 처벌에 대한 투사는 매우 쉽게 이루어진다. 왜냐하면 초자아 자체가 원래는 외부에 있던 것을 마음 속에 내재화시킨 것이기 때문이다. 즉, 초자아가 형성되기 이전에 금지나 처벌은 주로 부모가 내리는 것이었다. 결국 한때 내부에 있던 것을 다시 외부로 돌려보낸다는 것이 된다. 개인의 인격 구조 속에 초자아가 단단히 짜여져 있지 않을 경우에는 투사는 더욱 쉽사리 일어난다. 초자아가 있긴 하지만 인격 구조 속에 희미하게 얽매여 있는 사람은 내적인 제재가 자기 스스로의 것이라고 보지 않는다. 그것을 밖에서 뚱딴지처럼 들어온 것이라고 쉽게 믿기 때문에 죄의식을 느끼기보다는 오히려 다른 사람들이 못살게 군다는 불평을 늘어놓기 십상인 것이다.

사람들은 아주 어릴 적부터 자기 행위의 동기를 안에서 찾아내기보다는 밖에서 찾으려는 시도를 계속해 왔기 때문에 투사는 모든 사람에게서 흔히 볼 수 있는 방어기제가 되었다. 더구나 사람들은 어릴 때부터 자신의 잘못에 대해 그럴 듯한 구실을 대거나 알리바이를 댐으로써 꾸중을 면할 수 있다는 사실을 경험하게 된다. 즉, 진실을 왜곡함으로 해서 오히려 상을 받을 수 있었던 것이다.

얼른 보면 성격상 방어기제라고 보기는 어려운 형태의 투사가 또 있다. 그것은 자기 느낌이나 생각을 외부세계의 상태와 연결짓는 것이다. 즉, 자기 자신이 행복하다고 느끼는 사람은 세상이 다 장밋빛으로 보이고 행복하게 보인다. 스스로 슬픔을 느끼는 사람은 온 세상이 고통으로 가득 찬 것처럼 느끼게 되는 것이다.

보다 자세히 분석해 보면 이러한 종류의 투사도 방어적 성격을 띠고 있음이 명백히 드러난다. 만약 다른 사람이 불행한 경우에는 자신의 행복도 위협을 받게 된다. 왜냐 하면 남들이 모두 불행한데 자기만 행복하다면 그것은 일종의 죄악감으로 느껴지기 때문이다. 따라서 이러한 위험을 제거하기 위해 다른 사람들도 행복하거니 하고 생각하는 것이다. 예컨대, 다른 사람들은 모두 정직하지 못하다고 믿는 사람은 자기 자신이 정직하지 못해도 별로 죄의식을 느끼지 않게 된다. 시험 볼 때마다 커닝을 하는 학생은 다른 학생들도 역시 커닝을 한다고 믿고 있다. 또한 모든 사람이 성적으로 음란하다고 믿고 있는 사람은 예사로이 간통 행위를 해 놓고도 눈썹 하나 까딱 않는 것이다.

이와 같은 형태의 투사는 실제의 동기에 대한 억압이나 다른 대상으로의 대치 등을 하지 않는다. 이 경우, 자기가 그러한 동기를 가지고 있음을 안다 해도 자신의 동기를 다른 사람들에게 투사함으로써 도덕적 불안을 제거할 수 있기 때문이다.

### C. 반동 형성反動形成 : reaction formation
여러 본능들은 그 반대되는 본능들과 짝을 지을 수 있다. 즉, 생과

사, 사랑과 증오, 건설과 파괴, 능동과 수동, 지배와 굴종 등이 그것이다. 어떤 본능이 자아에게 직접 압력을 가하거나 초자아를 통해 간접적으로 압력을 가하여 불안을 만들어 낼 때 자아는 부딪쳐오는 본능을 그와 정반대되는 본능으로 덮음으로써 균형을 취하려 하게 된다. 예를 들어, 다른 사람을 미워하는 감정이 불안을 초래할 때에는 자아는 그 적개심을 감추기 위해 사랑의 본능을 불러일으킨다. 이때 우리는 사랑이 증오를 대치했다고 말할 수도 있다. 그러나 이것은 사실이 아니다. 왜냐 하면 사랑하는 마음의 밑바닥에는 공격적 감정이 아직 남아 있기 때문이다. 이때 사랑은 숨어 있는 증오감을 감추어 주는 마스크라 할 수 있다. 이와 같이 어떤 본능이 정반대의 본능에 의해 감추어지는 매커니즘을 우리는 반동 형성reaction fomation이라 한다.

그러면 우리는 어떻게 대상에 대한 단순한 추진력과 반동 형성에서 오는 추진력을 구분할 수 있을까? 예컨대, 진정한 사랑과 반동 형성에서 오는 사랑을 어떻게 구분할 수 있을까? 반동 형성된 사랑임을 알아낼 수 있는 중요한 특징은 그것이 과장되어 있다는 점이다. 반동 형성된 사랑은 너무 자기를 과시하는 것이다. 너무 과장되고, 겉치레가 심하며, 남이 보는 데서 더욱 극성을 피운다.

반동 형성의 또 다른 특징은 강박성이다. 반동 형성의 수단으로 불안을 막아 내려고 하는 사람은 자기가 진정으로 느끼는 것과 정반대의 표정을 지어야 한다. 예를 들어, 그의 사랑은 융통성이 없게 된다. 순수한 감정의 경우와는 달리 변화되는 상황에 적응하지 못하는 것이다. 그래서 진짜 속마음이 나오지 못하게 하기 위해 불필요한 제스처를 쓰지만 딱딱하고 어색하기 짝이 없는 것이다.

공포증도 반동 형성의 한 예가 될 수 있다. 사람들은 실은 자기가 두려워하는 것을 원하게 마련이다. 이때 그가 두려워하는 것은 그 대상 자체가 아니라(대상은 실제로는 원하는 것이니까) 자기가 그것을 원한다는 사실인 것이다. 즉, 이 경우 그 대상을 원하는 욕구는 그에 대해 반동 형성된 공포심 때문에 충족되지 못하고 마는 것이다.

반동 형성도 역시 초자아에서 나오는 것이다. 사실 따지고 보면 초자아란 자아를 이드나 외부세계로부터 보호하기 위하여 발달된 반동 형성의 체계라고 볼 수 있는 것이다. 덕망이나 선 등의 높은 이상은 달성할 수 있는 현실적 가치라기보다는 원시적 대상추진력에 대한 반동 형성이라 볼 수 있다. 또한 낭만적인 사랑의 정조나 순수성 등은 가혹한 성적 욕구를 가리우는 반동 형성이고, 이타주의는 이기주의를, 경건함은 죄스러움을 가리우는 반동 형성인 것이다.

반동 형성은 내적인 위협뿐 아니라 외부로부터의 위협이 올 때에도 작용한다. 어떤 사람을 두려워하고 있는 사람은 그 사람에 대해 오히려 더욱 친근한 듯이 군다. 또한 사회 전반에 대해 공포증을 가진 사람은 사회 전통에 대해 철저히 복종하게 되는 것이다. 어떤 규칙에 대해서건 과장되고 융통성 없이 얽매이는 태도를 취하는 경우에는 반동 형성의 심리가 작용한다 할 수 있고, 그러한 표면상의 복종 뒤에는 반항과 적개심이 숨어 있는 것이다.

반동 형성에 관한 흥미있는 예로써 어떤 부드러운 것을 두려워하는 청년의 경우를 들 수 있다. 그는 부드럽다는 것과 여성적이라는 것을 동일하게 보기 때문에 자기의 여성 편향을 감추기 위해 일부러 딱딱하고 남성적인 태도를 취하려 하며 부드러움을 피하려 한다. 그 결과 진짜 남성이라기보다는 만화에서나 볼 수 있는 남성상을 보여주게 된다. 여자의 경우도 마찬가지여서 일부러 남성적인 행동이나 태도를 취하는 경우 그 배후에는 자기의 여성적인 모습이 감추어져 있는 것이다.

때때로 반동 형성은 그것이 방어하고자 하는 원래의 욕망을 충족시켜 주기도 한다. 자기가 자녀들을 미워하고 있다는 사실을 받아들이기를 두려워하는 어머니는 아이들의 건강과 안전을 위한답시고 지나치게 과잉 보호를 하게 되는데, 이러한 과잉 보호를 통해 그녀는 실제로 아이들을 처벌하고 있는 것이다.

반동 형성은 불안에 대한 비합리적인 적응이라 할 수 있다. 그것은 속마음을 감추고 위장하기 위해서 에너지를 낭비한다. 또한 현실을 왜곡하고, 퍼스낼리티를 딱딱하고 융통성 없게 만들어 버리는 것이다.

### D. 고착固着 : fixation

신체적 발달처럼 심리적 발달도 생후 20년 동안 꾸준히 점진적으로 이루어지지만, 그것을 특징에 따라 몇 가지 단계로 구분할 수가 있다. 예컨대, 유아기·아동기·사춘기·성인기가 그것이다. 정상적인 경우에 사람은 이들 단계를 순서적으로 밟아 가며 꾸준히 성장하게 된다. 그러나 때로는 어떤 단계에서 성장이 멈추고 다음 단계로 넘어가지 못하는 수도 있다. 신체적인 반달 과정에서 이러한 현상이 오게 되면 우리는 이를 발육 부진이라고 부른다. 이러한 현상이 심리적 성장 과정 중에 일어나게 되면 우리는 이를 '고착'이라 부르는 것이다.

고착도 또한 불안에 대한 하나의 방어 작용이라 볼 수 있다. 고착된 사람은 다음 단계에서 자기를 기다릴 것이라 예견되는 애로와 곤란 때문에 다음 단계로 넘어가기를 두려워하게 된다. 대개의 아이들은 개학 첫날을 맞으면 공연히 불안감에 휩싸이게 된다. 또 사춘기의 아이들은 첫 데이트를 할 적에 몹시 불안해 하며, 고교생이나 대학생들은 닥쳐올 졸업을 불안감과 기대감이 교차되는 야릇한 심리 속에 맞게 된다. 실제로 누구든지 어떤 낯선 일을 하게 되면 약간의 불안감을 느끼기 마련이다. 옛날부터 살던 낯익은 고장을 떠나 낯선 곳으로 가려는 사람은 누구나 불안감을 느끼게 되는데, 이것을 이별불안separation anxiety이라 한다. 이별불안이 너무 커지면 그 사람은 옛 고장에 남아 있기를 고집하고 새로운 삶을 받아들이지 않으려 하게 된다.

그러면 고착된 사람은 무엇을 두려워하는 것일까? 어떠한 위험이 심리적 발달을 가로막는 것일까? 주요한 것들은 불안정·실패·처벌 등이다. 불안정이란 사람이 새로운 상황을 맞이함에 있어 자기가 그것을 잘 다룰 수 있는 능력을 갖지 못했다고 생각할 때 생기는 심리 상태이다. 그는 새로운 상황이 자기가 감당하기엔 너무 벅차고, 따라서 결과는 고통스러울 뿐이라고 느끼게 된다. 실패의 공포도 이와 비슷하지만, 실패했을 경우에는 남의 조롱을 받게 된다는 공포감이 첨가된다. 사람이 어떤 일이든지 실패하게 되면 자존심에 손상을 받게 되는 것이다. 끝으로 처벌에 대한 공포를 들 수 있는데, 이것을 셋 중에서도 가장 중요한 의미를 가지는 공포심이다. 가령 어린이가 집 밖의 일에 관심을 쏟고 열중함으로써 독립하려고 노력하는 경우를 생각해 보자. 즉, 이 아이는 부모가 아닌 다른 사람들과 다른 일들에 대해 추구하고 있다 할 것이다. 그러나 이 아이는 실제로 그러한 대상 선택을 하는 것을 꺼려하게 될 것이다. 왜냐 하면 자기가 부모 곁을 떠나서 다른 사람들과 사랑을 나누게 되면 부모들이 괘씸하게 생각하고 보호해 주지 않아서 외톨박이로 남게 되지 않을까 두려워하기 때문이다. 또한 이 경우, 아 아이는 부모의 사랑을 못 받게 되는 것에 대해 새로운 대상 선택을 통해서 어떤 보상을 받을 수 있을지를 잘 알 수 없는 상태이다. 어린아이나 사춘기의 아이들에게 이것은 하나의 딜레마가 되어 자기가 과연 더 전진해야 할지 아니면 그냥 주저앉아 있어야 할지를 결정짓기가 매우 곤란한 것이다. 이때 과거에 부모 말을 안 들었다 해서 부모로부터 거부를 당해 본 경험이 있는 아이는 특히 이런 상황에서 고착되기가 쉽다.

아이들이 부모의 치마끈에 매달리는 이유가 사랑 때문이라기보다 공포심 때문이라 한다면, 그것은 매우 역설적이지만 그럼에도 불구하고 그것은 사실이다. 아이들은 자기가 독립을 쟁취하려 할 때 부모들이 어떤 짓을 할 것인가를 몹시 두려워하는 것이다. 평소 안정되어 있고, 부모들이 여간해서 자신에 대한 사랑을 포기하지 않는다는 사실을 믿고 있는 아이들은 여간해서는 저급한 단계에 고착되지 않는다.

고착 현상은 어떤 대상이나 단계에 대해서만 일어나는 것이 아니고 퍼스낼리티의 구조와 역동의 발달에 있어서도 일어난다. 예컨대 어떤 사람은 단지 원하는 단계에서만 머무르고 그것을 충족시키기 위한 현실적 사고로 나아가지 못한다. 또 어떤 사람은 주관적 세계와 객관적 현실 사이의 구분을 짓지 못한다. 어떤 이는 심한 초자아의 지배를 받으며 살기도 하고, 어릴 때 느꼈던 공포감에 사로잡혀 항상 전전긍긍하기도 한다. 어떤 사람은 어떤 특정한 방어기제에만 매달려서 성격 자체도 그 주변을 맴돌기만 한다. 또 어떤 사람은 충동적이고 욕구배설적인 행동만을 습관적으로 하면서 살아가기도 한다. 이와 같이 고착의 형태나 정도는 헤아릴 수 없이 많은 것이며, 일단 고착 상태에 빠지면 심리적 가능성을 충분히 발휘할 수 없게 된다. 공포심이 있을 경우에는 누구나 얼마간의 고착을 하게 되는 것을 우리는 볼 수 있다.

### E. 퇴행退行 : regression

어떤 발달 단계에 도달하고 나면, 공포감 때문에 이전의 단계로 후퇴하는 수가 있다. 이를 정신분석학회에서는 '퇴행'이라 한다. 남편과 처음 말다툼을 해서 화가 치민 신부는 자기 친정으로 돌아가서 마음의 안정을 찾게 된다. 세상으로부터 마음의 상처를 받은 사람은 마음의 문을 굳게 닫아 걸고 혼자만의 꿈나라로 도피하게 된다. 어떤 사람은 자기 자신에 대한 처벌을 하고픈 도덕적 불안 때문에 충동적인 일을 저지르고 어릴 때 받았던 것처럼 벌을 받게 되기도 한다. 잘 통제된 현실적인 사고에서 탈피하게 되면 퇴행하기 쉽다.

건강하고 잘 적응된 사람의 경우에도 불안을 감소시키거나, 소위 긴장의 '김을 빼기' 위해서 일시적으로 퇴행을 하는 경우가 있다. 이때 어른들은 담배를 피우고, 술을 마시며, 너무 많이 먹고, 신경질을 내기도 하며, 손톱을 깨물고, 코를 만지작거리기도 하고, 법을 어기며, 어린아이 같은 소리를 하고, 집안 살림살이를 부수기도 하고, 수음 행위도 하고, 탐정 소설을 읽고, 영화관에 가며, 기괴한 성행위를 하면서 만족을 얻고, 껌이나 담배를 씹고, 애들처럼 차려입기도 하며, 차를 미친 듯이 빨리 몰기도 하고, 미신에 사로잡히고, 낮잠을 자고, 싸워서 서로 죽이려 하거나, 경마장에서 서로 내기를 하고, 권위체에 반항 또는 복종하기도 하며, 도박을 하고, 거울 앞에 서서 우쭐대기도 하고, 충동적인 행동을 하고, 약한 사람을 괜히 괴롭히는 등등 오만 가지 유치한 짓을 하게 되는 것이다.

이런 퇴행 형태 중의 몇몇 가지는 어른들이 너무 자주 하고 있기 때문에 마치 성숙함을 표시하는 것인 양 보일 수도 있다. 그러나 이들은 죄다 어른들이 사용하는 퇴행의 여러 형태에 불과하다. 꿈을 꾼다는 것도 퇴행적 행동의 좋은 예로써 마술적인 원망충족을 통해 쾌락을 얻는 데 불과한 것이다.

### F. 방어기제의 일반적 특징

자아의 방어기제는 불안을 비합리적인 방법으로 다루는 것이다. 왜냐 하면 이들은 불안을 현실적으로 해소하는 것이 아니라, 오히려 현실을 왜곡시키고, 숨기고, 부정하며, 심리 발달을 저지시키기도 하기 때문이다. 이들은 보다 유효한 자아의 활동에 쓰여질 수 있는 심리적 에너지를 묶어 두거나 낭비하기도 한다. 이러한 방어 작용의 영향력이 커지면 자아를 지배하게 되고, 자아의 융통성과 적응력을 위축시킨다. 그러다가 방어기제의 작용이 불안을 묶어 두는 데 실패하게 되었을 때는 이미 자아는 그에 대해 아무런 대처도 할 수 없게 되어 불안에 사로잡혀 버리고 만다. 그 결과, 그 사람은 신경증에 걸리고 마는 것이다.

방어기제가 그렇게 여러 가지로 유해한 것이라면 도대체 존재할 필요는 무엇일까? 이러한 방어기제는 성장 과정 상에서 필요로 하는 것이다. 아직 성숙하지 못한 자아는 자기에게 부딪쳐 오는 모든 요구를 통합하고 대처하기에는 너무 연약하다. 따라서 방어기제가 하나의 보호 장치로서 채택된 것이다. 만일 자아가 합리적인 방법으로 불안을 제거해 내지 못할 경우에는 방어기제를 동원하여 위험을 부정억압하거나, 위험을 전가투사시키거나, 위험을 감수반동 형성하거나, 발달을 중지고착하거나, 후퇴퇴행하거나 하는 조치를 취하게 된다. 즉, 미숙한 자아는 이제 말한 모든 부수적 기능을 필요로 하며, 실지 사용하고 있다.

이들 방어기제가 미숙한 자아에 대해서 그처럼 역할을 제공했으면 그만이지 왜 그 이후에도 계속 남아 있는 것일까? 이들은 자아가 충분히 발달할 때까지는 남아 있게 된다. 그러나 자아가 충분히 발달하지 못하는 데는 너무 많은 에너지가 방어기제에 묶여 있기 때문이라는 이유도 있다. 이렇게 보면 하나의 악순환인 셈이다. 자아가 부적절하기 때문에 방어기제가 남아 있을 수밖에 없고, 반면에 방어기제가 물러가지 않고 버티고 있는 한 자아는 부적절한 채로 남아 있을 수밖에 없다. 그러면 자아는 어떻게 이런 악순환을 떨쳐 버리고 발달할 수 있을까? 그 중요한 요인 중의 하나는 성숙이다. 자아는 조직체 자체 속에 있는 타고난 변화의 결과로써 성장하게 된다. 이때 특히 신경계통의 변화는 자아의 발달에 중대한 영향을 미친다. 성숙이 이루어짐에 따라 자아는 발달의 길로 가지 않을 수 없게 되는 것이다.

자아의 건강한 발달에 있어서 또 하나의 중요한 요인은 환경이다. 환경은 아이들에게 반복되는 연속적인 경험을 맛보게 해 주며, 그 결과 아이들의 적응 능력을 길러 준다. 발달 과정에 있어서는 환경이 주는 자극 -위험이나 장애 -이 너무 커서 견딜 수 없는 지경으로 되어서도 안 되고, 반대로 너무 작아서 아무런 자극조차 받지 못한 상태가 되어서도 안 된다. 유아기에는 장애가 아주 작아야 하며, 아동기에 들어서면 좀더 위험이 커져야 하고, 그 후 성인이 될 때까지 점차로 커져야 하는 것이다. 이렇게 환경으로부터의 자극이 단계에 따라 점차로 증가된다면 자아는 방어기제로 무장할 필요가 없어지고 이상적인 조건하에서는 방어기제가 발달할 필요도 없다 보다 현실적이고 효율적인 메커니즘이 방어기제 대신에 작용할 수 있는 것이다.

# 4

## 퍼스낼리티의 안정화

　인격 형성에 있어서 가장 중요한 변화들은 생후 20년 이내에 모두 일어난다. 이 시기에 사람은 성숙되고, 내·외적인 좌절감을 이기거나 적응하는 방법을 배우게 된다. 습성, 삶의 기술, 지식 등을 획득하며, 고통을 피하고 불안을 쫓는다. 또한 목적하는 대상을 얻고 만족을 보장하고 상실한 것, 얻지 못한 것, 빼앗긴 것 등을 보상하며, 갈등을 해소하는 법 등을 배우게 된다. 이 시기의 끝에 가서는 인간은 안정된 마음과 균형된 마음을 얻게 되는 것인데, 이런 상태는 계속되다가 마침내 노년기에 가면 다시 퇴행이 일어나게 된다. 이 시기에 퍼스낼리티의 구성과 역동성이 이룩된다고 말할 수 있다.

　우리가 '안정된 퍼스낼리티'라고 하면 모든 인격의 패턴이 같게 되거나 유사한 패턴으로 된다는 뜻은 아니다. 얼마든지 다양한 안정된 퍼스낼리티가 있을 수 있다. 인격의 균형은 억압·투사·반동 형성 등의 특정된 방어기제를 둘러싸고 일어나며, 부모나 형, 기타 나이 많으신 분, 선생·영웅 등을 본뜨는 일 중에 특히 강한 동일시를 하는 일에서 이룩된다. 또한 습관적인 전위·승화 및 타협의 발달로 인해서 인격의 안정성이 오기도 한다. 여러 가지 다른 패턴이나 전위·타협 등은 실제로 무한히 많다 하겠는데, 이것은 우리가 성인의 수많은 활동에서 찾아볼 수가 있다. 어른이 시간을 보내는 데 있어서는 실로 수많은 방법을 채택하고 있다. 세상에는 똑같은 취미·기호·집착심을 가진 사람은 하나도 없으나, 이들은 모두 어느 정도의 안정성을 유지할 수가 있다.

우리가 '안정된 인격'이라 할 적에 반드시 성숙되고 총체적이거나 잘 적응되었거나 이상적인 퍼스낼리티만을 말하는 것은 결코 아니다. 이제껏 말한 것은 모두 안정된 성격의 특수한 형태들뿐이다. 즉, 사람들은 성숙되거나 잘 적응되지 못한 경우에도 얼마든지 안정성을 이룩할 수 있다는 것이다. 비록 신경증적 고착이나 증세가 있거나 심지어는 현실 세계에서 정신병적으로 후퇴한 사람의 경우라도 안정성은 있을 수 있다. 구강기적 의존성이나 항문기적 보존적 성격자라 할지라도 상당히 일관성 있는 인격을 유지할 수는 있다. 물론 이 경우에도 성숙된 인격이라 할 수는 없다. 많은 안정된 인격의 소유자들 가운데는 발달이 중지된 어떤 만년 청춘과 같은 사람들도 얼마든지 있다.

비록 '안정된 인격'이란 용어가 일상생활에 있어 자리가 잡힌 사람이란 뜻을 나타내기도 하지만, 그렇다고 해서 이렇게만 말하면 어딘가 서운한 점이 없지 않다. 안정이라 해서 반드시 생활의 다양성이 없다는 뜻으로만 해석해선 안 된다. 물론 그런 경우를 뜻한 적도 있기는 하지만, 우리가 말하는 인격의 안정성이란, 다양성은 있으되 거기에 어떤 일관성이 있고, 따라서 예측 가능한 패턴이라는 것이다.

어른이라 할지라도 작업·아내·취미 등을 흔히 바꿀 수도 있긴 하다. 그러나 이때 새로운 작업이나 아내·취미 등이 그전의 것과 크게 다르지 않다는 점이다. 같은 과제를 둘러싸고 일어나는 다양성을 프로이트는 반복강박이라 하였는데, 이것이 전형적인 안정된 인격이라 할 수 있다. 이것은 새로운 과제를 계승하는 것과는 다르다 하겠다.

끝으로, 우리가 안정된 인격이라고 해서 아무런 좌절감이나 불안 또는 기타 종류의 긴장이 없다는 뜻은 아닌 것이다. 인생이란 결코 긴장에서 자유롭게 될 수는 없는 법이다. 오히려 안정된 인격이란 긴장이 고조될 적에 어떻게 처리하는가 하는 패턴이 어느 정도 짜여져 있다는 것이다. 그렇다면 이런 짜여진 틀이란 무엇인가 하는 문제가 이 장의 주요 과제라 할 수 있다.

긴장이 고조되는 것을 예방하고 다루는 데 있어서 가장 효과가 있는 방법은 자아의 2차적 과정을 사용하는 것인데, 이것은 현실적인 사고, 이성화 및 문제 해결의 길이라 하겠다. 어른들은 어릴 적과 처음 20년 동안에 충분한 훈련을 쌓는 논리적·이성적 문제 해결의 방법을 터득하게 되면 자신에게 닥쳐오는 문제들을 현실적이고 만족스럽게 해결할 수 있게 되는 것이다. 2차적 과정이 효율적으로 작용하게끔 하기 위해서는 이드의 대상 카텍시스와 초자아의 이상화된 카텍시스를 잘 점검해야 하고, 이들에 대한 항카텍시스를 잘 작용시켜야 한다. 그렇지 않게 되면 이드와 초자아의 카텍시스는 자아의 현실원칙을 오염시키고 원망사고와 도덕적 사고로 바뀌는 위험성이 따르게 된다. 더욱이 지각·기억·판단·분별 등의 각종 심리적 과정을 효율화함에 있어서는 항상 충분한 에너지의 공급을 필요로 하는데, 그것은 이들 각종 심리적 과정이 2차적 과정에 절실히 필요한 기능이기 때문이다.

자아의 심리적 과정을 위해서 에너지가 흘러들어간다는 말은 이드의 자유로운 에너지가 속박 에너지로 바뀐다는 것을 뜻한다. 본능적인 흥분시에는 자유자재로 움직이던 에너지의 차지가 자아로 넘어가면 비교적 조용하고 얌전한 에너지로 바뀌게 되는 것이다. 즉, 이드의 에너지를 배설하지 않는 자아의 에너지로 바뀜으로 해서 이룩된다. 그렇게 되면 사람은 행동하는 대신 사고하게 된다. 에너지가 경결될 적에 일어나는 현상을 알기 쉽게 비유를 통해서 설명해 보자. 예컨대, 경계적 의무나 책임이 없는 아이들은 돈이 생기면 마음대로 써 버리고 만다. 때로는 도박도 하고 술을 마셔 버리기도 하며, 기타 순간적인 쾌락을 위해서 어떤 방식으로나 써 버리고 만다. 그러나 어른이 되어 신용카드로 물건을 살 때나 돈을 사업 목적으로 투자할 때, 세금을 낼 때, 또는 일용할 양식, 보금자리, 기타의 필요한 생활을 하려는 경우에는 결코 돈을 함부로 쓸 수가 없고, 꼭 필요한 목적을 위해 쓰게 된다. 매월 쓸 돈의 계획을 세우고 지출을 제한하게 되면 마음대로 쓸 생각은 아예 할 수가 없다. 이와 똑같이 퍼스낼리티는 에너지를 절약하게 되고, 안정되고 조직적인 자아의 기능을 위해서 사용을 하게 되는 것이다.

인격의 안정은 또한 에너지를 투사·반동 형성·억압·고착·퇴행 등의 기제를 위해 투자함으로써 이룩된다. 어떤 사람이 자기가 대하는 현실을 효율적으로 다루지 못하고 어떤 이드의 원망사고나 초자아의 이상 등에 의해 영향을 받게 되면 그의 현실을 왜곡하게 된다. 이와 같이 자아가 현실을 왜곡하게 되면 일시적으로는 편할지 모르나 필경 불안과 좌절 등에 빠질 수밖에 없게 된다. 만일 방어기제가 약할 것 같으면 인격의 안정성이 흔들리게 되겠지만, 20년 이상 잘 훈련을 쌓으면 방어기제가 효율화되고 더 이상 흔들리지 않게 된다. 방어기제는 자아의 2차적 과정에서 에너지를 빼내어서 현실적 사고 대신에 자리잡게 하는 것이다.

사람이 성인기에 도달하면 전위와 승화의 방어기제는 자리를 굳히고, 본능의 변형과 융합은 매우 광범위하게 완성된다. 생후 20년간의 경험은 사람들로 하여금 타협의 방법을 배우도록 해 주는 것인데, 인간은 타협을 통해서 고통과 불안을 참고 견디는 일을 충분히 터득할 수가 있는 것이다. 이런 타협의 결과는 취미·태도·집착심·기도 등으로 나타난다. 이들은 가령 직업의 선택이나 배우자의 결정 등과 같은 인생의 중대사를 결정함에 있어서 작용하지만, 일상생활에서 있는 여러 가지의 사소한 일을 결정하는 데도 한몫 끼이게 된다. 성인은 비교적 성격이 고정화되고 일정한 카텍시스의 패턴을 형성하기 때문에 어른들이 내리는 선택은 시종 일관성이 있게 되고, 이른바 보수주의 또는 변화를 거부하는 현상이 나타나게 되는 것이다. 이런 카텍시스가 얼마나 오래 가는가 하는 힘은 다음 두 가지 중요한 요인에 달려 있다. 즉, 얼마나 많은 본능적인 원천에서 에너지를 공급받고 있는가본능적 융합와 카텍시스가 작용하여 긴장의 충분한 배설이 차단되는가 하는 경우이다.

예컨대, 일을 함에 있어서는 여러 가지 다른 활동들이 모두 동원되는데, 이것은 여러 가지의 본능적인 충동을 다 만족시킬 수가 있다. 그러나 이때 모든 본능적 흥분을 한꺼번에 만족시킬 수는 없는 것도 사실이다. 사람들이 행하는 의식 절차나 전통·습관·관습·일체성·질서·보수주의·버릇 및 반복 현상 등은 다 안정된 인격의 특징이다.

이것은 결국 본능의 추진력카텍시스과 억제력항카텍시스과의 타협의 결과라 할 수 있다.

이런 현상은 성인의 인격에서 초자아의 역할에서도 볼 수 있다. 자아 현상의 카텍시스는 원시적·본능적 대상 카텍시스의 승화라 할 수 있다. 승화의 특징은 원래 어렸을 적에 상을 받은 행동이 어떤 것이었는지에 따라 달라진다. 승화가 오래 지속될 것인지 아닌지 하는 것은 만족 또는 고통의 해소 등에 따라 달라진다. 만일 결과적으로 쾌감이나 고통의 해소를 주지 못한다면 승화는 사라지고 말 것이다. 따라서 성인기에 있어서 만족을 주는 이상은 공고히 되고, 그렇지 못한 것은 없어지고 만다. 성인의 완성된 인격 속에는 어린 시절에 긴장을 해소해 주었던 이상화된 대상 선택의 찌꺼기를 내포하고 있다. 종교적 금기나 지역 사회의 복지사업, 집단적 참여, 문화적이고 심미적인 예술의 추구 및 자연에 대한 연구 등은 모두 성인기의 승화 현상을 보여준다 할 수 있다.

이와 마찬가지로 항카텍시스요, 금지의 망이라고 볼 수 있는 양심은 역시 자리를 잡고 안정화된다. 경험을 통해서 한때 금지가 불가피했던 위험물이 사라졌다고 판단되면 그 금지는 약화되고 마침내 사라지고 만다. 다른 한편, 처벌의 공포 때문에 이따금씩 강화된 금지는 어른의 퍼스낼리티 속에 고정화되게 된다. 자아는 이러한 초자아의 항카텍시스의 요구도 무시할 수가 없게 된다. 자아는 자신의 카텍시스나 이드의 카텍시스, 그리고 양심초자아의 항카텍시스 사이에 중도를 선택하게 된다. 이러한 중도는 또 하나의 안정화된 인격의 특징인 온건함과 깊은 관계를 맺는다. 통상적으로 볼 때 성인의 행동은 젊은이의 행동에 비해 자발성과 충동성이 훨씬 감소되어 있음을 본다. 그렇긴 하지만 초자아의 항카텍시스가 이드나 자아의 대상 선택보다 훨씬 강할 것 같으면 안정된 인격의 특징이 온건한 대신 융통성 없는 딱딱한 것으로 되고 만다. 이런 성격을 가진 사람은 항시 남의 눈치를 살펴보고 옹색한 삶의 태도를 지니게 된다. 안정성을 유지하는 하되, 마치 꼼짝 못 하는 정신병동용의 보호의를 입은 것처럼 생활이 한 치의 융통성도 없게 되는 것이다.

최종적인 분석에 있어 안정된 인격의 소유자는 학습과 성숙 과정을 통해서 카텍시스와 항카텍시스 사이의 균형 또는 평행을 이룩한 사람이라 할 수 있다. 욕구를 충족하는 쪽으로 기울어지든, 아니면 금지하는 쪽이나 중간 노선에 있든 간에 이와 같은 균형의 성질은 인격 발달 단계에 받았던 영향들에 의해서 결정된다. 금지·위협·위험·처벌·실패·강제·좌절·비적절감 및 결핍 등이 판을 치면 퍼스낼리티 속에서 억제력이 활성화된다. 반대로 성공·만족·승리·적절감·성취감 등이 판을 치면 카텍시스의 형성에 도움을 주게 된다. 대체로 보아서 강한 항카텍시스가 존재하게 되면 퍼스낼리티의 긴장 수준에 오르게 되는데, 그 이유는 항카텍시스가 정신 에너지를 흐트러지도록 하게 하기 때문이다. 그러나 퍼스낼리티의 긴장이 상당히 존재하는 경우라 할지라도 정신력들 간에 평형이 유지되는 한에서는 퍼스낼리티는 안정화되어 있는 것이다. 백척간두에서 아슬아슬하게 있는 듯이 보이는 사람도 추진력과 억제력이 균형을 이루고 있으면 나름대로 안정화되어 있다고 할 수 있다.

상극되는 본능들과 그들의 유도체 간에 갈등이 해소되어 있으면 역시 안정성은 오는 것이다. 갈등의 해소는 여러 가지 방식으로 온다. 한 쪽이 우세하여 다른 쪽을 견제할 수도 있다. 예컨대, 사랑은 증오를 짓누르거나 중화시킬 수가 있다. 이때 증오가 사라지는 것은 아니다. 사랑이 약화되면 증오는 다시금 고개를 들고 나오게 된다. 갈등이 해소되는 또 하나의 방식을 보면, 갈등하고 있는 양쪽의 동기가 공히 만족을 얻도록 되는 경우이다. 그것은 다른 대상에 대해 다른 상호 교류를 맺는 경우이다. 예컨대, 사람들은 자기네의 그룹에 대해서는 친절을 베풀면서 낯선 사람들에 대해서는 증오감을 보여줄 수 있다. 윗사람에게는 아부를 하면서 아랫사람에게는 매정하게 할 수도 있는 것이다. 갈등이 해소되는 또 하나의 방식을 보면, 동일한 대상에 대해서 처음에는 한 쪽 본능을 표현하고, 그 다음에는 다른 본능을 표현하게 하는 방법이다. 친한 친구간에 한때는 사랑을 표현했다가 그 다음에는 증오감을 표시하는 경우와 같다 할 것이다. 이런 갈등의 해소법은 마치 양쪽을 왔다갔다 하는 시계추와 같다 할 것이다.

　그러나 갈등 해소책 중에서도 가장 흔히 쓰이는 방식은 상극되는 본능 간의 융합 또는 통합에 있는 것이다. 한 사람이 한 가지 행동을 통해서 한꺼번에 두 가지 상극되는 본능을 만족할 수가 있다. 예컨대, 큰 기업에서 월급쟁이 사장으로 있는 사람은 안정되고 튼튼한 조직체에서 의존 욕구를 만끽할 수도 있는 동시에, 그나마 사장이라는 직책에서 스스로 판단하고 결정을 하는 어떤 독자성의 욕구도 만족할 수가 있다. 그래서 이 사람은 지나치게 의존함으로 해서 불안해지거나, 전적으로 독자적으로 된 데서 오는 불안전한 일은 없게 된다. 처음 20년간의 탐색하는 시기를 통해 인간은 자신의 갈등을 통합하는 여러 가지 방법을 익히게 된다. 빵을 구하고 이것을 먹는 법도 배운다. 비록 자신이 바라는 많은 빵을 얻지는 못한다 할지라도.

결론적으로 말해서 안정화된 인격의 소유자란 어떤 심리적인 작업을 행함에 있어 심리적 에너지의 사용을 비교적 변덕이 없고 꾸준한 마음을 가지고 행할 수 있는 경우를 말한다. 이런 작업의 명백한 성질은 이드·자아·초자아의 구조적 및 역동적 특징에 의해 정해지게 되고, 이들 3자간의 상호작용, 그리고 이드·자아·초자아의 발달사 등에 의해 결정되어진다는 것을 알 수가 있는 것이다.

# 제3장 프로이트 이론의 이해

Marxism and Psychoanalysis

R. 오스본 지음

# 1
## 정신의 틀

정신분석에 대한 근본적인 개념은, 의식적인 모든 사고와 행동의 밑바닥에는 무의식적 심리인 무의식 과정이 존재하고 있다는 것이다. 무의식적인 심리는 프로이트에게 있어서 의식적인 형태로 드러나지 않는 정신 과정으로써의 뜻 이상의 의미를 가지고 있으며, 시간이 흐름에 따라서 무의식적으로 옮아간 의식의 저장고를 말한다. 프로이트의 견해로는 그 무의식적인 과정이 의식적인 사고와 활동에 영향을 끼치고, 그것을 조작하는 활동적이고 역동적인 성격을 갖고 있다는 것이다.

무의식적인 심적 과정에 관한 견해는 특히 철학계로부터 많은 비판을 받아 왔다. 그 이유는 용어 자체가 모순적이라는 것이다. 심적이란 곧 의식적인 사건을 일컫는 말이므로, 무의식적인 심적 사건이란 있을 수 없다는 것이었다. 즉, 무의식적인 심적 사건이 존재한다고 주장하는 것은 역으로 비심적인 심적 사건이 있다고 주장하는 것과 같은 의미가 되기 때문이다.

비판의 논점은 대개 언어적인 것으로써, 심적이라는 말과 의식의 뜻을 같은 의미로 보는 것이 타당하다는 데 바탕을 두고 있다. 사실 의식에 대한 정의는 상당히 애매하고, 어쩌면 정의가 불가능한 것인지도 모른다. 대개 우리는 의식에 있어서 그것을 자각과 동일한 어의로 취급해 버리는 경향이 있다. 그런데 자각이란 단어 또한 정의를 내린다는 것은 불필요하다. 비록 우리들이 의식하고 있는 것이 무엇인지 표현할 수 없을지언정 그것이 어떤 것인지는 이미 알고 있다는 것을 인정해야 한다. 이것이 프로이트의 견해였다.

그가 주장하기를,

"우리는 의식에 대한 정의를 굳이 논할 필요성이 없다. 그 이유는 의문의 여지가 없는 것이기 때문이다."

라고 말하고 있다.

부언해서 그는 또 이렇게 말했다.

"무의식이란 우리들이 그 존재를 가정으로밖에 할 수 없는 어떤 정신적 과정을 말한다. 왜냐 하면 그것의 결과를 근거로 한 어떤 방식으로는 그 존재의 추정이 가능하기 때문이다. 그러나 우리들은 그것을 직접적으로 지각하고 있지는 않다." S. Freud. New Introductory Lectures(Hogarth Press. 1932)

다시 말해서 의식 외에 우리의 정신생활의 모든 성격을 띤 내면적 과정이 분명히 존재함을 입증해 주는 사건 −언어와 행위 −이 있다는 것이다.

그 예로써 후최면현상post hypnotic에 대해 고찰해 보자. 이것은 무의식적인 정시 현상이 있다는 결정적인 증거를 보여주고 있다. 피실험자에게 최면술을 걸어서 최면 상태로부터 깨어난 뒤에는 어떤 행위를 해야 한다는 암시를 건다. 그가 실제로 그 행위를 하고 있을 때에는 최면 중에 일어났던 일을 잊어버린 것처럼 보이지만, 어쨌든 그는 암시받은 대로 행하지 않으면 안 된다고 느낀다. 예컨대 그는 암시받은 대로 어느 때에 창문을 열 것이다. 그때 왜 창문을 열었는가를 당신이 묻는다면, 방 안의 공기를 환기시키기 위해서라고 대답할지도 모른다. 그러나 실상 그는 최면 상태에서 받았던 암시가 자기의 행위의 원인이라는 것을 느끼지 못하는 것이다. 그 암시로써 결국에 창문을 열게 되기까지의 일련의 심적 사건이 진행되었던 것이다. 프로이트가 주장하는 것처럼 이러한 결과를 설명하려면 무의식적인 정신 과정이 있다는 가설이 요구된다.

우리들이 겉으로는 자각하지 못하지만, 심적 사건이 발생한다고 생각되는 가장 보편적인 예는, 의식적으로 해결할 수 없었던 문제의 해결이 무의식 속에서 나타나는 점이다. 사람은 어떤 문제를 마음 속에 품어 둔 채로 저버리든가, 또는 생각을 그 문제에서 다른 방향으로 돌려도 어느 정도 시간이 경과하면 의식적인 숙고 없이도 마치 그 문제에 관해서 줄곧 생각하고 있었던 것처럼 저절로 해답이 떠오르는 경우가 있다. 또한 말의 실수나 글의 실수 이외에도 이와 비슷한 보편적인 실수는 의식적인 의도에 다른 어떤 것이 간섭하고 있다는 것을 나타내는 것으로 여겨지는데, 이러한 현상은 무의식적인 심적 사건이라고 생각하는 견해와 모순되지 않는다.

프로이트는 그의 저서 《일상생활의 정신병리》에서 다음과 같은 우리의 주의를 끄는 예를 들고 있다.

"인색하기로 소문난 어떤 부자가 저녁때 무도회를 열기 위해 친구들을 초대했다. 오후 11시 반까지는 모든 일이 순조롭게 진행되었다.

11시 반이 되자 댄스가 잠시 중단되었다. 손님들은 당연히 저녁 식사가 나올 것으로 기대하였다. 그러나 식사 대신 샌드위치 한 조각과 묽은 레몬 주스만이 나왔을 뿐이었다. 손님들은 저녁 식사가 없는 것에 매우 실망할 수밖에 없었다. 그날은 선거일이 얼마 남자 않았기 때문에 여러 후보자들이 화제에 올랐다."

토론이 한창 무르익었을 때 J당 후보자를 열렬히 지지하는 어떤 사람이 주인에게 다음과 같이 말했다.

"당신은 T후보의 어떤 점을 좋아할지 모르겠지만, 한 가지 점에서만은 그를 신뢰할 수 있을 것입니다. 왜냐 하면 그는 언제나 당신에게 충분한 식사square meal를 내줄 것이기 때문입니다."

이 말을 듣고 모여 있던 손님들은 박장대소를 했다. 사실 그는 충분한 정책square deal이라고 말하려던 것을 실언했던 것이다. 그 일로 친분이 두터웠던 주인과 그는 매우 서먹서먹한 사이가 되었다고 한다.

현대의 신경생리학은 무의식적인 심적 사건이 존재한다는 주장과 같은 견해이다. 만일 모든 심적 사건이 뇌의 활동과 연관되어 있다는 것을 우리들이 분명하게 인정한다면, 피질 –수백만 개의 신경 세포로 구성된 뇌의 표면 –이 쉴새없이 활동하고 있다는 사실로부터 무의식적인 심적 사건이 존재한다는 견해에 대한 신경학적인 근거를 얻을 수 있다. 왜냐 하면 이 피질 활동은 항상 의식의 영역에만 국한되지는 않기 때문이다. 그렇기 때문에 프로이트는 자기 학설의 신경학적인 기초가 발견될 것이라고 예견하고 있었으므로 뇌파 학자의 연구에 지대한 관심을 가졌을 것이다.

프로이트는 무의식적인 심리생활을 두 가지 형태로 구별하였다. 첫째, 비교적 용이하게 의식으로 변하는 무의식적인 정신 과정이다. 이 무의식적인 심리 과정은 프로이트의 술어로 전의식(前意識)이라고 한다. 예를 들면, 지금 나는 글을 쓰고 있으면서 종이에서 느껴지는 펜의 감촉과 종이가 하얗다는 사실, 그리고 옆방에서 연주되는 피아노의 음률을 의식하고 있다. 그런데 동생이 나에게 전화 번호를 물어 왔을 때 펜을 놓고서 즉각 번호를 생각해 낸다면, 지금 나는 그것을 의식하고 있는 것이다. 이런 뜻에서 무의식적인 심적 내용은 의식의 내용으로 변화한다고 말할 수 있다. 다시 말해서 전의식은 의식으로 변화한다.

그러나 프로이트 이론에 있어서의 근본 개념은 이런 의미의 무의식을 말하는 것이 아니다. 프로이트는 매우 어렵긴 하지만 의식으로 변할 수 있는 심적 사건이 있다고 주장하였다. 프로이트가 어린 시절의 기억을 회상해 내는 실험을 하여 발견했던 것처럼, 억압의 힘이 작용하고 있어서 그 힘의 무의식적인 요소를 의식으로 전환시키려는 노력에 억압을 가한다.

프로이트는 이렇게 쓰고 있다.

"정신분석 이론은, 우리들이 환자의 무의식을 실제로 의식화하려고 할 때 환자가 나타내는 저항을 인식하는 것으로부터 출발한다. 저항의 객관적인 표정은 환자의 연상 작용이 즉각 중단되어 버리든가, 토론하고 있던 주제로부터 이탈하여 방황하는 것으로 나타난다."

그러므로 프로이트에 의하면, 시간의 경과에 따라 퇴색해 버린다는 의미에서 '잊혀졌다'고 할 수 있는 어린 시절의 기억은 억압된 것이다. 어째서 억압이 발생하는가에 관해서는 나중에 논의하기로 하자. 프로이트 이론의 핵심은 어린 시절의 경험이 억압되었다고 해도 일상적 사고와 행동에 지속적으로 어떤 중대한 영향을 미치고 있다는 것이다. 또 억압이란 세포 조직의 보호벽이 건강한 다른 부분으로부터의 병이 든 부분을 격리시키고 있는 육체 안에서 진행되는 과정에 대한 심리적인 등가물이라고 시사하였다.

프로이트가 억압적인 힘에 대하여 세운 최초의 공식은 그것을 검열하여 비교한 것이다. 정신은 일종의 3층집으로 비유되었다. 3층에는 의식가라는 존경할 만한 사람들이 살고 있다. 2층에는 전의식가라는 사람들이 생활하고 있다. 그들은 정중하고 교양이 있으므로 3층의 이웃 사람들을 서로 방문하는 것이 허락되어 있다. 경비원이 3층과 2층 사이에 서 있긴 하지만 매우 온순한 사람으로서 통행을 금지하는 경우는 거의 없다. 그러나 맨 아래층에 살고 있는 사람은 소란하고 예의 없는 사람들이다. 그들은 일대 혼란을 일으켜 그들과 전의식의 사이에 있는 지친 경비원을 더욱 피로하게 만든다. 때대로 그들 중의 한 사람이 위험하지 않은 인물로 위장하여 빠져나간다. 그런데 빠져나가는 시기는 야간 경비원이 주의를 소홀히 했을 때이다. 여기서 경비원이란 억압적인 힘을 회화적으로 표현한 것이다.

프로이트는 정신 속의 현실적인 실체를 나타내는 용어를 사용하여 인간과 흡사한 괴상한 생물이 살고 있는 기묘한 지하의 세계상을 묘사했다는 이유로 자주 비판되기도 했다. 프로이트는 심리학의 용어로서 '구성한다'라든가, '매개변항'과 같은 용어가 사용되기 전에 이미 이러한 용어를 사용했다. 그러나 본질적으로 심리 활동이 어떠한 것인가를 상징적으로 나타내는 것이 자신의 목적이라는 점을 분명히 밝혔다. 그는 자기가 사용하는 개념은 물리학에서 사용되는 진동·전자·에너지 등의 개념과 비슷한 기능을 수행하는 것이기 때문에,

만약 그러한 것이 없다면 인간의 지식과 경험의 단편을 뜻있는 형태로 바꿀 수 없을 것이라고 주장하였다. 따라서 그는 《정신분석 입문》에서 언급하고 있는 자아에 대한 개념은 조잡한 면도 있지만, 마치 전류 속에 흐르고 있는 인자처럼 이해를 돕는 데 크나큰 도움이 되며, "그런 의미에서 이를 무시해서는 안 된다S. Freud, Introductory Lectures(Allen & Unwin, 1923), p.250"고 변호하고 있다. 프로이트는 심리생활을 의식·전의식·무의식으로 나누는 것은 지나치게 정신세계를 정적으로 표현하는 것으로 생각하였다. 그리하여 그는 정신의 특수한 영역을 나타내기보다는 심리 활동을 나타내는 개념들을 도입하였다그래서 프로이트는 하부의식이라는 말의 사용을 꺼려했다. 그 말은 정신의 특수한 영역을 나타내는 말이지, 정신 활동을 나타내는 말은 아니기 때문이다. 이것이 이드·자아·초자아라는 개념이다. 그러면 이 개념들을 간단히 설명해 보기로 하자.

이드라는 개념은 의식적인 규범 −개인이 가족과 사회생활로부터 얻게 되는 규범 −과 격렬하게 충돌하는 심리생활의 무의식적인 측면을 표현하기 위하여 도입되었다. 프로이트는 이 용어를 니체로부터 빌려왔는데, 그것은 라틴어의 빈칭 대명사의 파생어로서 의식적인 규범과 서로 용납되지 않음을 나타내는 데 적합하다고 생각되었기 때문이다. 이드라는 것은 '그것'을 말한다. 즉, 우리들이 '좋은 취미'라든가, 혹은 보편적으로 받아들여지고 있는 규범에 거역하여 행동하고 싶은 충동을 느낄 때, 우리들의 머리를 스치며 지나가는 것이다. 우리들은 이러한 충동들이 자기 자신의 인격과는 전혀 상관이 없다는 듯이 '그것이 나를 습격했다'라든가, '나로서는 불가피했다'라는 식으로 변명하려 한다.

이드는 도덕적·사회적인 동기에 영향받지 않는 인간의 본성 안에 내재한 원시적·본능적인 요구이다. 프로이트는 특히, 이드의 특징은 그것이 무조건적 만족을 요구하고 비합리적이며 비도덕적인 점에 있다고 강조하였다. 그것은 이른바 삶의 본능과 죽음의 본능 및 인간 이외의 동물계와 우리들을 결부시켜 주는 유전적·종속적인 성질을 의미한다. 특히 의식적으로 매우 고통스럽게 억압된 경험은 이드 충동의 흐름과 결합된다. 이드는 '쾌감원칙'에 지배되고 있다. 즉, 그것은 시간이나 장소의 적합성을 고려하지 않고, 직접적·무조건적인 만족을 요구한다.

완전히 이드의 충동에 따르고자 하는 인간의 욕망은 즉각 여러 가지 곤란한 문제에 부딪치며 실제로 빠른 속도로 감소된다. 왜냐 하면 외부세계는 우리들의 욕망을 쉽게 충족시키기에는 많은 난점이 있기 때문이다. 그래서 우리들은 안전하게 욕망을 충족시킬 수 있는 기회가 올 때까지 욕망의 충족을 지연시키는 법을 배워야 한다.

유아기에는 단연 이드가 우세하다. 어린아이는 자신이 원하는 것이면 무엇이든 충족시키려고 한다. 그러나 어린아이는 점차적으로 소망의 충족을 가로막는 장애물이 있다는 것을 깨닫게 된다. 어린아이의 욕구는 종종 처벌에 의해 좌절되기도 한다. 즉, 세상은 자기의 소망을 곧바로 이루어 주지 않는다는 뼈아픈 체험을 통하여 이드는 변화를 일으킨다. 이드의 일부분은 외부세계로 주의를 확대하여 그것을 자각하거나 의식하게 된다. 이렇게 외부세계로 주의를 확대하려는 이드의 변형을 프로이트는 자아라고 불렀다. 이드가 자아로 변형되는 방법은 알 수 없지만, 그러한 변형의 존재는 프로이트 이론의 필요불가결한 가설이다.

이 가설은 이드가 내적 충동을 제한하는 요인인 외부의 현실과 충돌하여 성숙 과정을 거치고, 이 과정으로부터 심적 생활의 의식적·합리적 성질이 출현한다는 것이다. 프로이트의 견해에 의하면 자아는 이드의 욕구로 제한하고 현실 수준에서 그 욕구를 충족시키는 임무를 담당한다. 다시 말해서 자아는 '현실원칙'으로써 이드의 '쾌감원칙'과 대립한다. 그것은 주로 외부세계에서 이드의 충동을 충족시키는 형식을 발견하기 위해서 이드의 내부에서 기원한다.

대체로 자아는 이드의 의도를 실행해야 한다. 만약 자아가 이드의 의도를 완전히 충족하는 데 성공한다면, 그것은 자아가 의무를 실행하는 것이 된다. 자아와 이드의 관계는 기수와 말의 관계에 비교할 수 있다. 기수는 말의 힘센 도약을 지도하는 특권을 가지고 있다. 그러나 자아와 이드와의 관계에서는 비이상적인 상황이 흔히 나타난다. 즉, 말이 움직이려는 방향으로 기수가 따라 움직인다New Introductory Lectures, p.103.

프로이트가 서술한 자아의 주요한 특징은 다음과 같이 요약할 수 있다. 자아는 이드와 외계의 현실을 중개한다. 자아와 이드와의 관계는 무의식적인 수준에 머물러 있지만, 자아와 외부세계와의 관계는 의식적인 수준에 놓여 있다. 자아는 현실원칙, 즉 이드의 쾌감 원칙에 대리하고 있는 외부세계가 나타내는 제약을 인정하는 원칙에 지배되고 있다. 이 현실원칙을 실행하는 데 있어서 자아의 임무는 의식의 규범에 대항하기 쉬운 심리 과정에 대한 억제력을 유지하는 것이다. 그것은 그 내용에 언어적인 형식을 부여해 준다.

그러나 자아는 인생의 초기에 생겨나며, 이 시기는 부모와 자신과의 연대 의식이 가장 커다란 시기이다. 어린아이의 자아란 지극히 미

약한 것으로 이드의 전체적인 욕구를 스스로 처리할 수 없다. 어린아이의 자아는 부모의 권위에 의해 강화되지 않으면 안 된다. 외부로부터 어린아이에게 주어지는 부모의 명령과 지시는 강력한 금기로써 어린아이의 마음 속에 재생된다. 부모의 태도와 행동 기준이 어린아이의 마음 속에 주입됨으로써 동일화 과정이 발생한다.

이 과정은 극도로 복잡하여 사랑을 느끼거나 공포를 느끼게 되는 한 개인의 규범을 모방하는 과정과 어느 정도 비슷하다. 그러나 그것은 무의식적 수준에서 발생한다. 프로이트는 이 과정을 부모나 어린아이의 생활에 중대한 영향을 미치는, 성인들의 권위와 영향을 내면화하는 투사 과정이라 일컫는다.

이렇게 내면화된 부모의 태도를 프로이트는 초자아라고 부른다. 그러므로 초자아는 자아의 힘이 너무 약하여 이드와 외부세계의 문제와 욕구에 자발적으로 대처할 수 없을 때 일어나는 자아의 변형이다. 그것은 어린아이의 마음 속에 존재하는 부모와 다른 성인들을 정신적으로 재현하는 것이다. 그것은 전지전능한 엄격성, 즉 명명백백한 권위로서 어린아이에게 보여지는 부모의 과장된 성질의 재현이라고 프로이트는 주장한다.

프로이트의 초자아 이론은 얼른 보면 심리생활의 발달에 관한 이상한 견해라고 생각될 수도 있다. 자아가 자신의 일부를 부모 혹은 다른 성인들과 동일시하고, 또 자기 자신을 자기의 마음 속에 비친 부모의 권위라는 과장된 모습으로 변형시킨다고 하는 생각은 어떤 공상적인 신화라 할 수 있을지도 모른다. 과연 이 말이 의미하는 바는 무엇일까? 그것은 어린아이의 생활에서 중요한 부분을 차지하는 부모 및 다른 성인의 영향이 어린아이가 자라남에 따라서 계속되고,

성인이 되어 행동할 때도 결정적인 역할을 한다는 뜻이다. 초자아 개념은 어린 시절의 판단 기준이 성인이 된 생활에까지 지속되는 것으로써 합리적·인간적인 사고 방식으로는 도저히 이해되지 않는 많은 행동들의 강박적 성격을 설명하기 위하여 필요하다. 우리들은 사람들이 무엇인가에 강요되고 있는 것처럼 느끼면서 자신도 모르게 행하는 지긋지긋한 행위들을 신중히 고려하지 않으면 안 된다. 유대인의 멸절이 자기네 의무라고 생각했던 나치의 경우와 같이, 종교나 정치사에서 흔히 볼 수 있는 어떤 의무감으로부터 비롯되어 행해졌던 숱한 잔학한 행위들이 이 경우에 해당된다.

프로이트의 초자아 이론은 유아기의 무비판적인 단계에 속하지만, 성인이 되어서도 계속 강박적 경험을 미치는 행동 유형과 양식을 그들 심리의 구성 요소로서 영위해 나간다는 것을 받아들이게 한다.

지금부터는 프로이트 이론에서 제시된 심리생활의 모습을 관찰해 보기로 하자. 만일 프로이트의 이론에서 사용되고 있는 특수 용어에 신경을 쓰지 않는다면 우리들은 심리생활과 외부세계 사이의 역동적인 관계, 즉 인간 심리가 외부세계에 순응하는 과정에서 형성된 변형의 모습을 파악하게 될 것이다. 프로이트가 자아라고 부르는 것은 외부세계에 대한 보다 섬세한 자각 및 내면적 욕구와 외면적 충족 가능성을 조화시키는 능력을 갖는 의식의 성질들이다. 심리생활에서 이런 능력의 발달이 이루어지는 것은 일상에서 관찰될 수 있다. 어린 아이가 외부의 현실적 요청에 자기 자신을 순응시키고 합리적 성격을 발달시키는 것, 즉 배운다는 것은 인간의 발달에 있어 굳이 강조할 필요도 없는 사실이다. 프로이트의 공적은 극도로 복잡한 이러한 발달의 형태를 지적하였다는 점이다. 어린 시절의 비합리와 의존으로부터 완전히 탈출한다면 단지 그것만으로 합리적이고 독립적인 성인의 성격을 획득할 수 있을 것이며, 더 이상 정신분석에 대한 연구는 필요 없을 것이다.

넓은 의미로 말하면, 프로이트 이론 중에서 비판받기 쉬운 점은 심리상의 의식적인 면과 무의식적인 면이 상호 어떤 관계에 있는가라는 점일 것이다. 정신분석 이론에서 자아는 다만 무의식적인 목표에 도움이 되는 도구로서, 그것을 독자적으로 설명하는 것이 불가능한 것처럼 표현되고 있다.

프로이트 학파의 용어로 말한다면, 프로이트 이론은 우리들의 합리적인 자아란 감정적 비합리적인 목표에 의해 완전히 지배되고 있기 때문에, 외부세계에서 기존 규범과 너무 격렬하게 충돌하지 않는 방향으로 감정적 욕구의 배출구를 찾아 내기 위한 수단에 불과하다고 주장하는 것처럼 보인다. 이런 해석에 따르면 합리적·의식적인 심리는 질적 변화를 겪지 않고도 성장할 수 있다. 즉, 의식적인 심리는 무의식적인 하층 심리의 연장에 불과하고 무의식적 성향을 표출할 수 있는 통로를 탐색하는 수단일 뿐이다.

물론 사람들이 자신이 생각하는 만큼 합리적이지는 않으며, 비합리적 목적을 위하여 의식적인 성질을 사용하려는 경향을 보인다는 것은 사실이다.

이성이 어느 정도 부조리의 노예인가를 알아보려면, 과학이 파괴와 살생을 위하여 어떻게 사용되었는가를 상상해 보는 것만으로도 충분한다. 그러나 심리학, 특히 정신분석학이라는 학문이 존재하고 있는 것은 이러한 노예화가 완전하지 않다는 하나의 증거이다. 자기가 노예라는 사실을 의식하지 못할 뿐만 아니라, 그것을 당연한 것으로 받아들이는 노예가 진짜 노예일 것이다. 어떤 형태의 노예제에 대한 반항의 첫째 조건은 노예제가 존재한다는 것을 인식하는 것이다. 이 것은 합리적인 자아가 비합리적인 목적에 예속되고 있다는 것, 즉 자 아가 이드에 예속되고 있다는 점에 대해서도 부합한다. 사람들이 자 기들의 합리적인 자아가 비합리적인 목적에 봉사하고 있음을 인식하 기 시작할 때, 그들은 이 노예 상태를 청산하려는 행위의 첫걸음을 내딛게 된다.

프로이트가 자아의 나약함과 의존성을 강조하고는 있지만, 그렇다 고 자아의 이드에 대한 관계에 대해 완전히 부정적으로만 보고 있지 는 않다는 점을 기록하여 둘 가치가 있다. 그의 어떤 저서 중에는 자 아의 약함을 지나치게 중시하는 정신분석가를 비난하고 자아의 심 리적 지배에 대한 가능성을 강조하여 이렇게 쓰고 있다.

"자아의 힘을 이와 같이 인식하는 것과 내가 이미 《자아와 이드》에 서 서술하였던 바가 어떻게 조화를 이루는지 여기에서 밝혀 두는 것 이 좋을 것 같다. 나는 여기에서 자아가 이드와 초자아에 의존하고 있는 모습을 묘사하여 자아가 그 양자에 대하여 얼마나 무력하며, 그 양자를 얼마나 두려워하고 어떻게 하여 그것들에 대한 우월성을 유지하는가를 표현하였다.

이런 견해는 정신분석계에 폭넓은 반향을 불러일으켰다. 자아가 이드에 대하여 약하다는 것과 우리들의 합리적 요소가 우리들 내부 의 악마적인 힘에 직면하여 약해진다는 것이 크게 강조되었다. 또 내 가 말했던 것을 정신분석적 세계에 있어서 그 기초적인 발판으로 만 들려는 경향이 강하게 존재하고 있다. 그러나 억압의 활동 방법에 관한 지식을 소유한 정신분적가는 모든 사람들의 심리를 이처럼 극단적이고 일방적인 방법으로만 파악해서는 안 될 것이다."S. Freud, Inhibitions, Symptoms and Anxiety(Hogarth ; 1936), pp. 28~29

그의 모든 저작이 염세적인 성격과 인간의 본성을 기본적으로 변하지 않는 것으로 간주하는 정신분석 경향을 보이고 있음에도 불구하고 프로이트는 자아 발달의 질적 성격을 인식하고 있었다. 프롬이나 호니와 같은 저술가는 분석 이론을 사회적인 언어로 고쳐 말하였지만, 그들의 견해는 '자아나 이드의 충동으로 환원될 수 없는 성질을 가지고 있다'는 견해와 일치한다. 프롬은,

"심리학의 핵심 문제는 세계와 개인의 특별한 관련성에 관한 것이지, 이런 본능적인 욕구의 충족이나 욕구 불만에 관한 것은 아니다." E. Fromm, Man for Himself(Routledge, 1949)

라고 말했다. 어니스트 존스 박사 같은 정통파 정신분석가조차도 다음과 같이 말하였다.

"인간은 철두철미한 사회적 피조물이기 때문에 개인 심리학과 사회 심리학을 구별하는 것은 허구라는 것이 원래 정신분석의 기본 원리이다. 이 말은 개인의 심리란 자신과 타인과의 상호작용으로 인하여 발달하는 것이며, 이렇게 형성되지 않는 개인이란 생각될 수도 없다는 두 가지 의미를 갖는다."Emest Jones, Free Associations(Hogarth Press, 1959)

인간과 세계의 '특수한 관련성'은 인간의 사회의식 — 타인에 대한 관계와 책임의식 — 속에 나타난다. 불행하게도 이 의식은 인간의 일상생활 속에서도 아직 힘이 약해서 어린 시절부터 유지되어 온 불합리성에 의해 매우 크게 영향을 받게 된다. 그러므로 내가 주장하는 바와 같이 사회적·정치적 사고를 고찰하기 위해서는 우선 남성이나

여성이 그들의 심리 중 중요한 측면에서, 예를 들면 어린 시절의 사고 관습과 사고 방식을 극복하는 데 실패했었다는 사실을 고찰하는 것부터 시작하지 않으면 안 된다.

# 2

## 성性 이론

　자아는 본능적 충동을 현실의 요구에 순응시키는 어려운 역할을 한다. 이런 의미에서 의식적인 행위는 본능적인 충동과 이 충동이 나타나는 것을 제안한다고 거부하는 경향이 있는 외부의 현실 사이에서 일어나는 상호작용의 소산이다.

　이 장에서 내가 의도하는 것은 인간의 환경을 형성하고 있는 현실의 본성을 음미하고자 함이 아니라, 정신분석에 의해 제기된 본능적 생활에 대한 일반 이론의 윤곽을 묘사하는 데 있다. 그러므로 내가 본능적 충동이 연출하는 역할을 지나치리만큼 설명하는 것처럼 보인다 해도, 그것은 필요에 의해서 그럴 수밖에 없는 것이다. 그러나 그 뒤에 본능적 충동이 나타나는 환경적 상황을 음미할 때 그것을 경시하는 경향은 사라질 것이다.

　본능을 정의하는 방식은 다양하다. 일반적으로 그것은 개체와 종種의 보존에 결부되는 근본적이고 선천적인 충동이라고 생각하고 있다. 프로이트는 이렇게 말한다.

"본능은 어떤 근원, 어떤 대상 및 어떤 목적을 가지고 있는 것이라고 할 수도 있을 것이다. 그 근원은 육체 내부의 흥분 상태이고, 그 목적은 그런 흥분을 제거하는 데 있다. 그 근원으로부터 그 목적을 달성하는 과정에서 본능은 심리적으로 작용하게 된다. 우리들은 본능을 어떤 방향으로 분출하는 어떤 종류의 에너지의 총화라고 표현했다."New Introductory Lectures, p.125

본능의 목록을 작성해 보려는 시도가 수많은 심리학자에 의해 시도되었지만, 프로이트에 의하면 이러한 목록은 본능적인 삶의 참된 성격을 간파하고 있다는 것이다. 그는 다음과 같이 말한다.

"당신은 통속적인 사고로서는 본능이 어떻게 취급되고 있는가를 알고 있다. 통속적인 사고는 필요한 만큼의 여러 가지 본능 — 자기주장본능·사회모방본능 및 그 외의 본능들을 당연하게 받아들인다. 말하자면 그것은 하나하나의 본능을 취급함에 있어 각기 특별한 임무를 맡겨 놓았다가 다시 그것을 버리는 것과 같다. 우리들은 언제나 이처럼 사소하고 부차적인 본능들의 배후에 신중히 연구하지 않으면 안 되는 지극히 중대하며 강한 것이 있지 않을까를 생각해 왔다." Ibid, , p.124

다양한 본능적 반응의 배후에 근본적인 근원을 정립하려고 시도하는 중에 프로이트는 '에로스', 즉 생의 본능과 '죽음'의 본능 — 파괴본능이라는 두 개의 주요한 그룹을 정립하기에 이르렀다.

이 분류에 관하여는 이 장의 마지막 부분에서 다시 살펴볼 것이다. 그러나 우선 우리들은 에로스에 속하는 성충동을 살펴보기로 하자. 이것은 생물학적으로는 생식의 욕구와 관련된 문제이다.

성본능에 관한 프로이트의 견해가 처음 제창되었을 때 격렬한 반론을 불러일으켰을 뿐, 그 외에 별다른 반응을 기대할 수 없었다. 왜냐 하면 그는 무의식 속에 억압된 소재는 대부분 그 성격상 유아적이고 성적인 것으로서 의식의 규범과 조화되지 않는 것으로 생각했고, 그의 제의는 의식의 규준에 저촉되었기 때문에 그 규준 수호를 위한 방어로서의 격렬한 비난은 필연적이었다고 할 수 있다.

프로이트에 의하면, 성격이라는 것은 사람이라는 말 속에 포함될 수 있는 모든 것과 관계되는 본능의 에너지이다. 즉, 한편으로는 자기애이며, 다른 한편으로는 양친·자식에 대한 사랑, 인류 전반에 대한 사랑 및 구체적인 대상과 추상적인 관념에 대한 헌신이다.

이처럼 그가 이 말로써 나타내고자 한 의미는 통속적으로 사용되고 있는 의미보다 무척 넓은 것이다. 통속적으로 사용되고 있는 의미라면 그것은 성인의 성행위에만 국한되어 있고, 다른 현상들은 다른 본능의 작용으로 간주되었다. 예를 들면, 맥도우갈 박사는 양친이 자식에게 품은 애정은 '연민본능'의 작용 때문이라고 설명하고 있다.

그러나 프로이트는 성생활은 인생의 가장 초기 때부터, 즉 어린아이에게 존재하는 것이라 하여 인습적인 신념을 반박했다.

그는 어린아이가 이성의 양친에게 나타내는 소유욕, 애무받으려는 욕구, 팔에 안겼을 때의 행복한 표정, 좌절당했을 때 울부짖으며 손가락을 빠는 행위 및 몸을 간지럽혔을 때 나타내는 쾌감 등을 유아기 성생활의 증거라고 하였다.

유아기의 성생활에서는 부분적 성본능으로 알려진 것이 우세하다. 그것들은 많든 적든 서로 독립적으로 존재하며, 그들 자신의 양식으로 만족을 구한다.

성의 발달 과정에서 그러한 본능들은 모두 하나로 통합되지만 때

때로 부분본능은 유아적 성격의 성적 만족을 강압적으로 추구하기 때문에 성인의 성생활을 지배하기도 한다. 프로이트의 이론에서 성도착이라는 것은 바로 유아적 성행동의 유형이 성인이 되어서까지도 지속되는 것을 말한다.

프로이트는 본능S. Frend, Three Contrbutions to the Theory of Sex(Morden Library, New York, 1938을 설명하면서 구강과 항문에 결부된 부분본능을 특히 강조하였다. 따라서 그는 빠는 행위와 깨무는 행위가 성적 만족의 초기 형식이라고 말했다. 그 후의 연구자는 어린이의 구강 성욕이 충족되는 방식과 관련이 있다고 생각되는 구강 성격 특설론을 전개하였다. 예를 들어, 에이브러햄과 글로버의 연구는 소아기의 구강 만족 혹은 구강 욕구불만의 경험 이후의 성격 형성에 있어 구강 만족 유형과 구강 불만족 유형으로 나타난다는 점을 시사한다. 전자는 지극히 낙천적이고 관대하고 사교적이며 새로운 관념을 쉽게 받아들이지만, 후자는 지극히 염세적이고 쉽게 좌절하며, 불안정하고 수동적인 경향을 나타낸다. 구강 성격의 발달에 있어서 양극의 개념은 프리다 골드만 아슬러에 의해서 연구되었다. 그녀는 115명의 성인을 평정 척도 설문지를 사용하여 그것을 분석하고 양극적 요인을 확인하려 하였다. 그녀는 그것이 "에이브러햄, 글로버, 존스, 버글러에 의해 기술되었던 정신분석적 구강 성격 유형과 놀라울 정도로 일치하고 있다."Eisler, Frieda, Goldman, Breastfeeding, Personality in Nature, Society and Culture, Edited by Kluckholn & Murray, New York Knopf, 1959.라고 말했다.

항문에 가까운 부위, 즉 항문 성감대를 자극하는 것은 구강 성격과는 다른 부류의 부분본능이 만족을 추구하는 형식이다. 배설 행위에 대한 부모와 자식의 태도는 후천적 성격 형성에 큰 영향을 미치는 것으로 알려져 있다. 어린아이는 양친이 배설 기능의 수행을 중시하고 있음을 알고, 자신에게 양친으로부터 사랑받거나 미움받을 수 있는 힘이 있다는 느낌을 발전시킨다. 배설물은 어린아이가 세상에 내놓지 않으면 안 되는 가장 최초의 것이다. 돈·사람·일·예술·인생 일반에 대한 후일의 태도는 배설 과정에 대한 유년기의 태도에 의해 받는 영향이 매우 크다.

이것은 억지로 맞춰 놓은 주장처럼 보이지만, 두 살짜리 어린아이의 모든 생활은 양친이 어린아이 스스로 배설을 조절하도록 훈련시키는 일로 이루어져 있다는 것을 잊어서는 안 된다. 어린아이는 자주 훈계받거나 칭찬을 받으며, 때로는 위협을 받기도 한다. 어린아이는 배설을 참으면서 어머니에게 반항하는 것을 배운다. 후년의 생활에서 이 참는 행위가 완고함·인색함을 낳는 주관적 요인이 될 수도 있다. 한편, 양친의 기분을 맞추는 수단으로써 배설 기능을 수행하는 것은 그 행위로부터 얻어지는 기관의 쾌감이 있기 때문이기도 하지만, 일반적으로 관대함·낭비, 혹은 쓰기·그리기 및 말하기와 같은 생산적인 활동으로 변화될 수도 있다.

구강 성격의 특성과 함께 항문 성격의 특성에 관한 프로이트학파의 이론을 확인하려는 시도가 여러 번 이루어졌다. 이러한 실험 결과는 프로이트 이론과 일치하지는 않았지만 어느 정도 부합하는 경향을 보여주었다Halla Belloff, The Structure and Origin of the Anal Character(Genet. Psychol. Monogr, 1957) 참조.

부분본능과 다른 부분본능과의 통합은 커가는 아이에게는 성기와 결부된 충동의 지배하에서 이루어진다. 원숙한 성인에게도 부분본능에서 유래하는 충동이 나타날 수 있지만, 그것은 단지 성행위라는 목적을 돕고 있음에 불과하다. 이 단계에 도달하기 위하여 성충동은 일정한 발달 과정을 거치게 된다. 이제부터 그것을 살펴보기로 하자.

성의 발달 과정에는 중요한 두 번의 시기가 있다. 그런데 이 두 번의 시기는 본능의 발달이 거의 일어나지 않는 잠재기에 의해 나뉘어진다. 프로이트에 의하면 이 중에서 첫 번째의 시기가 대단히 중요하다. 왜냐 하면 이 시기가 나중에 성충동이 어떤 형태로 재생될 것인가 하는 방향을 결정짓기 때문이다. 이 시기는 신생아 때부터 다섯 살 때까지로서의 몇몇 단계를 거친다. 그리고 각각의 단계는 부분본능 중 하나가 지배적인 역할을 담당하고 있다.

첫째 단계는 자기성애기라고 일컬어진다. 그것은 아기가 태어난 직후에 해당된다. 이때 어린아이는 개체로서의 자기를 의식하지 못한다. 각종의 부분본능은 많든 적든 각각 독립적으로 만족을 구하고 있다. 그래서 어린아이의 성생활은 팔을 자극하는 행위에서 유래되는 관능적인 쾌감에 국한되고 있다. 이 시기에는 빠는 것이 중요하기 때문에 구강부분본능이 눈에 띄게 나타난다. 인생의 두 번째 단계에서는 어린아이의 자각이 일어나게 된다. 성본능은 애정의 대상으로써 자아를 지향하게 된다. 이 때문에 프로이트는 자기 자신의 모습에 사랑을 느꼈던 그리스 신화에 나오는 인물의 이름을 따라서 이 단계를 나르시시즘적이라고 하였다. 자기성애의 시기로부터 이 두 번째 단계로의 이행은, 주로 갓난아기가 배설을 조절할 수 없을 때에는 관대한 것처럼 보이던 어머니가 어린아이에게 청결을 가르치는 과정에서 크게 촉진된다. 이 이행에 의해 어린아이는 자기에게도 힘이 있다는 느낌을 즐기려 하고, 발가벗고 돌아다니며 알몸 보이는 것을 좋아하게 된다.

발달에 있어서 가장 결정적인 시기는 세 번째 단계이다. 이때부터 어린아이의 관심은 밖으로 향하며 애정의 대상을 자기가 아닌 외부 세계에서 구한다. 그가 구하는 최초의 대상이 자신에게 가장 가까운 사람 — 자신의 가족 — 인 것은 당연하다. 이 상황에서 프로이트가 '오이디푸스 콤플렉스'라고 지칭한 현상이 나타난다. 그것은 그리스 신화에서 유래된 것으로써, 그 신화에서 오이디푸스는 예언이 실현되어 자신도 모르는 사이에 아버지를 살해하고 어머니와 결혼한다. 프로이트는 이 콤플렉스를 다음과 같이 서술하고 있다.

"나는 성적인 요소가 뚜렷이 강조되는 애정의 경쟁을 말하고 있다. 어린 아들은 일찍 어머니에게 특별한 애착을 보이기 시작하고 어머니를 자신의 일부로 생각하며, 아버지를 자기가 어머니를 독점하는 것에 반대하고 있는 경쟁자로 간주한다. 이와 유사하게 어린 딸은 어머니를 자기와 아버지 사이의 애정 관계를 방해하고 자기 스스로 훌륭하게 해 낼 수 있다고 생각하는 자리를 빼앗는 사람으로 생각한다."

또 프로이트는 이렇게 말하고 있다.

"많은 사람들의 꿈은 자기와 동성인 양친을 배제하고 싶어하는 원망을 보여주고 있다."

아이들과 양친의 관계에서는 어린아이가 약한 입장에 놓여 있기 때문에, 어린아이는 이러한 적의와 애정의 충동을 억제하지 않으면 안 된다. 프로이트에 따르면, 이런 태도는 그 아이가 자기 가족에 순응하는 것만이 아니라 장차 사회에 순응하는 데에도 필요하다. 우리들은 나중에 이 억압을 효과적으로 달성하기 위하여 사회적으로 인정된 이러한 충동 표출 장치가 필요함을 살펴볼 것이다. 바꾸어 말하면 성인에게는 갈등을 일으키는 충동의 억압은 거세 콤플렉스의 발달에 의해 촉진된다고 주장하였다. 그는,

"자기의 성기를 가지고 놀기 시작하여 이러한 행동을 감추어야 한다는 것을 아직 배우지 못한 사내아이가 양친이나 유모로부터 그것을 만지면 손을 잘라 버리겠다는 위협을 받는 일은 결코 드문 일이 아니다."

라고 말했다.

프로이트의 지적에 의하면 양친은 이와 같은 위협을 쉽게 생각하나, 아이들은 자기성애적 만족이 금지되어 있다는 것을 위협 속에서 알게 되는 것이다. 다시 말하면 거세 콤플렉스, 즉 성기를 박탈당할 것이라는 공포는 어린아이의 공상으로부터 발달할 수 있다. 계집아이에게 있어서 거세 콤플렉스는 성기가 없기 때문에 불리한 위치에 놓여진다는 생각과 결부되어 있다. 프로이트에 의하면 계집아이는 자기와 사내아이의 육체적 차이를 즉각 알게 된다. 그러하여 이것은 박탈되어 버렸다는 느낌을 낳지만, 이 느낌은 어른이 되면서부터 육아와 가사 등의 여성적인 특별한 기능에 의해 보상된다고 한다. 거세 콤플렉스의 역할은 성에 있어서 큰 차이가 있다. 거세 콤플렉스는 사내아이에게 있어서 오이디푸스 콤플렉스를 해소하는 수단이지만, 계집아이에게 있어서는 거의 반대 현상이 일어난다.

계집아이의 경우, 거세 콤플렉스는 오이디푸스 콤플렉스보다 먼저 형성된다. 그 이유는, 계집아이는 사내아이의 경우와 같이 어머니를 그녀의 최초의 사랑의 대상으로 삼는 데 있다. 왜냐 하면 어머니는 계집아이의 육체적 욕구를 채워 주고 그녀에게 젖을 먹이기 때문이

다. 그러나 자신이 사내아이와 다르다는 것을 알게 되면서부터 그녀는 불리한 입장에 있음을 느끼고 자기의 어머니를 책망하는 경향이 생긴다. 그 결과 그녀는 어머니에 대한 적대감을 발달시키게 되고 오이디푸스 콤플렉스에서 피난을 구하고자 한다.

어린아이에게 이와 같이 성욕, 특히 근친상간적인 성욕이 있다고 하는 이론이 처음 발표되었을 때, 그것은 세간의 격렬한 비난과 분노를 불러일으켰다. 말리노프스키와 같은 인류학자는, 성생활이 아이들에게도 존재한다는 점에서는 동요치 않았으나, 다른 문화 형태에 관한 자신의 연구 과정 속에서 프로이트 이론의 중요한 측면을 확인하지 못했기 때문에 이 이론에 대한 비판을 가했다. 말리노프스키는 그의 작품 《미개사회에 있어서의 성과 억압》에서 오이디푸스 콤플렉스가 인류사회의 보편적 요인이라는 생각을 공격하고 있다. 확실히 그가 연구한 트로브리안 섬 주민의 가족 관계 속에서는 거세 콤플렉스가 능동적 요인으로 나타나지 않는다. 오이디푸스 콤플렉스에 관한 프로이트의 견해는 프로이트가 자아·초자아, 그리고 이드의 개념을 전개할 때 수정되었다. 오이디푸스 콤플렉스는 내면화 과정으로써의 어린아이의 생활에 부모나 다른 권위자의 역할을 끌어들이는 초자아의 발달과 함께 소멸된다고 생각하였다.

경험적으로는, 사람은 간혹 오이디푸스 콤플렉스 이론을 간접적으로 증명하는 것처럼 보이는 이성의 부모에 대한 편애 현상을 보일 수 있다고 생각된다. 그러나 나는 그 편애 현상이 어떻게 어린아이의 내면에서 발달하는가, 또 어느 정도가 양친의 배려 때문인가를 단정하기는 어렵다고 생각한다. 만약 아버지가 사내아이보다 계집아이에게 관심을 나타낸다든지, 또 어머니가 계집아이보다 사내아이에게 관심을 나타낸다면, 어린아이가 오이디푸스 콤플렉스 이론과 모순되지 않는 방향으로 반응한다는 것은 이상한 일이 아니다. 바꾸어 말하면 편애는 처음부터 이성의 부모에 대한 어린아이의 애착이 아니고 오히려 이성의 자녀에 대한 부모의 애착이다S. Freud, Two Short Accounts of Psycho Analysis(Penguin, 1962) 참조.

우리들은 성본능의 발달을 최초의 시기로부터 어린아이가 외부세계에서 그 대상을 발견하는 단계에 이르기까지 추적하여 왔다. 다섯 살부터 열두 살까지의 사이에도 잠재기가 있다. 이 시기는 조잡한 성적 관심이 없이 자아가 환경과 조화를 이루며 발달하는 것이 특징이다. 또 이때 자아는 욕망을 제지하고 제어하는 힘으로써의 이드로부터 분리되어 이드와 충동을 현실의 욕구에 순응시킨다.

성이 중요시되는 두 번째 시기 — 12세에서 18세 — 에 유아적인 성충동이 다시 소생하고, 성생활의 새로운 욕구가 최초의 발달 단계에서 발생했던 과정을 따라 일어난다. 그러므로 첫 번째 시기의 문제를 파악한다는 것은 매우 어렵다. 성본능의 정상적인 발달은 여러 가지 이유 때문에 제한될 수 있다. 부분본능의 하나가 다른 부분본능들보다 훨씬 더 발달하는 경우도 있고, 하나가 비정상적으로 강하기 때문에 정상적인 통합의 형태로 발달을 저해하는 경우도 있다. 혹은 하나의 단계에 절망하여 거꾸로 퇴행해 버리는 경우도 있다. 예를 들면, 연애에 절망한 사람들이 어머니에 대하여 유아적인 애착을 갖기도 하고 자기성애적인 행위에 집착하는 것은 바로 이런 경우라고 할 수 있다.

프로이트는 성의 발달이 특정 단계에 멈춰 버리는 심리 현상을 '고착'이라고 불렀다. 그는 양친과 자식 사이의 고착이 장래 연애 대상을 선택함에 있어서 결정적인 역할을 한다는 점을 시사하였다. 그러므로 고착이 강한 경우의 성인은 그의 부모<sup>자기가 동일시하고 있는 사람</sup>와 닮은 사람을 남편 혹은 아내로 선택하려는 경향이 보인다. 고착이 지나치게 강한 경우에, 이 경향은 완전히 반대 현상을 일으킨다. 왜냐 하면 잠재적인 사랑의 대상과 양친과의 동일시가 너무 강해서 근친상간과 결부되어 있다는 공포와 혐오감을 불러일으키기 때문이다. 이 경우, 자기의 성적 관심이 고착되고 있는 양친과 가능한 한 다른 모습의 사람들 중에서 남편 또는 아내를 선택하려는 경향일는지도 모른다. 그리고 이성의 부모와 무의식적으로 결부되어 있는 누군가가 선택됐을 경우에는 근친상간의 두려움이 성관계에서 불감증을 유발시킬지도 모른다. 근친상간의 두려움은 이성<sup>이성의 부모와 동일시되</sup>는 모든 남녀와의 성관계를 어렵게 하며, 그 사람은 동성 속에서 사랑의 대상을 찾는다. 이것은 뚜렷하게 동성애의 형태를 취하는 경우도 있고, 동성의 사람과 강한 우정 관계로 승화시키는 경우도 있다. 다음 두 가지 사례는 브릴의 《정신분석, 그 이론과 응용》에서 인용한 것인데, 이것은 동성의 부모와의 동일시의 결과를 보여주고 있다.

성적 불감증으로 고민하는 24세의 세련된 젊은 여성이 있다. 그러나 그녀는 절름발이의 남성을 보면 성적으로 흥분을 일으켰다. 이것은 그녀가 자신을 어머니와 동일시하고 있기 때문이다. 그녀의 어머니는 그녀가 서너 살 때 다른 남자와 불륜의 관계를 맺었다. 그 남자는 다리 골정상을 입었기 때문에 어머니는 그와 만나기 위해 여러 차례 여행을 하였다. 그때마다 그녀는 소문을 피하기 위해 딸을 데리고 다녔다. 그때 어린 그녀는 의식적인 인상을 받지는 않았지만, 절름발이와 성의 관계를 무의식적인 연상으로 형성하였던 것이다.

또 다른 경우에서는 기혼의 젊은 여성이 강한 매춘부 콤플렉스를 나타냈다. 남편과 생활하고 있으면서도 그녀는 다른 남자와 몇 번이나 불륜을 범했다. 외동딸인 그녀는 자기 아버지를 알지 못하였다. 이 부친은 일 때문에 집을 비우는 일이 자주 있었다. 그녀는 먼 옛날에 목격했던, 그녀의 어머니가 다른 남자와 정사를 벌이는 장면을 상기하였다. 그녀는 직업과 모습이 부친을 닮은 남자와 결혼하였다. 그녀는 자기 자신을 자기의 어머니와 동일시하고 있었던 것이다.

이러한 종류의 동일시에 의해 결정되는 애정의 대상은 아나클리틱 anaclitic : 의존적이라고 불린다. 왜냐 하면 그것은 부친의 보호 능력이나 모친의 식사 제공 능력에 대한 강한 의존성을 보여주고 있기 때문이다.

나르시시즘으로 알려진 주요한 다른 애정의 대상이 있는데, 그것은 다음과 같은 동일시에 바탕을 두고 있다.

① 현재의 자기와의 동일시
② 과거의 자기와의 동일시
③ 자기 자신의 일부와의 동일시
④ 자기가 되고 싶어하는 미래의 자기 모습과의 동일시

첫 번째 경우, 애정의 대상을 선택하는 데 있어 자기 자신과 흡사한 어떤 면, 즉 육체적인 면이나 정신적인 면을 중점적으로 보고 선택한다. 예를 들면, 키가 큰 남자에게는 키가 큰 여자말고는 눈에 들어오지 않는다.

두 번째 경우, 성본능은 자기 생에 중 젊었던 시절 — 아마 가장 매력적이었던 시기나 가장 즐거운 생활을 보냈던 시기 — 에 고착되고 있다. 그러므로 그 시기를 연상시켜 주는 사람을 사랑의 대상으로 선택하는 경향이 있다. 부부의 연령 차이가 많이 벌어지는 경우는 두 사람 중 한 사람에게 이 경향이 존재하기 때문일 것이다.

세 번째 경우는, 양친이 자식에게 독점적인 애정을 품고 있는 것을 보여준다. 다시 말하면 그들은 자기 자식을 자신의 일부로 간주하고 있다. 그런데 이런 경우 자식은 보호로 온통 둘러싸여 있는 반면, 남편 혹은 아내의 애정에 굶주려 있다.

네 번째 경우에서 그또는 그녀는 극심한 초자아에서 연유된 가치 감각에 의해 시달리고 있기 때문에 자기에게 부족하다고 생각되는 성품을 지닌 사람을 사랑의 대상으로 선택한다. 그러므로 이 경우 애정의 대상으로 선택된 사람은 이상화되고 존경받는다.

이상과 같은 프로이트의 성발달 이론에 관한 간단한 설명은 그 과정의 복잡성을 매우 강조하고 있다. 프로이트의 견해에 대한 즉각적인 반응은 당혹에 찬 것일지도 모른다. 그러나 사람들이 이 견해를 노골적으로 거부하지는 않는다는 점에 주의를 기울이지 않으면 안 된다. 이러한 성문제의 연구 결과, 우리들은 오늘날 인간의 성생활의 복잡성과 놀랄 만큼 다양한 양태들에 관해 점점 더 많이 알게 되었다. 사람들이 사회적으로 인정되고 있는 정상적인 성행위로부터의 이탈을 사악하고 비도덕적인 것으로 즉각 비난하는 경향은 이미 없어졌다. 우리들은 이러한 이탈이 동성애의 형태든 노출증의 형태든 간에 어떤 역사 및 배경을 가진 것, 혹은 이해를 필요로 하는 것으로 인식하기 시작했다. 우리들의 생활에서 성이 차지하는 역할을 프로이트가 과장했을 수도 있다. 특히 성본능이 겪는 발달 과정에 대한 그의 주장은 과장된 것일지도 모른다. 이러한 과정의 상세한 모습은 명쾌하게 확인되지 않았으며, 아동심리학 분야의 많은 유능한 연구자로부터 반박당하고 있는 면도 있다. 그럼에도 불구하고 오늘날 성실한 아동심리학자들이 모두 이러한 발달 과정이 일어난다고 하는 사실을 연구의 출발점으로 삼고 있다.

프로이트 성이론에 대해 맹렬한 비판이 따르는 이유는 그 이론의 또 다른 측면 때문이기도 하다. 즉, 프로이트는 다양한 문화생활이 성의 본능으로부터 심리적인 에너지를 제공하고 있다고 시사하고 있다. 그에 의하면 성생활은 성욕과 직접적으로는 전혀 관계없는 무수한 활동 속에서 충족될 수 있다는 점이다. 우리들이 허기나 갈증을 느꼈을 때 마음 속으로 상상한 음식물과 음료수로 그것을 메우는 것은 불가능하다. 그러나 성적 만족은 상상에 의해서도 이룰 수 있다. 허기와 갈증을 상상만으로 해소시킬 수 없다. 반대로 상상만으로 허기나 갈증이 생길 수도 없다. 이에 반해 성욕은 직접적인 방법으로 만족할 수 없을 때라도 대용물로써 만족하거나 상상으로 향하는 것이 가능하다. 이것이 프로이트 이론의 강력한 선험적 토대를 이루고 있다.

두 번째는, 성생활은 다른 어떤 충동들보다 가장 심하게 억압을 받아 왔고 지금도 역시 그 억압이 작용하고 있다는 사실이다. 생리적으로는 13~14세의 나이라도 이미 성인 같은 성생활을 할 수는 있다. 그들은 완전한 성적 만족을 4, 5년간 지연시키면 된다는 기대를 갖지만, 그때가 된다 하더라도 사회적으로 인정하는 상황에서밖에 만족을 이룰 수가 없다. 이러한 지연 사유에 추가되는 것은, 성은 금기이기 때문에 신중히 논하지 않으면 안 된다고 하는 교육이다. 성은 나쁜 것이며, 음란한 것이라는 생각은 오늘날까지 바뀌지 않았다. 성 생활에 관한 금기를 생각하여 보자. 배설에 관한 것을 제외하고 인간의 생활 중에서 이것과 견줄 만한 것은 없다. 또 배설 기능과 관계된 금기는 성기능과의 관계가 깊은 심리학적 연상 작용에서 나왔다는 점은 사실일 것이다. 우리들은 어느 누구도 이것들의 기능을 의미하는 낱말조차 쉽사리 입에 올릴 수 없다. 덧붙여 말하면 억압의 과정을 자기 관찰로 확인할 수 있으면서도 입에 올리기에는 거리낀다는 점을 생각하면 퍽 흥미롭다. 그리고 이것은 프로이트 이론에 의해서만 의미를 갖게 된다.

만약 우리들이 이 두 개의 사실 — 즉, 성욕은 부분적으로는 상상과 대리 행위에 의해 충족된다는 것과 성욕은 다른 욕구보다 훨씬 억압되어 있다는 것 — 을 결부시켜 생각한다면, 문화생활이 억압된 성의 에너지로부터 힘을 받고 있다는 프로이트 이론의 참뜻을 파악할 수 있을 것이다. 이것이 문화 활동에 포함되고 있는 모든 것, 즉 성이 나타내는 양자 택일적 길이라고 나는 생각하지 않으며, 프로이트가 그런 생각을 했다고도 생각하지 않는다. 그러나 이러한 활동을 통하여 억압된 성충동은 충족된다고 하는 프로이트의 논리는, 문학과 예술의 여러 측면에서 흥미있는 시사를 보인다는 점은 분명하다. 이 점이 바로 우리들이 앞으로 다룰 문제이다. 여기에서 성적인 것이 문화 — 예술·음악·문화 애호 등 — 의 근원이라 한다고 해서 그것이 불결하다고 생각할 것은 조금도 없다. 그럼에도 이 견해에 대해서 반발이 많은 것은, 거기에는 인간의 존엄성에 대한 모독이 내포되어 있다는 확신에서 기인된 것이라고 생각된다. 설령 그 확신이 사실이라 하더라도, 그것은 인간의 성생활이 보통 우리들이 생각하는 것보다 훨씬 복잡하다는 것을 보여줄 뿐이다. 우리들은 비치와 몇몇 사람들의 연구로부터 인간의 성생활은 대뇌의 역할이 크다는 점에서 다른 동물의 성생활과는 차이가 매우 크다는 것을 이미 알고 있다. 동물들의 성은 대개 성호르몬 분비에 의한 국소 자극에 거의 의존하고 있지만, 인간은 이 자극이 부족하여도 성욕이 감소되지는 않는다. 인간에게 있어서 지극히 복잡한 성생활의 성질이 생리학적 성행위와 직접 관계가 없는 여러 가지 형태로 나타나더라도 우리들은 그렇게 놀라거나 의기 소침해 할 필요는 없다.

나는 지금 폭넓은 흥미를 일게 하는 본능에 대하여 매우 사변적思辨的인 구분을 고찰함으로써 이 장을 결론지을까 한다.

프로이트는 처음에 본능을 주요한 두 개의 그룹으로 나누었다. 즉, 종족의 보존에 기여하고 있는 본능 — 이미 서술한 성본능 — 과 개체의 보존에 종사하고 있는 본능 — 자아본능 — 으로 나누었다. 이 두 그룹은 서로 각기 독립된 목적에 봉사하고 있는 것으로 생각되며, 공통된 하나의 원천으로 귀착될 수 없는 것이다. 갈등이 일어날 때를 예로 들어 보자. 이때 자아본능은 억압적인 힘으로 작용하고, 반면에 성본능은 피억압물이 된다.

이 구분법은 다른 구분, 즉 에로스라고 불리어지는 삶의 본능과 파괴 혹은 죽음의 본능에 의해 보충될 수도 있다. 사디즘과 매저키즘 현상을 고찰하다가 프로이트는 이런 두 그룹으로 나누는 가설을 세우게 되었다. 사디즘이란 가학성으로 대상에 고통을 가해 성적 만족을 성취하는 것이고, 매저키즘은 피학성으로 고통을 받음으로써 성적 만족을 성취하는 것이다. 이 두 경향은 두 종류의 본능, 즉 성본능과 파괴본능이 융합한 것이라는 가설 아래서 가장 적절한 설명이 가능하리라고 생각된다. 프로이트에 따르면 모든 본능적 충동은 이러한 여러 본능들이 다양하게 융합되어 구성된 것이다.

매저키즘에서 성적인 부분을 없애 버리면 자기 파괴적 경향이 존재하고 있음을 보여준다. 모든 본능은 처음에는 성격 속에 내포되어 있다가 그 후 외부세계의 대상에 대한 관심을 발달시키기 때문에, 자기 파괴의 충동인 매저키즘은 사디즘보다 먼저이며 근원적인 것임에 틀림없다.

사디즘의 경우에 파괴충동은 자신의 내부로 향하지 않고 외부로 향하게 되어 공격성으로 변화한다. 만약 파괴충동이 외부 세계로 향하는 것이 방해받았을 때, 즉 공격의 대상을 발견하지 못할 경우에는 그것은 다시 자기 내부로 행해져 스스로를 파괴할 우려가 있다. 이것을 피하기 위하여 이 공격성을 분출할 대상을 외부세계에서 찾아야만 한다.

"우리들은 자신을 파괴하지 않기 위해서, 즉 자기 파괴의 경향으로부터 자신을 보호하기 위해서 타인이나 다른 사물을 파괴하지 않으면 안 된다."New Introductory Lectures, p.137

프로이트는 아인슈타인에게 보내는 편지Einstein, Albert and S. Freud, Why war (Allen & Unwin, 1933)에서, "전쟁은 파괴충동이 외부세계로 빗나간 것으로, 그것에 반대하는 우리 자신의 태도보다 훨씬 자연스럽다"는 것이다. 탁월한 정신분석가 글로버 박사는 전쟁과 평화주의의 관계에 관한 책에서, "평화 기구를 몰아내려는 에너지의 대부분은 전쟁을 없애려고 하는 에너지와 같은 근원을 가지고 있다"고 주장하였다. 따라서 평화론자의 수단은 불확실해지는 경우가 많은데, 그것은 "압력을 받게 되면 공격충동으로 변화되어 드러나기 때문이다."War, Sadism and Pacifism(Allen & Unwin, 1933)

프로이트 학파의 이 견해는 프로이트 이론에 보편적으로 동조적인 사람들 사이에서조차 혐오감을 불러일으켰다. 그것은 파괴충동이 인간 심리의 자연스러운 구성 부분이고, 만약 그것이 외부로 분출되지 못한다면 결국 자기 파괴로 귀결될 것이라고 말하고 있는 것처럼 보였기 때문이다. 만약 그것이 본성이라면 그것은 종교적·정치적 박해, 고문, 잔학한 행위 및 현대의 핵무기의 공포로 가득 찬 인간의 역사와 일치한다는 것은 확실하다. 그러나 프로이트 이론이 공격 충동에 대항하는 인간 능력에 관하여 결국에는 허무주의적인 견해로 끝나 버린다고 생각하는 것은 잘못된 견해일 것이다.

인간의 합리적 자아 — 그것은 무조건적인 충족을 추구하려는 이드의 충동과 외부세계의 급박한 사정간에 일어나는 상호작용의 산물이지만 — 는 내부의 파괴적인 힘을 정복하고 그 힘을 사회적으로 유익한 목적으로 향하게 할 수 있다는 희망을 안겨 준다. 프로이트 자신이 이성의 지배의 가능성에 관해서 지나치게 절망적인 견해를 가지고 있는 정신분석가를 오히려 비난하면서, 자아가 우리들 내부의 악마적인 힘에 대하여 약할지라도, 인간 심리에 관한 지식과 이해가 넓어지면서 자아를 이드의 목적에 예속시키지 않을 수 있는 좋은 방법이 나타날 것이라고 지적했다. 이드가 있는 곳에 자아도 있는 것이다. 그러므로 우리들은 세계를 파괴로 몰고 가려는 우리들 내부의 파괴충동에 관한 우울한 지적을, 우리들의 합리적인 자아가 이드를 올바르게 지휘하지 않는다면 위험한 일이 일어날 것이라는 경고로 받아들이지 않으면 안 된다.

# 3

# 정상심리와 이상심리

　정신분석에 관해 집중적으로 제기되는 반론은 그것이 이상심리나 병적 심리에 대한 관찰에 입각하여 이론화되었다는 점에 있다. 이에 대한 프로이트 학파의 대답은 이상과 정상은 정도의 차이일 뿐, 전자의 경우는 후자에게도 나타나는 경향이 과장된 형태에 불과하다는 것이다. 다만 병적일 경우는 이상심리 상태가 과다하게 나타나기 때문에 연구하기에 쉬울 뿐이다. 일상적인 행동을 주의 깊게 관찰한다 해도 뚜렷이 드러나지는 않지만, 모든 사람들에게 같은 성향이 작용하고 있음을 알 수 있다.

　실로 위험한 것은 치료 행위에 심리치료가는 비정상적인 사람의 범위를 정상인에게도 적용하려는 — 모든 사람들을 신경증 환자나 정신병 환자로 간주하려는 — 경향을 경계하지 않으면 안 된다. 왜냐하면 정상인은 온건한 상태일지라도 비정상적인 행동 유형의 증상을 보일 수도 있기 때문이다.

　이 장에서 나는 무의식적인 성향이 표출되는 몇 가지 방어기제의 형태에 관하여 서술하고자 한다. 정상적인 행동을 거론하기에 앞서 준비 단계로 이상 행동을 먼저 고찰해 보자.

신경증과 정신병이 이상 행동의 주 형태라고 볼 수 있다. 이는 프로이트의 견해에 의하면 신경증에서는 갈등을 일으키는 충동이 참을 수 없는 긴장 상태로까지 고조되는 상황이 일어난다. 그러나 억압은 매우 약하여 이들의 충동을 처리할 능력이 없기 때문에 불안 증상이 일어나게 된다. 이 상태를 피하는 수단으로는, 자아는 신경증 증상을 유발시키는데, 이 증상은 억압을 강화시키든가, 무의식적인 충동의 부분적인 배출구를 열어 준다. 이런 증상은 자아가 무의식적인 충동에서 피하려는 하나의 방편이 된다. 그러므로 전쟁이 진행되는 동안 많은 병사들이 갈등을 일으키는 감정과 충동의 희생물이 되기도 한다. 그들은 심리적으로 가능한 한 위험한 장소에서 멀리 떠나도록 강요받고 있다고 느낄지도 모른다. 그리고 이와 동시에 그러한 충동이 가져오는 죄의식에 사로잡혀 있다. 도피하는 것은 불명예를 의미한다. 한편, 남는 것은 위험을 의미하며, 대개는 죽음을 의미한다. 여기에서 우리는 두 가지의 갈등을 일으키는 경향을 본다. 자아는 한편으로 위험한 상황에서 일어나는 감정적인 요구에 직면하지 않으면 안 되고, 다른 한편으로는 초자아의 도덕적인 비난을 직면하지 않으면 안 된다. 초자아는 행동의 규범을 제시하고 도피를 생각하는 것만으로도 고통을 느끼게 한다. 우연한 실수는 이 진퇴양난의 위기로부터 피하는 출구를 열어 주게 된다. 여기에서 희생자는 장님이 되거나 마비를 일으킨다.

이 때문에 그는 그 후로는 활동적인 군업무에 종사할 수 없게 된다. 그 결과, 위험한 장소에서 피하고 싶은 충동을 그는 충족시킬 수 있게 된다. 그것도 죄의식을 느끼지 않는 상태에서 가능하다. 의식적인 고뇌가 초자아를 완화시키는 수단으로써 신경증적인 증상을 동반할지도 모른다. 이 실명과 마비는 심인성이다. 즉, 정신적인 근원을 갖는 것이다. 왜냐 하면 최면 상태 속에서는 시력과 마비된 부위의 기능이 회복되지만, 최면 상태에서 깨어난 뒤에는 다시 증상으로 되돌아가기 때문이다. 증상을 발생시키는 전 과정은 무의식적이기 때문에 의도적으로 속이고 있는 것은 아니다. 자아의 은닉처가 되고 있는 육체의 장애를 수단으로, 갈등에서 도피하려는 이러한 상태를 정신분석적인 용어로 전환신경증이라 명명한다. 말하자면 심리적인 갈등은 육체적인 증상으로 변한다. 이 경향은 가장 일상적이고 비신경증적 수준에서는 기침·감기·두통 따위의 대수롭지 않은 병인으로 작용한다. 그런 사람은 이 증상의 힘을 빌려 싫은 약속이나 불쾌한 일을 하지 않고도 그것을 합리화시켜 버릴 수 있다. 연설을 피할 수 있게 하는 두통은 자연발생적인 것처럼 보일지 모르지만, 그것은 원하지 않는 일에서 피하는 것을 정당화시켜 주는 목적에 기여하고 있다.이 증상은 그때의 형편에 따라 히스테리적 혹은 히스테리형이라 부른다. 한 마디로 육체적 증상은 심리적인 원인에서 기인된다. 제1차 세계 대전 때보다 제2차 세계 대전 때 더욱 현저히 나타났던 증상은 '정신체계적' 혼란 현상의 빈도가 더 많았기 때문이다.

강박신경증은 또 다른 도피 현상으로 나타난다. 그 자체로서는 무의미한 것으로 여겨지지만, 이런 부류에 속하는 사람은 억압된 충동을 상징하는 행위를 해야 한다고 느낀다.

왜냐 하면 그것은 사물이 원치 않는 정서적인 연상을 일어나게 할지도 모르는, 딴 행위를 하지 않으려는 노력에 도움이 될 것이기 때문이다. 어떤 행위는 정서적인 중요성을 강하게 지니고 있는 옛날의 어떤 행위를 하지 않도록 상징적으로 요구하고 있는 반응일지도 모른다. 강박적인 행위는 하찮게 보이지만, 정서적으로 중요한 딴 관념을 위장시키는 데에 도움이 되는 사고를 수반한다. 강박 행위를 하지 않고 강박관념을 제거하려고 애쓴다면 거기에는 심리적 고통이 뒤따른다.

《정신분석 입문》에서 프로이트는 강박신경증의 확실한 예를 들고 있다New Introductory Lectures, pp.224~227. 열아홉 살의 이지적인 소녀가 특별한 원인도 없이 극심한 억압 상태에 빠져들었다. 그녀는 잠자리에 들기 전에 온갖 정성으로 강박적인 의례를 행하였고, 이 일로 그녀의 양친은 고민에 빠졌다. 그녀는 밤에는 조용해야 한다고 주장했으며, 그것을 실현시키기 위해 방의 커다란 벽시계를 멈추게 하고 자기의 손목시계를 방 밖으로 내놓고는 꽃병과 물주전자만을 ― 혹시나 떨어져서 자기의 수면에 방해하지 않도록 ― 테이블 위의 한 쪽에 가지런히 놓아두었다. 그 다음, 그녀는 자기의 침실과 양친의 방 사이의 문을 열어 놓아야 한다고 고집을 부렸고, 또한 침대에 관해서도 까다로운 의례를 하였다. 침대 머리맡에 있는 이부자리는 나무 침대의 목재 뒷부분에 닿지 않도록 가지런히 놓여지지 않으면 안 되었고, 베개는 이부자리의 대각선에 똑바로 맞추어서 놓아 두었다. 가벼운 깃털 이불을 마다하고 솜 이불을 발 밑에 가지런히 놓고 이불을 골고루 평평하게 퍼지도록 다른 이불을 방에서 치워 버렸다. 이에 대해 프로이트는 다음과 같이 쓰고 있다.

"모든 행위에서 그것이 깔끔하게 행해지지 않으면 안 된다는 불안이 따르며, 그것은 검사되고 되풀이된다. 그녀의 의혹은 처음에는 한 가지에 대한 예방 조치에서, 그 다음에는 다른 점에 대한 예방 조치로 옮아간다. 그 결과, 시간이 자꾸 흐르는 동안에 그녀 자신은 말할 것도 없지만 양친도 조바심 때문에 잠을 이룰 수 없었다.”

이 의례에 대한 프로이트의 분석은 얼마나 그것들이 이중적인 목적 — 억압된 성적 원망에 상징적인 표현을 부여하는 것과 한편으로는 그것들을 방어하는 것 — 에 봉사하고 있는가를 보여주고 있다.

프로이트는 잠자리에 들기 전에 이 어린 소녀가 하는 예방 조치는 정상생활에도 그 대응 형태가 나타난다는 것을 지적하였다. 대부분의 사람은 별 생각 없이 규칙적으로 취침 준비를 한다. 그러한 행위가 지나치거나 너무 강박적일 때 그것은 신경증적 징후로 간주된다. 이와 마찬가지로 블록이 깔린 인도에서 갈라진 틈을 피하여 걷는다든가, 난간을 만진다든가, 계단의 수를 헤아린다든가, 손을 씻는 것과 같은 사소한 강박 행위는 일상생활에서 허다하게 나타난다. 그러나 그런 행위들이 생활 양식을 심하게 혼란시키기 시작하고, 그 행위를 하지 않으면 괴로움을 받게 될 때 그것은 신경증 증상으로 간주된다.

그러므로 신경증 증상은 합목적적인 것이다. 그것은 자아가 이드의 요구에 대항하여 자기 자신을 방어하는 메커니즘이다. 그러한 증상에 동반되는 불안은 일반적으로 내부로부터 끊임없는 위협을 표현한다. 불안의 형태를 프로이트는 세 가지로 구분하였다. 세 종류라 함은 외부로부터의 위협인 객관적인 불안과 내면, 즉 이드의 요구에서 유래하는 신경증적 불안, 사고 또는 행위가 엄격한 규범과 자주 충돌할 때 초자아에 의해 일어나는 불안이 그것이다.

신경증적인 사람은 자주 불안에 사로잡힌다. 그 사람이 비록 외부적 상황에서 볼 때 불안의 근거가 없으며, 과장되어 있다는 것을 느끼고 있다 할지라도 떨쳐 버릴 수 없는 것이다. 불안은 마음대로 떠돌아다니는 것일지도 모른다. 즉, 불안은 어느 특정의 상황을 지향하는 것은 아니지만 막연한 걱정이나 우려를 낳게 하는 것이다. 그것은 특별한 상황, 즉 높은 곳, 넓은 공간 및 닫혀진 장소 등에 대한 두려움의 형태를 취하는 공포증일 수도 있다. 괴로움을 받고 있는 사람이 자기의 두려움이 적합하지 않다는 것, 자기가 외부 상황에서는 두려움을 과장하고 있지만 그것을 도저히 억제할 수 없다는 것을 인식하는 경우도 있다. 이러한 두려움을 느끼는 상황들은 그것들을 폭발시키도록 위협하는 무의식적 충동과 연상 관계를 갖는다. 공포증은 이 충동들을 일으키지 않으려는 방어 수단으로써 도피 행동을 촉진한다.

자신의 불행한 상태에도 불구하고 신경증적인 사람은 현실과의 접촉을 완전히 차단하지는 않는다. 자기의 상태를 치료하기 위하여 그는 도움을 구할지도 모른다. 그는 불안정과 불안으로부터 벗어날 수 있는 방법을 찾아 내고 싶어한다. 그는 외부세계와 자기와의 관계를 완전히 왜곡시키거나 외부세계로부터 완전히 벗어남으로써 자기의 문제를 회피하려 하지는 않는다. 그는 자기의 무능력을 알고 있으며, 그에 대한 어느 정도의 통찰력과 사회적 책임 의식을 가지고 있다. 정신병자는 현실로부터 완전히 벗어나 있거나 현실을 철저히 왜곡시킨다. 정신병자가 자기의 무능력을 느끼는 경우는 거의 없다. 정신병자에게 있어서의 세계는 스스로 생각하고 있는 그대로의 세계이다. 즉, 그들의 세계에서는 환상이 바로 현실 자체이다. 이에 대해 프로이트는 다음과 같이 말하고 있다.

"정신병자가 현실에 등을 돌리는 데에는 다음과 같은 두 가지 이유가 있다. 억압된 무의식이 너무 강하여 현실이 참기 어려울 정도로 고통스러워서 무서움에 놀란 자아가 절망적인 반항의 몸짓으로써 무의식적인 충동의 힘에 몸을 내맡기기 때문이다New Introductory Lectures on Phycho Analysis, p.27."

정신병의 분류는 약간 모호하다기질성 정신병은 노령, 뇌손상, 뇌에 혈액 공급 부족, 중독 등 뇌피질의 장애로 인하여 발생하는 육체적 근거가 있는 것이며, 기능성 정신병은 정신분열증과 조울증처럼 태도의 혼란으로 간주될 수 있으나, 기질성도 태도의 혼란을 동반할 수 있으므로 양자의 구분 기준은 분명하지 않다. 그 대표적 형태는 정신분열증전에는 조발성 치매증이라 불렀다·편집증 및 조울증이다.

정신분열증은 정서생활과 지적 생활이 일치하지 않음을 특징으로 한다. 이런 환자는 사소한 일에는 지나친 감정을 나타내지만, 정상인이라면 상당한 감정을 나타내야 할 상황에서는 완전한 무관심을 보이는 경우가 있다. 다시 말하면 발 밑에 팔랑팔랑 떨어지는 나뭇잎을 보고서는 눈물까지 보이면서 가까운 친척이 죽었다는 소식을 듣고서는 아무런 동요도 보이지 않는다. 정신분열증이 '분열된 마음'이라고 기술되는 것은 지적 생활과 정서생활 사이의 이러한 부조화 때문이다. 정신분열증 환자는 일상생활의 세계로부터 자기 자신의 세계 속으로 퇴진한다. 그 세계는 기묘한 망상 또는 괴이한 관념으로 이루어진 세계이다. 정신의학은 정신분열증을 단순형·파괴형·긴장형·망상치매형의 네 가지 형으로 나누고 있다. 그러나 그것들의 몇몇 두드러진 특징은 서로 중복되어 있다.

단순형은 퍼스낼리티의 무기력함, 즉 현실로부터 벗어나 공상적인 사고에 파묻히는 것을 특징으로 한다. 파괴형은 환상적인 망상, 환청, 발작적인 낄낄거림을 수반한 우둔함, 엉뚱한 말을 만들어 사용하는 것이 특징이다. 긴장형은 혼미 상태와 흥분 상태 사이를 오락가락한다. 혼미 상태에서는 현실로부터 완전히 이탈해 버리기도 한다. 환자는 주위 환경 및 자신의 신체적 욕구를 완전히 잊어버리고 있는 것처럼 보인다. 그 상태에서는 말을 잘 하지 않으며, 어린애처럼 취급되어야 한다. 그러나 일단 긴장성 흥분 상태가 되면, 그의 행동은 충동적이고 지나치게 활동적으로 된다. 그는 혼미 상태에서 벗어난 것처럼 보일 때는 눈에 거슬릴 정도로 과잉 행동을 한다. 이것은 외적 상황의 변화 때문이 아니라, 그 자신의 괴이한 심리 과정 — 지극히 침착성을 특징으로 하는 환상과 망상 — 에 대한 반응 때문이다. 망상치매형은 남을 극단적으로 의심한다든가, 사소한 일에 곡해하는 경향 및 아주 적극적인 환상을 수반하는 피해망상증이다 망상과 환각은 다르다. 즉, 망상은 잘못된 관념이다. 예를 들면, 누가 자기를 해칠 음모를 꾸민다는 생각 따위이고, 환각은 다른 사람은 느끼지 못하는 지각 경험이다. 즉, 소리와 사람도 없는데 있는 것처럼 여기는 현상이다.

망상치매형은 편집증이라고 알려진 정신병의 증상과 흡사하다. 실제로 정신과 의사 중에는 이들을 같은 종류로 보아야 한다고 생각하는 사람도 있다. 그러나 편집증 증상에는 사고 과정의 혼란은 거의 없고, 극렬히 남을 시기하고 의심하는 마음만 있을 뿐이다. 망상치매증 환자는 전세계가 자기에게 음모를 꾸미고 있다고 믿으며, 아무런 해를 끼치지 않는 행위나 말도 자신의 행동을 위협하는 것이라 여긴다. 사실 그로서는 박해받고 있으므로 어떤 의미에서는 대수롭지 않은 행위나 말에 극도의 의혹을 가지고 보는 것도 정당화될 수 있다.

그러나 그 박해는 그 스스로의 마음 속에 있는 것이다. 또 그가 불신하는 행위와 말은 그가 두려워하는 억압된 무의식적인 충동들을 보여주는 그 자신의 것이다. 달리 말하면 자신의 내적 충동들을 자기 것이 아닌 양 부정하기 위하여 그것들을 외부세계로 밀어넣어 버리거나, 다른 사람의 충동으로 귀속시켜 버림으로써 자신의 내적 충동들로부터 도피하려고 노력한다. 그때 그는 자신의 행복을 외부세계가 위협한다고 생각한다. 투사라고 알려진 이러한 과정은 뒤에서 상세하게 논의될 것이다.

불쾌한 충동의 외계에 대한 예비적 투사가 일단 안정되면 과정 전체는 매우 논리적인 것도 된다. 망상치매증 환자는 종종 자기의 의혹을 정당화하는 논증 체계를 놀라울 정도로 조리 있게 짜맞춘다. 이러한 환자 중 내가 주목하였던 한 사람은, 복잡한 수단을 사용하여 최근의 대부분의 살인자들이 자기를 죽이려 한다는 것을 입증하려고 하였다. 최근의 살인 사건들은 각각의 요인을 갖는 것이지만, 그는 각각의 요인들을 들어 그것을 자신에게 연관시켰다. 그는 어떤 살인 사건이 있었을 때 자신도 그 근처에 있었다든가 하는 식의 아주 그럴 듯한 증거를 바탕으로 한 논거를 내세워 모든 반론에 대처하였다.

지금부터 간략하게 고찰하려는 정신병의 마지막 형태는 조울증이다. 정상적인 사람은 무엇 때문에 기분이 변하고 흥분하며 우울해지는가를 안다. 일반적인 사람은 이런 기분들을 극복할 수 있고, 그것들을 떨쳐 버릴 수도 있으며, 최소한 그것에 전적으로 지배되지는 않는다. 정신병자의 심리는 이런 경우에 완전히 장악되어 버린다. 그것들은 아무런 경고도 없이 나타나는 경우가 많다. 어떤 경우에는 오랜 기간의 억압 상태 다음에 갑자기 격렬한 흥분 상태가 이어지는가 하면, 어떤 경우에는 중간에 비교적 평정한 기간이 지속되었다가 그것이 갑자기 심리적으로 들뜬 상태로 변화하기도 한다. 그 증상은 물론 환자마다 다르지만, 억압된 상태에서 환자는 자주 심한 권태에 빠지거나 깊은 근심에 압도된다. 그는 자신이 너무나 무가치하다고 느끼고 자책에 빠지며 음식물을 섭취하지 않고 별로 움직이지도 않는다. 이런 상태는 조울증으로 변화할 수도 있다. 이때 환자는 매우 활동적으로 되고 지껄여대며, 색다르게 변화된 상태를 보이며 에너지가 폭발한 것처럼 보인다. 이런 상태의 원인은 거의 이해하지 못하고 있다. 프로이트의 해석에 의하면, 억압된 상태에서는 지나치게 엄격한 초자아가 우세해져서 '자아를 마음대로 움직이고 매우 엄한 도덕 규범을 자아에게 적용한다New Introductory Lectures, p.83.'

그러나 시간이 지나면 '초자아의 비판적인 소리는 침묵하고 자아가 회복된다Ibid., p.83.' 자아는 재차 지배적 입장에 서게 되고, 초자아는 침묵한 상태에서 마치 그 모든 힘을 잃어버리고 자아에 통합되어 버린 것처럼 되어, 자아는 득의만면한 도취 상태에 빠진다. 이렇게 하여 해방되고 조종 상태가 된 자아는 '아무런 방해도 받지 않고 자유롭게 모든 욕구를 충족시킨다Ibid., p.84.'

신경증과 정신병은 자아가 이드의 요구를 받는 자기를 보호하고, 또 한편 지나치게 엄격한 초자아를 토닥거려 주는 하나의 방어기제이다. 이러한 병증들은 건강인에게도 공통적으로 일어날 수 있는 경향이 단지 극단적인 형태로 나타난 것뿐이다. 보통 사람들도 일상생활에서는 이 방어기제로써 무의식적인 충동으로 인한 의식적인 규범과 갈등을 방어한다. 실제로 그것은 신경증과 정신병에서 볼 수 있는 것과 얼마간 비슷한 행동 형태를 취한다. 이러한 방어기제에 대해 아는 것이 개인적·사회적인 면에서 인간의 행동을 이해하는 데 가장 중요한 점이라고 할 수 있다. 그러므로 나는 방어기제 중에서 가장 중요한 것을 개괄적으로 설명하고자 한다.

그 첫째는 '반동 형성'으로써, 이것은 억압된 충동에 반대하려는 태도와 의향이 의식적인 생활 속에서 발전된 것이다. 억압된 충동을 모면하려고 신경을 집중하면 그 충동에 대한 억압이 상대적으로 강해진다. 반동 형성은 보통 점잖은 체하고 공격성을 갖고 있다. 성과 연관된 것, 즉 누드 그림 엽서, 댄스, 연인이 구애하고 있는 장면, 현대 예술, 소설 등을 매우 심하게 비난하면서 적극적인 선입관을 나타냄으로써 무의식적으로 잠재한 성적 충동은 부분적인 배출구를 모색한다. 그리고 그런 선입관의 반대적인 성질 때문에 성충동은 좀더 효율적으로 억압된다. 이를테면 연애 장면을 몰래 훔쳐보기 위해서 공원을 찾는 사람이라든가, 반나半裸로 일광욕을 즐기는 '비윤리적인' 여자들을 감상하는 것을 목적으로 해변을 찾아가는 사람들의 예에서 그러한 성충동의 억압된 모습을 볼 수 있다.

또 흔한 예로써는 쉬지 않고 청소를 하거나 빨래를 하여 가족들을 불안에 휩싸이게 만드는 가정주부들을 들 수 있다. 이와 같은 지나친 청결은 어떤 중대한 의미를 지닌 불결에 대한 강한 반동 형성의 소치이다.

투사는 무의식적인 충동으로부터 도피하기 위한 하나의 수단이다. 이 충동들은 자연스럽게 외부세계의 사람이나 상황에 흡수되어 마음 속에 내재한 두려움을 외적인 것으로 취급된다. 그래서 실제로 외부의 요인으로 받게 된 어떤 공포심과 마찬가지로 공격과 도피가 가능하게 된다. 그러한 충동이 자기 자신 속에 있다는 것을 인정하고 싶지 않은 의도 때문에 그것을 투사에 의해 다른 사람에게 전가시키고 그것을 비난한다. 어떤 사람이 지나치게 비난하고 있는 일을 주의 깊게 주목하게 되면 그 무의식적인 경향의 성질을 관찰할 수 있다. 예를 들면, 다른 사람의 결점에 대해 매우 강하게 비판적인 태도를 나타내는 사람은, 실상은 자기 자신에 대한 강한 죄악 콤플렉스를 가지고 있는 경우가 많다. 또 부정직한 사람은 타인의 부정직함을 날카롭게 파헤친다. 의심이 많아 경계하는 여자는 자기 자신의 부도덕을 투사하는 것일 수도 있다.

성충동의 중요한 표현 방법은 승화이다. 승화는 직접적으로 성적인 것이 아닌 다른 것에 그 목적을 두고 지향한다. 승화는 고양되고 사회적으로 용납될 수 있는 형태로 표현된다. 프로이트 이론에 의하면, 일반적으로 대부분의 예술 작품과 문화는 성충동의 에너지가 전환된 것에 기초하고 있다. 승화의 유익한 점은 그것이 최소한의 억압을 포함한다는 것이다. 왜냐 하면 그것은 이드의 요구에 대한 자아의 방어기제라기보다 자아와 이드의 공동체적인 한 방법이기 때문이다. 이런 점에서 그것은 반동 형성과는 정반대이다. 반동 형성과 승화에 대한 비교를 어니스트 존스는 다음과 같이 말하였다.

자기 과시로의 원시적인 성향은 언행의 모든 면에서 다양한 명예 추구 방식처럼 좀더 간접적인 방법으로 자기 우월감에서 쾌감을 취하려는 방향으로 승화되기도 한다. 또한 겸손함이나 부끄러움, 그리고 그와 유사한 반동 형성으로 반응될 수도 있다. 어린이가 진흙에서 놀면서 느끼는 원시적인 쾌감은 미술·조각·요리 같은 것으로 승화될 수도 있고, 반동적으로 청결·청소라든가, 또는 그와 흡사한 특성을 야기시키기도 한다Jones, Ernest, Papers on Psycho Analysis(Benn, 1919)

승화가 일어난다는 것은 자아가 본능적인 목적을 사회적인 목적에 이용할 정도로 강하다는 것을 뜻한다. 이드 충동의 충족을 제한하려고 위협하고 있는 현실에 직면하여 자아는 후퇴하지 않고 사회 규범과 충돌하지도 않으며, 그래서 외부세계로부터 이드의 충돌을 적절하게 나타낼 수 있는 양식을 찾는다. 그러므로 승화는 사회의 진보에 기여하는 힘으로 간주될 수 있다. 그러나 우리들이 그것을 직접적으로 고무시킬 수 있는가 하는 것은 의문이다. 그 이유는, 승화가 무의식의 수준에서 일어나기 때문이다. 그러나 나는 정신분석을 위한 지식에서 개발된 교육제도는 자아를 강화하는 수단을 강구하고, 이렇게 하여 그 승화 능력에 미칠 영향은 간접적인 것이라고 주장하여도 좋으리라고 생각한다. 따라서 이와 병행하여 사회를 발전시킬 여지를 준비하고 가장 합리적인 경제 속도를 수립해야 할 것이다. 마르크스 주의의 이론을 먼저 고찰한 뒤에 이 문제를 다시 생각해 보기로 하자.

모든 방어기제 중 가장 보편적으로 나타나고 또 쉽게 인식될 수 있는 것은 합리화이다. 다른 방법으로는 심리적 불안을 야기시킬 수 있는 행위라도 그 방법이 의식적인 규범과 일치하는 것이라면 수행될 수 있다. 행위에 대한 이유를 찾아내려는 과정 전체를 통하여 정당화하는 것으로 생각되는 이유가 발견된다면, 그 행위는 불안이나 죄의식을 수반하지 않고 진행될 수 있다. 무기 생산업자는 인간의 본성이 전쟁을 바라며, 또한 전쟁의 발전에 있어서 필요할 뿐만 아니라, 발명을 촉진시킨다는 것을 입증함으로써 무고한 사람을 죽여 자신의 이익을 도모하게 된다는 사실을 변명할지도 모른다. 이와 같은 합리화 경향은 우리들의 행동 양식에 변화를 강요할 수 있는 논리에 대한 방어수단이다.

무의식적 충동을 의식적인 규범에 조화시킴으로써 그러한 충동의 표현을 순응시키기 위해 어떤 견해가 채택되었을 때, 어떠한 논리적 반대 논법이라도 이드와 자아 간의 조절 상태를 위협하는 것으로 철저히 배격될 것이다. 이것은 사람들이 정치·종교 혹은 다른 문제에 관한 쟁점을 우선 감정적인 이유에서 결정하고, 그 다음에 그것을 정당화하기 위한 명분을 찾는 경우가 많다는 것을 지적한 것이다. 이때 토론은 합리화 사이의 충돌로 끝나 버리는 경우가 많다. 사람은 흔히 자신의 방어기제를 강화시킬 수 있는 '명분'만을 생각한다. 일반적으로 주장을 내세우지 않는 사람보다 '편견이 없는' 사람이 합리화하려는 경향을 보다 강하게 드러낸다. 즉, 자기는 편견이 없다든가, 혹은 도량이 넓은 사람임을 강조하는 사람은, 대개 그가 특별히 자신의 감정이 강하게 깃들어 있는 하나의 확신을 정당화할 필요를 느끼고 있음을 표시하는 것이다. 이 점을 염두에 둔다면 소득 없는 많은 토론을 피할 수 있다. 특히 종교적·정치적 논쟁에 있어서 감정적인 것에서 유래하는 견해가 합리적인 논거에 의하여 타파되지 않을 때에 그러하다. 어떤 사람이 자신이 가지는 확신에 대해서 느끼는 강한 욕구는 자신의 확신과 일치하지 않는 견해를 가진 사람들에 대하여 온갖 난폭한 행위를 해도 무방하다는 생각으로 이끌려지기 쉽다. 아주 친절하고 동정 많은 사람이라 할지라도, 감정적인 이유에서 용납할 수 없는 견해를 주장하여 그의 심리적 안정 상태가 위협받는다면 그는 잔인한 사람으로 변할 수도 있다.

프로이트는 평소 잘 기억하던 사람이 약속을 잊고 있었다는 것은, 실제로는 그 사람이 무의식적으로 그 사실을 기억하기 싫어한 것이었기 때문이라고 주장하였다. 어떤 의사가 돈 많은 환자에게,

"당신은 우선 병상에서 일어나지 않는 것이 좋으리라고 생각합니다."

라고 말할 때, 그는 이 환자를 계속하여 진찰하고 싶다는 무의식적 바람을 가지고 있다는 것이다. 프로이트는 어니스트 존스가 선정한 사례를 인용한다. 그것은 몇 주간이나 편지를 부치지 않고 있던 사람의 경우이다. 그 사람이 얼마 후 편지를 부쳤는데, 그는 봉투에 받는 사람의 이름을 쓰는 것을 빠뜨려 우체국에서 반송되어 왔다. 그래서 받을 사람의 이름을 써서 다시 부쳤지만 이번에는 우표를 붙이는 것을 잊어버렸다는 것이다.

신경증과 정신병의 사회적 현실에 대해 적응하지 못하는 형태들이다. 왜냐 하면 그것들은 그들의 대인 관계와 사회에 대한 관계가 결국 잘못된 관계로 인생이 참을 수 없으리만큼 불안한 나머지 불행해진 사람의 특징을 나타내기 때문이다. 현대 사회에서 이런 부적응의 정도는 매우 특징적인 것이다. 예를 들어, 〈부적응아에 관한 언더우드 위원회 보고서〉에 의하면, 1954년 말에 병원에서 이용할 수 있는 48만 개의 침대 중 40%는 정신병을 앓고 있거나 정신적 결함이 있는 환자들이 차지하고 있었다. 신경증과 정신병 사이에 양적인 관계가 있는지 없는지는 불확실하여 정신병이 신경증의 극단적인 형태인가 아닌가 하는 점에 대한 정설은 없다. 다시 말하면 아이젠크는 그것들이 다른 차원의 성격·성향에 속한다고 주장한다. 그러나 개인

적·사회적인 상황의 스트레스에 반응하기 쉬운 체질상의 요인이 양자에 관련되어 있다고 생각된다. 특히 우리 사회에는 체질적으로 예민한 사람에게 신경증적·정신병적 성향을 발생시키기 쉬운 상황이 많다. 사회적 지위의 표시로서 개인적인 성공 및 소유물의 증대를 도모하기 위한 목표, 이웃들보다 더 잘 되고 싶다는 욕망, 우리들의 교육 제도를 형성하고, 또 그것의 일부를 이루려고 자극, 경제적·사회적 불확실성과의 투쟁 및 핵 파괴로부터의 끊임없는 위협 등은 모두 체질적으로 민감한 사람들의 심리적 균형 상태를 위태롭게 하는 스트레스의 요인이 된다. 이러한 프로이트의 분석은 어떤 내면적 갈등이 신경증과 정신병의 발달에 포함되어 있는가를 보여주고 있다.

이상으로 프로이트의 주요 개념에 관한 개괄적 해설을 마감하고자 한다. 여기서 나는 프로이트 자신이 중요시했던 이론의 윤곽만을 살펴봤을 뿐 주류에 벗어나는 것들을 무시하였다. 프로이트는 천재적인 사상가의 한 사람으로서, 그 이론은 그가 죽은 후 몇 십 년이 지난 오늘날에도 생생하게 살아 있으며 큰 세력을 떨치고 있다. 그러나 수정주의자의 이론은 그들의 죽음과 함께 소멸되고 말았다. 따라서 융 파와 아들러 파의 이론은 그들의 죽음과 함께 급속히 역사적인 관심의 대상 밖으로 전락하고 말았다.

이것이 프로이트 학파의 이론에 발전이 없었다는 것을 의미하지는 않는다. 프로이트의 이론을 임상 분야에 적용한 치료 분야에선 장족의 발전을 이룩하였다. 우리들은 앞에서 후기 프로이트 학파 중에서 사회 의식이 점점 증대해 가는 것을 주시하였다. 이것은 인간 행위의 사회적·문화적 결정 요인에 입각하여 프로이트 이론을 멀리 내다보려는 시도이다. 이 책은 이러한 시도의 하나이며, 인간성을 이해하기 위한 현대의 두 가지 커다란 노력을 결부시켜 성공적인 통일체로 만들려는 것이다.

일반 심리학 이론에서 정신분석에 대한 주요한 도전은 특히 파블로프 이론의 영향을 받은 행동주의적 접근 방식으로부터 주어졌다. 파블로프 이론은 많은 마르크스 주의자에 의해 심리학 이론의 틀로서 인정되고 있으므로, 나는 여기서 그것에 관해 몇 가지 주석을 붙임으로써 이 장을 끝내고자 한다.

파블로프와 프로이트는 흔히 생각하고 있는 것 이상의 공통점을 지니고 있다. 양자는 엄밀한 일원론자로서 인간의 행동은 신경생리학적인 기반을 가지고 있다고 확신하고 있다. 프로이트가 사람의 행동이 신경생리학적으로 완전한 설명은 불가능하다고 주장한 반면에, 파블로프와 그의 제자들은 신경생리학적 설명이 전제되지 않는다면 행동에 대한 긍정적인 파악은 있을 수 없다고 주장하였다.

그러나 신경생리학과 행동 사이의 간극을 좁히려는 시도는 실패하였다. 클락 헐과 같은 철저한 행동주의자조차,

"신경계에 관한 현재 알려져 있는 해부학적·심리학적 설명과 합리적인 전체적 행동 이론을 구성하는 데에 필요한 것 사이의 간극은 해소되지 않는다."

라고 말하였다. 심리학이 발전하기 위해서는 그 자체의 개념과 법칙의 기반 위에 구축되지 않으면 안 된다는 것은 더욱 확실해지고 있다.

파블로프는 동물이 어떤 조건하에서 어떠한 방법으로 학습이 일어나는가를 보여주었다. 실험실이라는 인공적인 조건에서 사육되고 있는 동물들은 그 이전에는 무관심했던 자극에 반응하는 방법을 학

습한다. 음식을 보여줌과 동시에 종소리를 여러 번 울리면 그 소리는 식사의 신호가 되어 나중에는 종소리만 들어도 개는 입에서 군침을 흘린다. 특히 미국의 심리학자들은 조건 형성의 과정을 확대·개량하여 도구적 조건 형성이라 불려지는 형식을 만들었다. 이 경우, 동물은 손잡이를 누른다든지, 머리를 흔든다든지 하는 행동을 한다. 그리하여 이 행동들은 동물이 보상을 받는 데 필요한 수단이 된다.

동물의 뇌에서 일어나고 있는 것, 즉 대뇌 피질에서 만들어지는 종류의 연상은 아직도 고도의 사변적인 문제이다. 이 사실들에 대하여 파블로프 자신이 행한 설명 방식의 대부분은 현대의 신경생리학자들에 의해 부정되고 있다. 결국 조건반사의 이론에 대하여 요구되고 있는 점은 그것이 새로운 행동 양식을 형성하는 기계 — 즉, 어떤 특별한 종류의 학습이 어떻게 하여 일어나는가 — 에 관하여 우리들에게 가르쳐 준 것이 무엇이었는가 하는 것이다. 그것이 행동의 이론을 제공하지는 못해도 적어도 중요한 부분, 즉 주어진 조건 밑에서 어떤 반응이 일어나는가 하는 실마리를 제공해 준다. 그러나 우리는 특정한 반응이 왜 일어나는가, 그것은 어떠한 욕구를 충족시켜 주는가 — 이것은 인간의 행동에서는 특별히 중요하다 — 를 탐구하지 않으면 안 된다. 왜냐 하면 어떠한 방법으로 그것이 형성되는가를 아는 것으로는 불충분하기 때문이다.

예를 들어, 우리들은 어린이가 성장하여 행복한 성인이 되기 위해서는 부모의 애정과 안정감 및 보살핌이 절대 필요하다는 것을 안다. 우리들은 무시·반론, 애정의 결핍 및 불행한 가정 환경 속에서 성장한 어린이가 어른이 되었을 때 불행하게 될 수 있다는 것도 안다. 만약 욕구가 무시된다면 무시된 욕구들의 충족을 구하려는 행동 유형이 형성되지만, 이것은 사회적으로도, 그 사람에게도 유해한 것이 될 수 있다고 추론할 수 있다. 원리상으로 이러한 행동 유형의 형성은 조건반사적인 입장에서 기술될 수 있을지도 모른다. 그러나 우리가 연구하려는 것은 거부당한 욕구들이다. 이 거부의 결과로 일어나는 행동 유형의 왜곡은 심리상 심각한 문제를 낳는다. 이 문제에 대한 해답을 조건반사 이론에서는 얻어낼 수 없다.

또 조건반사 이론에 의해서 종교적 매력을 해명할 수 있을까? 프로이트는 종교란 내면 깊숙한 곳에서 느껴진 욕구에 환상적인 만족을 주는 것이라고 하였다. 그것은 이 세상의 고난에 대한 위안으로 작용한다. 신은 부친에 대한 기억상이 투시된 존재이며, 사람마다 어린시절에 그에게서 받았던 애정과 보호를 계속하여 받고 싶어하는 생각을 가진다. 그렇기 때문에 사람은 신앙을 갖게 된다. 이러한 프로이트의 이론은 종교 편향의 의미를 분명하게 밝혀 준다.

우리들은 종교적 행위 및 도덕적 행위의 형태가 개인이 자라나는 사회의 주위 환경에서 조건반사된 것임을 알고 있다. 올바른 학습 이론은 사회가 성장하는 어린이에게 영향을 끼치는 방식을 연구하는 것이다. 그렇다면 종교에서 환상적인 만족을 구하려고 하는 욕구는 무엇인가?

프로이트는 개인의 행위를 형성하는 어떤 내면적인 과정을 기술하였다. 그러나 그러한 과정은 조건반사 이론에 비추어서는 해석될 수 없다. 이 장에서 설명한 바 있는 투사 및 합리화와 같은 과정을 생각하여 보자. 그것들은 종족이나 피부색에 관한 편견은 소수 집단에 투사되어 합리화된 잠재적인 미움과 공포로부터 발생한다는 것이다.

프로이트는 '모델' '매개 변항' '논리적 구성체'와 같은 말이 심리학

술어로 쓰이기 이전에 자기 자신의 개념을 구성하였다. 억압·자아·초자아·이드와 같은 개념은 프로이트가 사용한 논리적 구성체들로서, 심리학 발달 이후에도 그 설득력은 변함이 없다. 왜냐 하면 그러한 개념들은 인간 행동이 어떠한 의미를 지니고 있는가를 분명히 밝혀 주고 있기 때문이다.

프로이트는 그의 이론의 신경학적인 기반이 언젠가는 발전되기를 원했으며, 과학적 일원론을 굳게 믿었다. 파블로프의 연구는 이 방향에서 중요한 자극을 주었다고 생각된다. 그러나 이런 사실들로 인해서 심리학이 자체의 술어를 사용하여 이론을 세울 필요가 없게 되었다는 것은 결코 아니다. 우리들은 신경생리학 이론으로부터 행동에 포함된 신경 과정의 메커니즘에 관하여 어느 정도는 알 수 있다. 그러나 인간 욕구의 성질 및 충족과 불만의 형태를 해명하기 위해서는 신경학적 연구 이상의 어떤 것을 필요로 한다. 즉, 신경생리학 이론은 심리학 이론에 도움이 될는지는 모른지만, 이론 그 자체를 성립시킬 수 있는 것은 아니다.

# 제4장 프로이트 심리학이 설명해 주는 것들

편역자 해설

# 1

## 프로이트 심리학의 특성

프로이트 심리학이라면 우리는 정신분석을 생각하게 된다. 본래 정신분석학에는 두 갈래의 뜻이 있다. 한 갈래는 치료법, 즉 자유연상이라는 기법으로 마음의 병을 고치는 치료물로서의 뜻이고, 다른 한 갈래는 인간의 심리를 정교하게 추적하고 설명할 수 있는 원리, 또는 이론 체계로서의 뜻이다.

그런데 그 정신분석학은 프로이트의 수십 년에 걸친 진지한 연구 생활이 지속되는 가운데 크게 변화와 발전을 했다.

사실 프로이트는 수많은 논문과 저술을 분석해 보면 그 변화와 발전은 현저하다. 때문에 우리가 프로이트 심리학의 전체적인 흐름이나 변화 체계를 파악하지 않고서 부분적으로 이해하거나 해설한다는 것은 매우 어려운 일이다.

우리는 그 바탕과 대강의 체계를 개괄함으로써 이해의 안목을 넓혀갈 수 있을 것이다.

## 입장과 가설

대개의 사상이 기본적으로 그 입장과 가설을 지니고 있듯이 프로이트 심리학도 몇 가지 입장과 가설을 지니고 있다.

첫째 입장은, 인간의 정신 현상을 질적으로 파악하지 않고 양적으로 파악했다는 것이다. 이를테면 정신적 에너지가 어떤 대상으로 집중된다거나, 감정의 변화라는 것이 흥분의 다소에 따라 달라진다는 것 등이 바로 그러한 입장에서 비롯되는 것이다.

둘째 입장은, 인간의 정신을 공간적으로 파악했다는 것이다. 이를테면 정신을 무의식의 세계, 전前의식의 세계, 의식의 세계 등으로 생각하는 것 등이 그러한 입장에서 비롯되는 것이다.

셋째 입장은, 인간 정신의 활동을 서로 대립되는 힘과 힘의 역동으로 파악했다는 것이다. 바로 심리적 메커니즘이라는 것이 바로 그러한 입장에서 비롯되는 것이다. 그러한 입장에서 볼 때 정신 체계는 다른 어떤 외적 자극이 없이도 자체 내의 힘과 힘의 역동으로 움직일 수 있다고 한다.

프로이트는 이상과 같은 세 갈래 입장을 종합한 견지로 인간의 심리 현상을 파악하려고 했다. 프로이트는 그와 같은 종합적인 심리학을 종합심리학metapsychologie이라고 했다 그 종합심리학의 위력은 프로이트 이후의 심리학에 깊은 영향을 끼쳤다.

다음 세 가지 가설을 생각해 보자.

첫째 가설은, 소위 '정신결정론'이다. 우리들의 마음에 있어서도 자연계와 마찬가지로 우연한 현상이란 없다는 논리이다. 우리들의 일상생활에 있어서 정신생활의 많은 상황이 서로 상관이 없는 것처럼 보이지만, 그것은 외관상 그럴 뿐이지 사실 모든 정신적 상황은 그

전에 일어난 정신적 사건에 의하여 결정된다는 것이다.

프로이트는 그러한 인과율을 인간의 심리에 적용했다. 그러나 이것은 우연한 사건이 결코 없다는 것을 뜻하는 것은 아니다.

그의 정신결정론에서 우리가 주의해야 할 점은 모든 정신 현상에 대하여 이러이러한 원인은 결과를 낳는다는 식의 인과 관계를 가정하는 것은 아니라는 점이라고 하겠다. 그것은 인간의 정신생활은 체질이나 정신의 발달 단계나 환경 등의 다양한 요인에 의하여 결정되기 때문이다.

둘째 가설은, '무의식의 가설'이다. 어떤 사물을 대하면서 빚는 어떤 판단·연상, 또는 감동은 아무런 연관이 없는 듯이 보이지만, 그것들이 의식의 밑바닥에서는 인과 관계의 고리로 연결되어 있다는 것이다.

의식되지 않는 정신세계란 무엇일까? 바로 우리는 꿈을 생각할 수 있다. 또 최면 상태에서 빚어지는 일들을 생각할 수도 있다. 그러한 경우만 보더라도 무의식의 정신 과정은 우리의 사고나 행동에 역동적으로 작용하는 것이다.

프로이트는 이 무의식의 과정이야말로 전혀 아무런 연관도 없어보이는 의식세계의 정신 활동을 인과 관계의 고리로 엮는 일을 한다고 생각했던 것이다. 또 프로이트는 정신 작용의 대부분은 이러한 무의식세계에서 일어나며, 의식세계로 떠나는 것은 일부분에 지나지 않는다고 생각했다. 즉, 물 위에 떠 있는 빙산의 일각과 같다고 생각했던 것이다.

셋째 가설은, '인간 행위의 동기와 목표지향성'이다. 프로이트 이전의 심리학자들도 인간의 행위에는 동기가 있기 마련이고, 목표를 지향하는 것이라고 생각하고 있었지만, 그들의 주장은 상당히 산만했다.

프로이트는 낡은 방식을 탈피하여 새로운 주장을 폈다. 모든 정신 활동은 낱낱이 분리된 것이 아니라 하나의 목표를 가진 인과 관계의 흐름 속에 떠 있는 것이라고 주장했던 것이다. 인간의 정신 활동이 주위 세계의 어떤 것에 의하여 결정되는 것이 아니라, 인간의 정신 속에 깃든 행동의 동기나 목표에 따라서 결정된다는 것이다. 그것이 바로 목표지향성의 가설이다.

인간들 행위의 원인을 주시하면서 현재의 행위가 과거의 사건과 연관되어 비롯되었다고 생각하면 결국 심리의 연구는 그 행위의 기원에 대한 연구가 될 수밖에 없을 것이다. 그리고 인간의 마음을 깊은 밑바닥으로부터 흔들어 움직이게 하는 정신적 에너지의 방향을 그 개인이 출생한 날부터 문제의 행위가 일어난 날까지 역사적으로 발달 단계적으로 추구해야 할 것이다. 그 에너지가 어떤 목표를 향하고 있는가? 어디에서 막혔는가? 어디로 분출되고 있는가? 이것을 연구하는 것이 프로이트 심리학이고, 구체적으로 분석하는 것이 정신분석학이다. 그러므로 정신분석학의 심리적 연구 방법은 역사적이고, 발달 단계적이 될 수밖에 없는 것이다.

# 2

# 욕구에 대한 설명

## 욕구 에너지

프로이트의 사상이 생물학과 밀접한 관련이 있다는 것이 사실이다. 그러면 그의 이론은 과연 어디에 관련되어 있다는 말일까. 그것은 첫째로 인간의 마음에 영향을 주는 에너지의 원천을 생물로서 인간 속에서 구했다는 점이다. 우리 인간은 복잡한 에너지의 기본적인 체제이다. 그리고 그 에너지는 음식물에서 흡수되고 육체적인 활동과 정신적인 활동을 유지시켜 준다. 그리고 이 에너지는 물리학상의 에너지와 같다는 사실이 무엇보다 중요하다. 이미 말한 바와 같이 프로이트가 정신적인 에너지를 말할 적에는 생명 현상을 지배하는 독특한 신비적인 활력 따위를 뜻하는 것은 아니었다. 그것은 물리학상의 에너지와 마찬가지로 일을 하는 에너지였다. 다만 그것이 사고이든지, 기억이든지, 지각이든지 하는 정신적인 일이었을 뿐이다. 그리고 그에 따르면 이 에너지는 인간의 생물적·신체적 욕구에 깊이 연결되어 있었다. 생물적·신체적 욕구와 연결된 에너지가 신체 안에 축적되면 마음은 흥분되고 긴장이 높아진다. 그렇게 되면 인간은 그것을 발산하고, 긴장에서 해방되기 위해서 무엇을 해야 하는가를 생각하고, 최종적으로는 그것을 행하여 긴장을 제거하는 것이다. 긴장이 사라져서 정신적으로 풀린다는 것은 인간으로써 매우 기쁜 일이다. 그러므로 사람들 중에서 일부러 그 풀림이 이전에 긴장을 높여 두려고 하는 사람조차 있다. 그리고 이 정신 에너지는 이것을 잘 관찰해 보면 궁극적으로 인간을 풀림의 상태, 정지된 상태로 가져가는 것이기 때문이다. 그런 뜻에서 보자면 보수적이라고 할 수 있다. 그리고 인간의 정신생활은 흥분과 진정을 순환하는 일을 거듭하는 것이므로 프로이트는 반복강박적이라고 말했던 것이다. 반복강박적인 실례를 들자면 일상생활 속에도 얼마든지 있다. 예를 들면, 눈을 떴을 때와 감았을 때의 규칙적인 되풀이, 1일 3회 식사하는 습관, 이것들은 모두 강박적인 힘으로써 반복하기를 인간에게 강요하고 있다.

그러나 에너지라고는 하지만 이 에너지는 인간의 신체 밖으로는 흘러나오지 못하는 에너지이다. 그것은 주로 마음 속의 심적 표상에 부착된다. 프로이트에 의하면 여러 가지 양의 에너지가 여러 가지 심적 표상에 부착해서 여러 가지 정도의 행동이 생겨난다는 것이다. 예를 들면, 극도로 배가 고픈 사람의 심적 에너지는 음식에 관한 것에 부착해서 그 밖의 다른 것은 생각할 여유가 없게 되어 버린다는 이야기이다. 열렬한 연애에 빠졌을 때에도 이와 똑같다.

### 삶의 본능과 죽음의 본능

욕구라는 말은 본능이라고 하거나, 또는 충동이라고 해도 큰 차이가 없는 말이다. 이른바 그것은 생물적·신체적인 욕구에서 비롯되는 것이고, 그 성격은 보수적이다. 이 욕구에 관한 그의 이론은 이 책의 성애편에서도 언급한 바와 같이 크게 말해서 3단계로 변화한다. 즉, 최초의 단계에 있어서는 성적인 욕구와 자기보존적인 욕구, 즉 두 가지로 구분하고 양자를 대립시켜서 생각했던 것인데, 곧 그는 자기보존적인 욕구의 개념을 버리게 되었다. 그리고 오랜 세월을 그는 욕구로서는 성적인 욕구 하나만을 생각했었는데, 그것은 자기 자신에 향하는 경우와 자기 이외의 것에 향하는 경우와를 대립시켜서 생각하는 것이었다. 그러나 제1차 세계 대전 전후로부터는 전쟁 노이로제나 사디즘이나 매저키즘의 연구가 진척됨에 따라서 다시 그 이론의 일부를 고쳐서 인간의 욕구를 성적 욕구와 죽음의 욕구, 즉 두 가지라고 말했다. 이 두 가지 욕구의 정의를 간단 명료하게 내리기는 어려운 일이지만, 성적 욕구란 말하자면 자기보존·종족보존의 욕구인 것이며 에로스의 욕구이다. 그리고 이 에로스의 욕구를 뒤흔드는 그 원동력, 그 정신 에너지를 그는 특히 리비도라고 불렀다. 이에 반해서 죽음의 욕구란, 그의 말을 빌리자면 통일을 파괴시키고 사물을 파괴하여 생명이 있는 것을 죽음에 이르게 하는 욕구인 것이다.

그리고 그것은 에로스의 욕구에 대립되는 것이며, 공격적 본능이 자기 쪽으로 되돌아온 것이다. 앞에서 말한 바와 같이 그 욕구가 처음으로 제창된 것은 그가 64세 때의 일이었다. 그래서 그가 그것에 대해서는 별로 말한 것이 많지 않다. 그리고 죽음의 욕구를 뒤흔드는 정신 에너지에 대해서도 그는 이름을 붙이지 않았다.

이 두 가지 욕구는 인간의 정상적인 행동에 있어서나, 또는 이상 행동에 있어서 반드시 같은 분량은 아니라 할지라도 언제나 공존해서 참가하고 있다. 예를 들면, 아무리 다정한 애무의 행동이라 하더라도 반드시 그 속에는 어느 정도의 공격적 욕구를 무의식 중에 만족시키는 따위의 요소가 들어 있다는 것이다. 자기 아기를 꼬옥 껴안고 애무하는 다정한 모친이 사랑하는 아기를 너무 아끼기 때문에 아기의 볼에 입을 대는 따위의 행동은 바로 그 좋은 예라는 것이다. 그러므로 프로이트가 가정하고 있는 두 가지 욕구 중에 그 어느 한 쪽을 인간 행동에 있어서 순수한 형태로서 관찰할 수는 없다는 것이다. 이처럼 대립되는 두 종류의 욕구가 공존해 있다는 생각은 동화와 이화라는 두 개의 생물학적인 개념과 아주 흡사한 데가 있다. 이 같은 그의 생물주의적 경향은 그의 사상에 대한 오해와 비난의 원인이 되었다. 그리고 오늘의 심리학자들 가운데도 죽음의 욕구를 인정하지 않는 사람이 많다.

## 리비도

그는 에로스의 욕구에 영향을 주는 정신 에너지인 리비도에 대해서 정열적으로 말한 바가 있었다. 이를테면 식욕을 표현하는 말이 몇 가지가 있는데, 성욕 또는 성애를 표현하는 적당한 말이 없으므로 그가 새로 만든 언어가 이 리비도라는 말이다. 그러나 리비도라는 말은 아주 넓은 의미에 있어서의 성애 에너지라는 뜻으로 사용되었고, 또 더러는 단순한 정신 에너지라는 뜻으로 쓰였다. 그것은 양적으로 변화하고 가지가지의 심적 표상으로 향할 수 있으며, 또 측정될 수도 있다고 상징되는 에너지였다. 더구나 프로이트에 의하면 이 리비도는 인간이 나면서부터 이미 지닌 것으로써 활동하기 시작한 것이라고 한다. 그리고 인간은 유아기부터 이미 성애 에너지가 활동하고 있다는 유아성욕론은 그의 이론의 한 특징인데, 이 이론이야말로 그가 세상에서 비난의 화살을 받은 표적이었던 것이다.

## 유아성욕

독자 여러분은 티없이 맑고 깨끗한 어린아기에게도 성욕이 있다는 말을 들으면 아마 놀랄 것이다. 프로이트 시대에 있어서도 이런 이야기는 절대로 세상에 받아들여지지 않는 이론이었던 것이고, 그는 온갖 방면으로부터 비난과 공격을 받게 되었다. 그럼에도 그는 자신의 주장을 굽히지 않고 학설을 내세웠다. 그가 증례에 대한 연구를 함에 따라 환자들의 젊은 시절이 체험에 대한 조사가 중요하다는 사실을 알게 되었다는 것은 우리가 이미 알고 있다.

그리고 그런 연구를 하다 보니 마침내 유아기의 연구에까지 도달했던 것이다. 그에 의하면, 사람의 유아기에 대한 기억은 거의 잊혀지고 있는 것이지만, 그 개체의 발달에서 씻지 못할 흔적을 남긴 것이고, 그 유아기가 후일에 발생한 신경증의 원인이 될 수도 있다는 것이다. 여기서 잠시 프로이트의 주장을 들어보자.

성적 욕구 따위가 유년기에는 없고 사춘기 무렵에 비로소 생겨난다는 것이 일반적인 생각이다. 그러나 이것은 아주 간단하게 판명될 수 있는 잘못된 생각일 뿐 아니라, 아주 중대한 결과를 가져올 잘못이기도 하다. 인간의 성적인 기능은 처음부터 존재했던 것이고, 다만 그것이 처음에는 성애 이외의 기능에 의존하고 있기 때문에 얼른 보아서는 분간하지 못할 뿐이다. 예를 들면, 유아의 성적 표출의 전형적인 것으로써 입으로 빠는 버릇이 있다. 이때에 아기가 빨아당기려는 그 대상은 자기 입술에 닿을 수 있는 온갖 것이다. 즉, 자기 손가락은 물론이고 때로는 발가락마저도 붙잡아 빤다. 이 같은 행위의 원인은 입술 등의 피부, 또는 점막 피부의 어떤 부분을 자극하면 일정한 성질의 쾌감을 일으키기 때문이다. 그래서 그 감각을 얻고 싶어서 아기들은 무엇이나 입으로 빨기를 좋아한다.

이어서 아기의 그런 습관이 프로이트가 말하는 것처럼 본질적으로는 성적 행위라는 것을 분명히 보여주는 한 소녀의 고백을 들어보자.

……어떤 키스에도 비할 수 없는 것이 있어요. 무엇을 입으로 빨때에 느껴지는, 온몸에 퍼지는 듯한 그 쾌감은 무슨 말로도 표현하지 못할 것이었죠. 온통 이 세상을 떠나서 혼자서 뭔가가 채워지는 것 같은 기분에 잠기면서 이제는 그 이상으로는 바랄 것이 없는 것처럼 황홀한 행복감에 젖었지요. 이 달콤한 기분이 영원히 방해받지 않고 그대로 있었으면 좋겠다는 편안한 감정에 사로잡히더군요. 아픔도 괴로움도 느끼지 않았지요. 이 세상과는 다른 세상으로 멀리 끌려가는 느낌이 들었습니다…….

세상 사람들로부터 거부되고 격심한 노여움마저 사게 되었던 그의 유아성욕론에 대해서 그가 왜 그렇게도 집착해야만 하였던가, 거기에는 그 자신의 체험도 곁들어 있었다. 그가 1897년에 그의 친구 플리쓰에게 보낸 편지에 의하면 다음과 같은 경험이 적혀 있다.

그가 프라이베르크에서 빈으로 이사 가던 무렵에 그의 나이는 세 살이었다고 하는데, 야간 열차의 칸막이 침대차에서 모친과 함께 타고 가던 그는 거기서 모친의 벌거벗은 모습을 보고 흥분하여 그의 리비도는 이때에 자각되었다는 것이다. 어둠 속을 달리는 기차의 덜컹거리는 소리의 무서움과 모친의 나체를 보고 놀란 그는 그런 것이

한데 겹쳐서 강한 인상을 받았던 것이다. 그의 유아성욕론에 대한 확신과 집착이 이런 체험과 결코 무관한 것은 아닐 것이다. 그러나 프로이트를 일컬어 지나치게 조숙한 사람이라고 할지 모르지만, 천재는 흔히 조숙한 인물이었음을 상기할 필요가 있다.

### 쾌감의 전이

성애적 리비도는 언제까지나 입술에서 쾌감을 찾는 단계에 머물러 있는 것은 아니다. 그것은 가지가지의 경로를 밟은 끝에 최후로 성숙하면 마침내 성기에서 쾌감을 찾는 단계로까지 발달하게 된다.

인간은 유아기부터 성애 에너지가 활동하고 있다는 견해와 관련하여, 프로이트는 이 같은 과정을 몇 개의 발달 과정으로 나누었는데, 실제로는 그 감각의 단계를 명확하게 구별하지는 못하였다. 하나의 단계가 다음 단계와 섞이고 중복되어 있었다. 그리고 하나의 단계에서 다음 단계로 옮겨가는 과정은 극히 점진적인 것이었다. 그러나 이것을 알기 쉽게 도식화해서 말하자면 다음과 같다.

제1단계는, 인간이 출생한 후 1년 6개월쯤까지는 주로 입이나 입술로써 쾌감을 느끼는 단계이다. 이 단계에서 아기들은 빠는 것, 핥는 것, 깨무는 것 등이 쾌락의 중요한 원천이 된다. 독자 여러분은 여기서 앞의 빠는 이야기를 상기할 것이다. 이 시기는 구애기 또는 순애기라고 불리는데, 그것은 젖먹이 아기가 모친의 유방을 입에 물게 되는 시기부터 시작된다. 아니 그뿐 아니라 최근에는 모친의 태내에 있는 태아들마저도 손가락을 빨고 있는 사건이 특수 기술로써 촬영되기도 했다.

제2단계는, 1년 6개월에서 3년까지 자란 시기이다. 이 시기에서는 입과 이어지는 소화기관의 맨 끝, 즉 항문이 성적인 긴장과 만족을 가져 오는 가장 중요한 부분이 된다. 이 시기의 아기들은 배변과 배설에 아주 강한 흥미를 느끼며, 이것을 배설할 적에 느끼는 쾌감을 즐거워한다. 그 때문에 이 시기를 항문애기라고 부른다. 프로이트의 이런 생각을 독자 여러분은 약간 이상하게 느낄지도 모른다. 그러나 이것은 인간의 정상적인 발달 과정의 모습인 것이고, 사실 우리 주변에서 보더라도 배변이나 배뇨에 대해서 비상한 관심을 보이는 아기들이 많이 보인다. 프로이트에 의하면 아기가 너무 심한 항문애를 보이는 것은 그 애가 성장한 후에 신경질이 될 전조라고 한다.

제3단계는, 출생 후 3년이 지날 무렵부터 나타난다. 이것은 분명히 남성의 성기가 주된 역할을 하는 시기가 된다. 남성은 자기 성기를 만지작거리거나 남에게 그것을 보이거나, 또는 다른 아이의 성기를 기웃거려 보거나 한다. 그리고 여아 또한 남성의 성기가 주된 관심의 표적이 되곤 한다. 즉, 왜 자기에게는 그런 것이 없을까, 누군가가 그것을 빼앗아 간 게 아닐까 하는 것에 관심이 가곤 한다. 여아가 남아 성기에 관심이 간다는 말을 들으면 약간 기묘한 느낌이 들지도 모를 일이지만, 의사놀이 따위를 하면서 아기들이 서로들 자기 성기를 상대자에게 보이는 이야기를 듣고 있으면 충분히 납득이 갈 것이다. 그리고 남아는 자기 성기를 보기도 하고 만지기도 하며, 유치원에 들어가서는 부모의 스커트를 들추어 보려고 덤비기도 한다. 하여튼 이 시기는 성기에 흥미와 관심을 보이는 시기인 것이다. 그러나 그 관심은 다만 성기를 보이거나 만지거나 할 뿐이고, 그것이 어른들의 성적인 관심과는 그 성질이 같지 않다. 이런 단계를 이컬어 남근기라고 불린다. 이 시기에는 보고 싶은 욕망, 보이고 싶은 욕망이 용솟음치고 있을 뿐이다.

## 오이디푸스 콤플렉스

프로이트에 의하면 남근기의 남아의 성기에 대한 원시적인 관심이나 쾌감의 고조는 그것이 차츰 가까운 여성인 모친에 대한 애착을 무의식 중에 가장 강하게 갖는 것이라 한다. 그에 반해서 부친에 대한 관심은 무의식 중에 줄어들고, 때로는 혐오의 대상이 되는 일마저 있다는 것이다. 그러나 한편으로는 부친의 갖가지 힘에 대해서 외경하는 마음도 생기고, 또 모친의 일상생활에서 보는 갖가지 실망도 있고 해서 이 시기의 남아는 말하자면 상호간에 모순된 복잡한 심정을 갖게 된다. 이런 복잡한 심리를 프로이트는 오이디푸스 콤플렉스라고 불렀던 것이다.

오이디푸스란 그리스 신화에 나오는 왕의 이름이다. 이 신화 속에서 오이디푸스 왕은 아무것도 모른 채 부왕 라이우스를 죽이고 모친 요카스테와 결혼한다. 나중에 그것을 알게 된 오이디푸스는 자기의 불륜과 죄과를 씻기 위해서 스스로 자기 눈알을 빼내 버리고 정처없는 유랑의 길을 떠난다. 이 전설을 연극으로 만든 것이 저 유명한 그리스 비극의 전형으로서 세계 문학 사상에서 최대 걸작의 하나로 꼽히는 것인데, 프로이트는 이 희곡의 전체적인 작풍이 그대로 정신분석의 필요 과정을 닮은 것이라 하여 그 작품을 극찬했던 것이다. 그리고 남아가 자기 양친에 대해서 갖는 복잡한 심리적 태도가 이 희곡의 주인공의 양친에 대한 행위 속에 상징화되어 있다고 생각해서 이것을 오이디푸스 콤플렉스라고 이름 지은 것이다.

여아에게도 마찬가지로 콤플렉스가 생긴다. 그것은 이성인 부친에게 마음이 끌리고, 동성인 모친에게 없는 신체적인 기관을 가지고 있는 부친에게 동경심을 갖는다는 것이다. 그리고 여아의 경우를 특히 남아의 경우와 구별해서 말하는 경우에는 다 같은 그리스 신화에서 인용하여 엘렉트라 콤플렉스라고 부른다. 남아는 오이디푸스 콤플렉스를 일으킴에 있어서 그 죄값으로 부친으로부터 벌을 받아서 성기를 빼앗겨 버리지 않을까 하는 것을 무의식 중에 두려워하게 되고, 여아는 엘렉트라 콤플렉스를 일으킴에 있어서 페니스 선망을 일으킨다고 하는데, 이 양자를 아울러서 거세 콤플렉스라고 부를 때도 있다. 여하튼 이처럼 남근기의 특징을 이루는 갖가지 콤플렉스도 5세 무렵에서 그 절정에 도달했다가 그 후부터는 심신의 성숙에 따라서, 혹은 지식의 증가 발전에 따라서 점점 약화되어 가는 것이다. 이때에 와서는 아이들이 쾌감 따위를 추구하지는 않는다. 그 밖의 일로 머리가 가득 차기 때문이다.

### 이성애로의 발전

구애기·항문기 및 남근기라는 3단계를 합쳐서 전前성기라 한다. 이 시기의 두드러진 특징은 자기 신체를 자기가 자극함으로써 얻어지는 쾌락을 추구하는 경향이다. 그것은 말하지면 자기애라고나 할 경향, 즉 나르시시즘이다. 이것을 리비도론에서 보자면 리비도가 생식본능 쪽으로 향한 것이 아니고, 생식과는 직접 관계가 없는 범위의 신체의 특징 부분으로 집중되어 있기 때문에 생기는 것이라 할 수 있다.

이 시기에 이어서 성적 잠재기가 찾아온다. 그것이 어느 시기부터냐는 문제는 아직도 확실히 구분되지 않고 있다. 그것은 사람에 따라서 상당한 개인차가 있기 때문이다. 그러나 이 시기는 이른바 철이 들 시기이고, 또 성감도 억압되는 시기이다. 또 그럼으로 해서 그 에너지가 승화되어 정신적이고 문화적인 활동력이 되는 시기이기도 하다. 그러므로 이 시기야말로 아이들의 교육에서 지극히 중요한 시기이고, 우리는 아동의 이성적인 잠재기를 충분히 교육적으로 보내게 할 필요가 있다. 여기서 쓸데없는 성적 도발을 하지 않도록 특히 주의할 필요가 있다.

그런데 잠재기에 들어가서 일시적으로 쾌감의 추구를 포기한 듯이 보였던 것이 어느 새 인간은 바로 사춘기에 들어가서 제2의 성적 증후를 나타낸다. 여기서도 생식기관의 성숙에 따라서 성적인 쾌감을 추구하는 리비도의 활동이 다시 표면화하게 된다. 그리고 그것은 그대로 성인의 성의 단계로 이어지는 것이다. 이것을 성기기라고 부른다. 이때의 성의 욕구는 완전한 생식이라는 본래의 생물적 목표를 향하고 있다. 이 시기는 인생에 있어서 가장 길다. 그것은 재가될 때까지 계속된다. 인간은 이 시기에서 성기에 쾌감을 감수하는 정상적인 성인의 성애를 개화시킨다. 그것은 이미 나르시시즘이 아니고 이성애이다. 이처럼 중간에 잠재기를 끼워 두고, 두 기에 걸쳐서 성애가 개화되는 것을 프로이트는 성의 2대 개화라고 불렀다. 그리고 나름대로의 발달 단계에 있어서 성애는 최종 단계의 성인의 성애 속에 부분욕망으로서 포함되며, 또 정상적인 성행위의 전구 쾌감으로서 남아 있다고 한다. 예를 들면, 키스라는 구순애적 성애가 최종 단계에서 성애 속에 부분 욕망으로서, 또 전구 쾌감으로서 남아 있는 것은 그 좋은 본보기라 하겠다.

## 성격의 유형

리비도가 지금까지 말해 온 각 단계에서 반드시 발달하는 경우라면 문제는 없다. 그러나 실제로는 꼭 그렇게 된다고 할 수 없다. 어떤 발달 단계에서 고착해 버리는 경향을 보이는 일이 많다. 그래서 그 어떤 단계에서 고착하는 경향을 가졌느냐에 따라서 사람은 온갖 유형의 성격이 규정된다. 여기서 그의 리비도론에 따라서 인간의 성격 유형을 간단하게 말해 보면 다음과 같다.

① 구애 성격 : 순애기의 고착 경향을 보이는 성격이다. 말하자면 입에 자극을 받음으로써 얻어지는 흥분이 성감의 한 요소가 되며, 그것이 정착적으로 남아 있을 때에 생기는 성격이다. 수동적·수용적 성격이고, 타인에게 의존하는 마음이 많고, 고독을 이겨내지 못한다. 그리고 좌절 체험에 의해서 격심한 영향을 받는 경향이 있다. 특히 구애 후기에서 고착하는 경향이 있을 경우에는 이것이 사디즘적인 경향도 곁들어 야심과 선망심이 남다른 것도 그 특징이다.

② 항문애 성격 : 항문 점막에 대해서 배설물이 주는 자극에 의해서 생기는 흥분이 성감의 한 요소가 되고, 그것이 정착적으로 남아 있을 때에 항문애 성격이 된다. 이 성격의 특징은 프로이트에 의하면 질서를 좋아하고 절약을 좋아하며 이기적인 성격이다. 프로이트는 《성격과 항문 성감》에서 이렇게 말하였다.

"……질서적이고 깨끗한 것을 좋아한다. 책임감이 왕성하며 꼼꼼하다. 절약이 지나치고 욕심도 많아지며, 이기적이 되며, 그러다가 고집불통이 되기도 하고, 화가 나서 발작을 일으키거나 복수심이 강해지기도 한다……"

③ 요도애 성격 : 원래 요도애는 항문애에 포함되어 있으므로 프로이트는 이에 대해서는 별로 말한 것이 없다. 다만 《성격과 항문 성감》에서,

"내가 지금까지 알고 있는 것은, 과거에 요도 성감에 민감했던 사람은 나중에 불타는 듯한 명예욕을 가진 사람이 되기 쉽다는 것을 알고 있을 뿐이다……"

라고 말한 대목이 있을 뿐이다. 이 말은 요도 성격이 격심한 야심, 자기 현시욕, 자기 과시욕을 포함하고 있음을 시사하고 있다. 즉, 항문애 성격이 여성적인 성격임에 반해서, 요도애 성격은 지극히 남성적 성격이다.

④ 남근애 성격 : 남근애기에 교착된 경향이 있는 것인데, 거만하고 지배적이며 공격적인 성격이라 한다.

⑤ 성기애 성격 : 가장 성숙된 인격으로서, 단지 쾌락을 좇을 뿐 아니라, 현실을 잘 생각해서 행동하는 유형이다. 그리고 친절하며 애정이 두텁다.

우리는 프로이트가 말하는 리비도나 성애를 단순한 호기심의 눈초리로 바라보거나, 거기서 선정적인 것을 기대해서는 안 된다. 그는 그런 말을 어디까지나 과학적·학술적으로 썼을 뿐이다.

## 죽음에의 본능

죽음에의 욕구가 나타나는 것도 리비도의 경우와 마찬가지로, 입에서 항문으로, 항문에서 성기로 차츰 이행해 간다. 예를 들면, 유아기의 공격적 욕구가 나타난 것을 보면, 즉 깨무는 일부터 시작해서 점점 나이가 들면 변을 보는 것에서 나타난다. 즉, 입이나 항문은 성적 욕구의 배설구일 뿐 아니라 공격적 욕구의 배설구이기도 하다. 그러나 공격적 욕동의 경우는 성적 욕구의 경우처럼 그 신체적 부위와의 관계가 명확하지 않다. 그리고 전쟁 따위는 이 욕동이 대대적으로 발휘된 예이다.

앞에서도 말한 바와 같이 프로이트도 이 욕구에 대해서는 많이 언급하지 않았다.

# 3
## 퍼스낼리티에 대한 해설

**세 가지의 층**

프로이트가 최초로 생각한 정신의 체계 모델은 1900년에 출판된 《꿈의 해석》에서 나타났다. 그리고 그 무렵의 그는 정신의 구조를 망원경이나 현미경과 같은 시스템이라고 생각하고 있었다. 몇 개의 렌즈가 조립되어서 광학 기계를 만드는 것처럼 인간의 정신도 몇 개의 정신적 기능이 조립되어서 된 것이다. 그리고 어느 부분은 감각적 자극에 따라서, 또 어느 부분은 기억을 저장하는 구실을 하는 것이라는 따위로 그는 생각했던 것이다. 여기서 이미 인간의 정신 구조를 다이내믹하게, 그리고 기능적으로 파악하려는 그의 태도를 엿볼 수 있다.

그 후 10년 남짓 지나서 정신의 체계에 관한 그의 사상은 모델의 변화가 이뤄졌다. 그는 이번에는 정신적인 기능의 시스템을 무의식의 부분, 전의식의 부분, 의식의 부분이라는 세 가지 부분으로 나누어서 생각했다. 그 중에서 무의식 부분이란 단순한 주의나 노력에 의해서 내용을 의식할 수 없는 부분이고, 전의식의 부분이란 그 순간에는 의식되지 않지만, 주의나 노력으로써 의식할 수 있는 부분이고, 의식의 부분은 문자 그대로 의식되어 있는 부분이다. 이와 같은 사고 방식은 얼핏 보아서는 의식을 하느냐 못 하느냐에 따라서 정신 기능을 구분한 것으로서 다이내믹한 구상은 아닌 것처럼 보이지만 결코 그렇지 않다.

제각기의 부분의 내부에 있어서의 상관 관계는 실로 다이내믹한 구상이 전개되고 있는 것이다. 그것은 다음 장에서 상세하게 설명하겠다.

제3의 구상은 1923년에 나타났다. 이 새로운 모델은 구조적 가설이라고 불리고 있다. 그에 의하면, 심적 장치는 기능적으로 보아서 세 가지 층으로서 성립되어 있고, 각 층은 이드·자아 및 초자아라고 이름 붙여진 것이다. 세 개의 층으로 나뉘어져 있다고는 하지만, 그것은 결코 해부학적 의미인 것은 아니고, 마음의 작용이나 내용이 서로 많이 닮은 것끼리, 서로 잘 관련된 것끼리를 모아서 분류하면 세 개의 그룹으로 나눌 수 있다는 뜻이다. 게다가 인간 심리의 과정은 제각기의 층 사이에서 방해되기도 하고, 이그러져 가면서 흐르고 있는 것이다.

## 이드id/es

에스es는 독일어이고 이드는 라틴어이지만, 모두가 우리말의 '그것'에 해당되는 말이다. 프로이트의 제자이며 또 글재주가 뛰어났던 의사 그로테크가 에스에 관한 책을 저술한 이래로 프로이트는 이 말을 쓰기 시작했다고 한다. 우리로서는 보편성을 찾아서 라틴어의 이드라는 용어를 쓰기로 한다.

이드는 원래 무의식 그 자체를 나타내는 말인데, 프로이트가 말하는 이드 또한 인간 마음의 무의식 부분을 가리키는 것이다. 그것은 심적 에너지의 원천이고, 그 저장고이며, 또 온갖 욕동이 살고 있는 곳이다. 게다가 이드의 생물적·유전적으로 양친으로부터 이어받은 것이므로 갓난 아이의 마음은 거의 이드로써 성립되어 있다. 그리고 이드는 유전적인 것인만큼 육체적인 기관의 기능에 의한 온갖 욕동이 그곳에 모여 살고 있다.

그렇기 때문에 그와 같은 정신의 층인 이드는 일생을 통해서 유아적인 성격을 남겨 두고 있어서 그것은 긴장을 견뎌낼 힘이 부족하며, 욕망을 참고 견딜 힘이 모자라고 충동적·비합법적·이기적인 것이다. 그래서 만일 욕망의 만족을 얻지 못하게 되고 쾌감을 얻지 못하면 그것은 곧 정신 체계의 다른 층을 자극해서 공상이나 환상을 펼치게 되고, 또 꿈을 꾸게 해서 채우지 못한 욕망을 잠시나마 만족케 하는 것도 이드의 작용이다. 이드로서는, 욕구가 만족되지 않은 채 긴장이 고조되는 것은 불쾌감이고 긴장에서 해방되는 것이 쾌감이다. 그 때문에 이드가 가진 오직 하나의 기능은 안팎의 자극에서 사람의 정신에 생긴 다량의 정신 에너지를 즉시 발산해 버리는 데 있는 것이다. 그 발산시키는 방법은 쾌를 구하고 고통을 피한다는 쾌감

원칙에 따르는 것이다. 그러므로 쾌감 원칙은 인간의 기본적인, 또는 원시적인 생활 원리인 것이다. 독자 여러분도 주위 사람들을 살펴보면, 안팎의 방해를 배제하고 뭔가의 방법으로 쾌를 얻으려고 노력하는 것을 볼 수 있다. 아무래도 그것이 되지 않을 경우에는 욕구의 수준으로 스스로 낮추고 만족을 얻으려고 꿈틀거리는 모습들을 쉽게 발견할 수 있을 것이다.

이드의 에너지는 두 가지 형태로 발산된다. 그 하나는 반사운동이다. 즉, 여기서는 이드의 에너지가 자동적으로 발산되고 운동근의 활동이 되는 것이다. 그리고 또 하나는 실제로 이드의 욕동에 만족을 가져오는 행동을 일으키거나 욕동이 목표로 하는 대상을 마음에 띄워 놓고 발산시켜 버리는 형식이다. 이른바 반사운동은 전자의 예이고, 공상이나 꿈 따위는 후자의 예이다. 이 경우에서는 실제 행동의 만족은 아니고, 공상이나 꿈에 의한 에너지의 발산에 불과한 것이라고는 하지만, 하여튼 그러한 임시 변통이나마 이드의 만족을 얻을 수 있다는 것은 그 기능이 말하자면 원시적인 것이어서 공상과 현실을 명확하게 구별할 만큼 고급의 능력을 갖춘 것이 아니기 때문이다. 그리고 이드의 욕구 에너지가 앞으로 말하는 자아나 초자아에 의해서 방해를 받으면 우리는 말이 잘못 나온다든가, 무엇을 헛본다든가, 기억에 착오를 일으키는 등 여러 가지 현상이 생긴다. 여기에 일상생활의 정신병리를 알아내는 열쇠가 있다.

### 세상에의 적응 문제
이드의 욕동이 언제나 모두를 간단하게 만족시켜 주는 세상이라면 이 세상은 지상의 낙원일 것이고, 인간의 심적 장치는 이드 하나로 충분하며, 그 이상의 장치는 필요 없게 될 것이다. 그러나 현실은 그렇게는 되지 않는다. 예를 들어서, 갓난아기가 배가 고파서 울고 있다고 하자. 그러나 울부짖는 것만으로 배가 부르지는 않다. 누가 옆에 붙어 있어서 젖을 먹여 주어야 한다. 그러나 그 아이 옆에 한시도 사람이 떠나지 않고 지켜보고 있다가 아기가 조금만 배가 고픈 기색을 보이면 한 순간도 지체 없이 젖을 먹여 줄 수는 없는 일이다. 그러므로 인간은 나면서부터 어쩔 수 없이 욕동 에너지의 발산 불능이라는 사태에 직면하게 된다. 이러한 체험이야말로 이드로부터 새로운, 그리고 높은 정신 기능을 발달·분화시켜야 할 원인에 부딪치게 하는 것이다. 말하자면 마음대로 되지 않는 것이 세상이고, 그 세상으로 말미암아 마음에 장치의 발달과 분화를 촉진시키게 된다.

이렇게 해서 일단 거부되었던 욕구가 그 누군가의 손에 의해서 만족을 얻게 되었을 때의 아기의 쾌감은 말할 나위 없이 크다. 그는 우유병을 보거나 냄새를 맡거나 손으로 만져 보면서 만족한 마음으로 그것을 기억 속에 새겨 넣어간다. 이런 체험을 거듭한 아기들은 마침내 배가 고파도 먹을 것을 얻지 못하는 시간에는 그 긴장의 고조가 먹는 것과 연결되는 기억표상을 불러일으키게 된다. 그는 그러한 상기로 말미암아서 잠시나마 만족을 얻게 된다. 애인을 만나고 싶어하는 처녀가 그 애인의 모습을 떠올리며 본인도 모르게 방긋 미소지으면서 약간이나마 긴장 해소를 하는 것도 그것과 같은 원리이다. 그러나 이 기능은 원래 이드에는 없었던 기능이고 새로 생긴 한 기능이다. 프로이트에 의하면 이 기능은 생후 6개월 내지 8개월에서 분화를 이루기 시작하여 2세 내지 3세까지는 꽤 발달하는 것이라 한다. 바꾸어 말하면, 유아는 그 무렵부터 자기의 욕구를 만족시키는 가능성이 있는 세계로서 자기를 에워싸는 환경에다가 관심을 갖기 시작하는 것이다. 그는 이 기능을 제1차 과정이라고 불렀다. 제1차 과정은 그 어떤 의미에서는 지각 과정과 연결되어 있다고 하였다. 그리고 이것은 또한 미숙하기는 하지만, 자아 기능의 발아라고 할 수 있다.

## 자아

그러나 먹을 것을 머리에 그려 보았다고 해서 배가 불러지지 않음은 물론이다. 그것은 다만 한 순간의 마음을 달래 주는 구실밖에는 못 한다. 그렇게 공상만을 하고 있으면 그 공상으로 오히려 긴장을 높이는 일조차 생긴다. 그래서 이드는 그 욕구를 만족시킬 목적물을 실제로 찾아내거나 만들기도 하는 새로운 기능을 더욱 분화 형성해 나가지 않으면 안 된다. 그러므로 이처럼 새롭게 분화되어야 할 것이다. 이것이 곧 자아이다.

자아가 현실에 적응하는 정신 기능이라는 것은 이드의 욕동을 만족시키는 현실의 대상이 발견되거나, 그것이 만들어질 때까지 이드의 에너지 발산을 연기하는 기능이라고 말할 수 있다. 예를 들면, 배가 고파서 집으로 돌아온 아이가 저녁밥이 지어질 때까지 그것을 기다려야 한다는 것을 깨닫게 된다. 그리고 그것을 기다리는 사이에는 긴장을 견뎌내야 한다. 이 사이의 긴장이 지각이랄지 기억이랄지 사고 따위의 정신 기능 발달과 그 완성을 촉진시키는 것이다. 이 같은 체험 속에서 감각 기관도 지각 기능도, 그리고 기억·언어·사고 기능도, 신체를 움직이는 운동 기능도 크나큰 발달을 성취한다. 프로이트는 이 새로운 기능을 제2차 과정이라 불렀다. 제1차 과정과 제2차 과정의 근본적인 차이는 전자가 공상과 현실을 구별하지 못함에 대해서 후자는 분명히 그것을 구별하는 데 있다. 예를 들면, 앞에서 말한 애인의 경우에 있어서 그것이 자기의 공상으로써 잠시의 위안을 얻고 있다는 것을 자기 자신이 자각하고 있는만큼 그것은 제2차 과정이다. 그러나 제1차 과정이나 제2차 과정이나 그 원리는 똑같다. 여기서 두 과정 사이의 차이를 지적하려면, 제1차 과정은 생물적이고 미성숙하며 미분화한 것이다. 여기에 대해서 제2차 과정은 인간적이고 분화되어 있어 성숙된 과정이다.

이 같은 자아의 기능, 즉 운동·지각·기억·사고 등의 기능의 발달을 규정하는 중요한 원인에는 두 가지가 있다. 그 하나는 육체적인 성장, 특히 중추신경 조직의 성장이고, 말하자면 성숙이라고 불리는 것이다. 그리고 또 하나는 출생 후에 얻은 가지가지의 체험의 누적이다. 이 중에서 프로이트가 중시하고 특히 관심을 보였던 것은 경험적인 요인이었다. 그러나 이 두 가지 요인이 충분히 작용해서 아무리 자아가 발달된다 하더라도 이드의 쾌감 원칙이 완전히 억압당해 버리는 것은 아니다. 그것은 단지 만족이 연기된다는 것뿐이다. 그러므로 자아는 이드와 인간을 에워싸는 환경과의 사이를 매개하는 정신 기능이라고 말할 수 있다.

## 자아의 발달

자아의 발달 중 가장 중요한 것은 자기 신체에 대한 경험이다. 갓난아기에 있어서 자기의 신체는 흔히 이드의 욕동을 만족시키는 대상이었고, 또 동시에 고통이나 불쾌감의 원천이다. 예를 들면, 유아는 자기의 손가락을 빠는 것으로써 언제라도 자기가 좋아하는 분량

만큼의 '이드'의 욕망을 만족시킬 수 있다. 그러나 동시에 불만감이나 불쾌감이나 고통도 자기 신체 속에서 느낀다. 더구나 밖으로부터 오는 자극에 의해서 야기되는 고통이나 불쾌감이라면 거기서 빠져나올 수도 있지만, 자기 신체 속에서 치밀어오른 고통이나 불쾌감에 대해서는 도망칠 방법이 없다. 이렇게 해서 유아에게는 자기 신체가 욕동을 낳게 하는 원천이며, 고통을 느끼게 하는 원천이기도 하고, 또 욕동을 만족시키는 대상이기도 하다. 이런 의미에서 그들에게는 자기의 신체가 특별히 중요한 뜻을 갖게 되는 것이다. 프로이트는 이 사실을 자아는 무엇보다도 먼저 "신체적 자아이다"라고 말했다.

그러나 이드의 욕동 에너지, 즉 리비도가 자기 신체를 향하고 있는 것만으로써는 궁극적인 만족은 크지 못하다. 그래서 리비도는 차츰 자기 이외의 대상을 찾게 된다. 그러나 유아로서는 처음부터, 예를 들면 모친이 하나의 몽뚱그린 대상이 될 수는 없다. 그것은 먼저 유방이고, 미소를 짓는 얼굴이고, 자기를 어르는 입이다. 즉, 그것이 처음에는 부분 대상인 것이다. 게다가 그것은 단속적인 그때뿐인 관심이다. 이때의 자아의 기능은 아주 미숙하고 미분화인 상태이다.

이 같은 단편적인 대상 관계가 지속적인 것이 되기 위해서는 아마 1년 6개월쯤은 성장해야 할 것이다. 이 무렵에는 이미 모친이 모친으로서 하나의 대상이 되고, 더구나 어떤 순간의 것이 아닌 지속적인 대상이 된다. 이 무렵의 대상 관계에서 제1의 특징은 동일 대상에 대해서는, 예를 들면 쾌락과 노여움, 애정과 증오라는 식으로 상반된 감정을 동시에 갖게 된다. 이런 경향은 양극성이라고도 일컫는 것인데, 사람의 일생을 통해서 인간 심리 속에 어느 정도 지속되는 감정적 경향인 것이고, 보통은 그 정도가 2세에서 5세 사이에 가장 높고 그 이후에는 감소된다. 그리고 청년기나 성인기에서는 그것이 훨씬 적어진다. 그러나 그러한 감소는 양극성의 그 어느 한 쪽이 표면에 떠오르고 다른 한 쪽이 그늘에 숨어 버리는 현상이므로 실질적인 감소는 아니다. 그것이 숨겨져 있는 반면에, 원칙으로서는 무의식세계 속에 머물러 있는 것이다. 무의식세계 속에 깊은 증오심을 숨겨두고 있으면서 의식세계에서는 강한 애정을 느끼고 있는 인간 관계는 가끔 문학의 테마로서도 나타나고 있다.

그렇다면 유아의 관심 대상은 무엇일까. 그것은 첫째로 이드의 욕구를 만족시켜 주는, 자기에게 가까운 사람으로는 자기의 양친이다. 그리고 그 양친에게 지속적인 관심을 보내는 중에 어느덧 양친의 태도나 습성을 무의식 중에 흉내내게 된다. 그것은 양친의 태도나 습성을 받아들여서 그것에 동일한 과정을 하는 것이다. 예를들면, 유아가 미소를 보내 주는 모친의 미소를 배우고, 말을 걸어오는 모친으로부터 말을 배우는 것이 바로 그것이다. 그리고 프로이트에 의하면 이같은 과정은 극히 중요한 과정이어서 새로이 분화하는 자아는 이에 따라서 차츰 그 내용이 풍부하게 되어가는 것이라 한다. 이렇게 새로운 기능은 성숙해 간다. 이 같은 현상은 유아가 음식을 받아들이는 행동과 같은 것이다.

아기는 2년 6개월에서 3년 6개월쯤 자라면 자아의 기능이 가속적으로 발달하여 지각도 기여도 사고도 꽤 경험을 쌓게 되고, 제반 기능도 통합적으로 작용하게 되므로, 이미 대상 관계는 분명히 부분 대상이 아니게 된다. 달콤한 젖이 나오는 유방도, 방긋이 웃는 얼굴도, 나무랄 때에 볼기를 때리는 그 손과 소리도, 그것이 모두 각각 다른 사람의 것이 아니고 동일한 인물의 것으로 인정할 수 있게 되는 것이다. 즉, 이드의 욕구를 만족시켜 주는 좋은 모친이나, 그것을 거부하는 나쁜 모친이 나를 외면하지 않고 그것을 모두 동일한 대상으로써 인정하게 된다. 그리고 이 시기의 아기의 자아가 체험하는 가장 중요한 것은 프로이트에 의하면 오이디푸스 콤플렉스이다.

## 초자아

오이디푸스 콤플렉스가 정신 체계의 발달을 위해서 가장 중요한 영향을 주는 것은 그 체험이 초자아를 형성하기 때문이다. 프로이트에 의하면 오이디푸스 콤플렉스에 수반되는 감정은 인간이 그 생애에 체험하는 그 어떠한 감정보다도 강대한 것이고, 그것은 아이의 정신 속에서 격심한 갈등을 일으키는 것이다. 가령 남성의 경우에는 모친을 자기가 독점하려고 하는 생각이 부친의 복수를 초래하여, 그 결과로 자기 성기를 빼앗기지나 않을까 하는 공포심에 빠지게 된다. 그리고 여아에게 페니스가 없는 것은 그것을 이미 빼앗겨 버렸지나 않았을까 하는 생각으로 더욱더 깊은 공포에 빠지게 된다. 그러한 원망은 모친 자신으로부터 거절되기 때문에 아주 복잡한 감정을 품게 된다. 더구나 오이디푸스적인 욕구를 만족시키는 것은 양친으로부터 칭찬을 받고 그 애정을 얻고 싶다는 아이들의 본래의 감정과는 분명히 모순되는 것이다. 그러므로 아이는 오이디푸스적인 욕구의 어떤 부분을 스스로 포기하고, 또 어떤 부분을 억압해서 그것을 무의식의 심중 속으로 몰아넣을 수밖에 없게 된다. 여아의 경우에는 이것이 어떻게 되는가, 여아에게는 거세공포라는 것은 없다. 그것은 당초부터 페니스가 없기 때문이다. 그러나 여아가 그것을 깨닫게 되자 마침내 열등감·수치심·질투심을 품게 되고, 그러다가는 그와 같은 상태로 자기를 낳은 모친을 원망하게 된다. 이렇게 해서 여아는 부친 쪽으로 기울어 그 사랑의 대상이 되려고 하는 것이지만, 그것도 당연히 부친으로부터 거절되고 오이디푸스적인 원망을 포기하거나 억압할 수밖에 없게 된다. 이런 이야기는 극히 상징적이다. 그리고 이런 이야기가 우리 한국 사람의 귀에는 매우 이상한 말로 느껴질 것이다.

그러나 프로이트는 그의 다수의 환자를 분석해서 오이디푸스 콤플렉스의 중요성을 확신했던 것이다. 현재의 심리학자 중에도 인간 심리의 심층에 오이디푸스 콤플렉스적인 요소가 있다는 것을 부정하는 사람은 많지 않다.

오이디푸스 콤플렉스에 관한 정신 체계의 기능 속에서 가장 중요한 것은 자기 스스로 오이디푸스적인 욕구를 포기하고 억압하는 데 있다. 어린애의 욕구가 억제되고 금지되는 것은 그 아이가 양친으로부터 꾸중을 듣거나 주의를 받는 형식으로서 꽤 일찍부터 나타나는 것이다. 그러나 억압이나 금지는 말하자면 아이의 밖으로부터 가해진 힘에 의한 것이다. 그런데 오이디푸스 콤플렉스에 있어서의 억압은 자기 자신의 내부에서 오는 요구로써 그것을 느끼는 것이다. 이것은 심적 장치의 내부 힘의 압력이다. 이 같은 금지·억압의 내재화 과정이 초자아의 형성 과정이다. 이 과정이 충분히 안정되어서 실질적으로 항구적인 것이 되는 것은 7~10세 이후의 일이다. 그러나 이것은 청년기를 통해서, 그리고 어느 정도의 성인이 된 다음에도 덧붙여서 수정되어 가는 것이다.

오이디푸스적인 욕동을 억압한 아이는 양친을 사랑하거나 미워하거나 하는 대신에 양친의 도덕적인 면에 동일화하여 양친처럼 되려고 한다. 그러므로 초자아는 오이디푸스적인 양친의 도덕적 측면이 아이의 정신 체계 속으로 내재화한 것이라고 말할 수 있다. 프로이트에 의하면 이 같은 초자아 형성의 과정에서 중요한 것은 다음의 두 가지 점이다. 그 하나는 아이의 양친에게서 받은 금지의 대부분이 언어에 의한 명령이나 질책의 형식으로 체험된다는 점이다. 그러므로 초자아는 청각적인 기억이나 언어적 기억과 관계가 있다. 여기서 프로이트의 말을 인용해 보자.

"……초자아의 형식을 자극하는 것은 음성에 의한 양친의 비판이다. 게다가 더욱 세월이 지남에 따라서 교사나 친구들의 비판이 가해지는 것이다……"

우리가 양심의 소리라는 따위의 일상생활에서 쓰는 말은 이것을 잘 상징해 주고 있다. 프로이트에 의하면, 정신병의 중환자 중에는 초자아의 기능이 마치 그가 이런 시점에 양친으로부터 꾸중을 들을 때처럼 작용해서 자기 몸 밖의 그 어디선가 실제로 들려오는 것처럼 지각되는 자도 있다고 한다. 초자아의 형성 과정에서 다음으로 중요한 것은 그 때문에 받아들인 양친의 이미지가 대부분 양친의 초자아와 일치한다는 사실이다. 이것은 일반적으로 말하자면, 양친이 자기 아이들을 기를 때에 자기가 아이적에 자기 부모로부터 교육받던 때와 동일한 방법으로 자기 자식을 가르치는 일이 많다는 이야기가 되겠다. 그리고 이것은 매우 중요한 사회적인 영향력을 갖는 것이다. 즉, 이것이 하나의 사회적·도덕적인 규범을 영속시키는 원인이며, 또 동시에 사회 규범의 변화와 발전을 지연시키고, 사회 변화에 대해서 저항하는 보수적 경향을 만드는 원인이 되는 것이다.

## 초자아의 역할

일단 초자아가 형성되고 나면, 그것이 심적 장치 속에서 어떠한 구실을 하게 되는가. 이것은 한 마디로 말하자면 도덕상의 심판의 구실을 하는 것이다. 초자아는 이상적인 것의 대표인 것이다. 이 같은 초자아의 기능은 두 가지 면으로 나누어서 생각할 수가 있다. 그 하나는 양친이 자기들의 도덕적 기준에 맞는 행위를 자신이 하였을 때에 그것을 칭찬함으로써 그 아이의 마음 속에 형성해 가는 도덕적 선의 관념이다. 그것으로서 아이는 무엇이 선인가를 알게 된다. 그리고 또 하나의 면은 도덕적 악의 관념이다. 이것은 아이가 양친에게 꾸지람을 듣고 벌을 받는 체험을 되풀이하는 과정에서 형성되어 가는 면이다. 제1의 면은 이상화라 하며, 제2의 면은 양심이라고 일컫는다. 그러나 이 양자는 동일한 도덕 의식의 안팎인 것이다. 그리고 이 양자를 합한 것이 초자아의 주된 기능이다. 이 기능은 이미 말한 바와 같이 양친을 받아들이고 그것과 동일화해 가는 결과에서 얻어지는 것인데, 이때에 받아들임의 대상이 되고, 동일화의 대상이 되는 아이의 양친은 현실 그대로의 양친이 아니고 이상화로 된 양친이다.

초자아의 기능은 그 형성의 과정에서 보더라도 분명히 유아시대의 정신생활과 밀접하게 관련되어 있다. 그리고 그것은 성인의 정신생활에 있어서는 보통 무의식 중에 영위하도록 되어 있다. 그 무의식적 작용을 분석해 보면 거기에는 몇 가지 특징이 있는데, 그 중요한 것을 들어보면 다음과 같다.

첫째, 이드에 대해서는 물론이지만 자아에 대해서도 그렇게 해서는 안 된다. 그런 짓을 하면 못 쓴다 따위의 금지 명령을 하는 작용이다. 자아도 또한 이드의 욕구에 대항하는 것이지만, 그것은 욕구 충족의 연기를 명령하는 것이지 초자아처럼 금지를 명령하는 것은 아니다. 그리고 또 이 기능을 뒤집은 반면反面의 기능으로서 완전을 목표로 노력하게 하는 기능도 초자아의 기능에 속한다.

제2의 특징은 복수법적 기능이다. 즉, 윤리적·도덕적으로 저지른 잘못이나 죄에 대해서 초자아가 주는 벌을 피해자가 받은 것과 동일한 것이어야 한다고 무의식 중에 그렇게 생각한 일이다. 이 복수법적 기능은 원시사회의 정의감의 특징이고, 또 어린이가 갖는 정의감의 본질이기도 하다. 초자아의 기능이 갖는 제3의 특징은 그것이 행위와 원망을 구별하지 못하는 것이다. 즉, 초자아는 부도덕적 행위에 대해서 벌을 주려고 할 뿐 아니라, 차츰 부도덕한 행위를 하려는 생각에 대해서도 그것을 금지하거나 벌을 주려고 하는 일이다. 게다가 초자아가 인정하지 않는 행위를 해 버린 다음에 그 사람이 무의식 중에 자기 징벌적인 실패를 저지르거나, 말을 잘못하거나, 또는 부상을 당하거나 하는 것도 초자아의 기능의 영향이다.

제4의 기능으로서는 초자아가 집단 심리와도 깊은 관계가 있다는 것이다. 프로이트에 의하면, 어떤 그룹이 결속하는 것은 그 그룹의 각 멤버가 지도자의 이념에 내재화하거나 그 지도자와 동일화하는 데 있다고 한다. 그 결과, 지도자의 초자아나 이미지는 그룹의 각 멤버의 초자아의 일부가 되고, 지도자의 의지·명령·교훈 등은 멤버의 도덕적 기준이 되는 것이다. 이와 같은 메커니즘은 종교적인 집단에도 존재할 것이다. 동일한 신앙의 깃발 아래 하나의 집단을 만들기 위해서는 초자아의 공통 요소를 집단 멤버가 가질 필요가 있다.

이렇게 생각해 보면, 초자아란 아주 엄격한 도덕적인 심판관처럼 보이지만, 아이들이 초자아의 명령에 따라서 행동하기만 하면 양친이나 사회에서 인정받고 꾸지람을 당하지 않아도 되며, 결국에는 자기도 고통을 피하는 결과가 된다. 그뿐 아니라, 초자아의 명령에 따라서 행동하기만 하면, 경우에 따라서는 자랑을 느끼는 감정마저 체득할 수 있는 것이다. 자랑이라는 감정은 어렸을 때에 양친으로부터 칭찬을 받을 때에 품게 되는 감정과 비슷하다. 그러므로 그것은 일종의 나르시시즘이라고 말할 수 있겠다. 거기에는 도덕적인 행위를 함으로써 자기 자신을 사랑한다는 메커니즘을 느끼는 것이다. 그러므로 프로이트도 말한 바와 같이 초자아는 죄를 느끼는 원천임과 동시에 만족이나 기쁨을 느끼는 원천이기도 하다.

### 이드와 자아와 초자아의 관계

앞에서 말한 바와 같이 심적 장치는 이드와 자아와 초자아의 3층으로 되어 있다. 이드는 유전적·생물적으로 규정된 갖가지 욕구와 정신 체계 전체를 움직이는 에너지의 원천이다. 그러나 이드의 욕구는 갖가지 현실세계의 사정에 따라서 그대로의 모습으로 거침없이 만족을 얻어 갈 수가 없다. 그래서 이드는 다시 현실세계의 사정을 음미하는 기능으로 분화·발달해 간다. 그 새로운 기능이 자아이다. 그러므로 유아시대부터 필연적으로 몇 번이나 반복해서 경험하게 되는 욕구불만이 자아를 분화·발달시키는 것이고, 이드의 원망이나 충동과 외계의 현실세계의 사정을 분명히 구별해서 양자의 관계를 판단하는 것이 자아의 구실이다. 이것이, 즉 지각·기억·사고 등 고급 정신 기능을 발달케 하는 이유이다. 그런데 자아도 또한 자기 밖의 환경을 아는 반작용으로서 자기 자신을 알고 그것에 따라서 자아의 경계가 확립되어 가는 것이다. 그리고 자아는 이드와 환경 사이의 중개자로서 이드의 욕동 에너지의 발산을 연기시키기도 하고, 컨트롤하기도 하며, 때로는 그것을 저지시키기도 한다. 그러나 이와 같은 자아의 기능을 움직이게 하는 에너지를 이용하는 것이므로 자아가 발달함에 따라 상대적으로 이드의 에너지는 감소되고 이드의 욕구를 억압하기 쉽게 된다. 그리고 이드는 쾌락 원칙에 따르는 것임에 대해서 자아는 현실 원칙을 따른다.

다음으로 초자아와 이드와의 관계를 보자. 이미 말해 온 것에서 알 수 있듯이 초자아는 오이디푸스적 대상 관계가 전환한 것이며 남겨진 것이다. 프로이트가 초자아의 근원은 이드의 깊은 곳이 있다고 말한 것은 이 같은 의미에서 한 말이다. 그러므로 자아도 초자아도 모두 이드에서 생겨난 것이라고 말할 수 있다. 앞에서 갓난아기의 정신 체계는 이드뿐이라고 말했던 것도 바로 이 뜻이다. 그러므로 초자아의 주된 기능인 도덕적인 금지력 또는 심판의 엄격함이란 당연히 이드와 깊은 관계가 있다. 앞에서 설명한 바와 같이, 초자아란 내재화한 양친인 것이므로 어떤 인간의 초자아 기능의 엄격성이라는 것은 그 양친의 엄격성에 상응하는 것이라고 생각되겠지만, 실제로는 그것은 별로 일치하지 않는다. 오히려 초자아의 엄격성은 그에 오이디푸스 콤플렉스 속에 있던 양친에 대한 공격적·적의적 욕구 에너지의 강도의 정도에서 규정된다.

예를 들면, 남성인 경우에 그가 오이디푸스 콤플렉스에서 얼마만큼 부친을 적시했는가는 여성인 경우에 그녀가 오이디푸스 콤플렉스에서 얼마만큼 모친을 적시했는가에 따라서 규정되는 것이다. 그러므로 초자아의 기능을 움직이는 에너지도 또한 이드의 에너지에서 빨아들인 것이다. 그리고 처음에는 양친의 내재화에서 출발한 초자아는 마침내 성장함에 따라서 규정되는 것이다. 예를 들면, 남성인 경우에 그가 오이디푸스 콤플렉스에서 얼마만큼 부친을 적시했는가, 또는 여성인 경우에는 그녀가 오이디푸스 콤플렉스에 얼마만큼 모친을 적시했는가에 따라서 규정되는 것이다. 그러므로 초자아의 기능을 움직이는 에너지도 또한 이드의 에너지에서 빨아들인 것이다. 그리고 처음에는 양친의 내재화에서 출발한 초자아는 마침내 성장함에 따라서 교사나 역사상의 인물이나, 나아가서 문학에 나타나는 가공 인물 등의 초자아를 받아들여 그것을 동일화하고, 그것을 내재화함으로써 더욱더 형성 발전시키게 된다. 이렇게 생각해 가면 초자아는 언제나 이드의 욕구에 대립해 있는 듯이 보이지만 실제로는 또 그렇지도 않다.

예컨대 극단적으로 도덕적이라는 것은 자기 자신에 대해서 공격적이라는 것이 되므로 그 경우에서 이드의 공격적인 욕구는 만족을 딛고 있는 것이다. 그리고 세계 역사에서 보면 도덕적이라고 하는 초자아의 작용을 가장해서 아주 대규모의 잔학 행위가 행해진 예를 얼마든지 볼 수 있다. 이교도에 대한 잔혹한 종교 재판, 나치스 독일 정부의 유대인 대량 학살 따위도 그 실례라 하겠다. 그러나 이것은 프로이트 이론에서 보자면 실은 초자아의 이름을 빌린 이드의 원시적인 욕구의 표현인 것이다. 이드가 가진 욕구 에너지는 그야말로 위대하다. 최후로 이드와 초자아의 유사점을 하나 들어 보겠다. 그것은 그 모두가 현실을 왜곡해서 바라보는 작용이 있다는 것이다. 즉, 초자아는 항상 이렇게 되어 있어야 한다는 눈으로 사물을 바라보는 것이며, 있는 그대로를 보려고 하지 않는 것이다. 또 이드는 이렇게 되는 것이

바람직하다는 눈으로 사물을 바라보는 것이며, 있는 그대로의 모습으로는 보려고 하지 않는다.

## 정신 체계

정신 체계는 일종의 에너지의 체계이다. 그러나 그 에너지는 무진장인 것이 아니기 때문에, 체계의 한 부분에 에너지가 집중되어 있다면 다른 부분의 에너지는 고갈해 버린다. 가령 강한 자아를 가지고 있는 사람이라면 이드나 초자아는 약하고, 초자아에 에너지가 집중되어 있는 사람은 자아나 이드가 약하다. 전자는 아집이 강한 사람을 이르는 말이고, 후자는 도덕적인 인물이다. 그리고 이드가 정신 에너지의 대부분을 보유하는 사람은 충동적인 인물이다. 그리고 이같은 정신 체계의 내부에 있어서의 에너지 배분 상태의 특징이 그 사람의 퍼스낼리티의 특징이다.

# 4

## 무의식의 메커니즘에 대한 설명

**무의식 / 전의식**

프로이트의 초기 이론의 중심 개념은 무의식이었다. 또한 프로이트 사상의 중요한 특징의 하나라는 것은 이미 말한 대로이다. 그의 말을 인용하자면 심리학에 있어서 우리들의 과학적인 일은 무의식의 과정을 의식적인 과정으로 번역하고, 그에 따라서 얼른 보아서는 연속해 있지 않은 것처럼 보이는 무의식적인 마음의 움직임의 간격을 메우는 일이 있다. 그것은 마치 물리학이나 화학이 얼른 보아서는 눈에 보이지 않는 물질계의 인과 관계를 실험이나 그 실험을 기초로 하는 가설에 의해서 이어가는 것과 똑같은 것이라고 생각했던 것이다. 그러므로 심리학이 만약에 하나의 과학으로서 마음의 움직임의 인과 관계를 알려고 한다면 아무래도 무의식의 세계를 연구해야 한다고 주장할 것이다.

프로이트에 의해서 이처럼 중요시된 무의식의 체계는 어떠한 특징을 갖는 것일까. 그것은 첫째로, 항상 그 에너지를 방출하려고 하는 온갖 충동, 즉 원망 흥분에서 성립되어 있다는 것이다. 게다가 이들 충동이나 흥분은 서로가 영향을 받지 않고서 병립할 수 있고, 부정되는 일도 있으며, 의혹을 받는 일도 없다. 무의식의 체계에 있는 충동이나 흥분을 부정 또는 의혹의 눈으로 바라보는 것은 무의식보다 고차원의 정신 체계에서 가해지는 압력의 힘이다. 그러므로 무의식의 체계는 강한 에너지를 가진 갖가지 욕동이 상호간에 모순 없이 함께 어울려 있다고 말할 수 있다. 무의식 체계의 제2의 특징은, 거기에 있는 온갖 욕동이 단지 쾌감 원칙에 따를 뿐, 그 밖의 질서를 따르지 않는다는 것이다. 즉, 그것은 오로지 쾌를 구하고 불쾌를 피한다. 그리고 시간적으로 질서가 잡혀져 있는 것이 아니고, 시간이 흘렀다고 해서 변하는 것도 아니다. 이를테면 그것들은 시간과의 관계를 가지고 있지 않은 것이다. 게다가 그들 욕동이 가지고 있는 에너지는 꽤 넓은 범위에 걸쳐서 대상이나 치환이 가능하다.

이와 같은 무의식의 체계에 대해서 전의식의 체계는 어떤 것인가. 먼저 프로이트가 하는 말을 들어 보자. 정신분석의 성과로 보아서 무의식의 체계와 전의식의 체계 사이에는 일종의 검열과 같은 기능이 끼어져 있다. 즉, 무의식의 내용이 그 검열을 통과하지 못할 때에는 전의식 체계로 옮겨갈 수가 없다. 그것은 억압되어 있는 것으로써 무의식의 세계에 머물러 있을 수밖에 없다. 그러나 설사 검열을 통과해서 전의식의 체계 속으로 들어갈 수 있다고 하더라도 그것만으로는 의식의 체계에 대한 관계는 더욱 분명해지지 않는다. 그것은 다만 의식 체계에 들어갈 가능성이 있는 것뿐이고, 조건이 갖추어졌을 때에 비로소 특별한 저항 없이 의식의 대상이 될 수 있다는 것이다. 여기서 프로이트가 검열이라고 말하는 것은 무의식의 체계 내용의 의식화되는 것을 방해하고 있는 그 어떤 가정된 기능이다.

이렇게 검열을 통과한 전의식의 체계에 들어갈 수 있었던 내용은 이제는 벌써 무의식 체계의 내용과는 달라서 서로 영향을 끼칠 수가 있고, 시간적으로 질서가 잡혀 있으며, 현실을 음미할 여유도 있는 것이다. 무의식의 세계란 말하자면 생기에 차 있고, 발랄하게 생을 영위하고 있음에 반하여, 전의식의 세계는 이미 욕동 에너지를 분별 없이 방출하는 것을 억압하는 경향을 가지고 있다. 이 같은 전의식의 체계가 분명하게 무의식의 체계와 분리되는 것은 대개 사춘기부터이다. 이처럼 무의식·전의식·의식의 구분과 이드·자아·초자아의 구분과의 관계는 그 기능에서나 발생에서 보더라도 지극히 미묘하다. 양자 사이의 관계를 다음 그림처럼 분명하게 도식화해서 생각하는 학자도 있으나 프로이트 이론은 그렇게 명확하게 정리할 수는 없다.

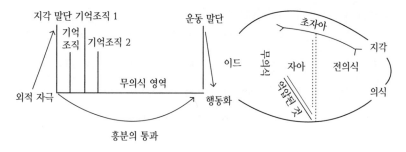

## 불안

무의식의 체계를 지배하고 있는 원칙은 쾌감원칙이다. 이에 대해서는 이미 말한 바 있다. 처음에 프로이트는 욕구 에너지가 발산되는 것을 쾌라 하였고, 발산되지 않는 채로 증가해 가는 것을 불쾌라고 생각했는데, 나중에는 이에 해당되지 않는 경우가 있음을 알고 그 이론을 조금 수정하였다. 예를 들면, 성적 긴장의 경우는 그것이 해당되지 않는 것이다. 즉, 성적 긴장의 증가, 욕동 에너지가 발산되지 않은 채로 증가해 가는 상태는 적어도 어느 정도까지는 쾌이기 때문이다. 그러므로 프로이트는 나중에 욕구 에너지의 축적 발산의 현상과 쾌·불쾌의 감정과의 관계는 그렇게 간단한 것이 아니고, 또 확정적인 것도 아니라고 주장하게 되었다. 그러나 심적 장치는, 특히 무의식 체계는 쾌를 구하고 불쾌를 피하려는 강한 경향을 가졌다고 생각하고 있었다. 이것이 쾌감원칙이다.

이 쾌감원칙의 이면으로써 불안의 이론이 생겼다. 처음에 그는, 불안은 에너지 리비도가 충분히 발산되지 않았거나 그 발산을 저지당한 데서 발생되는 감정이라고 생각하고 있었다.

그런데 1926년에 이르러서 프로이트는 새로운 불안의 이론을 내놓았다. 거기서 그는 불안의 근원을 생물적·유전적인 것에서 구하려고 하였고, 인간은 불안을 느낄 능력을 태어나면서부터 가진 것이라고 주장했던 것이다. 아무리 인간이라 하더라도 아무런 보호를 받지 못하고 자연 그대로 방치된다면 그는 곧 죽어 버리고 마는 존재이다. 그러므로 불안을 느끼는 능력은 인간도 다른 동물과 마찬가지로 생존에 꼭 필요한 요소라고 하는 것이다. 그렇다면 어떠한 경우에 인간은 불안을 느끼는 것일까. 그것은 심적 장치가 안팎에서 오는 거대한 자극 때문에 압도되어 그것을 발산하지도 처리하지도 못하게 되었을 때에 발생되는 것이라고 생각했다. 그리고 만일 안팎에서 오는 자극을 지배·처리하거나 발산시키는 것이 자아의 기능의 일부라고 한다면, 거대한 자극에 압도되기 쉬운 것은 자아의 기능이 미숙하던 유년시대이어야 할 것이다. 그렇게 생각한 프로이트는 그 대표적 예로써 아기 출산 경험을 들었다. 출산은 이 세상에 태어나는 아기로서는 인생 최초의 가장 장렬한 체험이었을 것이다. 게다가 그때의 아기는 외부로부터 그의 장기관이나 감각기관에 가해지는 압도적인 자극이나 태내에서 외계로 나오는 환경의 격변에 대해서 무력할 수밖에 없다. 이 같은 압도적인 자극으로 말미암아 심적 장치가 상하게 되는 상황을 그는 외상상황 또는 위기상황이라고 불렀다. 출산은 위기상황의 원형이다.

인생의 제2의 위기상황은 출생 후에 즉시 찾아온다. 그것은 갓난아이가 자기 혼자서는 어떻게 할 수 없는 데서 생겨나는 것이다. 예를 들면, 유아는 배가 고파도 자기 힘으로는 먹이를 구하는 능력이 없다. 또한 부모가 올 때까지 기다려야 한다는 생각을 가질 만한 자아가 발달되어 있는 것도 아니다. 그래서 유아는 증대해 가는 욕동에너지에 압도되어 자동적으로 불안을 체험한다는 것이다. 이 같은 유년시절의 자동발생적인 불안은 야기시키는 다량의 자극은 이드의 작용으로 인해서이다. 그러나 실제로 불안을 느끼는 것은 자아의 기능이기 때문에 불안을 불안으로써 의식하고 느낄 수 있다는 것은 자아의 기능이 충분히 발달해 오는 아동기 이후의 일이다.

인생 제3의 중요한 위기상황은 오이디푸스 콤플렉스에 수반되는 불안이다. 그리고 제4의 중요한 위기상황은 초자아가 형성됨에 따라서 생겨난다. 이처럼 심적 장치는 몇 가지 중요한 위기상황을 빠져나오면서 온갖 불안을 체험하면서 발달해 가는 것이다. 여기서 그 어떤 위기 상태가 중대하였느냐 하는 것은 사람에 따라서 다르다. 그렇지만 어떤 상황에 있어서 과도한 불안을 체험하면서 그 후유증을 남긴 것이 신경증 환자인 것이다. 이것이 불안신경증으로 나타난다. 예를 들면, 성애편에서 이미 말한 바와 같이 제1차 세계 대전을 계기로 해서 크게 클로즈 업된 전장신경증은 분명히 전장이라는 특수 조건 아래에서 인간이 필연적으로 직면하게 된 자극에 의해서 자동적으로 불안이 야기되는 것이라 할 수 있다.

### 자아방어기제

이 같은 몇 가지 위기상황에 직면하여 몇 가지 불안을 체험하면서 성장해 가는 중에 어느덧 아이는 위기상황의 출현을 미리 예기함으로 말미암아 불안을 느끼게 된다. 이러한 불안은 느끼는 것도 또한 자아의 기능이다. 이것은 말하자면 인간이 자아의 기능으로써 다가오는 위기상황을 예기하여 불안이라는 반응을 일으켜서 그 회피를 위하여 전력을 다 한다고 할 수 있다. 그러므로 일면에서 보자면, 불안은 자아가 위기를 알려 주기 위한 신호로서 만들어진 것이라고도 할 수 있다.

예기되는 불안이라는 것은 불쾌한 것이다. 그러므로 일단 불안이 생기면 즉시 쾌감원칙이 작용하여 이드 욕동 에너지는 필요한 에너지를 자아로 옮겨서 자아는 위기상황을 일으킬 우려가 있는 행위를 중지시키거나 위기상황에 떨어지는 것을 피하려고 한다. 그러므로 이 같은 불안 메커니즘은 결코 그 자체가 병리적인 것은 아니고, 오히려 건강하고 필요한 것이라고 말할 수 있다. 이런 경우에, 현실적으로 커다란 위기상황에 빠져 버렸을 때 느끼는 불안과 위기상황을 예기하고서 야기된 불안과의 사이에서 생기는 큰 차이는 그 불안의 강도에 있다. 물론 전자의 경우 불안이 더 강한 것이고, 후자의 경우 불안은 약하다.

자아가 위기상황을 접근의 신호로서 불안을 일으키고, 이드의 쾌감원칙이 그에게 호응해서 위기상황에서 빠져 나가려는 마음의 움직임을 정신분석에서는 방어 메커니즘이라고 일컫는다. 방어 메커니즘은 무의식 중에 영위되고, 또 그 방어의 방법은 갖가지이다. 여기서 그것을 순서대로 자아의 방어 메커니즘의 갖가지 예를 그 대표적인 것에서 찾아 들어 본다.

### 억압

억압은 프로이트 초기 이론에서 이미 방어 메커니즘의 중요한 것으로 들고 있다. 그리고 그것은 성적 욕동이건 공격적 욕동이건 간에 자아를 위기상황으로 빠뜨릴 위험이 있는 이드의 욕동과 그 대상물을 눌러서 의식 밖으로 쫓아내 버리는 것이다. 그러므로 억압된 것은 잊어버린다. 왜냐 하면 기억하고 있는 것이 위험하기 때문이다.

이것을 심적 에너지의 입장에서 보자면, 억압한다는 것은 자아가 가지고 있는 심적 에너지의 일부를 사용해서 항상 억압하고 있어야 한다는 이야기가 된다. 그렇게 하지 않으면 억압된 것은 의식의 체계에 떠오르게 된다. 그러므로 설사 고열에 신음하고 있다거나, 술에 취했다거나, 잠자고 있을 때에 자아 에너지가 약화되어 있다면, 평소에는 억압되어 있는 욕동이나 원망이 온갖 형태로서 튀어나오곤 하는 것이다. 고열로 신음하다가 마침내 마음 속에 있는 말을 실토해 버리거나, 술에 취한 김에 평소에는 하지 못하던 성적인 말을 한다거나, 또 꿈 속에서 자기가 미워하는 상사의 머리를 때린다든지 하는 것은 그 예이다.

그리고 그 반대의 경우도 있다. 예를 들면, 사춘기에 들어선 청년이 육체적인 성숙 때문에 이드 에너지를 급증시켜 아동기에는 비교적 잘 되던 성적 욕구의 억압에 실패하는 것은 이미 배당되는 것이다. 이 경우는 자아 억압력이 약해서가 아니고, 안으로부터 솟아나는 압도적인 욕동 에너지와 자아의 억제에 쓰이는 에너지와의 힘이 밸런스에 의해서 결정되는 것이다. 그러나 설사 강한 자아 에너지를 가지고서 억압에 성공했다고 하더라도 억압된 것은 말하자면 다른 출구를 찾아서 꿈틀거리는 것이고, 이것이 신경증의 원인이 되는 것이다. 이에 대해서는 이미 이 책의 성애편에서도 약간 언급한 바 있다.

억압의 메커니즘에 대해 몇 마디 더 덧붙이자면 앞에서 약간 언급한 바와 같이 억압의 모든 과정은 무의식 중에 영위된다는 사실이다. 무의식적이라는 것은 꼭 억압된 요소에만 한정된 것은 아니다. 억압하는 자아의 활동 자체도 또한 온전히 무의식적이다. 게다가 어떤 것이 억압을 당할 적에는 억압당한 것은 기능적으로 자아에서 분리된 이드의 일부분이 되어 버린다. 그 결과, 너무나 많은 것을 억압한다는 것은 차츰 자아의 영역을 좁히고, 또 그것은 자아의 힘 전체를 약하게 만드는 결과가 된다. 이것은 좀전에 말한 에너지론에서 보아서 알 수 있을 것이다. 이렇게 해서 너무 지나치게 억압한 사람은 일상생활에서도 대개는 소극적이고 깐깐한 성품이 되며, 언제나 긴장해 있으면서도 신중하다. 그런 사람은 말수도 적고 동작도 부자연스러운 경우가 많다. 그는 자아 에너지의 대부분을 과로하게 억압하는 데만 사용해 버린 것이다. 그러므로 인생을 여유 있게 즐긴다거나, 많은 경험을 쾌적하게 처리해 갈 만큼의 에너지가 남아 있지 않다. 그렇기는 하지만 억압은 정상인인 퍼스낼리티의 발달을 위해서도 필요한 것이고, 또 누구나가 어느 정도까지는 쓰고 있는 것이다. 왜냐 하면 억압은 자아방어를 위한 하나의 중요한 메커니즘이기 때문이다.

### 반동형성

반동형성도 또한 전형적인 자아방어의 메커니즘이다. 이것은 이를 테면 증오와 같은 의식에 올려 놓으면 위험한 욕동 에너지를 억압해 두기 위해서 그 반대의 것, 즉 이 경우는 애정을 과도로 강조하여 자아를 위험으로부터 지키는 메커니즘이다. 잔인성을 숨기기 위해서 다정함을, 완고함을 누르기 위해서 순종함을, 불결을 나타내지 않기 위해서 청결을 강조하는 것은 모두 이러한 반동형성이다. 이렇게 말하면 방동형성은 언제나 사회적으로 받아들여지지 않는 것을 억압해서 그 반대물을 표면으로 나타내는 것처럼 생각될지 모르지만 반드시 그렇지만도 않다. 예를 들면, 너무나도 사랑한 나머지 오히려 미워진다는 따위의 심리 상태는 그것을 잘 나타내는 것이라 하겠다. 이렇게 보면 반동형성은 초자아가 형성되는 것과 흡사한 점이 있다는 것을 독자 여러분은 느끼게 될 것이다. 보기에 따라서는 초자아는 자아를 방어하기 위해서 오이디푸스적인 욕동을 억압하면서 그 반대의 극인 도덕적 체계로서 형성되어 온 것이라고도 할 수 있다.

다음으로, 새로 동생이 생겨난 유아의 경우에서 예를 찾아 보면서 반동형성의 구체적인 모습을 말해 보기로 한다. 이런 경우에 유아는 먼저 지금까지는 자기의 것이었던 모친의 애정이나 관심을 동생에게 빼앗기지나 않을까 하는 것을 두려워한다. 그리고 그 때문에 새로 생겨난 동생을 배척하려고 한다. 그것은 대개의 경우에 있어서 분명한 행동으로 나타나게 되는 것이어서, 예를 들면 잠자는 동생을 발로 차서 건드리거나 한다. 그러나 곧 그는 그러한 행동이 오히려 모친으로부터 꾸중을 듣는 것뿐이고 자기에게 아무런 이득이 없다는 것을 깨닫게 된다. 그렇게 되면 이번에는 동생에 대한 적개심을 자기 스스로의 힘으로 누를 수밖에 없다는 것을 알게 된다. 그리고 그 대신에 모친의 애정과 관심을 끌 수 있는 뭔가 다른 방법에 의한 행동을 모색하게 된다. 즉, 동생을 사랑하게 되는 것이다. 이렇게 해서 유아는 무의식 중에 자아를 방어해 간다.

예를 들어, 이와 같은 반동형성에 의해서 생겨난 애정과 진짜 애정과는 어디가 어떻게 다른 것일까. 그것은 외부로부터 보고서 가려낼 수가 있는 것일까. 그 구별은 가능하다. 즉, 반동형성에서 생겨난 애정의 두드러진 특징은 그 표현이 아주 지나치게 크다는 점이다. 그것은 부자연스럽게 보인다. 그것은 표면상으로 화려하게 보인다. 그것은 너무나도 지나치게 위장돼 보이는 사랑이다. 그것은 진실된 사랑처럼 환경의 변화에 따라서 순응할 수가 없는 사랑이다. 그것은 만일 그 사랑의 표현에 실패하는 날에는 그 반대로 증오의 감정이 곧 표면에 나타나기 마련인 느낌을 가진 사랑이다. 거기에는 불안에 대해서의 반동형성이라는 수단이 완고할 만큼 스스로 지켜지는 자세가 보이는 것이다. 그러므로 반동형성에 의해서 나타나 있는 감정은 곧 그 정체를 드러내고 만다.

반동형성의 메커니즘은 내적인 것에 대해서만이 아니고 외적인 불안에 대해서도 나타난다. 예를 들면, 특정인을 두려워하는 나머지

공연히 그 사람과 친한 것처럼 보인다든가 하는 것도 이에 해당된다. 그러나 그 행동은 부자연스러운 것이고, 어설프지만 반동형성의 과정도 또한 무의식 속에서 영위되는 것이다.

### 투사

투사는 이드나 초자아의 기능에 따라서 자아에 가해진 압력 때문에 자아가 불안을 느꼈을 때 그 원인을 자기 이외의 것으로 돌려서 그 불안을 가볍게 하려는 방어 메커니즘이다. 왜 그것이 자아의 방어가 된 것인가. 그것은 자기 마음 속에 있는 어떤 불안과 위기보다도 외계에 원인이 있는 불안과 위기 쪽이 훨씬 처리하기 쉽고, 마음이 가볍고 안심이 되기 때문이다.

예를 들어 보자. 가령 여기에 어떤 계모가 있다고 하자. 그리고 그 계모는 자기가 낳지 않은 자식을 아주 미워했다고 하자. 이 같은 계모의 감정은 결코 사회적으로 용인되는 것이 아니며, 계모의 양심도 그것을 받아들이지 않는다. 그래서 계모는 무의식 중에 자기 마음 속에 사는 공격적인 욕동을 그 자식에게 투사한다. 그리하여 자기는 좋은 계모이고, 또 그렇게 되려고 노력하고 있는데도 불구하고 자식 쪽에서 자기를 미워하고 있어서 귀찮다고 생각해 버리는 것이다. 그렇게 해서 그녀는 마땅히 사회에서 받아야 할 비난을 피하고 양심의 가책에 의한 불안에서 빠져나오는 것이다. 이것이 투사의 메커니즘이다. 무의식 속에서 내가 그를 싫어하고 있음에도 불구하고 그가 나를 싫어하고 있다고 생각하는 것도 투사이며, 무의식 중에 자기가 양심의 가책을 받고 있는 일에 대해서 저놈이 방해를 놓고 있기 때문에 그것을 할 수 없다고 생각하는 것도 투사 메커니즘이다. 전자는 이드 속에서 공격적인 적의가 생김으로써 생기는 불안을 남의 탓으로 돌림으로써 한결 그것을 가볍게 하자는 것이다. 후자는 초자아의 금지에 의해서 생기는 불안을 타인의 탓으로 돌림으로써 그것을 부드럽게 하고 있는 것이다. 이것은 모두 똑같이 자아를 방어하려는 모습이다.

이 같은 투사의 메커니즘이 인간의 성애에서는 어린시절일수록 더 잘 나타난다. 예를 들면, 애들이 잘못한 일이 있어서 부모에게 꾸중을 들으면 아이는 시치미를 떼면서 "다른 애들도 했으니까"라고 말하는 일이 있는데, 이 같은 단순한 거짓말도 애들은 그것을 사실이라고 믿어 버릴 만큼 투사의 메커니즘이 잘 작용하는 경우도 있다.

투사 메커니즘도 또한 무의식 중에 이루어지는 것이다. 그것이 의식되어 버리면 그 불안을 가볍게 할 수가 없다.

### 퇴행과 고착

퇴행도 또한 중요한 자아방어의 메커니즘이다. 퇴행이란, 욕구 에너지가 충분한 만족을 얻도록 발산되지 않기 때문에 불안에 빠진 자아가 이미 지나가 버린 옛 발달 단계에까지 소급하여 그 시기에 효과가 있었던 행동의 형을 현재의 사태에 원용하여 욕구의 만족을 꾀하려는 무의식의 메커니즘이다. 그리고 이 퇴행 메커니즘은 다음에서 말하는 고착 메커니즘과 깊은 관련을 갖게 되고, 고착 경향이 강한 사람이 퇴행 현상을 일으키기 쉬운 것이다. 게다가 일단 퇴행 메커니즘이 작용하면 그 사람의 욕동은 생생해지고 나르시시즘의 경향이 나타나는 것이다. 다음에 퇴행에 관해서 말한 프로이트의 언급을 들어 보기로 한다.

성의 욕구 요소의 그 무언가의 하나가 지나치게 강력했거나, 또는 너무나 일찍이 만족의 경험을 갖거나 하면 그 결과 발달 과정의 그 자리에서 리비도가 정착해 버린다. 그리고 후년에 억압을 받았을 경우에는 리비도는 그 자리로 되돌아가게 된다. 이것이 퇴행이다.

퇴행의 구체적인 예로써는 어떤 것이 있는가에 앞서 반동형성에서 든 예는 그것을 그대로 퇴행 메커니즘의 설명에도 쓸 수 있는 경우가 된다. 즉, 새로 동생이 태어난 유아는 지금까지 자기에게 오던 모친의 애정이나 관심이 이제는 동생 쪽으로 가지 않을까 하는 것을 두려워한다. 그러나 그것을 회복하기 위해서 합리적인 좋은 방법에 생각이 미칠 만큼 그는 발달되어 있지 않다. 그래서 그 유아는 무의식 중에 자기가 좀더 어린아이가 되어서 모친의 애정이나 관심을 다시 찾자는 거다. 즉, 이러한 불안에서 빠져나오고 자아가 상처를 입는 것을 방어하려는 메커니즘이 퇴행이다. 마음에 상처를 입은 사람이 자기의 꿈의 세계에 틀어박혀 버리는 것도, 그리고 마음의 상처를 달래보려고 술에 취해서 난폭한 행위를 하는 것도, 또 꾸중을 들은 아이가 갑자기 아주 어린아이가 하는 말을 중얼거리는 것도, 불만이 생겼을 때에 자동차를 함부로 모는 것도, 그리고 꿈을 꾸는 것도, 신비적인 공상 소설에 정신이 빠져 있는 것도 어른들이 흔히 하는 퇴행 현상이다.

이것에 대해서 고착이라는 것은 어떠한 메커니즘일까. 고착이란 정신 체계가 어떤 발달 단계에서 멎어 버리고 그 이상은 발달되지 않는 경향을 뜻한다. 그리고 그것은 정신이 그 이상의 어른이 되기를 두려워하며 불안을 품고 있기 때문에 고착하는 것이다. 예를 들면, 상급 학교에 입학한 아이가 불안 때문에 그전에 다니던 학교의 친구들하고만 놀고, 또 그 이전의 행동 양식을 바꾸려 하지 않는 것은 일상생활에서 흔히 보는 일시적인 고착 현상이다. 그리고 그에 따라서 불안을 피하고 자아를 방어하는 것이다.

## 승화와 치환

또 한 가지 승화와 치환의 메커니즘에 대해서 말해 보자. 승화란 억압된 욕구 에너지가 방향을 온전히 바꾸어서 사회적으로 인정되는 가치 있는 목표로 옮겨지고 그것을 실현함으로써 대상적인 욕구를 만족시키는 메커니즘이다. 그리고 치환은 어떤 대상에게로 향한 욕구 에너지가 그것 이외의 대상으로 돌려져서 대상적인 만족을 얻는 메커니즘이다. 그러므로 승화와 치환은 동일한 메커니즘이지만, 대상이 보다 높은 문화적 목표일 때에 그것을 승화라고 부른다. 예를 들면, 공격 욕동을 직접적으로 발산시키는 대신에 스포츠의 기록에 도전하는 것은 승화라고 할 것이고, 성적 욕동을 직접적으로 발산하는 대신에 문화 작품의 창작에 전념하는 것도 승화이다. 프로이트에 의하면 레오나르도 다 빈치가 그토록 큰 관심을 기울여서 그린 모나리자는 다 빈치가 어린시절에 작별한 모친을 그리워하는 정신 에너지가 승화된 것이라 한다. 그에 의하면 문명의 진보 그 자체마저도 이드의 욕구 에너지가 승화된 것이라 한다. 이상으로 갖가지 자아방어를 위한 메커니즘에 대해서 그 대표적인 것을 살펴보았는데, 자아방어의 메커니즘은 어디까지나 불안을 처리하는 비합리적인 방법에 지나지 않는다. 그것은 욕구 에너지 본래의 발산과는 달라서 거기에 많은 문제가 도사리고 있다. 예를 들면, 이 메커니즘이 너무나 강력하게 작용하게 되면 자아의 독자성이나 유연성이나 적응성이 상실될 것이다.

그리고 설령 이 메커니즘이 작용했다고 하더라도 그것이 자아방어에 실패를 하게 되면 자아는 불안에 직면하여 신경증에 빠지고 말 것이다. 그리고 이 메커니즘이 도무지 구실을 못 하게 되는 날에는 자아는 상처를 입고 쓰러져 버릴 것이다. 그러므로 건강한 자아가 발달하기 위해서는 자아방어의 메커니즘이 적당히 작용해야 한다는 것이 필요하다. 어느 정도가 적당하냐 하는 것은 사람에 따라서 각각 다른 것이지만, 어린이를 위해서는 견디기 어려울 만큼 약하지도 않은 온갖 장애에 부딪쳐 보고, 온갖 욕구불만의 체험을 쌓아 보는 것은 어린이의 자아발달을 위해서 극히 중요한 일이다.

### 실패의 심리

무의식 중에 작용하는 마음의 움직임에 대한 메커니즘의 수수께끼를 푸는 또 하나의 열쇠가 있다. 그것은 우리의 일상생활에서 흔히 일어나는 실패·실언·착각, 글자의 오기 등이다. 우리는 이와 같은 일상생활의 사소한 실수를 가끔 부주의라든가, 경솔이라든가, 피로라든가, 흥분 따위의 탓이라고 생각하기 쉬우나, 프로이트에 의하면 그것은 모두 잘못의 보조적 또는 부차적인 원인에 지나지 않는 것이라 한다. 그리고 그에 의하면 이 같은 잘못의 근본적인 원인은 지금까지 보아온 갖가지 무의식적인 심리 과정이라는 것이다.

먼저 구체적인 원인을 들어 보자. 어떤 젊은 사나이가 자기 자동차를 운전하고 결혼식날 아침에 약혼자의 집으로 가는 도중 교차점에서 청신호인데도 차를 세웠다가 붉은 빛으로 바뀌어질 때까지 그것을 깨닫지 못하고 있었다. 그래서 그는 자기 혼자 이것 저것 생각하다가 문득 자기는 지금 약혼녀와의 결혼이 그리 달갑지 않은 일이었다는 무의식적인 감정에 생각이 미쳤던 것이다.

여기서 또 하나 교통 사고의 예를 들어보기로 한다. 어떤 여성이 자기 남편의 자동차를 몰고 가다가 혼잡한 도로에서 급정거했기 때문에 뒤따라온 자동차가 그녀의 자동차 후부에 충돌해 버렸다. 그 결과 자동차의 후부 펜더가 파괴되었는데, 그녀의 정신을 분석해 본 결과는 다음과 같았다. 즉, 그녀의 남편은 그녀에 대해서 아주 난폭했기 때문에 그녀는 항상 마음 속에 노여움을 품고 있었다. 그러나 그녀는 남편에 대해서 직접적으로 반항할 수가 없었기 때문에 남편의 자동차를 난폭하게 운전하는 행동으로 발작하여 그런 충돌 사고를 낸 것이다. 그리고 그런 사고가 발생하는 순간에 그녀의 마음 한 구석에서는 뭔가 모를 후련한 기분이 일어났던 것이다. 그러나 동시에 또 한편으로는 설사 무의식 중이라 하더라도 남편에 대해서 적의를 갖는다는 것은 그녀의 초자아가 허락하는 일이 아니었다. 그녀는 그러한 죄책의 감정 때문에 남편의 자동차를 파괴함으로써 남편으로부터 어떤 벌을 받을 찬스를 무의식 중에 얻는 결과가 되어서 그것이 그녀의 죄책감을 구해 주는 셈이기도 했던 것이다. 이 두 가지 예는 모두 프로이트 자신이 다룬 것은 아니었지만 일상의 작은 실수의 심리를 잘 부각시킨 것이라고 본다.

# 5

# 꿈에 대한 설명

꿈처럼 인간에게 신비로운 느낌을 주는 체험도 없으리라. 그러므로 고대에는 꿈은 어떤 계시라고 여겨지기도 했다.

고대 그리스에서는 치병 수단으로 꿈점이 이용되기도 했다. 병자는 아폴로나 아스클레피오스 신전으로 가서 갖가지 의식을 행하고 수욕을 하여, 향을 피우고 속죄양으로 잡은 산양의 모피 위에 누워서 꿈을 꾸게 되는 것이었다. 그렇게 해서 꾼 병자의 꿈을 사제가 풀이를 하고 치료책을 정했다고 한다. 당대의 석학이던 아리스토텔레스까지도 꿈을 통하여 병의 상황을 알 수 있었다고 한다.

근대에 이르러 꿈에 대하여 보다 과학적으로 정리한 사람은 테르베프였다. 테르베프는 우리가 보통 때는 완전히 잊어버리게 되는 일들을 꿈 속에서 자유롭게 재현시킬 수 있다는 것을 알게 되었다.

그러나 꿈을 해석하기 위하여 과학적으로 연구한 사람은 프로이트였다.

## 현재몽과 잠재몽

프로이트는 몇 가지 꿈의 분석을 계기로 꿈의 심리학적 의미를 확신하게 되었다. 꿈처럼 많은 무의식적 과정을 선명하게 나타내고, 또 억압된 정신 내용을 부각시키는 정신 현상도 없는 것이었다. 꿈이야말로 무의식 세계에 이를 수 있는 중요한 도정이라고 할 수 있다. 마침내 프로이트는 꿈에 대한 과학적인 분석을 시작했다.

우리는 흔히 평소에 꿈을 꾼다. 사실 우리는 매일 꿈을 꾸고 있는지도 모른다. 그러나 그 꿈을 꾸고 있는 시간은 아주 짧다. 대개의 꿈을 꾼 실제 시간은 몇 초 동안에 지나지 않는 것이다. 그리고 대개 꿈을 깨고 나면 그 내용을 잊어버리는 경우가 많다. 그래서 꿈을 꾸지 않은 것으로 생각할 경우가 많다.

그와 같은 꿈을 정신분석에서는 다음과 같이 설명한다. 잠을 깨고 나서 기억하고 이야기할 만한 내용은 수면중의 무의식적인 정신 활동의 결과이고, 그 이전에 꿈을 꾸게 될 정도의 것은 자극이 강하지 않은 온갖 무의식적인 사고나 원망바람이 깃든 것이다. 그리고 그 꿈을 꾸게 하지는 않을 만큼의 자극이 적은 무의식적인 사고나 원망을 '잠재몽의 내용'이라고 한다. 또 잠재몽의 내용을 꿈으로 꾸며내는 무의식적 정신 작용을 '꿈의 작업'이라고 한다.

꿈의 작업에 의하여 수면 중에 꾸는 꿈은 '현재몽'이라고 한다. 그러나 현재몽이라고 해서 그것을 모두 잠을 깨고 나서 기억할 수 있는 것은 아니다. 오히려 그것을 기억해 내지 못하는 경우가 더 많다.

그러므로 꿈이란 현재몽의 단계에 있는 무의식적인 사고나 원망이 꿈의 작용에 의하여 현재몽의 내용으로 바뀌어지는 것이다. 이렇게 본다면 꿈이란 프로이트가 말한 대로 '원망충족'이라고 할 것이다. 병상에 누워 있는 사람이 잠 속에서 회복되어 거리를 활보하는 꿈을 꾼다거나, 저녁 식사를 짜게 먹고 잠든 사람이 물을 마시는 꿈을 꾸는 일들이 꿈의 원망충족이라는 면을 잘 보여주고 있는 것이다. 그러나 꿈을 꾸는 형태가 단순히 명쾌한 것은 아니다. 분석하기 전에는 그저 보통 꿈으로밖에 여겨지지 않다가, 분석한 뒤에 비로소 원망충족적인 뜻이 숨겨져 있음을 알게 되는 것이다.

### 꿈의 재료

어떤 재료가 꿈을 이루어 내는 것일까? 첫째는, 잠자고 있는 사람의 감각기관이 자극되어서 일어나는 여러 가지 감각적인 인상이다. 갈증·허기·통증·날씨·종소리 등이 그것이다. 그러한 감각 자극이 수면을 중당시킬 만큼 강하지 않을 때, 혹은 수면이 중단되어서 눈이 뜨일 때까지의 사이 등에서 그러한 감각적인 인상을 재료로 해서 갖가지 꿈이 생겨나는 것이다.

둘째는, 눈을 뜨고 있을 때의 정신 활동에 영향을 받아서 수면 중에도 무의식의 세계에서 활동을 계속하고 있는 온갖 사고나 관념이나 원망이다. 그 가운데에서도 그 사람의 최근의 생활 경험에서 가장 깊은 뜻을 지닌 사고나 관념이나 원망이 가장 적합한 꿈의 재료가 된다.

셋째는, 어린시절의 체험 가운데 억압되었던 것, 이드 속에 갇혀 있던 욕구, 잊혀지지 않는 체험 등이다 이 재료를 프로이트는 가장 중요시했다. 이와 같은 꿈의 온갖 재료는 잠재몽의 내용을 이룬다. 그러나 이와 같은 재료가 모두 갖추어졌다고 해서 반드시 꿈을 꾸게 되는 것이 아니고, 다만 억압된 원망이 잠재몽의 내용을 이루고 있는 경우에는 분석과 거의 일치되는 꿈이 이루어지는 것이다.

## 꿈의 작업

꿈에 있어서 잠재몽의 내용을 시각화하여 꿈을 이루어 내는 일을 꿈의 작업이라고 한다.

그 기본 원리는 잠재몽 속에 숨어 있는 무의식적인 욕구나 원망을 공상이라는 형태로 만족시켜 정신적인 긴장을 완화하고 수면을 방해하는 힘을 제거하여 수면을 지속시키는 데 있다.

그런데 원망충족의 원리는 어린이의 꿈에 있어서는 잘 들어맞는데, 어른들의 꿈에서는 잘 맞지 않는 경우가 많기 때문에 프로이트의 주장에는 자주 오류나 원망충족의 요소가 나타나지 않는 어른의 꿈도 왜곡이나 전이나 생략 등으로 심하게 변형되어 나타난다 그 때문에 원망충족이라는 요소를 찾아내기가 힘들 뿐이다.

꿈의 작업에 있어서 또 중요한 것은 자아방어기제이다. 자아는 설사 그것이 꿈이라는 형식이라도 무의식 세계의 억압된 욕구나 원망이 의식 세계로 떠오르는 것을 막는 경향이 있다. 그러므로 꿈은 잠재몽의 내용에 힘과 자아방어라는 힘의 균형에 따라서 이루어지는 것이다. 프로이트가 현재몽을 하나의 타협형성이라고 말한 것은 바로 그 때문이었다. 이를테면 꿈에는 꿈을 꾸었다는 것만은 확실하면서도 그 내용이 무언가 분명치 않고 흐릿한 꿈이 있는데, 그것은 현재몽의 내용이란 힘보다는 자기방어의 힘이 너무 강했다는 것을 시사하는 것이다. 이 같은 여러 가지 자기방어의 작용을 프로이트는 '꿈의 검열자'라고 했다.

## 꿈의 검열자

억압된 원망이나 욕구에 자리잡은 잠재몽의 내용은 항상 의식화의 기회를 노리고 있지만, 언제나 자아의 방어 작용에 의해 훼방을 당하여 제대로 의식화되지는 않는다. 그래서 자아의 검열을 통과할 수 있도록 왜곡되어 가지고 의식으로 등장하여 꿈이 되는 것이다. 그 왜곡되는 정도는 현재몽의 내용이 의식화함으로써 불쾌감이나 죄악감이 생겨날 염려가 있는 경우에는 강해지고, 단순히 신체적인 감각 자극에 의한 잠재몽이 의식화하는 경우는 약해진다.

# 6

## 문화에 대한 설명

프로이트는 1910년 〈레오나르도 다 빈치의 유년기의 기억〉이라는 논문을 발표하면서 인간의 예술 활동도 역시 정신분석으로써 해명할 수 있다고 주장하였다.

프로이트에 의하면, 모나리자 미소의 수수께끼는 레오나르도 다 빈치의 출생이 어두운 배경을 지니고 있다는 것과, 그의 모친이 매우 다정한 품성을 지니고 있었다는 그의 유년기의 체험에서 풀어낼 수 있다는 것이었다.

다 빈치는 1452년에 피렌체 근교의 소도시 빈치에서 태어났다. 부친은 세르 피에로 빈치라는 토박이 농민이었다. 이 세르 피에로는 왕성한 생활력을 지닌 사람이어서 가세를 크게 일으키고 주위에 덕망을 떨치기도 했다. 그러나 그의 결혼생활은 불행했다. 그는 네 번이나 결혼했으며, 레오나르도 자신은 부친과 농부의 딸인 카타리나라는 여인 사이에서 태어난 사생아였다. 그 때문에 그가 정식으로 다섯 살에 입적되기까지는 아버지도 모르고 어머니의 손에서만 자랐다.

카타리나 입장에서는 혼자 꾸리는 생활로 인한 욕구불만 상태에서 오직 아이에게만 사랑을 쏟으며 키웠다. 그러한 여건 속에서 레오나르도 다 빈치는 일찍이 여성에 대한 특유의 의식을 지니게 되었다. 또 그가 아버지 집에 입적되면서 맞게 된 계모인 돈아 아르비에라도 매우 다정한 여성이었다. 그리하여 레오나르도는 아주 다정한 두 사람의 모친을 깊이 마음 속에 새기면서 유년기를 보내게 되었던 것이다.

그렇게 성인이 된 레오나르도가 50대가 되면서 화가로서 이미 높은 명성을 얻고 있을 무렵에 과거의 자기 모친의 입가에 감돌던 그 미소와 똑같은 미소를 발견했던 것이다. 그 미소를 지닌 사람은 모나리자였다. 4년이라는 세월 동안 레오나르도는 모나리자를 그렸다. 그래서 온갖 노력을 기울여 가면서 모나리자의 미소짓는 모습을 그려낸 레오나르도의 그림 속에는 쉽게 풀 수 없는 수수께끼가 담겨져 있는 것이다.

### 예술론

프로이트는 이와 같은 예술 활동 그 자체를 정신분석의 입장에서 설명하려고 했다. 프로이트가 1911년에 펴낸 〈정신현상의 두 가지 원리에 관하여〉라는 논문을 통하여 그의 예술관을 살필 수 있다.

예술이라는 것은 일종의 독특한 방법으로써 쾌락원리와 현실원리를 통합시킨 것이다. 대개 예술가라는 사람들 가운데는 흔히 현실에 등을 돌리는 사람들이 많다. 현실은 인간의 욕망을 좀처럼 채워주지 않기 때문이다. 예술가는 그것을 못 견뎌하는 것이다. 그러므로 그러한 예술가들은 자신들의 성적 욕구나 세속적 원망을 공상 속에서 채우는 것이다. 그러나 그들이 현실세계를 떠난 것은 아니다. 그들은 특별한 재능을 지니고 있는 사람들이어서 자기의 공상을 일종의 새로운 현실로 고쳐 만들 수 있는 사람들이다. 그리하여 그들이 빚어낸 새로운 현실을 보면서 우리는 그들이 말하고자 하는 바를 감지하게 되는 것이다. 예술가가 아닌 사람들도 예술가와 마찬가지로 현실의 온갖 사정 때문에 자기 욕구를 단념하려 들지 않는 사람들이므로 예술 작품을 보고서 공감을 느끼는 것이다.

예술가는 신경증 환자처럼 채워지지 않는 현실세계에서 공상세계로 몰두한다. 그러나 그들은 현실로 되돌아가는 길을 알고 있으며, 거기에 발판을 마련하고 있다. 프로이트에 의하면 예술 작품은 꿈과 마찬가지로 무의식적 원망의 공상에 의한 충족이며, 욕구 에너지의 갈등이나 타협의 결과라는 것이다. 한편, 꿈과는 달라서 예술 작품은 타인을 의식하고 있기 때문에 형식미를 지니고 표현하므로 그것이 예술가 이외의 사람들의 마음에도 통한다는 것이다.

### 민속의식토템과 터부

프로이트는 1913년에 《민속의식 분석토템과 터부》를 발표했다.

토템이라는 것은 부족의 조상이나 수호신을 뜻하는 생물체를 말한다. 그리고 토템으로 지적된 동물을 해치는 법이 없다. 만일 그러한 금기를 어겼을 때는 자신이 벌을 받는다고 생각하는 것이다.

그리고 터부라는 것은 금기나 제한을 나타내는 말이다. 그러나 그 제한은 종교적·도덕적 금제와는 다소 다르다. 터부는 그 유래가 밝혀지지 않은 것이며, 그 근거도 분명치 않다. 문명인으로써는 매우 불가해한 일이다. 그러나 그 영향 아래 있는 사람들은 아무도 의구심을 갖지 않는다. 그것은 어떤 계율에 따른 금제가 아니고 자기들이 스스로 만들어 낸 금제인 것이다. 터부는 종교 발생 이전에 이미 존재하던 것이다.

프로이트의 《토템과 터부》는 정신분석학을 민속학, 혹은 문화인류학에 응용한 것으로 유명하다. 그 뜻하는 바는 다음과 같은 것이다.

인간은, 원시사회에서는 토템과의 사이에서 상호 존경의 마음을 지니고 있었고, 또 서로가 상대자를 옹호하는 특별한 심리 관계를 믿고서 사회를 이루었다. 그것은 부족의 성원 상호간의 연대감과 책임감의 기반이 되는 것이었고, 동시에 다른 부족이나 종족에 맞서서 단결하는 유대와 같은 것이 되고 있었다.

그와 같은 원시 종족의 사회통제 체계를 '토테미즘'이라고 하는데, 갖가지 증후로 보아서 아무리 선진 민족이라고 해도 과거에 이러한 토테미즘 관계를 거쳐왔을 것으로 추정된다. 프로이트는 거기에서 인간 사회에 보편적으로 잠재하는 죄의식이나 종교와 인륜의 제약의 시원을 생각했다.

### 종교

프로이트의 민속의식에 대한 분석에 입각할 때 종교라는 것은 결국 어떤 콤플렉스를 바탕으로 하는 것이다.

문화의 발달과 함께 두려움과 미움과 선망의 대상은 신神으로 대체된 것이다. 미움과 선망의 감정은 서로 다투다가 새로운 타협점을 찾아서 그 산물로써 종교라는 것을 빚은 것이다.

이러한 구상에 이어서 프로이트는 1927년에 《환상의 미래》를 펴냈다. 프로이트는 거기에서 개인의 유아기 체험이 강박적으로 개인의 심리 속으로 파고들어오는 것이 강박신경증이고, 또한 그 유아기 체험이 성인사회에 투영되어 강박적인 힘으로 집단 심리 속에 육박해 오는 것이 종교라고 했다.

프로이트는 종교라는 일종의 사회제도가 개인의 유아기 체험의 외계에 투영된 것이 바로 환상이라고 단언했다.

그의 그러한 이론에 대한 반론도 거세었다. 그래서 프로이트가 비난과 반론에 답하고자 쓴 것이 유명한 《문화와 불안》이다.

프로이트는 그 책 속에서 소위 종교적 감정의 근원을 정신분석과 관련 지어서 설명하고 있다.

여기에서 우리는 속단을 피해야 한다. 프로이트가 종교를 부정했다고 결론을 내리려 해도 안 되고, 프로이트의 종교론이 어떻다고 속단해서도 안 되는 것이다. 그가 뜻하는 것은, 종교는 어느 면에서 우리의 콤플렉스와 관련되어 있다는 것이었다. 프로이트 사상의 전반을 이해하지 않고서는 그 일부에 관한 참뜻을 헤아리는 일은 신중을 기해야 할 것이다.

# 프로이트 연보

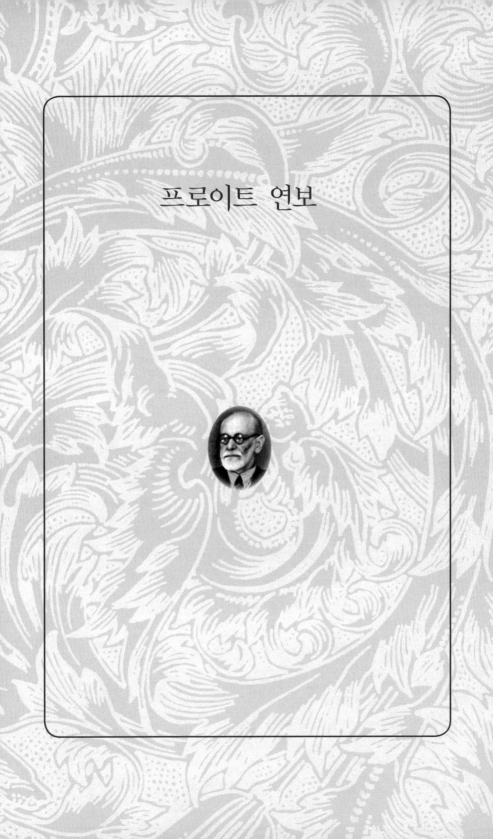

- 1856년 5월 6일, 지그문트 프로이트Sigmund Freud는 체코슬로바키아당시는 오스트리아 령의 작은 마을 프라이베르크에서 태어났다. 아버지 야콥 프로이트1815~1930는 주로 모직물을 취급한 상인이었다. 어머니 아말리1835~1930의 친정은 나탄존 가이며, 양친 모두가 유대계, 형제는 이복형이 둘, 친동생이 둘, 여동생이 다섯이었다.

- 1859년 라이프니치로 이사. 이사하는 도중에 기차 안에서 가스등의 빛을 보고 사람의 영혼을 연상하여 공포증으로 생각되는 노이로제가 시작되었다이 노이로제는 후에 자신이 자가 분석을 통하여 치료할 때까지 계속되었다.

- 1860년 빈으로 이사이후로 일생을 거의 이 도시에서 보냈다.

- 1866년 빈의 김나지움에 입학하여 대부분 수석으로 과정을 거쳤다.

- 1873년 수석이라는 영예로 김나지움을 졸업하였다. 오래 전부터 다윈의 《진화론》에 심취했으나 졸업 직전, 괴테의 논문 〈자연에 대하여〉에 관해 행한 칼 브릴의 강연을 듣고 의학을 전공하기로 결심하고 빈대학 의학부에 진학하였다. 대학에서는 의학생을 위한 〈동물학〉과 동물학자 클라스의 〈생물학 진화론〉의 강의와 생물학자 브뤼케, 철학자 브렌타노의 강의를 열심히 들었으나 반유대주의 때문에 고통을 겪었다.

- 1876년 브뤼케 교수의 생리학 연구실의 연구생이 되었다. 여기서 그는 안정감과 학문상의 충족감을 맛보았으며, 브로이어와 알게 되었고, 지그문트 에크스너, 에른스트 폰 프라이슈르, 마르코프와 친하게 되었다.

- 1877년 〈뱀장어의 생식선의 형태와 구조에 관한 논문〉을 발표하였다.

- 1878년 칠성장어의 척추신경절세포에 대한 발견을 학회에 발표하였다. 또 가재의 신경세포에 관하여 오늘날의 뉴런설에 가까운 구상을 발표하였다.

- 1880년 J. S. 밀의 사회 문제와 플라톤의 논문을 독일어로 번역했는데, 그 번역문은 잘 소화된 훌륭한 것이었다.
  12월, 브로이어와 함께 저술한 《히스테리 연구》에 O. 안나의 증례로서 소개된 환자의 치료를 시작하였다.

- 1881년 3년 늦게 받은 의학부의 최종 시험이었는데, '우수'라는 성

적으로 합격하여 학위를 얻었다.

● 1882년 4월, 유대인의 딸 마르타 베르나이스와 만나서 6월에 약혼
하였다(그들이 결혼하기까지는 4년 3개월이 걸렸으며, 그
사이에 그는 7백 통 이상의 편지를 약혼자에게 보냈다). 7
월, 경제적 이유로 해서 연구생활을 그만두고, 빈 종합병
원에 외과의로 근무하다 내과로 옮겼다.
10월에 연구생으로 채용되어 첫 월급을 탔으며, 이 해에
〈가재의 신경섬유 및 신경세포의 구조에 대하여〉, 그리고
〈신경계의 제요소의 구조〉를 발표하였다.

● 1883년 5월, 마르네르트의 정신의학교실에 근무하여 2급 의사가
되었다. 10월 피부과로 옮겼고, 이빈후과의 특별 코스에
출석하였다.

● 1884년 1월, 신경과로 옮기고, 7월엔 수석 의사가 되었다. 이 해에
코카인의 마취 작용에 대한 논문 〈코카인에 대하여〉를 발
표, 코카인의 우수한 작용을 보고하였다.

● 1885년 3월, 안과로, 그리고 6월엔 피부과로 옮겼다. 9월, 빈대학
의학부 신경병리학사 강사가 되었다. 그 해 가을, 브뤼케
교수의 추천으로 파리에 유학 당시 정신의학자의 성지라고
일컫는 정신병원 사르페트리에에 들어가 샤르코에게 사사
받고 그의 《히스테리 연구》에 크게 감명을 받았다. 6월에
서 이듬해 9월에 걸쳐 청신경근에 관한 세 가지 논문을 발
표하였다.

● 1886년 2월, 파리에서 돌아오는 길에 베를린에 들러 버긴스키에

서 소아과를 전공했다. 4월, 빈에서 병원을 차리고 개업하였다. 9월 13일, 결혼계를 제출했고, 그 해 여름부터 이듬해 연말까지 군의관으로 복무하였다. 샤르코의 논문 〈신경계질환 특히 히스테리에 대한 신강의〉를 독일어로 번역하였다.

● 1887년 장녀 마틸드가 태어났다. 이 해부터 베를린의 내과·이빈후과 의사 플리쓰와의 교제가 시작되어 2, 3년 사이에 '가장 친한 친구'라고 부르게 되었다.

● 1889년 치료법으로써의 최면술을 완성시키려고 낭시로 가서 수주간 체류하는 동안, 벨네임과 리에보가 하는 일에 강한 인상을 받았다. 도라라는 소녀를 분석치료 중에 꿈을 분석하여 마음의 비밀을 푸는 열쇠가 됨을 깨달았다. 12월에 장남 마르틴이 태어났다.

● 1891년 2월, 차남 올리버가 태어났으며, 이 해에 최초의 저술 《실어증의 이해를 위하여 : Zur Auffassung der Aphasien》를 출판하였다.

● 1893년 14세나 연장인 공동 연구자 브로이어와 더불어 《히스테리현상의 심적 메커니즘에 대해서》를 발표하였다. 또 〈소아야뇨증에 때로 병발되는 한 증후에 대하여〉를 발표하여 상지上肢의 과도한 긴장 현상에 대하여 언급하였다.

● 1894년 여름, 브로이어와의 공동 연구가 끝났으며, 2년 후에는 그들의 사이가 아주 나빠졌다. 《방어에 의한 노이로제와 정신 이상》을 저술하여 노이로제와 어떤 종류의 정신병에 관

하여 고찰했다. 심장병으로 고생했다.

- 1895년 브로이어와 공저 《히스테리 연구 : Studien über Hysterie》를 발표했으며, 〈불안 노이로제에 관한 논문〉을 발표하였다. 7월, 최초로 꿈의 완전한 분석을 행하였다.

- 1896년 '정신분석'이란 말을 비로소 사용하기 시작하였으며, 빈에서 〈히스테리의 원인에 대하여〉라는 제목으로 강연했으나 반응은 냉담했다. 하베로크 엘리스는 이 무렵에 프로이트의 저작을 알고 있었다.

- 1897년 〈뇌성소아마비〉라는 포괄적인 논문을 발표하여 대가의 손에 의한 '철저한 연구'라는 평을 들었다. 이 해에 자신의 정신분석에 착수하였다.

- 1898년 유아의 성욕에 대하여 최초로 발언하였으며, 《노이로제의 원인에 있어서의 성》을 발표하였다.

- 1900년 《꿈의 해석 : Die Traumdeutung》을 출판했으나 6백 부 학계로부터 묵살되어 버렸다.
  〈꿈에 대하여〉라는 제목으로 대학에서 강의를 시작했으나 청강자는 겨우 세 명이었다.

- 1901년 《일상생활의 정신병리》를 발표하여 우발적 행위의 의미를 명백히 하였다.

- 1905년 《성의 이론에 관한 세 개의 논고》와 《위트와 무의식과의 관계》를 집필하였다.

● 1906년 융과의 정기적인 교류가 시작되었다.

● 1907년 융과 만났고, 칼 에이브러햄과의 교제가 시작되었다.

● 1908년 부활제를 맞이하여 브로이어, 융과 같은 유럽의 정신분석 학자가 프로이트를 중심으로 하여 잘츠부르크에 모여 '국제정신분석학대회'를 열고 기관지 《정신분석학·정신병리학·연구연보》 발간을 결정하였다. 4월 심리학 수요회를 '빈 정신분석학협회'로 개명하였으며, 후에 전기 작가가 된 존스와 함께 1천 통 이상의 편지를 교환한 페렌치와 교제가 시작되었다.

● 1909년 빈대학 의학부 신경생리학의 조교수가 되었다. 9월, 미국 심리학자 스텐리 홀의 초청을 받고 융과 미국으로 건너가서 홀 총장의 클라아크대학에 〈정신분석학 5강〉을 연속 강연하였다. 미국 체류 중에 윌리엄 제임스, 피스터 목사와 알게 되어 일생을 절친하게 지냈다. 《노이로제 환자의 가족 이야기》《히스테리 발작 개론》《다섯 살배기 사내아이 포비아의 분석》《강박 노이로제의 한 증례에 대한 메모》 등을 발표하였다.

● 1910년 3월, 제2회 대회가 뉘른베르크에서 열리고, '국제정신학회'가 정식으로 발족하여 초대 회장에 융이 피선되었으며, 월간지 《정신분석학 중앙 잡지》를 창간하였다. 프로이트는 대회석상에서 〈정신분석요법에 대한 금후의 가능성〉이란 제목으로 강연했다.

- 1912년 정신분석학을 다른 정신과학에 이용할 것을 지향하고 《이마고Imago》를 창간하여 프로이트는 《토템과 터부》를 출판하였다.
- 1914년 제1차 세계 대전으로 드렌스텐의 대회는 중지되었으며, 융은 협회를 탈퇴하였다. 《정신분석학 운동사》를 집필하고 그 내용 중에서 융에 대하여 신랄하게 공격하였다. 《미켈란젤로의 모세》를 발표하였다.

- 1915년 R. M. 릴케의 방문을 받았으며, 빈대학에서 〈정신분석학 입문〉의 강의를 시작하였다.

- 1917년 《정신분석학 입문》을 출판하였으며, 《정신분석학의 한 난점》을 발표하였다.

- 1918년 부다페스트에서 제5회 대회가 열리고 페렌치가 회장이 되었다. 이 해 《처녀성과 터부》를 발표하였다.

- 1922년 4월 구강암의 수술을 받았다이후 사망할 때까지 33번의 수술을 받았다. '베를린 대회'가 열리고, 딸 안나가 회원에 추천되었으며, 10월 11월 잇따른 구강 구술로 발음이 불완전하게 되었고, 청각도 약화되었다. 〈꿈의 텔레파시〉 외 수편의 논문을 발표하였다.

- 1923년 로맹 롤랑과 서신 교류가 시작되었다. 《자아와 이드》를 저술하여 이드와 자아 이상의 개념을 제창하였다.

- 1924년 찰츠부르크에서 대회를 개최하였으며, 이 해에 로맹 롤랑이 O. 츠바이크와 함께 방문했다. 빈판 《프로이트 전집》이

발간되었다.

- 1925년 구강 내의 수술을 수차례 받았다. 홀부르크에서 대회가 열렸으며, 딸 안나가 아버지의 원고를 대독하였다. 《자전》을 발표하였다.

- 1929년 옥스퍼드에서 대회를 열었으며, 토마스 만이 《근대정신사에 있어서의 프로이트의 지위》에서 프로이트 학설의 정신사적 의의를 높이 평가하였다.

- 1930년 괴테 문학상을 받았다. 《문화에 있어서의 불안》을 발표하였다.

- 1932년 토마스 만이 방문했다. 《속 정신분석학 입문》을 발표하였다.

- 1933년 히틀러의 정권이 수립됨과 동시에 정신분석에 관한 서점이 금지 서적의 대상이 되었다.

- 1936년 게슈타포가 '국제정신분석 출판사'의 전재산을 압수하였다. 80회 탄생일에 토마스 만, 줄 로만, 로맹 롤랑, H. G. 월스, 츠바이크, 버지니아 울프 등 191명의 작가와 예술가들의 사인이 든 인사장을 토마스 만으로부터 받았다. 9월 13일 금혼식을 거행했다.

- 1938년 3월, 나치군이 오스트리아에 침입하여 '국제 정신분석 출판사'를 몰수, 6월 나치의 유대인 학살을 피해 런던으로 망명, H. G. 월스, 츠바이크 밀리노프스키와 만났다.

● 1939년 2월, 암이 재발하여 수술 불능이란 진단이 내려졌다. 9월 12일, 런던의 메이어즈필드 가든즈 20번지에서 별세. 《정신분석학 개론》을 집필 중이었으나 완성치 못하고 사망하여 미완성품이 되고 말았다.

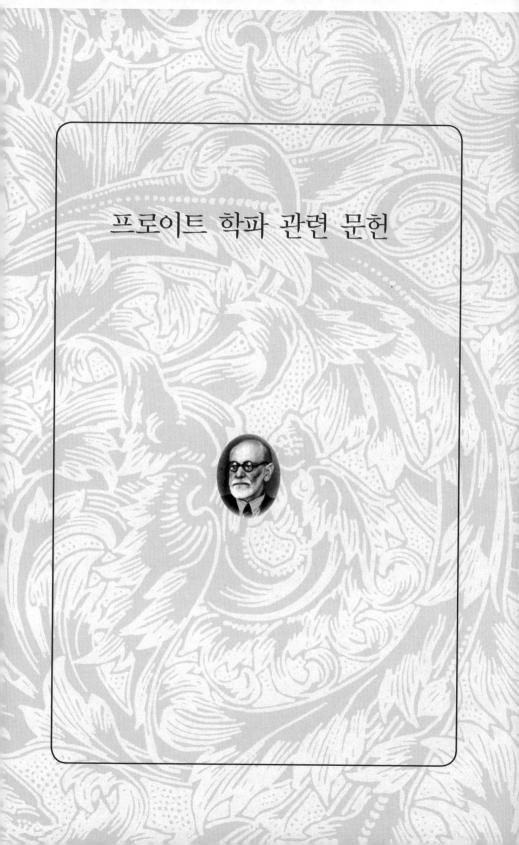

프로이트 학파 관련 문헌

# ABRAHAM, KARL

1924. *Vesuch einer Entwicrlungsgeschichte der Libido auf Grund der Psychoanalyse seelischer Störungen.* Leipzig, Vienna, Zurich: Internationaler Psychoanalytischer Verlag.
    *Trans.:* "A Short Study of the Development of the Libido, Viewed in the Light of Mental Disorders" (Abraham 1953:418-501).

1927. *Selected Papers of Karl Abraham.* With an Introductory Memoir by Ernest Jones. Translated by Douglas Bryan and Alix Strachey. London: Hogarth Press and The Institute of Psycho-Analysis.

1953. *Selected Papers.* Vol. 1: *Selected Papers on Psychoanalysis.* With an Introductory Memoir by Ernest Jones. Translated by Douglas Bryan and Alix Strachey. New York: Basic Books; London: Hogarth Press, 1954.

1955. *Selected Papers.* Vol. 2: *Selected Papers: Clinical Papers and Essays on Psychoanalysis.* Edited by Hilda Abraham. Translated by Hilda Abraham and D. R. Ellison. New York: Basic Books; London: Hogarth Press.

# ABRAHAMSEN, DAVID

1946. *The Mind and Death of a Genius.* New York: Columbia University Press.

# ACKERKNECHT, ERWIN H.

1963. "Josef Breuer (1842-1925)." *Neue österreichische Biographie ab 1815, 15:126-30.*

# ADAMS, MARK B.

1973. "Aleksandr Onufrievich Kovalevsky." *Dictionary of Scientific Biography, 7:474-77.*

# ADLER, ALFRED

1907. *Studie über Minderwertigkeit von Organen.* Berlin: Urban & Schwarzenberg.
    *Trans.:* Adler (1917a).

1910. "Der psychische Hermaphroditismus im Leben und in der Neurose." *Fortschritte der Medizin, 38:486-93.*

1912. *Ueber den nervösen Charakter: Grundzüge einer vergleichenden Individual-Psychologie und Psychotherapie.* Wiesbaden: J. F. Bergmann.
    *Trans.:* Adler.(1917b).

1917a. *Study of Organ Inferiority and Its Psychical Compensation.* Translated by Smith Ely Jelliffe. New York: Nervous and Mental Disease Publishing Co.
    *German Text:* Adler (1907).

1917b. *The Neurotic Constitution: Outlines of a Comparative Individualistic Psychology and Psychotherapy.* Translated by Bernard Glueck and John E. Lind. New York: Moffat, Yard & Co.
    *German Text:* Adler (1912).

1920. *Praxis und Theorie der Individual-Psychologie: Vorträge zur Einführung in die Psychotherapie für Ärzte, Psychologen und Lehrer.* Munich and Wiesbaden: J. F. Bergmann. *Trans.:* Adler (1924).

1924. *The Practice and Theory of Individual Psychology.* Translated by P. Radin. London: Kegan Paul, Trench, Trubner & Co. *German Text:* Adler (1920).

1927a. *Menschenkenntnis.* Leipzig: S. Hirzel. *Trans.:* Adler (1927b).

1927b. *Understanding Human Nature.* Translated by Walter Béran Wolfe. New York: Greenberg; London: George Allen & Unwin, 1928. *German Text:* Adler (1927a).

1931. *What Life Should Mean to You.* Edited by Alan Porter. Boston: Little, Brown & Co.; London: George Allen & Unwin, 1932.

1956. *The Individual Psychology of Alfred Adler: A Systematic Presentation in Selections from His Writings.* Edited and annotated by Heinz L. Ansbacher and Rowena R. Ansbacher. New York: Basic Books; London: George Allen & Unwin, 1958.

## AEBLY, JAKOB
1928. Die Fliess'sche Periodenlehre im Lickte biologischer und mathematischer Kritik: Ein Beitrag zur Geschichte der Zahlenmystik im XX. Jahrhundert. Stuttgart: Hippokrates-Verlag.

## ALEXANDER, FRANZ
1921. "Metapsychologische Betrachtungen." Internationale Zeitschrift für Psy-choanalyse, 6:270–85.

1950. Psychosomatic Medicine: Its Principles and Applications. New York: W. W. Norton & Co.; London: George Allen & Unwin, 1952.

## ALLERS, RUDOLF
1940. The Successful Error: A Critical Study of Freudian Psychoanalysis. New York: Sheed & Ward.

## ALTHAUS, JULIUS
1882, "Beiträge zur Physiologie und Pathologie des N. Olfactorius." Archiv für Psychiatrie und Nervenkrankheiten, 12:122–40.

## ALTHUSSER, LOUIS
1969. For Marx. Translated from the French by Ben Brewster. London: Allen Lane.

## AMACHER, PETER
1965; Freud's Neurological Education and Its Influence on Psychoanalytic Theory. Psychological Issues, 4, no. 4 (Monograph 16).

1972. "Sigmund Freud." Dictionary of Scientific Biography, 5:171–81.

1974. 'The Concepts of the Pleasure Principle and Infantile Erogenous

Zones Shaped by Freud's Neurological Education." The
Psychoanalytic Quarterly, 43:218-23.

## THE AMERICAN JOURNAL OF NEUROLOGY AND PSYCHIATRY

1882. Review of "Zur 'conträren Sexualempfindung' in klinisch-
forensischer Hin-sicht," by Richard von Krafft-Ebing (1882).
1:323-25.

## ANDERSSON, OLA

1962. Studies in the Prehistory of Psychoanalysis: The Etiology of
Psychoneuroses and Some Related Themes in Sigmund Freud's
Scientific Writings and Let-ters, 1886-1896. Stockholm: Svenska
Bokförlaget.

## ANDREAS-SALOMÉ, LOU

1958 [1912-13]. ln der Schule bei Freud: Tagebuch eines Jahres,
1912/1913. Edited by Ernst Pfeiffer. Zurich: M. Niehans.
Trans.: Andreas-Salomé (1958 [1912-13]).

1964 [1912-13]. The Freud Journal of Lou Andreas-Salomé. Translated and
with an Introduction by Stanley A. Leavy. New York: Basic Books.
German Text: Andreas-Salomé (1958 [1912-13]).

## ANDRESKI, STANISLAV

1972. Social Sciences as Sorcery. London: André Deutsch; New York: St.
Martin's Press, 1973.

## ANSBACHER, HEINZ L.

1959. "The Significance of the Socio-Economic Status of the Patients of
Freud and of Adler." American Journal of Psychotherapy, 13:376-
82.

## ANZIEU, DIDIER

1959. L'Auto-analyse: Son Rôle dans la découverte de la psychanalyse par
Freud, sa fonction en psychanalyse. Paris: Presses Universitaires
de France.

## ARDUIN

1900. "Die Frauenfrage und die sexuellen Zwischenstufen." Jahrbuch für
sex-uelle Zwischenstufen, 2:211-23.

## ARRHENIUS, SVANTE

1898. "Die Einwirkung kosmischer Einflüsse auf physiologische
Verhältnisse." Skandinavisches Archiv für Physiologie, 8:367-
416.

## ASCHENBRANDT, THEODOR

1883. "Die physiologische Wirkung und Bedeutung des Cocain, muriat.
auf den menschlichen Organismus." Deutsche medizinische

Wochenschrift, 9:730-32.

## ATKINSON, JAMES JASPER

1903. Primal Law. Published with Andrew Lang, Social Origins, pp. 209–94. London: Longmans, Green, and Co.

## BAILEY, PERCIVAL

1965. Sigmund the Unserene: A Tragedy in Three Acts. Springfield, Ill.: Charles C. Thomas.

## BAKAN, DAVID

1958. Sigmund Freud and the Jewish Mystical Tradition. Princeton: D. Van Nostrand Co.

## BALDWIN, JAMES MARK

1895. Mental Development in the Child and the Race: Methods and Processes. New York and London: Macmillan and Co.

## BALOGH, PENELOPE

1971. Freud: A Biographical Introduction. New York: Charles Scribner's Sons.

## BALTZER, FRIEDRICH [FRITZ]

1967. Theodor Boveri: Life and Work of a Great Biologist, 1862-1915. Translated from the German by Dorothea Rudnick. Berkeley: University of California Press.

## BARNES, BARRY

1974. Scientific Knowledge and Sociological Theory. Monographs in Social Theory. London and Boston: Routledge & Kegan Paul.

## BEARD, JOHN

1896. On Certain Problems of Vertebrate Embryology. Jena: Gustav Fischer.

1897. The Span of Gestation and the Cause of Birth: A Study of the Critical Period and Its Effects in Mammalia. Jena: Gustav Fischer.

## BECKER, ERNEST

1973. The Denial of Death. New York: Free Press.

## BELL, SANFORD

1902. "A Preliminary Study of the Emotion of Love between the Sexes." The American Journal of Psychology, 13:325-54.

## BENEDIKT, MORITZ

1868. Elektrotherapie. Vienna: Tendier & Co.

1889. "Aus der Pariser Kongresszeit. Erinnerungen und Betrachtungen."

Internationale klinische Rundschau, 3:1611–14, 1657–59.

1894. Hypnotismus und Suggestion: Eine klinisch-psychologische Studie. Leipzig and Vienna: M. Breitenstein.

1901. "Die Nasen-Messiade von Fliess." Wiener medizinische Wochenschrift, 51:361–65.

1906. Aus meinem Leben: Erinnerungen und Erörterungen. Vienna: Carl Konegen.

## BERGER, ALFRED VON

1896. "Chirurgie der Seele." Review of Studien über Hysterie, by Josef Breuer and Sigmund Freud (1895). Neue Freie Presse, 2 February. Partially re-printed in Almanack der Psychoanalyse, pp. 285–89. Vienna: Internationaler Psychoanalytischer Verlag, 1933.

1897. "Wahrheit und Irrtum in der Katharsis-Theorie des Aristoteles." In Aristoteles' Poetik übersetzt und eingeleitet von Theodor Gomperz, pp. 69–98. Leipzig: Von Veit.

## BERGER, PETER L., AND LUGKMANN, THOMAS

1966. The Social Construction of Reality: A Treatise in the Sociology of Knowl-edge. Garden City, N.Y.: Doubleday & Co.; London: Allen Lane, 1967.

## BERNAYS, ANNA FREUD

1940. "My Brother, Sigmund Freud." The American Mercury, 51:335–42.

## BERNAYS, JACOB

1857. Grundzüge der verlorenen Abhandlung des Aristoteles über Wirkung der Tragödie. Breslau: E. Trewendt.

1880. Zwei Abhandlungen über die Aristotelische Theorie des Drama. Berlin: Wilhelm Hertz.

## BERNFELD, SIEGFRIED

1944. "Freud's Earliest Theories and the School of Helmholtz." The Psycho-analytic Quarterly, 13:341–62.

1949. "Freud's Scientific Beginnings." The American Imago, 6:163–96.

1951. "Sigmund Freud, M.D., 1882–1885." The International Journal of Psycho-Analysis, 32:204–17.

1953. "Freud's Studies on Cocaine, 1884–1887." Journal of the American Psychoanalytic Association, 1:581–613.

## BERNFELD, SIEGFRIED, AND BERNFELD, SUZANNE CASSIRER

1952. "Freud's First Year in Practice, 1886–1887." Bulletin of the Menninger Clinic, 16:37–49.

## BERNFELD, SIEGFRIED, AND FEITELBERG, SERGEI

1930. "Der Entropiesatz und der Todestrieb." Imago, 16:187–206.

## BERNFELD, SUZANNE CASSIRER

1955. "Sigmund Freud: The Origins of Psychoanalysis; a Book Review."
*The Psychoanalytic Quarterly,* 24:384-91.

## BERNHEIM, HIPPOLYTE

1884. *De la Suggestion dans l'état hypnotique et dans l'état de veille.*
Paris: Oc-tave Doin.

1886. *De la Suggestion et de ses applications à la thérapeutique.* Paris:
Octave Doin.
*Trans.:* Bernheim (1897).

1891. *Hypnotisme, suggestion, psychothérapie: Études nouvelles.* Paris:
Octave Doin.

1897. *Suggestive Therapeutics: A Treatise on the Nature and Uses of
Hypnotism.* Translated from the 2nd rev. ed. by Christian Herter.
New York: G. P. Putnam's Sons.
*French Text:* Bernheim (1886).

## BIBRING, EDWARD

1941. "The Development and Problems of the Theory of the Instincts." *The
In-ternational Journal of Psycho-Analysis,* 22:102-31.

## BILLINSKY, JOHN M.

1969. "Jung and Freud (The End of a Romance)." *Andover Newton Quarterly,*
10:39-43.

## BINET, ALFRED

1887. "Le Fétichisme dans l'amour." *Revue Philosophique,* 24:143-67, 252-
74.

1892. *Les Altérations de la personnalité.* Paris: Félix Alcan.

## BINET, ALFRED, AND FÉRÉ, CHARLES

1887. *Le Magnétisme animal.* Paris: Félix Alcan.

## BINSWANGER, LUDWIG

1957. *Sigmund Freud: Reminiscences of a Friendship.* Translated by
Norbert Guterman. New York and London: Grune & Stratton.

## BINZ, CARL

1878. *Über den Traum: Nach einem 1876 gehaltenen öffentlichen Vortrag.*
Bonn: Adolph Marcus.

## BLANTON, SMILEY

1971. *Diary of My Analysis with Sigmund Freud.* With biographical notes
and comments by Margaret Gray Blanton. Introduction by Iago
Galdston. New York: Hawthorn Books.

# BLEULER, EUGEN

1896. Review of Studien über Hysterie, by Josef Breuer and Sigmund Freud(1895). *Münchener medicinische Wochenschrift,* 43:524-25.

# BLOCH, IWAN

1902-3. *Beiträge zur Aetiologie der Psychopathia sexualis.* 2 vols. Foreword by Albert Eulenburg. Dresden: H. R. Dohrn.
*Trans.:* Bloch (1933, 1935).

1907. *Das Sexualleben unserer Zeit in seinen Beziehungen zur modernen Kultur.* Berlin: Louis Marcus.
*Trans.:* Bloch (1910).

1910. *The Sexual Life of Our Time in Its Relations to Modern Civilization.* Trans-lated from the 6th ed. by M. Eden Paul. London: Rebman.
*German Text:* Bloch (1907 ).

1914. "Aufgaben und Ziele der Sexualwissenschaft." *Zeitschrift für Sexualwis-senschaft,* 1:2-11.

1916. "Über die Freudsche Lehre." *Zeitschrift für Sexualwissenschaft,* 3:57-63.

1917. "Worte der Erinnerung an Albert Eulenburg." *Zeitschrift für Sexualwissenschaft,* 4 :240-43.

1933. *Anthropological Studies in the Strange Sexual Practices of All Races in All Ages, Ancient and Modern, Oriental and Occidental, Primitive and Civilized.* Translated by Keene Wallis. New York: Anthropological Press.
*German Text:* Bloch (1902-3, 1).

1935. *Anthropological and Ethnological Studies in the Strangest Sex Acts in Modes of Love of All Races Illustrated, Oriental, Occidental, Savage, Civilized.* Translated by Ernst Vogel. New York: Falstaff Press.
*German Text:* Bloch (1902-3, 2).

# BLUMENFELD, FELIX

1926. "Allgemeine Pathologie und Symptomatologie." In *Handbuch der Hals-, Nasen-, und Ohren-Heilkunde.* Vol. 2: *Die Krankheiten der Luftwege und der Mundhöhle,* pp. 28-64. Edited by A. Denker and O. Kahler. Berlin: Julius Springer; Munich: J. F. Bergmann.

# BOLK, LOUIS

1926. *Das Problem der Menschwerdung.* Jena: Gustav Fischer.

# BÖLSCHE, WILHELM

1898. *Charles Darwin: Ein Lebensbild.* Leipzig: R. Voigtländer.

1898-1903. *Das Liebesleben in der Natur: Eine Entwickelungsgeschichte der Liebe.* 3 vols. Berlin and Leipzig: Eugen Diederichs.
*Trans.:* Bölsche (1931).

1900. *Ernst Haeckel: Ein Lebensbild.* Dresden and Leipzig: H. Seemann.
*Trans.:* Bölsche (1906).

1904. *Die Abstammung des Menschen.* 20th ed. Stuttgart; Kosmos, Gesellschaft der Naturfreunde.
　*Trans.:* Bölsche (1905).

1905. *The Evolution of Man.* Translated by Ernest Untermann. Chicago: C. H. Kerr & Co.
　*German Text:* Bölsche (1904).

1906. *Haeckel: His Life and Work.* Translated by Joseph McCabe. London: T. Fisher Unwin.
　*German Text:* Bölsche (1900).

1911-13. *Das Liebesleben in der Natur: Eine Entwickelungsgeschichte der Liebe.* 2 vols. [5th (?) ed.]. Jena: Eugen Diederichs.
　*Trans.:* Bölsche (1931).

1931. *Love-Life in Nature: The Story of the Evolution of Love.* Edited by Norman Haire. Translated by Cyril Brown. London: Jonathan Cape.
　*German Text:* Bölsche (1898-1903 and later eds.).

## BOLLE, FRITZ
1955. "Wilhelm Bölsche." *Neue Deutsche Biographie,* 2:400.

## BORHEK, JAMES T., AND CURTIS, RICHARD F.
1975. *A Sociology of Belief.* New York: John Wiley & Sons.

## BORING, EDWIN G.
1950. *A History of Experimental Psychology.* 2nd ed. New York: Appleton-Century-Crofts.

## BOTTOME, PHYLLIS
1939. *Alfred Adler: A Biography.* New York: G. P. Putnam's Sons.

## BOURKE, JOHN GREGORY
1891. *Scatalogic Rites of All Nations.* Washington, D. C.: W. H. Lowdermilk & Co.

## BOWLBY, JOHN
1969. *Attachment and Loss.* Vol. 1: *Attachment.* New York: Basic Books; London : Hogarth Press and The Institute of Psycho-Analysis.

## BRAGG, B. W., AND ALLEN, V. L.
1970. "Ordinal Position and Conformity: A Role Theory Analysis." *Sociometry,* 33:371-81.

## BRAMWELL, J. MILNE
1896. "On the Evolution of Hypnotic Theory." *Brain,* 19:459-568.

## BRESSLER, JOHANN
1896-97. "Culturhistorischer Beitrag zur Hysterie." *Allgemeine Zeitschrift für Psychiatrie,* 53:333-76.

# BREUER, JOSEF

1868. "Die Selbststeuerung der Athmung durch den Nervus vagus."
*Sitzungs-berichte der kaiserlichen Akademie der Wissenschaften*
[Wien]. Mathematisch-Naturwissenschaftliche Classe, 58, II.
Abtheilung:909-37.

1874. "Ueber die Funktion der Bogengänge des Ohrlabyrinths."
*Medizinische Jahrbücher*, 2nd series, 4:72-124.

1875. "Beiträge zur Lehre vom statischen Sinne (Gleichgewichtsorgan,
Vesti-bularapparat des Ohrlabyrinths)." *Medizinische Jahrbücher*,
2nd series, 5:87-156.

1895a. 4 November discussion of "Über Hysterie," three lectures
delivered by Sigmund Freud (1895g) before the Wiener
medicinische Doctorencol-legium on 14, 21, and 28 October 1895.
*Wiener medizinische Presse*, 36: 1717-18.

1895b. 4 November discussion of "Über Hysterie," three lectures
delivered by Sigmund Freud (1895g) before the Wiener
medicinische Doctorencol-legium on 14, 21, and 28 October 1895.
*Wiener medizinische Blätter*, 18: 727.

1895c. 4 November discussion of "Über Hysterie," three lectures
delivered by Sigmund Freud (1895g) before the Wiener
medicinische Doctorencol-legium on 14, 21, and 28 October 1895.
*Wiener klinische Rundschau*, 9:711.

1895d. 4 November discussion of "Über Hysterie," three lectures
delivered by Sigmund Freud (1895g) before the Wiener
medicinische Doctorencol-legium on 14, 21, and 28 October 1895.
*Wiener medizinische Wochen-Schrift*, 45:1996-97.

1895e. 4 November discussion of "Über Hysterie," three lectures
delivered by Sigmund Freud (1895g) before the Wiener medicinische
Doctorencol-legium on 14, 21, and 28 October 1895. *Münchener
medicinische Wochenschrift*, 42:1092-93.

1907. "Über das Gehörorgan der Vögel." *Sitzungsberichte der
kaiserlichen Akademie der Wissenschaften* [Wien]. Mathematisch-
Naturwissenschaft-liche Klasse, 116, III. Abteilung:249-92.

[1925]. *Curriculum vitae.* [Vienna].
*Partial Trans.:* Oberndorf (1953).

# BREUER, JOSEF, AND FREUD, SIGMUND

1895. *Studien über Hysterie.* Leipzig and Vienna: Franz Deuticke.
*Trans.:* Freud (1895d).

# BRIERLEY, MARJORIE

1967. Review of *The Standard Edition of the Complete Psychological
Works of Sigmund Freud,* vol. 1, by Sigmund Freud (1953-74. 1 [1966]).
*The International Journal of Psycho-Analysis,* 48:323-26.

# BRIQUET, PIERRE

1859. *Traité clinique et thérapeutique de l'hystérie.* Paris: J. B.
Baillière.

# The British Medical Journal

1893. Review of *Psychopathia Sexualis,* by Richard von Krafft-Ebing (1886; 1892 trans ). 24 June, pp. 1325-26.

# Brome, Vincent

1967. *Freud and His Early Circle: The Struggles of Psycho-Analysis.* London: Heinemann; New York: William Morrow & Co., 1968.

# Brosin, Henry W.

1960. "Evolution and Understanding of Diseases of the Mind." *In Evolution After Darwin.* Edited by Sol Tax. Vol. 2: *The Evolution of Man, Mind, Culture and Society, pp.* 373-422. Chicago: University of Chicago Press.

# Brown, James A. C.

1961. *Freud and the Post-Freudians.* Middlesex, England: Penguin Books.

# Brun, Rudolf

1926. "Experimentelle Beiträge zur Dynamik und Oekonomie des Triebkonflikts (Biologische Parallelen zu Freuds Trieblehre)." *Imago,* 12:147-70.

1936. "Sigmund Freuds Leistungen auf dem Gebiete der organischen Neurologie." *Schweizer Archiv für Neurologie und Psychiatrie,* 37:200-207.

1953. "Über Freuds Hypothese vom Todestrieb." *Psyche,* 7:81-111.

1954. "Biologie, Psychologie und Psychoanalyse." *Wiener Zeitschrift für Nervenheilkunde und deren Grenzgebiete,* 9:333-58.

# Brush, Stephen G.

1974. "Should the History of Science Be Rated X?" *Science,* 183:1164-72.

# Bry, Ilse, and Rifkin, Alfred H.

1962. "Freud and the History of Ideas: Primary Sources, 1886-1910." In Science and Psychoanalysis. Edited by Jules H. Masserman. Vol. 5: *Psychoanalytic Education, pp.* 6-36. New York: Grune & Stratton.

# Buelens, Jan

1971. *Sigmund Freud, Kind van zijn Tijd: Evolutie en Achtergronden van zijn Werk tot 1900.* Meppel; Boom.

# Burckhardt, Max

1900. "Ein modernes Traumbuch." Review of Die Traumdeutung, by Sigmund Freud (1900a). *Die Zeit,* 22, no. 275 (6 January ):911: no. 276 (13 January): 25-27.

## BURNHAM, JOHN CHYNOWETH

1967. *Psychoanalysis and American Medicine, 1894-1918: Medicine, Science, and Culture. Psychological Issues,* 5 (Monograph 20).

1974. "The Medical Origins and Cultural Use of Freud's Instinctual Drive Theory." *The Psychoanalytic Quarterly,* 43:193-217.

## BUTLER, SAMUEL

1880. *Unconscious Memory: A Comparison between the Theory of Dr. Ewald Hering . . . and the "Philosophy of the Unconscious" of Dr. Edward von Hartmann; with Translations from These Authors.* London: David Bogue.

## BUTTERFIELD, HERBERT

1931. *The Whig Interpretation of History.* London: G. Bell and Sons.

## BUXBAUM, E.

1951. "Freud's Dream Interpretation in the Light of His Letters to Fliess" *Bulletin of the Menninger Clinic,* 15:197-212.

## CALOGERAS, ROY C., AND SCHUPPER, FABIAN X.

1972. "Origins and Early Formulations of the Oedipus Complex." *Journal of the American Psychoanalytic Association,* 20:751-75.

## CAMPBELL, JOSEPH

1968. *The Hero with a Thousand Faces.* 2nd ed. Princeton: Princeton University Press. First ed., 1949.

## CANT, REGINALD

1965. *Freud.* London: S.P.C.K.

## CASPER, JOHANN LUDWIG

1863 *Klinische Novellen zur gerichtlichen Medicin: Nach eignen Erfahrungen.* Berlin: A. Hirschwald.

1881. *Practisches Handbuch der gerichtlichen Medicin.* 2 vols. 7th ed. Berlin: A. Hirschwald. First ed., 1857-58.

## CASSIRER, ERNST

1950. *The Problem of Knowledge: Philosophy, Science, and History since Hegel.* Translated by William H. Woglom and Charles W. Hendel. New Haven: Yale University Press.

## CHAMBARD, ERNEST

1881. *Du Somnambulisme en général: Analogies, signification nosologique et étiologie.* Paris: Parent.

## Chamberlain, Alexander Francis

1900. *The Child: A Study in the Evolution of Man.* The Contemporary Science Series, vol. 39. London: Walter Scott Publishing Co.; New York: Charles Scribner's Sons.

## Charcot, Jean-Martin

1882. "Sur les divers états nerveux déterminés par l'hypnotisation chez les hystériques." *Comptes Rendus Hebdomadaires des Séances de l'Académie des Sciences,* 94:403-5.

1887. *Leçons sur les maladies du système nerveux, faites à la Salpêtrière, III. In Œuvres complètes* (1888-94, 3).

1887-89. *Leçons du mardi à la Salpêtrière: Policliniques,* 1887-[1889]. 2 vols. Paris: Bureaux du Progrès Médical.

1888-94. *Œuvres complètes.* 9 vols. Paris: Bureaux du Progrès Médical, A.Delahaye & E. Lecrosnier.

1893. "La Foi qui guérit." *Archives de Neurologie,* 25:73-87.

## Charcot, Jean-Martin, and Magnan, Valentin

1882. "Inversion du sens génital." *Archives de Neurologie,* 3:53-60; 4:296-322.

## Chevalier, Julien

1885. *De L'Inversion de l'instinct sexuel au point de vue médico-légal.* Paris: Octave Doin.

1893. *Une Maladie de la personnalité L'Inversion sexuelle; psycho-physiologie, sociologie, té:utologie, aliénation mentale, Psychologie morbide, anthro-pologie, médecine judiciaire.* Preface by A. Lacassagne. Lyon and Paris: A. Storck.

## Chodoff, Paul

1966. "A Critique of Freud's Theory of Infantile Sexuality." *The American Journal of Psychiatry,* 123:507-18.

## Choisy, Maryse

1963. *Sigmund Freud: A New Appraisal.* New York: Philosophical Library.

## Churchill, Frederick Barton

1966. "Wilhelm Roux and a Program for Embryology." Ph.D. dissertation, Harvard University.

## Clarke, J. Michell

1896. *Review of Studien über Hysterie,* by Josef Breuer and Sigmund Freud (1895). Brain, 19:401-14.

## Claus, Carl

1868. *Grundzüge der Zoologie, zum Gebrauche an Universitäten* und höhern Lehranstalten: Leitfaden zur Einführung in das wissenschaftliche Studium der Zoologie. Marburg and Leipzig: N. G. Elwert.

1874. *Die Typenlehre und E. Haeckel's sog. Gastraea-Theorie.* Vienna: G. F. Manz.

1891. *Lehrbuch der Zoologie.* 5th ed. Marburg: N. G. Elwert. First ed., 1880.

## CLEVENGER, SHOBAL VAIL

1881. "Hunger the Primitive Desire." Science: *A Weekly Journal of Scientific Progress,* 2:14.

1884. "Disadvantages of the Upright Position." *The American Naturalist,* 18:1–9.

1885. *Comparative Physiology and Psychology: A Discussion of the Evolution and Relations of the Mind and Body of Man and Animals.* Chicago: Jansen, McClurg, & Co.

1889. *Spinal Concussion.* Philadelphia: F. A. Davis Co.

1903. *The Evolution of Man and His Mind.* Chicago: Evolution Publishing Co.

## CLOUSTON, THOMAS SMITH

1883. *Clinical Lectures on Mental Diseases.* London: J. & A. Churchill. 3rd ed., 1892.

1891. *The Neuroses of Development: Being the Morison Lectures for 1890.* Edinburgh: Oliver and Boyd.

## COHEN, I. BERNARD

1966. "Transformations of Scientific Ideas." The Wiles Lectures, held at Queens University, Belfast, 17–20 May.

1974. "History and the Philosopher of Science." *In The Structure of Scientific Theories,* pp. 308–73. Edited by Frederick Suppe. Urbana, Ill.: University of Illinois Press.

1979. *The Newtonian Revolution in Science, with Illustrations of the Transformation of Scientific Ideas.* Cambridge: Cambridge University Press.

## COMFORT, ALEX

1960. "Darwin and Freud." *The Lancet,* 16 July, pp. 107–11.

## COPE, EDWARD DRINKER

1887. *The Origin of the Fittest: Essays on Evolution.* New York: D. Appleton and Co.

1896. *The Primary Factors of Organic Evolution.* Chicago and London: Open Court Publishing Co.

## COSER, LEWIS A.

1974. *Greedy Institutions: Patterns of Undivided Commitment.* New York: Free Press.

## COSTIGAN, GIOVANNI

1967. *Sigmund Freud: A Short Biography.* London: Robert Hale; New York: Macmillan Co., 1965.

## CRAMER, AUGUST

1897. "Die conträre Sexualempfindung in ihren Beziehungen zum §175 des Strafgesetzbuches." *Berliner klinischer Wochenschrift,* 34:934–36, 962–65.

## CRANEFIELD, PAUL F.

1957. "The Organic Physics of 1847 and the Biophysics of Today." *Journal of the History of Medicine and Allied Sciences,* 12:407–23.

1958. "Josef Breuer's Evaluation of His Contribution to Psycho-Analysis." *The International Journal of Psycho-Analysis,* 39:319–22.

1959 "The Nineteenth-Century Prelude to Modern Biophysics." In *Proceedings of the First National Biophysics Conference* (Columbus, Ohio, March 4–6, 1957), pp. 19–26. Edited by Henry Quastler and Harold J. Morowitz. New Haven: Yale University Press.

1966a. 'The Philosophical and Cultural Interests of the Biophysics Movement of 1847." *Journal of the History of Medicine and Allied Sciences,* 21:1–7.

1966b. "Freud and the 'School of Helmholtz.'" Gesnerus, 23:35–39.

1970a. "Josef Breuer." Dictionary of Scientific Biography, 2:445–50.

1970b. "Some Problems in Writing the History of Psychoanalysis." In *Psychiatry and Its History: Methodological Problems in Research,* pp. 41–55. Edited by George Moria and Jeanne L. Brand. Springfield, Ill.: Charles C. Thomas.

## DALLEMAGNE, JULES

1894. *Dégénérés et déséquilibrés.* Brussels: Henri Lamertin; Paris: Félix Alcan, 1895.

## DALMA, JUAN

1693. "La Catarsis en Aristoteles, Bernays y Freud." *Revista de Psiquiatria y Psicologia Medical,* 6:253–69.

1964. "Reminiscencias culturales clásicas en algunas corrientes de psicologia moderna." *Revista de la Facultad de Medicina de Tucumán,* 5:301–32.

## DARNTON, ROBERT

1968. *Mesmerism and the End of the Enlightenment in France.* Cambridge: Harvard University Press.

## Darwin, Charles Robert

1859. *On the Origin of Species by means of Natural Selection, or, The Preservation of Favoured Races in the Struggle for Life.* London: John Murray.

1868. *The Variation of Animals and Plants under Domestication.* 2 vols. London: John Murray.

1871. *The Descent of Man, and Selection in Relation to Sex.* 2 vols. London: John Murray.

1872. *The Expression of the Emotions in Man and Animals.* London: John Murray.

1874. *The Descent of Man, and Selection in Relation to Sex.* 2nd ed., rev. & enl. London: John Murray.

1877. "A Biographical Sketch of an Infant." *Mind,* 2:285–94.

1883. "A Posthumous Essay on Instinct." In *Mental Evolution in Animals,* PP. 355–84. By George John Romanes. London: Kegan Paul, Trench & Co.

1887. *The Life and Letters of Charles Darwin, Including an Autobiographical Chapter.* 3 vols. 2nd ed. Edited by Francis Darwin. London: John Murray. First ed., 1887.

1958 [1876]. *Autobiography: With Original Omissions Restored.* Edited with Appendix and Notes by his grand-daughter, Nora Barlow. London: Collins.

## Darwin, Erasmus

1794–96. *Zoonomia; or, The Laws of Organic Life.* 2 vols. London: J. Johnson.

1801. *Zoonomia; or, The Laws of Organic Life.* 2 vols. 3rd ed. London: J. Johnson.

## David, Jacob Julius

1900. "Die Traumdeutung." Review of *Die Traumdeutung,* by Sigmund Freud (1900a). Die Nation, 17:238–39.

## Dawkins, Richard

1976. *The Selfish Gene.* New York and Oxford: Oxford University Press.

## de Beer, Gavin

1960–61. Ed. "Darwin's Notebooks on Transmutation of Species. Parts I–V." *Bulletin of the British Museum (Natural History),* Historical Series, 2, nos. 2–6.

1964. *Charles Darwin: Evolution by Natural Selection.* Garden City, N.Y.: Doubleday & Co.; London: Thomas Nelson & Sons, 1963.

## de Beer, Gavin; Rowlands, M. J.; and Skramovsky, B. M., eds.

1967 "Darwin's Notebooks on Transmutation of Species. Part VI: Pages Excised by Darwin." *Bulletin of the British Museum (Natural History)*, Historical Series, 3, no. 5.

## DECKER, HANNAH S.

1971. "The Medical Reception of Psychoanalysis in Germany, 1894–1907; Three Brief Studies." *Bulletin of the History of Medicine,* 45: 461–81.

1975. *"The Interpretation of Dreams:* Early Reception by the Educated German Public." Journal of the History of the Behavioral Sciences, 11:129–41.

1977. *Freud in Germany: Revolution and Reaction in Science,* 1893–1907. *Psychological Issues,* 11, no. 1 (Monograph 41).

## DELAGE, YVES

1891. "Essai sur la théorie du rêve." *Revue Scientifique,* 48:40–48.

## DELAVAN, D. BRYSON

1933. "John Noland Mackenzie (1853–1925)." *Dictionary of American Biography,* 12:93–94.

## DELBOEUF, JOSEPH

1886. "De l'Influence de l'éducation et de l'imitation dans le somnambulisme provoqué." *Revue Philosophique,* 22:146–71.

1889. *Le Magnétisme animal: A propos d'une visite à l'École de Nancy.* Paris: Félix Alcan.

## DESSOIR, MAX

1888. *Bibliographie des modernen Hypnotismus.* Berlin: Carl Duncker.

1890. *Das Doppel-Ich.* Leipzig: E. Günther.

1894. "Zur Psychologie der Vita sexualis." *Allgemeine Zeitschrift für Psychiatrie,* 50:941–75

1947. *Buch der Erinnerung,* 2nd ed. Stuttgart: Ferdinand Enke.

## D[OOLITTLE], H[ILDA]

1956. *Tribute to Freud.* New York: Pantheon Books; London: Carcanet Press, n.d.

## DORER, MARIA

1932. *Historische Grundlagen der Psychoanalyse.* Leipzig: Felix Meiner.

## DOUGLAS, MARY

1966. *Purity and Danger: An Analysis of Concepts of Pollution and Taboo.* London: Routledge & Kegan Paul.

1970. *Natural Symbols: Explorations in Cosmology.* New York: Pantheon Books; London: Barrie & Jenkins, 1973.

## DRUMONT, ÉDOUARD

1886. *La France juive: Essai d'histoire contemporaine.* 2 vols. Paris: C. Marpon & E. Flammarion.

## DU BOIS-REYMOND, ÉMIL

1918. *Jugendbriefe, von Émil du Bois-Reymond an Eduard Hallmann.* Edited by Estelle du Bois-Reymond. Berlin: D. Reimer.

## DUKE, MICHAEL HARE

1972. *Sigmund Freud.* Makers of Modern Thought. London: Lutterworth Press.

## DUNBAR, HELEN FLANDERS

1954. s*Emotions and Bodily Changes: A Survey of Literature on Psychosomatic Interrelationships,* 1910–1953. 4th ed. New York: Columbia University Press.

## DUNCAN, DAVID

1908. *Life and Letters of Herbert Spencer,* 2 vols. New York: D. Appleton and Co.

## DÜSING, KARL

1884. *Die Regulierung des Geschlechtsverhältnisses bei der Vermehrung der Menschen, Tiere und Pflanzen.* Foreword by W. Preyer. Jena: Gustav Fischer.

## EDINGER, DORA

1963. *Bertha Pappenheim: Leben und Schriften.* Frankfurt am Main: Ner-Tamid-Verlag.
  *Trans.:* Edinger (1968).

1968. *Bertha Pappenheim: Freud's Anna O.* Highland Park, Ill.: Congregation Solel.
  *German Text:* Edinger (1963).

## EISSLEB, KURT R.

1965. *Medical Orthodoxy and the Future of Psychoanalysis.* New York: International Universities Press.

1966. *Sigmund Freud und die Wiener Universität: Über die Pseudo-Wissenschaftlichkeit der jüngsten Wiener Freud-Biographik.* Bern and Stuttgart: Hans Huber.

1971. *Talent and Genius: The Fictitious Case of Tausk contra Freud.* New York: Quadrangle Books.

## EISSLER, KURT R.; FREUD, SIGMUND; GOEPPERT, SEBASTIAN; AND SCHRÖTTER, KLAUS

1974. *Aus Sigmund Freuds Sprachwelt und andere Beiträge.* Bern, Stuttgart, Vienna: Hans Huber.

# EKMAN, PAUL, ED.

1973. *Darwin and Facial Expression: A Century of Research in Review.*
New York and London: Academic Press.

# EKSTEIN, RUDOLF

1949. "A Biographical Comment on Freud's Dual Instinct Theory." *The
American Imago,* 6:211–16.

# ELLENBERGER, HENRI F.

1956. "Fechner and Freud." *Bulletin of the Menninger Clinic,* 20:201–14.

1970. *The Discovery of the Unconscious: The History and Evolution of
Dynamic Psychiatry.* New York: Basic Books; London: Allen Laue.

1972. "The Story of 'Anna O': A Critical Review with New Data." *Journal of
the History of the Behavioral Sciences,* 8:267–79.

1977. "L'Histoire d' 'Emmy von N.'" *L'Évolution Psychiatrique,* 42:519–40.

# ELLIS, HAVELOCK

1890. *The Criminal.* Contemporary Science Series, vol. 7. London: Walter
Scott; New York; Charles Scribner's Sons.

1894. *Man and Woman: A Study of Human Secondary Sexual Characteristics.*
Contemporary Science Series, vol. 24. London: Walter Scott; New
York: Charles Scribner's Sons.

1896a. "Die Theorie der conträren Sexualempfindung." *Centralblatt für
Nervenheilkunde und Psychiatrie,* n.s., 7:57–63.

1896b. With Symonds, J. A. *Das konträre Geschlechtsgefühl.* Translated by
Hans Kurelia. Leipzig: Georg H. Wigand.
*English Text:* Ellis (1897).

1897. [With Symonds, J. A.] *Studies in the Psychology of Sex.* Vol. 1:
*Sexual Inversion.* London: The University Press [i.e., George
Ferdinand Springmuhl von Weissenfeld].
*German Text:* Ellis (1896b).

1898a. "Auto-Erotism: A Psychological Study." *The Alienist and
Neurologist,* 19: 260–99.

1898b. "Hysteria in Relation to the Sexual Emotions." *The Alienist and
Neurologist,* 19:599–615.

1898c. *A Note on the Bedborough Trial.* London: The University Press [i.e.,
George Ferdinand Springmuhl von Weissenfeld].

1899. 'The Stuff that Dreams are Made Of." *Appleton's Popular Science
Monthly,* 54:721–35.

1900a. *Studies in the Psychology of Sex.* Vol. 2: *The Evolution of
Modesty. The Phenomena of Sexual Periodicity. Auto-Erotism.*
Philadelphia: F. A. Davis Co.

1900b. "The Analysis of the Sexual Impulse." *The Alienist and
Neurologist,* 21: 247–62.

1901a. *Review of Ueber den Traum,* by Sigmund Freud (1901a). *The Journal
of Mental Science,* 47:370–71.

# ELLIS, HAVELOCK (CONTINUED)

1901b. "The Development of the Sexual Instinct." *The Alienist and Neurologist,* 22:500-21, 615-23.

1903. *Studies in the Psychology of Sex.* Vol. 3: *Analysis of the Sexual Impulse. Love and Pain. The Sexual Impulse in Women.* Philadelphia: F. A. Davis Co.

1905. *Studies in the Psychology of Sex.* Vol. 4: *Sexual Selection in Man: I. Touch. II. Smell. III. Hearing. IV. Vision.* Philadelphia: F. A. Davis Co.

1906. *Studies in the Psychology of Sex.* Vol. 5: *Erotic Symbolism. The Mechanism of Detumescence. The Psychic State in Pregnancy.* Philadelphia: F. A. Davis Co.

1910a. *Studies in the Psychology of Sex.* Vol. 6: *Sex in Relation to Society.* Philadelphia: F. A. Davis Co.

1910b. Review of *A Psycho-analytic Study of Leonardo da Vinci* [*Eine Kindheitserinnerung des Leonardo da Vinci*], by Sigmund Freud (1910c). *The Journal of Mental Science,* 56:522-23.

1928. *Studies in the Psychology of Sex.* 7 vols. 3rd ed., rev. and enl. Philadelphia: F. A. Davis Co.

1933. *Psychology of Sex: A Manual for Students.* New York: Emerson Books.

1936. Foreword to *Studies in the Psychology of Sex,* by Havelock Ellis. 2 vols. New York: Random House.

1939a. "Freud's Influence on the Changed Attitude toward Sex." *The American Journal of Sociology,* 45:309-17.

1939b. *My Life: Autobiography of Havelock Ellis.* Boston: Houghton Mifflin Co.

# ELLIS, HAVELOCK, AND MOLL, ALBERT

1912. "Die Funktionsstörungen des Sexuallebens." In *Handbuch der Sexualwissenschaften: Mit besonderer Berücksichtigung der kulturgeschichtlichen Beziehungen,* pp. 605-740. Edited by Albert Moll (1912b). Leipzig: F. C. W. Vogel.

# ENGELMAN, EDMUND

1976. *Berggasse 19: Sigmund Freud's Home and Offices, Vienna 1938; The Photographs of Edmund Engelman.* With an Introduction by Peter Gay. Captions by Rita Ransohoff. New York: Basic Books.

# ERIKSON, ERIK HOMBURGER

1955. "Freud's 'The Origins of Psychoanalysis.'" Review of Freud (1950a; 1954e trans.). *The International Journal of Psycho-Analysis,* 36:1-15.

1957. "The First Psychoanalyst." In *Freud and the 20th Century,* pp. 79-101. Edited and selected by Benjamin Nelson. New York: Meridian Books.

1977. "Themes of Adult Conflict in Freud's Correspondence with Fliess and Jung." *Bulletin of The American Academy of Arts and Sciences,* 31 (October): 32-44.

## ERLENMEYER, ALBRECHT

1885. "Ueber die Wirkung des Cocaïn bei der Morphiumentziehung." *Centralblatt für Nervenheilkunde, Psychiatrie und gerichtliche Psychopathologie,* 8:289-99.

## ERNST, MORRIS L.

1936. Foreword to *Studies in the Psychology of Sex,* by Havelock Ellis. 2 vols. New York: Random House.

## EULENBURG, ALBERT

1895. *Sexuale Neuropathie: Genitale Neurosen und Neuropsychosen der Männer und Frauen.* Leipzig: F. C. W. Vogel.

1902. *Sadismus und Masochismus.* Wiesbaden: J. F. Bergmann.
*Trans.:* Eulenburg (1934).

1906. Review of *Drei Abhandlungen zur Sexualtheorie,* by Sigmund Freud (1905d). *Medizinische Klinik,* 2:740.

1907. "Geschlechtsleben und Nervensystem." *Mitteilungen der Deutschen Gesellschaft zur Bekämpfung der Geschlechtskrankheiten,* 5:35-43, 105-10.

1914. 20 February discussion of "Über 'erogene Zonen,'" a lecture delivered by Hans Liebermann before the Ärztliche Gesellschaft für Sexualwissenschaft und Eugenik in Berlin on. 19 December 1913. *Zeitschrift für Sexualwissenschaft,* 1:34.

1934. *"Sadism and Masochism": Algolagnia; The Psychology, Neurology and Physiology of Sadistic Love and Masochism.* Translated by Harold Kent. New York: New Era Press.
*German Text:* Eulenburg (1902).

## EXNER, SIGMUND

1894. *Entwurf zu einer physiologischen Erklärung der psychischen Erscheinungen.* Leipzig and Vienna: Franz Deuticke.

## EYSENCK, HANS J., AND WILSON, GLENN D.

1973. *The Experimental Study of Freudian Theories.* London: Methuen & Co.

## FANCHER, RAYMOND E.

1973. *Psychoanalytic Psychology: The Development of Freud's Thought.* New York: W. W. Norton & Co.

## FECHNER, GUSTAV THEODOR

1873. *Einige Ideen zur Schöpfungs- und Entwickelungsgeschichte der Organismen.* Leipzig: Breitkopf und Härtel.

## FENICHEL, OTTO

1945. *The Ptychoanalytic Theory of Neurosis.* New York: W. W. Norton & Co.

## Féré, Charles

1883. "Les Hypnotiques hystériques considérées comme sujets d'expérience en médecine mentale. (Illusions, hallucinations, impulsions irrésistibles provoquées; leur importance au point de vue médico-légal.)" *Archives de Neurologie,* 6:122-35.

1896. "La Descendance d'un inverti." *Revue Générale de Clinique et de Théra-peutique,* 2nd series, 10:561-65.

1899. *L'Instinct sexuel. Évolution et dissolution.* Paris: Félix Alcan.

## Ferenczi, Sándor

1913. "Stages in the Development of the Sense of Reality." In *First Contributions to Psycho-Analysis* (1952:213-39).

1914. "The Ontogenesis of the Interest in Money." In *First Contributions to Psycho-Analysis* (1952:319-31).

1924. *Versuch einer Genitaltheorie.* Leipzig: Internationaler Psychoanalytischer Verlag.
*Trans.:* Ferenczi (1968).

1952. *First Contributions to Psycho-Analysis.* The International Psycho-Analytical Library. Translated by Ernest Jones. London: Hogarth Press and The Institute of Psycho-Analysis.

1968. *Thalassa: A Theory of Genitality.* Translated by Henry Alden Bunker. New York: W. W. Norton & Co.
*German Text:* Ferenczi (1924).

## Feuer, Louis S.

1974. *Einstein and the Generations of Science.* New York: Basic Books.

## Fick, Adolf

1874. "Die Methoden und Richtungen der physiologischen Forschung." Reprinted in *Gesammelte Schriften von Adolf Fick,* 4 (1906):386-94. Edited by Rudolf Fick. Würzburg: Oscar Stahel, 1903-6.

## Fine, Reuben

1963. *Freud: A Critical Re-Evaluation of Hit Theoriet.* London: George Allen & Unwin.

1973. *The Development of Freud's Thought: From the Beginnings (1886-1900) through Id Psychology (1900-1914) to Ego Psychology (1914-1939).* New York: Jason Aronson.

## Fisher, Ronald A.

1936. "Has Mendel's Work Been Rediscovered?" *Annalt of Science,* 1:115-37.

## Fisher, Seymour, and Greenberg, Roger P.

1977. *The Scientific Credibility of Freud's Theoriet and Therapy.* New York: Basic Books; Hassocks, Sussex: Harvester Press.

## Fiske, John

1874. *Outlines of Cosmic Philosophy, Based on the Doctrine of Evolution, with Criticisms on the Positive Philosophy.* 2 vols. London: Macmillan and Co.

1884. *Excursions of an Evolutionist.* Boston: Houghton Mifflin and Co.

## FLIESS, ELENORE

1974. *Robert Fliess: The Making of a Psychoanalyst.* Croydon, England: Roffey & Clark.

## FLIESS, ROBERT

1956. *Erogeneity and Libido: Addenda to the Theory of the Psychosexual Development of the Human.* Psychoanalytic Series, vol. 1. New York: International Universities Press.

## FLIESS, WILHELM

1893a. *Neue Beiträge zur Klinik und Therapie der nasalen Reflexneurose.* Leipzig and Vienna: Franz Deuticke.

1893b. "Die nasale Reflexneurose." Verhandlungen des Kongresses für Innere Medizin, pp. 384-94. Wiesbaden: J. F. Bergmann.

1893c. "Les Réflexes d'origine nasale." *Archives Internationales de Laryngologie,* 6:266-69

1895. "Magenschmerz und Dysmenorrhoe in einem neuen Zusammenhang." *Wiener klinische Rundschau,* 9:4-6, 20-22, 37-39, 65-67, 115-17, 131-33, 150-52.

1897. *Die Beziehungen zwischen Nase und weiblichen Geschlechtsorganen: In ihrer biologischen Bedeutung dargestellt.* Leipzig and Vienna: Franz Deuticke.

1902. *Über den ursächlichen Zusammenhang von Nase und Geschlechtsorgan: Zugleich ein Beitrag zur Nervenphysiologie.* Halle a. S.: Carl Marhold. 2nd ed., 1910. 3rd ed., 1926 (as *Nasale Fernleiden* [Leipzig and Vienna: Franz Deuticke]).

1906a. *In eigener Sache: Gegen Otto Weininger und Hermann Swoboda.* Berlin: Emil Goldschmidt.

1906b. *Der Ablauf des Lebens: Grundlegung zur exakten Biologie.* Leipzig and Vienna: Franz Deuticke. 2nd ed., 1923.

1907. "Zum Ablauf des Lebens." *Annalen der Naturphilosophie,* 6:121-38.

1908. "Knabenüberschuss." *Morgan,* 6 April.

1909. *Vom Leben und Tod: Biologische Vorträge.* Jena: Eugen Diederichs. 2nd ed., 1914; 3rd ed., 1916; 4th ed., 1919; 5tb ed., 1924.

1911. "Der Ablauf des Lebens und seine Kritiker." *Annalen der Naturphilosophie,* 10:314-50.

1914. "Männlich und Weiblich." *Zeitschrift für Sexualwissenschaft,* 1:15-20.

1918a. "Innere Sekretion." *Zeitschrift für Sexualwissenschaft,* 5:129-35.

1918b. "Sexualität und Symmetrie: Entgegnung auf den gleichnamigen Aufsatz v. Paul Kammerer." *Zeitschrift für Sexualwissenschaft,* 5:249-61, 281-94.

1918c. *Das Jahr im Lebendigen.* Jena: Eugen Diederichs. 2nd ed., 1924.

1925. *Zur Periodenlehre: Gesammelte Aufsätze.* Jena: Eugen Diederichs.

# FLOURNOY, THÉODORE

1903. Review of Die Traumdeutung, by Sigmund Freud (1900a). *Archives de Psychologie,* 2:72–73.

# FLUGEL, JOHN CARL

1955. *Studies in Feeling and Desire.* London: Gerald Duckworth & Co.

# FOREL, AUGUST

1889. *Der Hypnotismus, seine Bedeutung und seine Handhabung, in kurzge-fasster Darstellung.* Stuttgart: Ferdinand Enke.

1905. *Die sexuelle Frage: Eine naturwissenschaftliche, psychologische, hygienische und soziologische Studie für Gebildete.* Munich: E. Reinhardt.
*Trans.:* Forel (1911).

1911. *The Sexual Question: A Scientific, Psychological, Hygienic and Sociological Study.* Translated by C. F. Marshall. New York: Rebman Co.
*German Text:* Forel (1905).

# FOUCAULT, MICHEL

1978. *The History of Sexuality.* Vol. 1: *An Introduction.* Translated from the French by Robert Hurley. New York: Pantheon Books.

# FRANK, EMANUEL

1886. Account of 15 October 1886 lecture by Sigmund Freud, "Ueber männliche Hysterie," delivered at the K. k. Gesellschaft der Ärzte, and of the discussion that followed. *Allgemeine Wiener medizinische Zeitung,* 31:506–7.

# FRAZER, JAMES G.

1910. *Totemism and Exogamy, a Treatise on Certain Early Forms of Superstition and Society.* 4 vols. London: Macmillan and Co.

# FREEMAN, LUCY

1972. *The Story of Anna O.* With an Introduction by Karl A. Menninger. New York: Walker & Co.

# FREUD, SIGMUND

1877a. "Über den Ursprung der hinteren Nervenwurzeln im Rückenmark von Ammocoetes (Petromyzon Planeri)." *Sitzungsberichte der kaiserlichen Akademie der Wissenschaften [Wien].* Mathematisch-Naturwissenschaft-liche Classe, 75, III. Abtheilung: 15–27.

1877b. "Beobachtungen über Gestaltung und feineren Bau der als Hoden beschrie-benen Lappenorgane des Aals." *Sitzungsberichte der kaiserlichen Akade-mie der Wissenschaften [Wien].* Mathematisch-Naturwissenschaftliche Classe, 75, I. Abtheilung:419-30.

1878a. "über Spinalganglien und Rückenmark des Petromyzon." *Sitzungsberichte der kaiserlichen Akademie der Wissenschaften [Wien].* Mathematisch-Naturwissenschaftliche Classe, 78, III. Abtheilung:81-167.

1879a. "Notiz über eine Methode zur anatomischen Präparation des Nervensys-tems." *Centralblatt für die medicinischen Wissenschaften,* 17:468-69.

1882a. "über den Bau der Nervenfasern und Nervenzellen beim Flusskrebs." *Sitzungsberichte der kaiserlichen Akademie der Wissenschaften [Wien].* Mathematisch-Naturwissenschaftliche Classe, 85, III. Abtheilung:9-46.

1884a. "Ein Fall von Hirnblutung mit indirekten basalen Herdsymptomen bei Skorbut." *Wiener medizinische Wochenschrift,* 34:244-46, 276-79.

1884b. "Eine neue Methode zum Studium des Faserverlaufs im Centralnerven-system." *Centralblatt für die medicinischen Wissenschaften,* 22:161-63.

1884c. "A New Histological Method for the Study of Nerve-Tracts in the Brain and Spinal Chord." *Brain,* 7:86-88.

1884d. "Eine neue Methode zum Studium des Faserverlaufs im Centralnerven-system." *Archiv für Anatomie und Physiologie, Anatomische Abtheilung,* PP. 453-60.

1884e. "Ueber Coca." *Centralblatt für die gesammte Therapie,* 2:289-314. *Trans.:* "On Coca" (Freud 1974a:49-73).

1884f [1882]. "Die Struktur der Elemente des Nervensystems." *Jahrbücher für Psychiatrie,* 5:231-29.

1885a. "Beitrag zur Kenntniss der Cocawirkung." *Wiener medizinische Wochenschrift,* 35:129-33.
   *Trans.:* "Contribution to the Knowledge of the Effect of Cocaine" (Freud 1974a:97-104).

1885b. "Über die Allgemeinwirkung des Cocaïns." *Medicinisch-chirurgisches Centralblatt,* 20:374-75.
   *Trans.:* "On the General Effect of Cocaine" (Freud 1974a:113-18).

1885d. "Zur Kenntniss der Olivenzwischenschicht." *Neurologisches Centralblatt,* 4:268-70.

1885e. "Gutachten über das Parke Cocaïn." In "Neue Arzneimittel und Heilmethoden. über die verschiedenen Cocaïn-Präparate und deren Wirkung," by [Hermann] Gutt[macher]. *Wiener medizinische Presse,* 26:1036.
   *Trans.:* "New Medications and Therapeutic Techniques. Concerning the Different Cocaine Preparations and Their Effect" (Freud 1974a:121-25).

1885f. "Nachträge Über Coca." In reprint of Freud (1884e). Vienna: Moritz Perles.
   *Trans.:* "Addenda to 'On Coca'" (Freud 1974a:107-9).

1886b. With Darkschewitsch, L. O. von. "Ueber die Beziehung des Strickkörpers zum Hinterstrang und Hinterstrangskern nebst

Bemerkungen über zwei Felder der Oblongata." *Neurologisches Centralblatt,* 5:121-29.

1886c. "Über den Ursprung des Nervus acusticus." *Monatsschrift für Ohrenheilkunde,* n.s., 20:245-51, 277-82.

1886d. "Observation of a Severe Case of Hemi-Anaesthesia in a Hysterical Male." In *Standard Edition,* 1:24-31.

1886f. "Preface to the Translation of Charcot's *Lectures on the Diseases of the Nervous System.*" In *Standard Edition,* 1:19-22.

1887d. "Beiträge über die Anwendung des Cocaïn. Zweite Serie. I. Bemerkungen über Cocaïnsucht und Cocaïnfurcht mit Beziehung auf einen Vortrag W. A. Hammond's." *Wiener medizinische Wochenschrift,* 37:929-32.
  *Trans.:* "Contributions about the Applications of Cocaine. Second Series. I. Remarks on Craving for and Fear of Cocaine with Reference to a Lecture by W. A. Hammond" (Freud 1974a:171-76).

1888a. "Ueber Hemianopsie im frühesten Kindesalter." *Wiener medizinische Wochenschrift,* 38:1081-86, 1116-21.

1888b. "Aphasia," "Gehirn," "Hysterie," and "Hysteroepilepsie." In *Handwörterbuch der gesamten Medizin,* 1. Edited by Albert Villaret. Stuttgart: Ferdinand Enke. (Unsigned; authorship uncertain.)
  *Trans.:* "Hysteria" and "Hystero-Epilepsy," *Standard Edition,* 1:39-57, 58-59. (The other two articles have not been translated.)

1888-89. "Preface to the Translation of Bernheim's Suggestion." In *Standard Edition,* 1:73-85.

1889a. "Review of August Forel's Hypnotism." In Standard Edition, 1:90-102.

1891a. With Rie, Oskar. *Klinische Studie über die halbseitige Cerebrallähmung der Kinder.* Heft III of *Beiträge zur Kinderheilkunde.* Edited by Max Kassowitz. Vienna: Moritz Perles.

1891b. *Zur Auffassung der Aphasien: Eine kritische Studie.* Leipzig and Vienna: Franz Deuticke.
  *Trans.:* Freud (1953a).

1891c. "Kinderlähmung" and "Lähmung." In *Handwörterbuch der gesamten Medizin,* 2. Edited by Albert Villaret. Stuttgart: Ferdinand Enke. (Unsigned; authorship uncertain.)

1891d. "Hypnosis." In *Standard Edition,* 1:104-14.

1892a. Translation of *Hypnotisme, Suggestion, Psychothérapie: Études nouvelles,* by Hippolyte Bernheim (1891), under the title *Neue Studien über Hypnotismus, Suggestion und Psychotherapie.* Leipzig and Vienna: Franz Deuticke.

1892-93. "A Case of Successful Treatment by Hypnotism: With Some Remarks on the Origin of Hysterical Symptoms through 'Counter-Will.'" In *Standard Edition,* 1:116-28.

1892-94. "Preface and Footnotes to the Translation of Charcot's *Tuesday Lectures.*" In *Standard Edition,* 1:131-43.

1893a. With Breuer, Josef. "On the Psychical Mechanism of Hysterical Phenomena: Preliminary Communication." In *Standard Edition,* 2:3-17.

1893b. *Zur Kenntniss der cerebralen Diplegien des Kindesalters (im Anschluss an die Little'sche Krankheit).* Heft III, Neue Folge, of Beiträge zur Kinderheilkunde. Edited by Max Kassowitz. Vienna: Moritz Perles.

1893c. "Some Points for a Comparative Study of Organic and Hysterical Motor Paralyses." In *Standard Edition,* 1:157-72.

1893d. "Über familiäre Formen von cerebralen Diplegien" *Neurologisches Centralblatt,* 12:512-15, 542-47.

1893e. "Les Diplégies cérébrales infantiles." *Revue Neurologique,* 1: 177-83.

1893f. "Charcot." In *Standard Edition,* 3:9-23.

1894a. "The Neuro-Psychoses of Defence: (An Attempt at a Psychological Theory of Acquired Hysteria, of Many Phobias and Obsessions and of Certain Hallucinatory Psychoses)." In *Standard Edition,* 3:43-61.

1895a. Review of "Eine neue Theorie über die Ursachen einiger Nervenkrankheiten, insbesondere der Neuritis und der Tabes," by L. Edinger. *Wiener klinische Rundschau,* 9:27-28.

1895b [1894]. "On the Grounds for Detaching a Particular Syndrome from Neurasthenia under the Description 'Anxiety Neurosis.'" In *Standard Edition,* 3:87-115.

1895c [1894]. "Obsessions and Phobias: Their Psychical Mechanism and Their Aetiology." In *Standard Edition,* 3:71-82.

1895d. With Breuer, Josef. *Studies on Hysteria.* In *Standard Edition,* 2. *German Text:* Breuer and Freud (1895).

1895f. "A Reply to Criticisms of My Paper on Anxiety Neurosis." In *Standard Edition,* 3:121-39.

1895g. "Ueber Hysterie." Three lectures by Freud abstracted in *Wiener klinische Rundschau,* 9:662-63, 679-80, 696-97.

1895h. "Mechanismus der Zwangsvorstellungen und Phobien." Author's abstract. *Wiener klinische Wochenschrift,* 8:496.

1896a. "Heredity and the Aetiology of the Neuroses." *In Standard Edition,* 3: 142-56.

1896b. "Further Remarks on the Neuro-Psychoses of Defence." In *Standard Edi-tion,* 3: 159-85.

1896c. "The Aetiology of Hysteria." In *Standard Edition,* 3:189-221.

1896d. "Preface to the Second German Edition of Bernheim's *Suggestion.*" In *Standard Edition,* 1:86-87.

1897a. Die *infantile Cerebrallähmung.* In *Specielle Pathologie und Therapie,* 9, II. Theil, II. Abtheilung. Edited by Hermann Nothnagel. Vienna: Alfred Hölder.
Trans.: Freud (1968b).

1897b. *Abstracts of the Scientific Writings of Dr. Sigm.* Freud 1877-1897. In *Standard Edition,* 3:225-57.

1898a. "Sexuality in the Aetiology of the Neuroses." In *Standard Edition,* 3:261-85.

1898b. "The Psychical Mechanism of Forgetfulness." In *Standard Edition,* 3: 288-97.

1898c. "Cerebrale Kinderlähmung [I]." (29 reviews and abstracts.) *Jahresbericht über die Leistungen und Fortschritte auf dem Gebiete der Neurologie und Psychiatrie,* 1 (1897): 613-32.

1899a. "Screen Memories." In *Standard Edition,* 3:301-22.

1899b. "Cerebrale Kinderlähmung [II]." (29 reviews and abstracts.) *Jahresbericht über die Leistungen und Fortschritte auf dem Gebiete der Neurologie und Psyckiatrie,* 2 (1898): 632-42.

1900a. *The Interpretation of Dreams.* In *Standard Edition,* 4-5.

1900b. "Cerebrale Kinderlähmung [III]." (18 reviews and abstracts.) *Jahresbericht über die Leistungen und Fortschritte auf dem Gebiete der Neurologie und Psychiatrie,* 3 (1899): 611-18.

1901a. On Dreams. In *Standard Edition,* 5:631-86.

1901b. *The Psychopathology of Everyday Life.* In *Standard Edition,* 6.

1905c. *Jokes and Their Relation to the Unconscious.* In *Standard Edition,* 8.

1905d. *Three Essays on the Theory of Sexuality.* In *Standard Edition,* 7:125-243.

1905e. [1901]. "Fragment of an Analysis of a Case of Hysteria." In *Standard Edition,* 7:3-122.

1906a. "My Views on the Part Played by Sexuality in the Aetiology of the Neuroses." In *Standard Edition,* 7:270-79.

1906d. Two Letters to Magnus Hirschfeld. In *Monatsbericht des wissenschaftlich-humanitären Komitees,* 5:30. (First letter incomplete.)

1906e [1904]. Two Letters to Wilhelm Fliess. In *Wilhelm Fliess und seine Nach-entdecker,* by Richard Pfennig (1906:26-27, 30-31), and *In Eigener Sache,* by Wilhelm Fliess (1906a:19-20, 22-23).

1907b. "Obsessive Actions and Religious Practices." In *Standard Edition,* 9:116-27.

1908a. "Hysterical Phantasies and Their Relation to Bisexuality." In *Standard Edition,* 9;157-66.

1908c. "On the Sexual Theories of Children." In *Standard Edition,* 9:207-26.

1908d. "'Civilixed' Sexual Morality and Modern Nervous Illness." In *Standard Edition,* 9:179-204.

1908f, "Preface to Wilhelm Stekel's *Nervous Anxiety-Statea and Their Treatment.*" In *Standard Edition,* 9:250-51.

1909b. "Analysis of a Phobia in a Five-Year-Old Boy." In *Standard Edition,* 10:3-147.

1909d. "Notes upon a Case of Obsessional Neurosis." In *Standard Edition,* 10:153-318.

1910a [1909]. "Five Lectures on Psycho-Analysis." In *Standard Edition,* 11:3-55.

1910c. *Leonardo da Vinci and a Memory of His Childhood.* In *Standard Edition,* 11:59-137.

1910e. "The Antithetical Meaning of Primal Words." In *Standard Edition,* 11:154-61.

1910f. "Letter to Dr. Friedrich S. Krauss on *Anthropophyteia*." In *Standard Edition*, 11:233-35.

1910i. "The Psycho-Analytic View of Psychogenic Disturbance of Vision." In *Standard Edition*, 11:210-18.

1911b. "Formulatione on the Two Principles of Mental Functioning." In *Standard Edition*, 12:215-26.

1911c [1910]. "Psycho-Analytic Notes on an Autobiographical Account of a Case of Paranoia (Dementia Paranoides)." In *Standard Edition*, 12:3-79.

1912a. PostScript (1912 [1911]) to "Psycho-Analytic Notes on an Autobiographical Account of a Case of Paranoia (Dementia Paranoides) [1911c]." In *Standard Edition*, 12:80-82.

1912c. "Types of Onset of Neurosis." In *Standard Edition*, 12:229-38.

1912d. "On the Universal Tendency to Debasement in the Sphere of Love (Contributions to the Psychology of Love II)." In *Standard Edition*, 11:178-90.

1912e. "Recommendations to Physicians Practising Psycho-Analysis." ln *Standard Edition*, 12:110-20.

1912f. "Contributions to a Discussion on Masturbation." In *Standard Edition*, 12:241-54.

1912-13. *Totem and Taboo.* ln *Standard Edition*, 13:1-161.

1913a. "An Evidential Dream." In *Standard Edition*, 12:268-77.

1913c. "On Beginning the Treatment (Further Recommendations on the Technique of Psycho-Analysis, I)." In *Standard Edition*, 12:122-44.

1913i. "The Disposition to Obsessional Neurosis: A Contribution to the Problem of Choice of Neurosis." In *Standard Edition*, 12:313-26.

1913j. "The Claims of Psycho-Analysis to Scientific Interest." In *Standard Edition*, 13:164-90.

1913k. "Preface to Bourke's *Scatalogic Rites of All Nations*." In *Standard Edition*, 12:334-37.

1914c. "On Narcissism: An Introduction." In *Standard Edition*, 14:69-102.

1914d. "On the Hihstory of the Psycho-Analytic Movement." In *Standard Edition*, 14:3-66.

1915c. "Instincts and Their Vicissitudes." In *Standard Edition*, 14:111-40.

1915d. "Repression." In *Standard Edition*, 14:143-58.

1915e. "The Unconscious." In *Standard Edition*, 14:161-204.

1915f. "A Case of Paranoia Running Counter to the Psycho-Analytic Theory of the Disease." In *Standard Edition*, 14 :262-72.

1916-17. *Introductory Lectures on Psycho-Analysis.* In *Standard Edition*, 15-16.

1917a. "A Difficulty in the Path of Psycho-Analysis." In *Standard Edition*, 17:136-44.

1918b [1914]. "From the History of an Infantile Neurosis." In *Standard Edition*, 17:3-122.

1919d. "Introduction to *Psycho-Analysis and the War Neuroses*." In

*Standard Edition,* 17:206-10.

1919e. "'A Child is Being Beaten': A Contribution to the Study of the Origin of Sexual Perversions." In *Standard Edition,* 17:177-204.

1920a. "The Psychogenesis of a Case of Homosexuality in a Woman." In *Standard Edition,* 18:146-72.

1920g. *Beyond the Pleasure Principle.* In *Standard Edition,* 18:3-64.

1921c. *Group Psychology and the Analysis of the Ego.* In *Standard Edttion,* 18:67-143.

1923a [1922]. "Two Encyclopedia Articles." In *Standard Edition,* 18:234-59.

1923b. *The Ego and the Id.* In *Standard Edition,* 19:3-59.

1923f. "Josef Popper-Lynkeus and the Theory of Dreams." In *Standard Edition,* 19:260-63.

1924c. "The Economic Problem of Masochism." In *Standard Edition,* 19:157-70.

1924d. "The Dissolution of the Oedipus Complex." In *Standard Edition,* 19:172-79.

1924f [1923]. "A Short Account of Psycho-Analysis." In *Standard Edition,* 19:190-209.

1925d [1924]. *An Autobiographical Study.* In *Standard Edition,* 20:3-70.

1925e [1924]. "The Resistance to Psycho-Analysis." In *Standard Edition,* 19:212-22.

1925g. "Josef Breuer." In *Standard Edition,* 19:278-80.

1925i. "Some Additional Notes on Dream-Interpretation as a Whole." In *Standard Edition,* 19:125-38.

1925j. "Some Psychical Consequences of the Anatomical Distinction between the Sexes." In *Standard Edition,* 19:243-58.

1926d [1925]. *Inhibitions, Symptoms and Anxiety.* In *Standard Edition,* 20:77-172.

1926e. *The Question of Lay Analysis: Conversations with an Impartial Person.* In *Standard Edition,* 20:179-250.

1926f. "Psycho-Analysis." In *Standard Edition,* 20:261-70.

1926g. Translation, with Footnote, of *The Unconscious* (Part I, Section 13: "Samuel Butler"), by Israel Levine (London: L. Parsons, 1923), under the *title Das Unbewusste.* Leipzig and Vienna: Internationaler Psycho-analytischer Verlag.
    *Trans.:* In "Appendix A: Freud and Ewald Hering," *Standard Edition,* 14:205.

1927a. PostScript (1927) to *The Question of Lay Analysis* [1926e]. In *Standard Edition,* 20:251-58.

1927c. *The Future of an Illusion.* In *Standard Edition,* 21:3-56.

1930a. *Civilization and Its Discontents.* In *Standard Edition,* 21:59-145.

1931b, "Female Sexuality." In *Standard Edition,* 21:223-43.

1932a. "The Acquisition and Control of Fire." In *Standard Edition,* 22:185-93.

1932c. "My Contact with Josef Popper-Lynkeus." In *Standard Edition,* 22:218-24.

1933a. *New Introductory Lectures on Psycho-Analysis.* In *Standard Edition,* 22:3-182.

1933b. *Why War?* In *Standard Edition,* 22:197-215.

1933c. "Sándor Ferenczi." In *Standard Edition,* 22:226-29.

1935a. PostScript (1935) to *An Autobiographical Study* [1925d; 2nd ed., 1935]. In *Standard Edition,* 20:71-74.

1937c. "Analysis Terminable and Interminable." In *Standard Edition,* 23:211-53.

1938. *The Basic Writings of Sigmund Freud.* Translated by A. A. Brill. New York: Random House, The Modern Library.

1939a [1937-39]. *Moses and Monotheism: Three Essays.* In *Standard Edition,* 23:3-137.

1940a [1938]. *An Outline of Psycho-Analysis.* In *Standard Edition,* 23:141-207.

1940d [1892]. With Breuer, Josef. "On the Theory of Hysterical Attacks." In *Standard Edition,* 1:151-54.

1940-68. *Gesammelte Werke.* 18 vols. Edited by Anna Freud with the collaboration of Marie Bonaparte (and others). Vols. 1-17, London: Imago Publishing Co., 1940-52; vol. 18, Frankfurt am Main: S. Fischer, 1968.

1941a [1892]. "Letter to Josef Breuer." In *Standard Edition,* 1:147-48.

1941b [1892]. "III." In *Standard Edition,* 1:149-50.

1941d [1921]. "Psycho-Analysis and Telepathy." In *Standard Edition,* 18:175-93.

1941e [1926], "Address to the Society of B'nai B'rith." In *Standard Edition,* 20:272-74.

1941f [1938]. "Findings, Ideas, Problems." In *Standard Edition,* 23:299-300.

1950a [1887-1902]. *Aua den Anfängen der Psychoanalyse: Briefe an Wilhelm Fliess, Abhandlungen und Notizen aus den Jahren 1887-1902.* Introduction by Ernst Kris. Edited by Marie Bonaparte, Anna Freud, and Ernst Kris. London: Imago Publishing Co.
   *Trans.:* Freud (1954e).

1953a. *On Aphasia: A Critical Study.* Translated and with an Introduction by E. Stengel. London: Imago Publishing Co.; New York: International Universities Press.
   *German Text:* Freud (1891b).

1953-74. *The Standard Edition of the Complete Psychological Works of Sigmund Freud.* 24 vols. Translated from the German under the General Editorship of James Strachey. In collaboration with Anna Freud. Assisted by Alix Strachey and Alan Tyson. London: Hogarth Press and The Institute of Psycho-Analysis.

1954e [1887-1902]. *The Origins of Psycho-Analysis, Letters to Wilhelm Fliess, Drafts and Notes: 1887-1902.* Introduction by Ernst Kris. Edited by Marie Bonaparte, Anna Freud, and Ernst Kris. Translated by Eric Mosbacher and James Strachey. New York: Basic Books; London: Imago Publishing Co.
   *German Text:* Freud (1950a).

1955d [1876]. Two Applications for Grants for Biological Research. In

Josef Gicklhorn, "Wissenschaftsgeschichtliche Notizen zu den Studien von S. Syrski (1874) und S. Freud (1877) *über männliche Flußaale.*" *Sitzungsberichte der Österreichischen Akademie der Wissenschaften* [Wien]. Mathematisch-Naturwissenschaftliche Klasse, 164, I. Abteilung: 1-24.

1956a [1886]. "Report on My Studies in Paris and Berlin: Carried Out with the Assistance of a Travelling Bursary Granted from the University Jubilee Fund (October, 1885-End of March, 1886)." In *Standard Edition.* 1:3-15.

1960a. *Briefe* 1873-1939. Edited by Ernst L. Freud. Frankfurt am Main: S. Fischer. 2nd enl. ed., 1968.
　　*Trans.:* Freud (1960b).

1960b. *Letters of Sigmund Freud.* Selected and edited by Ernst L. Freud. Translated by Tania and James Stern. New York: Basic Books; London: Hogarth Press, 1961.
　　*German Text:* Freud (1960a).

1963a. *Sigmund Freud/Oskar Pfister: Briefe 1909 bis 1939.* Edited by Ernst L. Freud and Heinrich Meng. Frankfurt am Main: S. Fischer.
　　*Trans.:* Freud (1963b).

1963b. *Psycho-Analysis and Faith: The Letters of Sigmund Freud and Oskar Pfister.* Edited by Ernst L. Freud and Heinrich Meng. Translated by Eric Mosbacher. New York: Basic Books; London: Hogarth Press and The Institute of Psycho-Analysis.
　　*German Text:* Freud (1963a).

1965a. *Sigmund Freud/Karl Abraham: Briefe 1907 bis 1926.* Edited by Hilda C. Abraham and Ernst L. Freud. Frankfurt am Main: S. Fischer.
　　*Trans.:* Freud (1965b).

1965b. *A Psycho-Analytic Dialogue: The Letters of Sigmund Freud and Karl Abraham 1907-1926.* Edited by Hilda C. Abraham and Ernst L. Freud. Translated by Bernard Marsh and Hilda C. Abraham. New York: Basic Books; London: Hogarth Press and The Institute of Psycho-Analysis.
　　*German Text:* Freud (1965a).

1966a. *Sigmund Freud/Lou Andreas-Salomé: Briefwechsel.* Edited by Ernst Pfeiffer. Frankfurt am Main: S. Fischer.
　　*Trans.:* Freud (1972a).

1968b. *Infantile Cerebral Paralysis.* Translated by Lester A. Russin. Miami, Fla.: University of Miami Press.
　　*German Text:* Freud (1897a).

1972a. *Sigmund Freud and Lou Andreas-Salomé: Letters.* Edited by Ernst Pfeiffer. Translated by William and Elaine Robson-Scott. New York: Harcourt Brace Jovanovich; London: Hogarth Press and The Institute of Psycho-Analysis.
　　*German Text:* Freud (1966a).

1974a. *Cocaine Papers.* Edited and with an Introduction by Robert Byck. Notes by Anna Freud. New York: Stonehill Publishing Co.
　　*Partial German Text:* Freud (1884e, 1885a, 1885b, 1885e, 1885f, 1887d).

1974b. *The Freud/Jung Letters: The Correspondence between Sigmund*

*Freud and C. G. Jung.* Edited by William McGuire. Translated by Ralph Manheim and R. F. C. Hull. Bollingen Series XCIV. Princeton: Princeton University Press; London: Routledge & Kegan Paul. *German Text:* Freud (1974c).

1974c. *Briefwechsel: Sigmund Freud, C. G. Jung.* Edited by William McGuire and Wolfgang Sauerländer. Frankfurt am Main: S. Fischer. *Trans.:* Freud (1974b).

Forthcoming. *The Pre-Analytic Works of Sigmund Freud.* 3 vols. General Editor, Erwin Stengel. London: Hogarth Press and The Institute of PsychoAnalysis.

## FRIEDLÄNDER, ADOLF

1907. "Ueber Hysterie und die Freudsche psychoanalytische Behandlung derselben." *Monatsschrift für Psychiatrie und Neurologie,* 22 (Ergänzungsheft): 45–54.

1909. "Hysterie und moderne Psychoanalyse." *XVI^e Congrès international de médecine, Budapest: Compte-rendu.* Vol. 12: *Psychiatrie,* pp. 146–72. Budapest.

## FROMM, ERICH

1932. "Psychoanalytic Characterology and Its Relevance for Social Psychology." Reprinted in *The Crisis of Psychoanalysis* (Fromm 1970c:164–87).

1959. Sigmund Freud's Mission: *An Analysis of His Personality and Influence.* New York: Harper & Brothers.

1970a. "Freud's Model of Man and Its Social Determinants." In *The Crisis of Psychoanalysis* (Fromm 1970c:44–60).

1970b. "The Crisis of Psychoanalysis." In *The Crisis of Psychoanalysis* (Fromm 1970c:12–41).

1970c. *The Crisis of Psychoanalysis.* Greenwich, Conn.: Fawcett Publications; London: Jonathan Cape, 1971.

## GALDSTON, IAGO

1956. "Freud and Romantic Medicine." *Bulletin of the History of Medicine,* 30: 489–507.

## GARDNER, MARTIN

1957. *Fads and Fallacies in the Name of Science.* New York: Dover Publications. Originally published as *In the Name of Science.* New York: G. P. Putnam's Sons, 1952.

1966. "Freud's Friend Wilhelm Fliess and His Theory of Male and Female Life Cycles." *Scientific American,* 215 (July):108–12.

## GATTEL, FELIX

1898. *Ueber die sexuellen Ursachen der Neurasthenie und Angstneurose.* Berlin: August Hirschwald.

## GAY, PETER

1978. *Freud, Jews and Other Germans: Masters and Victims in Modernist Cul-ture.* New York: Oxford University Press.

## Geddes, Patrick, and Thomson, J. Arthur

1889. *The Evolution of Sex.* The Contemporary Science Series, vol. 1. London: Walter Scott. [2nd] rev. ed., 1901.

1914. *Sex.* New York: Henry Holt and Co.; London: Williams and Norgate.

## Gedo, John E., and Pollock, George H.

1975. *Freud: The Fusion of Science and Humanism: The Intellectual History of Psychoanalysis. Psychological Issues,* 9 (Monographs 34–35 ).

## Gedo, John E.; Sabshin, Melvin; Sadow, Leo; and Schlessinger, Nathan

1964. "'Studies on Hysteria': A Methodological Evaluation." *Journal of the American Psychoanalytic Association,* 12:734–51.

## Ghiselin, Michael T.

1969. *The Triumph of the Darwinian Method.* Berkeley: University of California Press.

1973. "Darwin and Evolutionary Psychology." *Science,* 179:964–68.

## Gicklhorn, Josef, and Gicklhorn, Renée

1960. *Sigmund Freuds akademische Laufbahn im Lichte der Dokumente.* Vienna and Innsbruck: Urban & Schwarzenberg.

## Giessler, Carl Max

1902. Review of *Ueber den Traum,* by Sigmund Freud (1901a). *Zeitschrift für Psychologie und Physiologie der Sinnesorgane,* 29:228–31.

## Gittelson, Bernard

1977. *Biorhythm Sports Forecasting.* New York: Arco Publishing Co.

## Gley, E.

1884. "Les Aberrations de l'instinct sexuel d'après des travaux récents." *Revue Philosophique,* 17:66–92.

## Glover, Edward

1950. *Freud or Jung.* London: George Allen & Unwin.

1952. "Research Methods in Psycho-Analysis." *The International Journal of Psycho-Analysis,* 33:403–9.

## Goldberg, Isaac

1926. *Havelock Ellis: A Biographical and Critical Survey.* New York: Simon and Schuster.

# GOUID, STEPHEN JAY

1977. *Ontogeny and Phylogeny.* Cambridge and London: Harvard University Press, Belknap Press.

# GRAF, MAX

1942. "Reminiscences of Professor Sigmund Freud." *The Psychoanalytic Quarterly,* 11:465–76.

# GREEN, H. L.

1897. "Periodicity, a Physiological Law in the Male Sex as well as in the Female." Journal of the American Medical Association, 28:723–26.

# GREENBLATT, S. H.

1965. "The Major Influences on the Early Life and Work of John Hughlings Jackson." *Bulletin of the History of Medicine,* 39:346–76.

# GREENE, JOHN C.

1975. "Reflections on the Progress of Darwin Studies." *Journal of the History of Biology,* 8:243–73.

# GRIESINGER, WILHELM

1861. *Die Pathologie und Therapie der psychischen Krankheiten für Aerzte und Studirende.* 2nd ed. Stuttgart: Adolph Krabbe. First ed., 1845.

# GRINSTEIN, ALEXANDER

1968. *On Sigmund Freud's Dreams.* Detroit: Wayne State University Press.

# GROOS, KARL

1896. *Die Spiele der Thiere.* Jena: Gustav Fischer.
    *Trans.:* Groos (1898).

1898. *The Play of Animais: A Study of Animal Life and Instinct.* Preface by J. Mark Baldwin. Translated by Elizabeth L. Baldwin. London: Chapman and Hall; New York: D. Appleton and Co.
    *German Text:* Groos (1896).

1899. *Die Spiele der Menschen.* Jena: Gustav Fischer.
    *Trans.:* Groos (1901).

1901. *The Play of Man.* Preface by J. Mark Baldwin. Translated by Elizabeth L. Baldwin. New York: D. Appleton and Co.
    *German Text:* Groos (1899).

# GRUBER, HOWARD E.

1974. *Darwin on Man: A Psychological Study of Scientific Creativity.* Together with *Darwin's Early and Unpublished Notebooks.* Transcribed and annotated by Paul H. Barrett. With a Foreword by Jean Piaget. New York: E. P. Dutton fit Co.; London: Wildwood House.

# GUILLAIN, GEORGES

1955. *J.-M. Charcot, 1825-1893: Sa Vie, son Oeuvre*. Paris: Masson et Cie.
   *Trans.:* Guillain (1959).

1959. *J.-M. Charcot, 1825-1893: His Life-His Work*. Edited and translated
   by Pearce Bailey. New York: Paul B. Hoeber.
   *French Text:* Guillain (1955).

# HACK, WILHELM

1884. *Ueber eine operative Radical-Behandlung bestimmter
   Formen von Migräne, Asthma, Heufieber, sowie zahlreicher
   verwandter Erscheinungen: Erfahrungen auf dem Gebiete der
   Nasenkrankheiten.* Wiesbaden: J. F. Bergmann.

# HACKER, FREDERICK J.

1956. "The Living Image of Freud." *Bulletin of the Menninger Clinic*, 20:
   103-11.

# HAECKEL, ERNST

1866. *Generelle Morphologie der Organismen: Allgemeine Grundzüge der
   organischen Formen-Wissenschaft, mechanisch begründet durch
   die von Charles Darwin reformirte Descendenztheorie.* 2 vols.
   Berlin: Georg Reimer.

1868. *Natürliche Schöpfungsgeschichte.* Berlin: Georg Reimer.

1874a. *Anthropogenie oder Entwickelungsgeschichte des Menschen:
   Keimes- und Stammes-Geschichte.* Leipzig: Wilhelm Engelmann.
   *Trans.:* Haeckel [1874c].

1874b. "Die Gastraea-Theorie, die phylogenetische Classification
   des Thierreichs und die Homologie der Keimblätter." *Jenische
   Zweitschrift für Naturwissenschaft*, 8:1-57.

[1874c]. *The Evolution of Man: A Popular Exposition of the Principal
   Points of Human Ontogeny and Phylogeny.* 2 vols. International
   Science Library. New York: A. L. Fowle.
   *German Text:* Haeckel (1874a).

1875. "Die Gastrula und die Eifurchung der Thiere." *Jenische
   Zeitschrift für Naturwissenschaft*, 9:402-508.

1876. *Die Perigenesis der Plastidule oder die Wellenzeugung der
   Lebenstheilchen.* Berlin: Georg Reimer.

1877. *Anthropogenie oder Entwickelungsgeschichte des Menschen:
   Gemeinverständliche wissenschaftliche Vorträge über die
   Grundzüge der mensch-lichen Keimes- und Stammes-Geschichte.*
   Leipzig: Wilhelm Engelmann.

1891. *Anthropogenie oder Entwickelungsgeschichte des Menschen:
   Gemeinverständliche wissenschaftliche Vorträge.* 2 vols. 4th ed.
   Leipzig: Wilhelm Engelmann.

1899. *Die Welträthsel: Gemeinverständliche Studien über monistische
   Philosophie.* Bonn: Emil Strauss.
   *Trans.:* Haeckel (1900).

1900. *The Riddle of the Universe at the Close of the Nineteenth Century.*

Translated by Joseph McCabe. New York and London: Harper &
Brothers.
> *German Text:* Haeckel (1899).

1913. "Gonochorismus und Hermaphrodismus: Ein Beitrag zur Lehre
von den Geschlechts-Umwandlungen (Metaptosen)." *Jahrbuch für
sexuelle Zwischenstufen,* 14:259-87.

## HAECKEL, WALTHER, ED.

1914. *Ernst Haeckel im Bilde: Eine physiognomische Studie zu seinem
80. Geburtstage.* With an Intrbduction by Wilhelm Bölsche. Berlin:
Georg Reimer.

## HALE, NATHAN G., JR.

1971. *Freud and the Americans.* Vol. 1: *The Beginnings of Psychoanalysis
in the United States, 1876-1917.* New York: Oxford University
Press.

1978. "From Berggasse XIX to Central Park West: The Americanization
of Psychoanalysis, 1919-1940." *Journal of the History of the
Behavioral Sciences,* 14:299-315.

## HALL, G. STANLEY

1897. "A Study of Fears." *The American Journal of Psychology,* 8:147-249.

1904. *Adolescence: Its Psychology and Its Relations to Physiology,
Anthropology, Sociology, Sex, Crime, Religion and Education.* 2
vols. New York: D. Ap-pleton and Co.

1914. "A Synthetic Genetic Study of Fear." *The American Journal of
Psychology,* 25:149-200, 321-92.

1915. "Anger as a Primary Emotion, and the Application of Freudian
Mechanisms to Its Phenomena." *The Journal of Abnormal Psychology,*
10:81-87.

1918. "A Medium in the Bud." *The American Journal of Psychology,* 29:144-
58.

1923. *Life and Confessions of a Psychologist.* New York and London: D.
Appleton and Co.

## HAMBURGER, VICTOR

1969. "*Hans Spemann* and the Organizer Concept." *Experientia,* 25:1121-
25.

## HARTMANN, EDUARD VON

1869. *Philosophie des Unbewussten: Versuch einer Weltanschauung.*
Berlin: Carl Duncker.
> *Trans.:* Hartmann (1884).

1872. *Das Unbewusste vom Standpunkt der Physiologie und
Descendenztheorie: Eine kritische Beleuchtung des
Naturphilosophischen Theils der Philosophie des Unbewussten aus
naturwissenschaftlichen Gesichtspunkten.* Berlin: Carl Duncker.

1875. *Wahrheit und Irrtum in Darwinismus: Eine kritische Darstellung der organischen Entwickelungstheorie.* Berlin: Carl Duncker.

1884. *Philosophy of the Unconscious: Speculative Results according to the Inductive Method of Physical Science.* 3 vols. Translated by William Chatterton Coupland. London: Trübner & Co.
German Text: Hartmann (1869).

## HARTMANN, HEINZ

1939. "Ich-Psychologie und Anpassungsproblem." *Internationale Zeitschrift für Psychoanalyse und Imago,* 24:62-135.
Trans.: Hartmann (1958).

1956. The Development of the Ego Concept in Freud's Work." *The International Journal of Psycho-Analysis,* 37:425-38.

1958. *Ego Psychology and the Problem of Adaptation. Translated* by David Rapaport. New York: International Univenities Press.
German Text: Hartmann (1939).

## HARTMANN, HEINZ, AND KRIS, ERNST

1945. "The Genetic Approach in Psychoanalysis." *The Psychoanalytic Study of the Child,* 1:11-30.

## HARTMANN, HEINZ; KRIS, ERNST; AND LOEWENSTEIN, RUDOLPH M.

1964. *Papers on Psychoanalytic Psychology. Psychological Issues,* 4 (Monograph 14).

## HEINE, MAURICE, ED.

1936. *Recueil de confessions et observations psycho-sexuelles tirées de la littérature médicale.* Paris: Jean Crés.

## HELLER, ERICH

1977. "Reputations Revisited." *Times Literary Supplement,* 21 January, pp. 67-68.

## HENDERSON, ROBERT L., AND JOHNS, MICHAEL E.

1977. 'The Clinical Use of Cocaine." *Drug Therapy,* February, pp. 31-41.

## HENNING, HANS

1910. "Neupythagoräer." *Annalen der Naturphilosophie,* 9:217-36.

## HERING, EWALD.

1870. *Über das Gedächtniss als eine allgemeine Function der organieirten Materie.* Vienna: K. K. Hof- und Staatsdruckerei.

## HERMAN, G.

1903. *"Genesis." Das Gesetz der Zeugung.* Vol. 5: Libido und Manie. Leipzig: Arwed Strauch.

# HERVEY DE SAINT-DENYS, MARIE JEAN LÉON
1867. *Les Rêves et les moyens de les Uriger: Observations pratiques.*
Paris: Amyot

# HEYMAN, STEVEN R.
1977. "Frend and the concept of Inherited Racial Mamories." *The Psychoanalytic Review*, 64:461-64

# HILDEBRANDT, F. W.
[1875]. *Der Tranum und seine verwertung für's Lehen: Eine psychologische Studie.* Leipzig: Reinboth.

# HILGARD, ERNEST R.
1960. "Paychology after Darwin." in *Evlolution After Darwin.* Edited by Sol Tax. Vol 2: *The Evlolution of Man, Mind, Culture and Society,* pp. 269-87. Chicago: University of Chicago Press.

# HINRICHSEN
1914. Review of *Drei Abhandlungen zur Sexualtheorie,* by Sigmund Freud (1905d; 2nd ed., 1910). *Zeitschrift für Psychologie und Physiologie der Sinnesorgane* (*I. Abteilung. Zeitschrift für Psychologie*), 69:142.

# HIRSCH, MAX
1928. "Nachruf auf Wilhelm Fliess." *Archiv für Frauenkunde und Konstitutionsforschung,* 14:422-24.

# HIRSCHFELD, MAGNUS
1898. Foreword to *Forschungen über das Rätsel der mannmännlichen Liebe,* by Carl Heinrich Ulrichs (1898). 12 vols. Leipzig: Max Spohr.

1899. "Die objektive Diagnose der Homosexualität." *Jahrbuch für sexuelle Zwischenstufen,* 1:4-35.

1906. *Vom Wesen der Liebe: Zugleich ein Beitrag zur Lösung der Frage der Bisexualität.* Leipzig: Max Spohr.

1912. *Naturgesetze der Liebe: Eine gemeinverständliche Untersuchung über den Liebes-Eindruck, Liebes-Drang und Liebes-Ausdruck.* Berlin: A. Pulvermacher & Co.

1914. *Die Homosexualität des Mannes und des Weibes.* Berlin: Louis Marcus.

1948. *Sexual Anomalies: The Origins, Nature and Treatment of Sexual Disorders; A Summary of the Works of Magnus Hirschfeld.* Rev. ed. New York: Emerson Books.

# HIRSCHMÜLLER, ALBRECHT
1978. *Physiologie und Psychoanalyse in Leben und Werk Josef Breuers.* Bern: Hans Huber.

# HOCHE, ALFRED

1896. "Zur Frage der forensischen Beurtheilung sexueller Vergehen." *Neurologisches Centralblatt*, 15:57-68.

1910. "Eine psychische Epidemie unter Aerzten." *Medizinische Klinik*, 6:1007-10.

# HOFFER, ERIC

1951. *The True Believer: Thoughts on the Nature of Mass Movements.* New York: Harper & Brothers.

# HOLT, ROBERT R.

1962. "A Critical Examination of Freud's Concept of Bound vs. Free Cathexis." *Journal of the American Psychoanalytic Association*, 10:475-525.

1963. "Two Influences on Freud's Scientific Thought: A Fragment of Intellectual Biography." In *The Study of Lives: Essays on Personality in Honor of Henry A. Murray*, pp. 364-87. Edited by Robert W. White. New York: Atherton Press.

1965a. "A Review of Some of Freud's Biological Assumptions and Their Influence on His Theories." In *Psychoanalysis and Current Biological Thought*, pp. 93-124. Edited by Norman S. Greenfield and William C. Lewis. Madison and Milwaukee: University of Wisconsin Press.

1965b. "Freud's Cognitive Style." *The American Imago*, 22:163-79.

1968a. "Beyond Vitalism and Mechanism: Freud's Concept of Psychic Energy." In *Historical Roots of Contemporary Psychology*, pp. 196-226. Edited by Benjamin B. Wolman. New York: Harper & Row.

1968b. "Sigmund-Freud." *International Encyclopedia of the Social Sciences*, 6:1-12.

1972. "Freud's Mechanistic and Humanistic Images of Man." In *Psychoanalysis and Contemporary Science*, 1:3-24. Edited by Robert R. Holt and Emanuel Peterfreund. New York: Macmillan Co.; London: Collier-Macmillan.

1974. "On Reading Freud." Introduction to Abstracts of the Standard Edition of Freud. New York: Jason Aronson.

1975. "Drive or Wish? A Reconsideration of the Psychoanalytic Theory of Motivation." In *Psychology versus Metapsychology: Psychoanalytic Essays in Memory of George S. Klein*, pp. 158-97. Edited by M. M. Gill and P. S. Holzman. Psychological Issues, 9 (Monograph 36).

1976. "Freud's Theory of the Primary Process—Present Status." In *Psychoanalysis and Contemporary Science*, 5:61-99. Edited by Theodore Shapiro. New York: International Universities Press.

# HOLTON, GERALD

1969. "Einstein, Michelson, and the 'Crucial' Experiment." *Isis*, 60:133-97.

1973. *The Thematic Origins of Scientific Thought: Kepler to Einstein.* Cambridge: Harvard University Press.

# HORNEY, KAREN

1939. *New Ways in Psychoanalysis.* New York: W. W. Norton & Co.

# HUSTON, JOHN

1962. Director. *Freud–The Secret Passion.* (A motion picture depicting the early career of Sigmund Freud, played by Montgomery Clift.) Universal Pictures Co.

# JACKSON, JOHN HUGHLINGS

1875. "On the Anatomical and Physiological Localization of Movements in the Brain," Reprinted in *Selected Writings of John Hughlinys Jackson* (1931, 1:37-76).

1879. "On Affections of Speech from Disease of the Bram. *Brain,* 1:304-30; 2:203-22, 323-56. Partially reprinted in *Selected Writings of John Hughlings Jackson* (1931, 2:155-204).

1884. "Evolution and Dissolution of the Nervous System." Reprinted in *Selected Writings of John Hughlings Jackson* (1931, 2:45-75).

1894. "The Factors of Insanities." Reprinted in *Selected Writings of John Hughlings Jackson* (1931, 2:411-21).

1925. *Neurological Fragments.* With a Biographical Memoir by James Taylor. Including "Recollections" of Sir Jonathan Hutchinson and Dr. Charles Mercier. Oxford Medical Publications. London: Humphrey Milford, Oxford University Press.

1931. *Selected Writings of John Hughlings Jackson.* 2 vols. Edited by James Taylor. London: Hodder and Stoughton; reprint edition, New York: Basic Books, 1958.

# JACKSON, STANLEY W.

1969. "The History of Freud's Concepts of Regression." *Journal of the American Psychoanalytic Association,* 17:743-84.

# JAMES, WILLIAM

1890. *The Principles of Psychology.* 2 vols. New. York: Henry Holt and Co.

# JANET, JULES

1888. "L'Hystéie et l'hypnotisme, d'après la théorie de la double personnalité" *Revue Scientifique (Revue Rose),* 3rd series, 15 :616-23.

# JANET, PIERRE

1889. *L'Automatisme psychologique: Essai de Psychologie expéimentale sur les formes inférieures de l 'activité humaine,* Paris: Félix Alcan.

1893a. "Quelques défintions récents de l'hystérie." *Archives de Neurologie,* 25: 417-38; 26:1-29.

1893b. *Contribution à l'étude des accidents mentaux chez les hystériques. Thèsed méd.* Paris, 1892-93, no. 432. Paris: Rueff.

1894. *État mental des hystériques.* Vol. 2: *Les Accidents mentaux.* Paris: Rueff.

1898. *Névroses et idées fixes.* 2 vols. Paris: Felix Alcan.

1914–15. "Psychoanalysis." *The Journal of Abnormal Psychology,* 9: 1–35, 153–87.

## JANIK, ALLAN, AND TOULMIN, STEPHEN

1973. *Wittgenstein's Vienna.* New York: Simon and Schuster.

## JELLIFFE, SMITH ELY

1937. "Sigmund Freud as a Neurologist: Some Notes on His Earlier Neurobiological and Clinical Neurological Studies." *Journal of Nervous and Mental Disease,* 85:696–711.

1939. "Sigmund Freud and Psychiatry: A Partial Appraisal." *The American Journal of Sociology,* 45:326–40.

## JOHNSTON, WILLIAM M.

1972. *The Austrian Mind; An Intellectual and Social History 1848–1938.* Berkeley: University of California Press.

## JONES, EBNEST

1911. "The Psychopathology of Everyday Life." *The American Journal of Psychology,* 22:477–527.

1913. *Papers on Psycho-Analysis.* London: Baillifère, Tindall and Cox; New York: William Wood and Co.

1914–15. "Professor Janet on Psychoanalysis: A Rejoinder." *The Journal of Abnormal Psychology,* 9:400–10.

1930. "Psycho-Analysis and Biology." *Proceedings of the Second International Congress for Sex Research, London* 1930, pp, 601–23. Edited by A. W. Greenwood. Edinburgh and London: Oliver and Boyd.

1932. "The Phallic Phase." Reprinted in *Papers on Psycho-Analysis* (Jones 1961: 452–84).

1935. "Early Female Sexuality." Reprinted in *Papers on Psycho-Analysis* (Jones 1961:485–95).

1940a. "Sigmund Freud." *The International Journal of Psycho-Analysis,* 21:2–26.

1940b. Review of *Der Mann Moses und die monotheistische Religion,* by Sigmund Freud (1939a). *The International Journal of Psycho-Analysis,* 21:230–40.

1953. *The Life and Work of Sigmund Freud.* Vol. 1: *The Formative Years and the Great Discoveries,* 1856–1900. New York: Basic Books; London: Hogarth Press.

1955. *The Life and Work of Sigmund Freud.* Vol. 2: *Years of Maturity,* 1901–1919. New York: Basic Books; London: Hogarth Press.

1956a. "The Inception of 'Totem and Taboo.'" *The International Journal of Psycho-Analysis,* 37:34–35.

1956b. "Our Attitude towards Greatness." *Journal of the American Psychoanalytic Association,* 4:626–43.

1956c. "The Achievement of Sigmund Freud." *The Listener*, 55:589-91.

1956d. *Sigmund Freud: Four Centenary Addresses*. New York: Basic Books.

1957. *The Life and Work of Sigmund Freud*. Vol. 3: *The Last Phase*, 1919-1939. New York: Basic Books; London: Hogarth Press.

1959. *Free Associations: Memories of a Psycho-Analyst*. London: Hogarth Press; New York: Basic Books.

1961. *Papers on Psycho-Analysis*. 5th ed. Boston: Beacon Press,

## JOSEPH, ALFRED

1931. "Rheumatoide Erscheinungen und ihre seelische Beeinflussung: Eine experimentell-psychologische Untersuchung über 100 Fälle von Lumbago und Torticollis rheumatoides." *Zeitschrift für ärztliche Fortbildung*, 28:119-21.

## JUNG, CARL GUSTAV

1907. *The Psychology of Dementia Praecox*. In *Collected Works* (1953-, 3:3-151).

1911-12. *Symbols of Transformation: An Analysis of the Prelude to a Case of Schizophrenia*. In *Collected Works* (1953-, 5).

1913. *The Theory of Psychoanalysis*. In *Collected Works* (1953-, 4:83-226).

1917. *The Psychology of the Unconscious*. In *Collected Works* (1953-, 7:3-117).

1921. *Psychological Types*. In *Collected Works* (1953-, 6:xi-495).

1939. "In Memory of Sigmund Freud." In *Collected Works* (1953-, 15:41-49).

1953-. *The Collected Works of C. G. Jung*. Edited by Gerhard Adler, Michael Fordham, and Herbert Read. William McGuire, Executive Editor. Translated by R. F. C. Hull. Bollingen Series XX. Vols. 1, 3-5, 7-12, and 15-17, New York: Pantheon Books, 1953-66; vols. 2, 6, 13-14, and 18, Princeton: Princeton University Press, 1967-76; London: Routledge & Kegan Paul.

1963. *Memories, Dreams, Reflections*. Recorded and edited by Aniela Jaffé. Translated by Richard and Clara Winston. New York: Pantheon Books; London: Collins & Routledge & Kegan Paul.

## K., H.

1900. "Träume und Traumdeutung." Review of *Die Traumdeutung*, by Sigmund Freud (1900a). *Wiener Fremden-Blatt*, 54, no. 67 (10 March): 13-14.

## KALISCHER, S.

1897a. Review of *Untersuchungen über die Libido sexualis* (Part One), by Albert Moll (1897b). *Zeitschrift für Medizinalbeamte*, 10:453-54.

1897b. Review of *Untersuchungen über die Libido sexualis* (Part Two), by Albert Moll (1897b). *Zeitschrift für Medizinalbeamte*, 10:812-14.

## KANZER, MARK

1973. "Two Prevalent Misconceptions about Freud's 'Project.'" In *The*

*Annual of Psychoanalysis*, 1:88–103. New York: Quadrangle/New York Times Book Co.

## Kapp, Reginald O.

1931. "Comments on Bernfeld and Feitelberg's 'The Principle of Entropy and the Death Instinct.'" *The International Journal of Psycho-Analysis*, 12:82–86.

## Karell, Ludwig

1900. "Träume." Review of Die *Traumdeutungen* (sic), by Sigmund Freud (1900a). *Beilage zur Allgemeinen Zeitung*, Munich, no. 234, 12 October, pp. 4–5.

## Kautzner, Karl

1899. "Homosexualität: Erläutert an einem einschlägigen Falle." *Archiv für Kriminal-Anthropologie und Kriminalistik*, 2:153–62.

## Kazin, Alfred

1962. *Contemporaries*. Boston: Little, Brown & Co.

## Kern, Stephen

1973. "Freud and the Discovery of Child Sexuality." *History of Childhood Quarterly*, 1 :117–41.

1975. *Anatomy and Destiny: A Cultural History of the Human Body*. Indian-apolis and New York: Bobbs-Merrill Co.

## Kiernan, James G.

1884. "Insanity: Lecture XXVI.-Sexual Perversion." *Detroit Lancet*, 7:481–84.

1888. "Sexual Perversion, and the Whitechapel Murders." *The Medical Standard*, 4 (November): 129–30; (December): 170–72.

1891. "Psychological Aspects of the Sexual Appetite." *The Alienist and Neurologist*, 12:188–219,

## King, A. F. A.

1891. "Hysteria." *The American Journal of Obstetrics*, 24:513–32.

## Kline, Paul

1972. *Fact and Fantasy in Freudian Theory*. London: Methuen & Co.

## Koblanck, Alfred

1914. 20 March discussion of "Die Nase in ihren Beziehungen zu den Sexualorganen," a lecture delivered by Max Senator (1914) before the Arztliche Gesellschaft für Sexualwissenschaft und Eugenik in Berlin on 20 February. *Zeitschrift für Sexualwissenschaft*, 1:76.

## KOENIGSBERGER, LEO

1902-3. *Hermann von Helmholtz.* 3 vols. Braunschweig: F. Vieweg und Sohn.

## KOHNSTAMM, OSKAR

1902. Review of *Ueber den Traum,* by Sigmund Freud (1901a). *Fortschritte der Medicin,* 22:45-46.

## KORNFELD, HERMANN

1901. Review of *Ueber den Traum,* by Sigmund Freud (1901a). *Psychiatrische Wochenschrift,* 2:430-31.

## KOVALEVSKY, ALEKSANDR

1866. "Entwickelungsgeschichte der einfachen Ascidien." *Mémoires de l'Académie Impériale des Sciences de St.-Pétersbourg,* 7th series, 10, no. 15.

1868. "Beitrag zur Entwickelungsgeschichte der Tunikaten." *Nachrichten von der G. A. Universität und der Königlichen Gesellschaft der Wissenschaften zu Göttingen,* no. 19, pp. 401-15.

## KOYRÉ, ALEXANDRE

1937. "Galilée et l'expérience de Pise: à propos d'une. légende." *Annales de l'Université de Paris,* pp. 441-53.

1943. "Traduttore-traditore, à propos de Copernic et de Galilée." *Isis,* 34:209-10.

## KRAFFT-EBING, RICHARD VON

1875. *Lehrbuch der gerichtlichen Psychopathologie, mit Berücksichtigung der Gesetzgebung von Österreich, Deutschland und Frankreich.* Stuttgart: Fer-dinand Enke.

1877. "Ueber gewisse Anomalien des Geschlechtstriebs und die klinisch-foren-sische Verwerthung derselben als eines wahrscheinlich functioneilen De-generationszeichens des centralen Nerven-Systems." *Archiv für Psychiatrie,* . 7:291-312. .

1879-80. *Lehrbuch der Psychiatrie auf klinischer Grundlage für practische Ärzte und Studirende.* 3 vols. Stuttgart: Ferdinand Enke.
    *Trans.:* Krafft-Ebing (1904).

1882. "Zur 'conträren Sexualempfindung' in klinisch-forensischer Hinsicht." *All-gemeine Zeitschrift für Psychiatrie und psychisch-gerichtliche Medicin,* 38:211-27.

1886, *Psychopathia sexualis: Eine klinisch-forensische Studie.* Stuttgart: Ferdinand Enke.
    *Trans.:* Krafft-Ebing (1899).

1889. "Ueber Neurosen und Psychosen durch sexuelle Abstinenz." *Jahrbuch für Psychiatrie,* 8:1-6.

1889-90a. "Angeborene konträre Sexualempfindung: Erfolgreiche hypnotische Absuggerierung homosexualer Empfindungen,"

*Internationales Centralblatt für die Physiologie und Pathologie der Harn- und Sexual-Organe*, 1:7-11.

1889-90b. "Über psychosexuales Zwittertum." *Internationales Centralblatt für die Physiologie und Pathologie der Harn- und Sexual-Organe*, 1:55-65.

1892. *Psychopathia sexualis, mit besonderer Berücksichtigung der conträren Sex-ualempfindung: Eine klinisch-forensische Studie.* 7th ed. Stuttgart: Ferdi-nand Enke.

1893. *Psychopathia sexualis, mit besonderer Berücksichtigung der conträren Sexualempfindung: Eine klinisch-forensische Studie.* 8th ed. Stuttgart: Ferdi-nand Enke.

1894. *Psychopathia sexualis, mit besonderer Berücksichtigung der conträren Sexualempfindung: Eine klinisch-forensische Studie,* 9th ed. Stuttgart: Ferdi-nand Enke.

1895. "Zur Erklärung der conträren Sexualempfindung." *Jahrbücher für Psychiatrie und Nervenheilkunde,* 13:98-112.

1896. "Zur Suggestivbehandlung der Hysteria Gravis." *Zeitschrift für Hypnotismus,* 4:27-31.

1897-99. *Arbeiten aus dem Gesammtgebiet der Psychiatrie und Neuropathologie.* 4 vols. Leipzig: J, A. Barth.

1899. *Psychopathia Sexualis, with Especial Reference to Antipathie Sexual Instinct: A Medico-Forensic Study.* Translated from the 10th [1898] German edition [by F. J. Rebman]. London: Rebman. *German Text:* Krafft-Ebing (1886 and later eds.).

1901a. "Des Perversions sexuelles obsédantes et impulsives au point de vue médico-legal." In *XIII^c Congrès international de médecine, Paris 1900: Comptes rendus.* Vol. 8: *Section de Psychiatrie,* pp. 418-27. Paris: Masson et Cie.

1901b. "Neue Studien auf dem Gebiete der Homosexualität." *Jahrbuch für sexuelle Zwischenstufen,* 3:1-36.

1902. *Psychosis menstrualis: Eine klinisch-forensische Studie.* Stuttgart: Ferdi-nand Enke.

1904. *Text-Book of Insanity, Based on Clinical Observations: For Practitioners and Students of Medicine.* Translated from the German by Charles Gilbert Chaddock. Philadelphia: F. A. Davis Co. *German Text:* Krafft-Ebing (1879-80 and later eds.).

# KRIS, ERNST

1950a. "The Significance of Freud's Earliest Discoveries." *The International Journal of Psycho-Analysis,* 31:108-16,

1950b. "Notes on the Development and on Some Current Problems of Psycho-analytic Child Psychology." The Psychoanalytic Study of the Child, 5:24-46.

1954. Introduction to *The Origins of Psychoanalysis, Letters to Wilhelm Fliess, Drafts and Notes:* 1887-1902, by Sigmund Freud (1954e). Edited by Marie Bonaparte, Anna Freud, and Ernst Kris. Translated by Eric Mosbacher and James Strachey. New York: Basic Books; London: Imago Publishing Co.

1956. "Freud in the History of Science." *The Listener,* 55:631-33; London

BBC, May 1956.

## KUHN, THOMAS

1962. *The Structure of Scientific Revolutions.* Chicago: University of Chicago Press.

1970a. *The Structure of Scientific Revolutions.* 2nd ed., with a "PostScript, 1969." Chicago: University of Chicago Press.

1970b. "Reflections on my Critics." In *Criticism and the Growth of Knowledge,* pp. 231–78. Edited by Imre Lakatos and Alan Musgrave. Cambridge: Cambridge University Press.

1974. "Second Thoughts on Paradigms." In *The Structure of Scientific Theory,* PP. 459–99. Edited with a Critical Introduction by Frederick Suppe. Urbana, Ill.: University of Illinois Press.

## KURELLA, HANS

1896. "Zum biologischen Verständniss der somatischen und psychischen Bisexualität." *Centralblatt für Nervenheilkunde und Psychiatrie,* 19:234–41.

1899. "Zur Psychologie der Grausamkeit." (Abstract.) *Zeitschrift für Pädagogische Psychologie,* 1:100–102.

1911. *Cesare Lombroso: A Modem Man of Science.* Translated from the German by M. Eden Paul. London: Rebman Co.

## LACAN, JACQUES

1978. *The Four Fundamental Concepts of Psycho-Analysis.* Edited by Jacques-Alain Miller. Translated from the French by Alan Sheridan. New York: W. W. Norton & Co,

## LAMPL, HANS

1953. "The Influence of Biological and Psychological Factors upon the Develop-ment of the Latency Period." In Drives, Affects, Behavior, pp. 380–87. Edited by Rudolph M. Loewenstein. New York: International Universities Press.

## LANG, ANDREW

1903. *Social Origins.* Published with J. J. Atkinson, *Primal Law.* London: Longmans, Green, and Co.

## LAUZON, GÉRARD

1963. *Sigmund Freud: The Man and His Theories.* Translated from the French by Patrick Evans. Edited by Jacques Ahrweiler. London: Souvenir Press.

## LAYCOCK, THOMAS

1840. *A Treatise on the Nervous Diseases of Women: Comprising an Inquiry into the Nature, Causes, and Treatment of Spinal and Hysterical Disorders,* London: Longman, Orme, Brown, Green, and Longmans.

1842a. "Evidence and Arguments in Proof of the Existence of a General Law of Periodicity in the Phenomena of Life." *The Lancet*, 22 October, pp. 124-29; 29 October, pp. 160-64.

1842b. "Further Development of a General Law of Vital Periodicity; Being a Contribution to Proleptics." *The Lancet*, 17 December, pp. 423-27.

1843a [1842]. "On a General Law of Vital Periodicity." *Report of the Twelfth Meeting of the British Association for the Advancement of Science.* Part II: *Miscellaneous Communications to the Sections,* pp. 81-82. London: John Murray.

1843b. "On Some of the Causes which Determine the Minor Periods of Vital Movements." *The Lancet*, 25 March, pp. 929-33.

1843c. "On Lunar Influence; Being a Fourth. Contribution to Proleptics." *The Lancet*, 24 June, pp. 438-44.

1843d. "On the Influence of the Moon and the Atmosphere of the Earth, and on the Pathological Influence of the Seasons." *The Lancet*, 9 September, pp. 826-30.

1843e. "On Annual Vital Periods, Being a Fifth Contribution to Vital Proleptics." *The Lancet*, 21 October, pp. 85-89.

1843f. "On the Major Periods of Development in Man, Being a Sixth Contribution to Proleptics." *The Lancet*, 25 November, pp. 253-58.

1843g. "On the Periods of Years, Being a Seventh Contribution to Proleptics." *The Lancet*, 30 December, pp. 430-32.

1844. "The Periods Regulating the Recurrence of Vital Phenomena; Being a Gen-eral Summary of Previous Contributions to Proleptical Science." *The Lancet*, 20 July, pp. 523-24.

1860. *Mind and Brain: or, The Correlations of Consciousness and Organization. . : .* 2 vols. Edinburgh: Sutherland and Knox. 2nd ed., London: Simpkin and Marshall, 1869.

## LESKY, ERNA
1965. *Die Wiener medizinische Schule in 19. Jahrhundert.* Graz and Cologne: Verlag Hermann Böhlaus Nachf.

## LEVIN, KENNETH
1978. *Freud's Early Psychology of the Neuroses: A Historical Perspective.* Pitts-burgh: University of Pittsburgh Press.

## LEWIS, BERNARD
1975. *History-Remembered, Recovered, Invented.* Princeton: Princeton University Press.

## LEWIS, NOLAN D. C., AND LANDIS, CARNEY
1957. "Freud's Library." *The Psychoanalytic Review*, 44:327-54.

## LEYEN, FRIEDRICH VON DER
1901. "Traum und Märchen." *Der Lotse*, 1:382-90.

## LICHTENSTEIN, HEINZ

1935. "Zur Phänomenologie des Wiederholungszwanges und des Todestriebes." *Imago*, 21:466–80.

## LIÉBEAULT, AMRROISE AUGUSTE

1866. *Du Sommeil et des états analogues, considérés surtout au point de vue de l'action du moral sur le physique.* Paris: V. Masson et fils; Nancy: N. Grosjean.

## LIEPMANN, HUGO

1901. Review of Ueber *den Traum*, by Sigmund Freud (1901a). *Monatsschrift für Psychiatrie und Neurologie*, 10: 237–39.

## LIFTON, ROBERT JAY

1976. *The Life of the Self: Toward a New Psychology.* New York: Simon and Schuster.

## LINDNER, GUSTAV ADOLF

1858. *Lehrbuch der empirischen Psychologie nach genetischer Methode.* Graz: Wiesner.

## LINDNER, S.

1879. "Das Saugen an den Fingern, Lippen etc. bei den Kindern. (Ludeln.). Eine Studie." *Jahrbuch für Kinderheilkunde und physische Erziehung*, n.s., 14:68–91.

## LIPPS, THEODOR

1883. *Grundtatsachen des Seelenlebens.* Bonn: M. Cohen & Sohn.

1897. "Der Begriff des Unbewussten in der Psychologie." *III. Internationaler Congress für Psychologie in München vom 4. bis 7. August 1896*, pp. 146–64. Munich: J. F. Lehmann.

1898. *Komik und Humor: Eine psychologisch-ästhetische Untersuchung.* Hamburg and Leipzig: L. Voss.

## LOEWENSTEIN, RUDOLPH M.

1951. "Freud: Man and Scientist." *Bulletin of the N.Y. Academy of Medicine*, 27:623–37.

## LOMBROSO, CESARE

1876. *L'Uomo delinquente: Studiato in rapporto alla antropologia, alla medicina legale ed alle discipline carcerarie.* Milan: Heopli.

1881. "L'Amore nei pazzi." *Archivio di psichiatria, scienze penali ed antropologia criminale*, 2:1–32.

1882. *Genio e follia, in rapporto alla medicina legale, alle critica ed all storia.* 4th ed. Rome: Fratelli Bocca.

1894. "La Nevrosi in Dante e Michelangelo." *Archivio di psichiatria, scienze penali ed antropologia criminale*, 15:126–32.

1911. Introduction to *Criminal Man:. According to the Classification of Cesare Lombroso*, by Gina Lombroso-Ferrero (1911). New York and London: G. P. Putnam's Sons:

### LOMBROSO, CESARE, AND FERRERO, GUGLIELMO

1893. *La Donna delinquente: La Prostituta e la donna normale.* Turin: Roux.

### LOMBROSO-FERRERO, GINA

1911. *Criminal Man: According to the Classification of Cesare Lombroso, Briefly Summarized by his Daughter Gina Lombroso-Ferrero.* With an Introduction by Cesare Lombroso. New York and London: G. P. Putnam's Sons.

### LOVEJOY, ARTHUR O.

1959. "Schopenhauer as an Evolutionist." In *Forerunners of Darwinism 1745-1859*, pp. 415-37. Edited by Bentley Glass, Owsei Temkin, and William L. Straus, Jr. Baltimore: Johns Hopkins Press.

### LÖWENFELD, LEOPOLD

1895. "Über die Verknüpfung neurasthenischer und hysterischer Symptome in Anfallsform nebst Bemerkungen über die Freudsche Angstneurose." *Münchener medicinische Wochenschrift*, 42:282-85.

1914. *Sexualleben und Nervenleiden: Nebst einem Anhang über Prophylaxe und Behandlung der sexuellen Neurasthenie.* 5th ed. Wiesbaden: J. F. Bergmann. First ed. published as *Die nervösen Störungen sexuellen Ursprungs.* Wiesbaden: J. F. Bergmann, 1891.

### LUDWIG, CARL

1852-56. *Lehrbuch der Physiologie des Menschen.* 2. Vols. Heidelberg: C. F. Winter.

### LUZENBERGER, A. V.

1886. "Ueber einem Fall von Dyschromatopsie bei einem hysterischen Manne." *Wiener medizinische Blätter*, 9:1113-26.

### LYDSTON, G. FRANK

1889. "Sexual Perversion, Satyriasis and. Nymphomania." *Medical and Surgical Reporter*, 61:253-58, 281-85.

### MACALPINE, IDA, AND HUNTER, RICHARD A.

1953. "The Schreber Case." *The Psychoanalytic Quarterly*, 22:328-71.

1956. *Schizophrenia, 1677: A Psychiatric Study of an Illustrated Autobiographical Record of Demoniacal Possession.* London: Wm. Dawson and Sons.

### MCCARLEY, ROBERT W., AND HOBSON, J. ALLAN

1977. "The Neurobiological Origins of Psychoanalytic Dream Theory."

*The American Journal of Psychiatry*, 134:1211-21.

## McDougall, William
1936. *Psycho-Analysis and Social Psychology*. London: Methuen & Co.

## McGrath, William J.
1967. "Student Radicalism in Vienna." *Journal of Contemporary History*, 2:183-201.

## Mackenzie, John Noland
1884. "Irritation of the Sexual Apparatus as an Etiological Factor in the Production of Nasal Disease." *The American Journal of the Medical Sciences*, n.s., 88:360-65.

1898. "The Physiological and Pathological Relations between the Nose and the Sexual Apparatus of Man," *The Journal of Laryngology, Rhinology, and Otology*, 13:109-23.

## Macmillan, M. B.
1976. "Beard's Concept of Neurasthenia and Freud's Concept of the Actual Neuroses." *Journal of the History of the Behavioral Sciences*, 12:376-90.

1977a. "The Cathartic Method and the Expectancies of Breuer and Anna O." *The International Journal of Clinical and Experimental Hypnosis*, 25:106-18.

1977b. "Freud's Expectations and the Childhood Seduction Theory." *Australian Journal of Psychology*, 29:223-36.

## Madison, Peter
1961. *Freud's Concept of Repression and Defense, Its Theoretical and Observational Language*. Minneapolis: University of Minnesota Press.

## Magoun, H. W.
1960. "Evolutionary Concepts of Brain Function Following Darwin and Spencer." In *Evolution After Darwin*. Edited by Sol Tax. Vol. 2: *The Evolution of Man, Mind, Culture and Society*, pp. 187-209. Chicago: University of Chicago Press.

## Malthus, Thomas Robert
1798. *An Essay on the Principle of Population, as It Affects the Future Improvement of Society. With Remarks on the Speculations of Mr. Godwin, M. Condorcet, and Other Writers*. London: J. Johnson.

1826. *An Essay on the Principle of Population: Or, a View of Its Past and Pres-ent Effects on Human Happiness; with an Inquiry into our Prospects re-specting the Future Removal or Mitigation of the Evils which It Occasions*. 2 vols. 6th ed. London: John Murray.

## Mannheim, Karl

1936. *Ideology and Utopia: An Introduction to the Sociology of Knowledge.* Preface by Louis Wirth. Translated from the German by Louis Wirth and Edward Shils. London: Kegan Paul, Trench, Trubner & Co.; New York: Harcourt, Brace and Co.

1952. *Essays on the Sociology of Knowledge.* Edited by Paul Kecskemeti. New York: Oxford University Press; London: Routledge & Kegan Paul.

## MANNONI, OCTAVE

1974. *Freud.* Translated from the French by Renaud Bruce. New York: Vintage Books; London: New Left Books, 1972.

## MARCINOWSKI, JOHANNES

1902. Review of *Ueber den Traum,* by Sigmund Freud (1901a). *Aerztliche Sachverständigen-Zeitung,* 8:125.

## MARCUS, JOHN T.

1960. "The World Impact of the West: The Mystique and the Sense of Participa-tion in History." In *Myth and Mythmaking,* pp. 221-39. Edited and with an Introduction by Henry A. Murray. New York: George Braziller; reprint ed., Boston: Beacon Press, 1968.

## MARCUS, STEVEN

1974. *The Other Victorians: A Study of Sexuality and Pornography in Mid Nineteenth-Century England.* 2nd ed. New York: Basic Books.

## MARX, OTTO M.

1966. "Aphasia Studies and Language Theory in the 19th Century." *Bulletin of the History of Medicine,* 4:328-49.

1970. "Nineteenth-Century Medical Psychology: Theoretical Problems in the Work of Griesinger, Meynert, and Wernicke." *Isis,* 61:355-70,

## MAUDSLEY, HENRY

1867. *The Physiology and Pathology of the Mind.* London: Macmillan and Co.; New York: D. Appleton and Co.

1872. "An Address on Medical Psychology." *The British Medical Journal,* 10 August, pp, 163-67.

## MAURY, ALFRED

1861. *Le Sommeil et les rêves: Études psychologiques sur ces phénoménes.* Paris: Didier. 2nd ed., 1862; 3rd ed., 1865; 4th ed., 1878.

## MAYR, ERNST

1961. "Cause and Effect in Biology." *Science,* 134:1501-6.

## MAZLISH, BRUCE

1976. *The Revolutionary Ascetic: Evolution of a Political Type.* New York: Basic Books.

# MEDAWAR, PETER B.

1957. *The Uniqueness of the Individual.* London: Methuen & Co.; New York: Basic Books.

1975. "Victims of Psychiatry." Review of *The Victim Is Always the Same,* by I. S. Cooper. *The New York Review of Books,* January 23, p. 17.

# MENTZ, PAUL

1901. Review of *Die Traumdeutung,* by Sigmund Freud (1900a). *Vierteljahrs-schrift für wissenschaftliche Philosophie und Soziologie,* 25:112-13.

# MERINGER, RUDOLF, AND MAYER, KARL

1895. *Versprechen und Verlesen: Eine psychologisch-linguistische Studie.* Stuttgart: G. J. Göschen.

# MERTON, ROBERT K.

1973. *The Sociology of Science: Theoretical and Empirical Investigations.* Edited and with an Introduction by Norman W. Storer. Chicago and London: University of Chicago Press.

1976. "The Ambivalence of Scientists." In *Sociological Ambivalence and Other Essays,* pp. 32-55. New York: Free Press.

# METZENTIN, CARL

1899. "Ueber wissenschaftliche Traumdeutung." Review of *Die Traumdeutung,* by Sigmund Freud (1900a). Die Gegenwart, 56:386-89.

# MEYER, ADOLPH

1906. "Interpretation of Obsessions." Review of *Drei Abhandlungen zur Sexual-theorie* and "Bruchstück einer Hysterie-Analyse," by Sigmund Freud (1905d, 1905e [1901]). *Psychological Bulletin,* 3:280-83.

# MEYER, ERNST

1906. Review of *Drei Abhandlungen zur Sexualtheorie,* by Sigmund Freud (1905d). *Monatsschrift für Psychiatrie und Neurologie,* 20:92-93.

# MEYER, HANS HORST

1928. "Josef Breuer 1842-1925." *Neue österreichische Biograpkie 1815-1918,* 5:30-47.

# MEYJES, WILLEM

1898. "On the Etiology of Some Nasal Reflex Neuroses." *The Journal of Laryngology, Rhinology, and Otology,* 13:580-83.

# MEYNERT, THEODOR

1884. *Psychiatrie: Klinik der Erkrankungen des Vorderhims begründet*

*auf dessen Bau, Leistungen und Ernährung.* Vienna: Wilhelm
Braumüller.
*Trans.:* Meynert (1885).

1885. *Psychiatry: A Clinical Treatise on Diseases of the Fore-Brain
Based upon a Study of Its Structure, Functions, and Nutrition.*
Translated by B. Sachs. New York and London: G. P. Putnam's Sons.
*German Text:* Meynert (1884).

1888. "Über hypnotische Erscheinungen." *Wiener klinische
Wochenschrift,* 1:451-53, 473-76, 495-98.

1889a. "Zum Verständnisse der traumatischen Neurosen im Gegensatze-
zu ihrer hypnotischen Entstehungstheorie." *Wiener medizinische
Wochenschrift,* 39:686-87.

1889b. "Beitrag zum Verständniss der traumatischen Neurose." Wiener
klinische Wochenschrift, 2:475-76, 498-503, 522-24.

1889c. 7 June discussion of "Elektrischer Beleuchtungsapparat zum
Taschenge-brauch," a lecture delivered by Vohwinkel before the
K. k. Gesellschaft der Ärzte on 7 June 1889. Wiener klinische
Wochenschrift, 2:490.

1890. Klinische Vorlesungen über Psychiatrie aus wissenschaftlichen
Grundlagen für Studirende und Aerzte. Vienna: Wilhelm
Braumüller.

# MITTWOCH, URSULA

1977. "To Be Born Right Is to Be Born Male." *New Scientist,* 73:74-76.

# MÖBIUS, PAUL .J.

1888. "über den Begriff der Hysterie." *Centralblatt für Nervenheilkunde,*
11: 66-71, Reprinted in Neurologische Beiträge (1894-98, 1:1-7).

1894. "Über Astasie-Abasie." *In Neurologische Beiträge* (1894-98, 1:8-19).

1894-98. *Neurologische Beiträge.* 5 vols. Leipzig: Ambr. Abel (Arthur
Meiner).

1895. "über die gegenwärtige Auffassung der Hysterie." *Monatsschrift
für Geburtshülfe und Gynaekologie,* 1:12-21.

1898. Review of *Ueber die sexuellen Ursachen der Neurasthenie und
Angst-neurose,* by Felix Gattel (1898). *Schmidt's Jahrbücher der
in- und ausländischen gesummten Medicin,* 259:214.

1901. Review of *Ueber den Traum,* by Sigmund Freud (1901a). *Schmidt's
Jahrbücher der in- und ausländischen gesammten Medicin,* 269
:271.

1906. Review of *Sammlung kleiner Schriften zur Neurosenlehre aus den
Jahren* 1893-1906, by Sigmund Freud. *Schmidt's Jahrbücher der in-
und ausländischen gesammten Medicin,* 292:270.

# MOLL, ALBERT

1889. *Der Hypnotismus.* Berlin:Fischer's Medicinische Buchhandlung, H.
Kornfeld.
*Trans.:* Moll (1913).

1890. *Der Hypnotismus.* 2nd ed. Berlin: Fischer's Medicinische

Buchhandlung, H. Kornfeld.

1891. *Die conträre Sexualempfindung.* Foreword by Richard von Krafft-Ebing. Berlin: Fischer's Medicinische Buchhandlung, H. Kornfeld.
*Trans.:* Moll (1931).

1897a. "Probleme in der Homosexualität." *Zeitschrift für Criminal-Anthropologie, Gefängnis-Wissenschaft und Prostitution,* 1:157–89.

1897b. *Untersuchungen über die Libido sexualis.* Berlin: Fischer's Medicinische Buchhandlung, H. Kornfeld.
*Partial Trans.:* Moll (1933).

1901. "Ueber eine wenig beachtete Gefahr der Prügelstrafe bei Kindern." *Zeitschrift für Pädagogische Psychologie,* 3:215–19.

1907. "Hysterie." In *Encyclopädische Jahrbücher der gesamten Heilkunde,* 14 (n.s., 5):268–85. Edited by Albert Eulenburg. Berlin and Vienna: Urban & Schwarzenberg.

1909. *Das Sexualleben des Kindes.* Berlin: H. Walther.
*Trans.:* Moll (1912a).

1912a. *The Sexual Life of the Child.* Translated by Eden Paul. Introduction by Edward L. Thorndike. New York: Macmillan Co.
*German Text:* Moll (1909).

1912b. Ed. *Handbuch der Sexualwissenschaften: Mit besonderer Berücksichtigung der kulturgeschichtlichen Beziehungen.* Leipzig: F. C. W. Vogel.

1912c. "Sexuelle Hygiene." In *Handbuch der Sexualwissenschaften,* pp. 879–922. Edited by Albert Moll (1912b). Leipzig: F. C. W. Vogel.

1913. Hypnotism: *Including a Study of the Chief Points of Psychotherapeutics and Occultism.* The Contemporary Science Series, vol. 9. Translated from the 4th German ed. by Arthur F. Hopkirk. London: Walter Scott. First English ed., 1890.
*German Text:* Moll (1889 and later eds.).

1926a. "Die Psychologie des normalen Geschlechtstriebes." In *Handbuch der Sexualwissenschaften: Mit besonderer Berücksichtigung der kulturgeschichtlichen Beziehungen,* 1:235–300. 3rd ed. Edited by Albert Moll. Leipzig: F. C. W. Vogel.

1926b. "Sexuelle Hygiene." (Expanded Version of Moll 1912c.) In *Handbuch der Sexualwissenschaften: Mit besonderer Berücksichtigung der kulturge-schichtlichen Beziehungen,* 2:1069–1157. 3rd ed. Edited by Albert Moll. Leipzig: F. C. W. Vogel.

1931. *Perversions of the Sex Instinct: A Study of Sexual Inversion Based on Clinical Data and Official Documents.* Translated by Maurice Popkin. Newark, N.J.: Julian Press.
*German Text:* Moll (1891).

1933. *Libido Sexualis: Studies in the Psychosexual Laws of Love Verified by Clinical Sexual Case Histories.* Translated by David Berger. New York: American Ethnological Press.
*German Text:* Moll (1897b).

1936. *Ein Leben als Arzt der Seele: Erinnerungen.* Dresden: Carl Reissner.

# MOREAU (DE TOURS), JACQUES-JOSEPH

1845. *Du Hachisch et de l'aliénation mentale: Études psychologiques.*
Paris: Fortin, Masson et Cie,

# MOREL, BÉNÉDICT AUGUSTE

1857. *Traité des dégénérescences physiques, inteilectuelles et morales
de l'espèce humaine et des causes qui produisent ces variétés
maladives.* Paris: J. B. Baillière; New York: H. Baillière.

# MÜLLER, FRIEDRICH MAX

1902. *The Life and Letters of the Right Honourable Friedrich Max
Müller.* 2 vols. Edited by his wife. London and New York: Longmans,
Green, and Co.

# MÜLLER, ROBERT

1907. *Sexualbiologie: Vergleichend-entwicklungsgeschichtliche
Studien über das Geschlechtsleben des Menschen und der höheren
Tiere.* Berlin: Louis Marcus.

# MÜLLER-LYER, FRANZ

1912. *Die Entwicklungsstufen der Menschheit.* Vol. 4: *Die Familie,*
Munich: J. F. Lehmann.

1913. *Die Entwicklungsstufen der Menschheit.* Vol. 5: *Phasen der Liebe:
Eine Soziologie des Verhältnisses der Geschlechter.* Munich:
Albert Langen. 2nd ed., 1917.
   *Trans.:* Müller-Lyer (1930).

1930. *The Evolution of Modern Marriage: A Sociology of Sexual
Relations.* Translated by Isabella C. Wigglesworth. New York:
Alfred A. Knopf
   *German Text:* Müller-Lyer (1913).

# MYERS, FREDERIC W. H.

1897. "Hysteria and Genius." *Journal of the Society for Psychical
Research,* 8:50-59, 69-71.

# NÄCKE, PAUL

1899a. Review of *Untersuchungen über die Libido sexualis,* by
Albert Moll (1897b). *Archiv für Kriminal-Anthropologie und
Kriminalistik,* 2:170-73.

1899b. "Kritisches zum Kapitel der normalen und pathologischen
Sexualität." *Archiv für Psychiatrie,* 32:356-86.

1901a. Review of *Die Traumdeutung,* by Sigmund Freud (1900a). *Archiv für
Kriminal-Anthropologie und Kriminalistik,* 7:168.

1901b. Review of *Ueber den Traum,* by Sigmund Freud (1901a). *Archiv für
Kriminal-Anthropologie und Kriminalistik,* 7:169.

1903. Review of *Beiträge zur Aetiologie der Psychopathia sexualis,*
by Iwan Bloch (1902-3). *Archiv für Kriminal-Anthropologie und

*Kriminalistik,* 11: 276-77.

1906. Review of *Drei Abhandlungen zur Sexualtheorie,* by Sigmund Freud (1905d). *Archiv für Kriminal-Anthropologie und Kriminalistik,* 24:166.

NAGERA, HUMBERTO; BAKER, S.; COLONNA, A.; FIRST, E.; GAVSHON, A.; HOLDER, A.; JONES, G.; KOCH, E.; LAUFER, M.; MEERS, D.; NEURATH, L.; AND REES, K.

1969a. *Basic Psychoanalytic Concepts on the Libido Theory.* The Hampstead Clinic Psychoanalytic Library, vol, 1. Edited by Humberto Nagera. Lon-don: George Allen & Unwin.

NAGERA, HUMBERTO; BAKER, S.; COLONNA, A.; EDGCUMBE, R.; HOLDER, A.; KEARNEY, L.; KAWENOKA, M.; LEGG, C.; MEERS, D.; NEURATH, L.; AND REES, K.

1969b. *Basic Psychoanalytic Concepts on the Theory of Dreams,* The Hampstead Clinic Psychoanalytic Library, vol. 2. Edited by Humberto Nagera. London: George Allen & Unwin.

NAGERA, HUMBERTO; BAKER, S.; EDGCUMBE, R.; HOLDER, A.; LAUFER, M.; MEERS, D.; AND REES, K.

1970a, *Basic Psychoanalytic Concepts on the Theory of Instincts.* The Hampstead Clinic Psychoanalytic Library, vol. 3. Edited by Humberto Nagera. London: George Allen & Unwin.

NAGERA, HUMBERTO; COLONNA, A.; DANSKY, E.; FIRST, E.; GAVSHON, A.; HOLDER, A.; KEARNEY, L.; AND RADFORD, P.

1970b. *Basic Psychoanalytic Concepts on Metapsychology, Conflicts, Anxiety, and Other Subjects.* The Hampstead Clinic Psychoanalytic Library, vol. 4. Edited by Humberto Nagera. London: George Allen & Unwin.

NATENBERG, MAURICE

1955. *The Case History of Sigmund Freud: A Psycho-Biography.* Chicago: Regent House.

NIEDERLAND, WILLIAM G.

1959a. "The 'Miracled-Up' World of Schreber's Childhood." *The Psychoanalytic Study of the Child,* 14:383-413.

1959b. "Schreber: Father and Son." *The Psychoanalytic Quarterly,* 28:151-69.

1963. "Further Data and Memorabilia Pertaining to the Schreber Case." *The International Journal of Psycho-Analysis,* 44:201-7.

1974. *The Schreber Case: Psychoanalytic Profile of a Paranoid Personality.* New York: Quadrangle/New York Times Book Co.

# Nunberg, Herman

1932. *Allgemeine Neurosenlehre auf psychoanalytischer Grundlage.* Foreword by Sigmund Freud. Bern: Hans Huber Verlag.
*Trans.:* Nunberg (1955).

1955. *Principles of Psychoanalysis: Their Application to the Neuroses.* Foreword by Sigmund Freud. Translated by Madlyn Kahr and Sidney Kahr. New York: International Universities Press.
*German Text:* Nunberg (1932).

# Nunberg, Herman, and Federn, Ernst, Eds.

1962–75. *Minutes of the Vienna Psychoanalytic Society.* 4 vols. Translated by M. Nunberg in collaboration with Harold Collins. New York: International Universities Press.

# Oberndorf, C. P.

1953. "Autobiography of Josef Breuer (1842–1925)." *The International Journal of Psycho-Analysis,* 34:64–67.
*German Text:* Breuer [1925].

# Obersteiner, Heinrich

1893. *Die Lehre vom Hypnotismus: Eine kurzgefasste Darstellung.* Leipzig and Vienna: M. Breitenstein.

# Oppenheim, Hermann

1905. *Lehrbuch der Nervenkrankheiten für Ärzte und Studirende.* 2 vols. 4th ed. Berlin: S. Karger. First ed., 1894.

# Oppenheimer, Carl

1900. Review of *Die Traumdeutung,* by Sigmund Freud (1900a). *Die Umschau,* 4:218–19.

# Orwell, George

1949. *Nineteen Eighty-Four, a Novel.* London: Secker & Warburg.

# Ostwald, Wilhelm

1907. Review of Der Ablauf des Lebens, by Wilhelm Fliess (1906b). *Annalen der Naturphilosophie,* 6:94–96.

# Owen, Alan R. G.

1971. *Hysteria, Hypnosis and Healing: The Work of J.-M. Charcot.* London: Dobson; New York: Garrett Publications.

# Page, Herbert

1883. *Injuries of the Spine and Spinal Chord without Apparent Mechanical Lesions, and Nervous Shock, in Their Surgical and Medico-Légal Aspects.* London: J. & A. Churchill.

## PAGEL, WALTER

1954. "The Speculative Basis of Modern Pathology." *Bulletin of the History of Medicine*, 18:1-43.

## PAULY, AUGUST

1905. *Darwinismus und Lamarckismus: Entwurf einer psychophysischen Teleologie.* Munich: E. Reinhardt.

## PENROSE, L. S.

1931. "Freud's Theory of Instinct and Other Psycho-Biological Theories." *The International Journal of Psycho-Analysis*, 12:87-97.

## PENTA, PASQUALE

1893. *I Pervertimenti sessuali nell' uomo e Vincenzo Verzeni, strangolatore di donne: Studio biologico.* Naples: L. Pierro.

## PÈREZ, BERNARD

1886. *L'Enfant de trois à sept ans.* Paris: Félix Alcan.

## PETERSON, FREDERICK

1904. Introduction to *Text-Book of Insanity, Based on Clinical Observations: For Practitioners and Students of Medicine,* by Richard von Krafft-Ebing. Translated by Charles Gilbert Chaddock. Philadelphia: F. A. Davis Co.

## PETERSON, HOUSTON

1928. *Havelock Ellis, Philosopher of Love.* Boston and New York: Houghton Mifflin Co.

## PEYER, ALEXANDER

1890. *Der unvollständige Beischlaf (Congressus interruptus, Onanismus conjugalis) und seine Folgen beim männlichen Geschlechte.* Stuttgart: Ferdinand Enke.

## PFENNIG, RICHARD

1906. *Wilhelm Fliess und seine Nachentdecker: O. Weininger und H. Swoboda.* Berlin: Emil Goldschmidt.

1912. "Eine neuer Einwand gegen Fließ' Periodenlehre?" *Annalen der Naturphilosophie*, 11:373-82,

1918. *Grundzüge der Fließschen Periodenrechnung.* Leipzig and Vienna: Franz Deuticke,

## PHALEN, JAMES M.

1933. "George Frank Lydston." *Dictionary of American Biography*, 11:513-14.

1935. "Edward Charles Spitzka." *Dictionary of American Biography*,

17:461-62.

## PICK, ARNOLD

1901. Review of *Ueber den Traum,* by Sigmund Freud (1901a). *Prager medicinische Wochenschrift,* 26:145.

## PILCZ, ALEXANDER

1902. Review of *Ueber den Traum,* by Sigmund Freud (1901a). *Wiener klinische Rundschau,* 16:962.

## PLOSS, HERMANN HEINRICH

1885. *Das Weib in der Natur- und Völkerkunde: Anthropologische Studien.* 2 vols. Leipzig: T. Grieben.

## POLLOCK, GEORGE H.

1968. "The Possible Significance of Childhood Object Loss in the Josef Breuer-Bertha Pappenheim (Anna O.)-Sigmund Freud Relationship. I. Josef Breuer." *Journal of the American Psychoanalytic Association,* 16:711-39.

1972. "Bertha Pappenheim's Pathological Mourning: Possible Effects of Child-hood Sibling Loss." *Journal of the American Psychoanalytic Association,* 20:476-93.

## POPPER, JOSEF [LYNKEUS]

1899. *Phantasien eines Realisten.* 2 vols. Dresden and Leipzig: C. Reissner.

## PRAETORIUS, NUMA

1906. Review of *Drei Abhandlungen zur Sexualtheorie,* by Sigmund Freud (1905d). *Jahrbuch für sexuelle Zwischenstufen,* 8:729-48.

## PRATT, JOHN SHEALS

1958. "Epilegomena to the Study of Freudian Instinct Theory," *The International Journal of Psycho-Analysis,* 39:17-24.

## PREBLE, EDWARD

1930. "Shobal Vail Clevenger." *Dictionary of American Biography,* 4:213-14.

## PREYER, WILLIAM

1882. *Die Seele des Kindes: Beobachtungen über die geistige Entwicklung des Menschen in den ersten Lebensjahren.* Leipzig: T. Grieben.
   *Trans.:* Preyer (1888-89).

1888-89. *The Mind of the Child: Observations concerning the Mental Development of the Human Being in the First Years of Life.* 2 vols. Translated by H. W. Brown. New York: D. Appleton & Co.
   *German Text:* Preyer (1882).

## Pribram, Karl H.

1962. "The Neuropsychology of Sigmund Freud." In *Experimental Foundations of Clinical Psychology*, pp. 442-68. Edited by A. J. Bachrach. New York: Basic Books.

1965. "Freud's *Project*: An Open, Biologically Based Model for Psychoanalysis." In *Psychoanalysis and Current Biological Thought*, pp. 81-92. Edited by Norman S. Greenfield and William C. Lewis. Madison and Milwaukee: University of Wisconsin Press.

## Pribram, Karl H., and Gill, Merton M.

1976. *Freud's 'Project' Re-Assessed: Preface to Contemporary Cognitive Theory and Neuropsychology*. New York: Basic Books; London: Hutchinson Publishing Group.

## Puner, Helen Walker

1947. *Freud: His Life and His Mind, a Biography*. New York: Howell, Soskin; London: Grey Walls Press, 1949.

## Putnam, James J.

1883. "Recent Investigations into the Pathology of So-called Concussion of the Spine." *Boston Medical and Surgical Journal*, 109:217-20.

## Raffalovich, Marc-André

1896. *Uranisme et unisexualité: Étude sur différentes manifestations de l'instinct sexuel*. Lyon: A. Storck.

## Raimann, Emil

1904. *Die hysterischen Geistesstörungen: Eine klinische Studie*. Leipzig and Vienna; Franz Deuticke.

1905. Review of *Drei Abhandlungen zur Sexualtheorie*, by Sigmund Freud (1905d). Wiener klinische Wochenschrift, 18:1016-17.

## Ramzy, Ishak

1956. "From Aristotle to Freud: A Few Notes on the Roots of Psychoanalysis." *Bulletin of the Menninger Clinic*, 20:112-23.

## Rapaport, David

1960a. *The Structure of Psychoanalytic Theory: A Systematizing Attempt. Psychological Issues*, 2, no. 2 (Monograph 6).

1960b. "Psychoanalysis as a Developmental Psychology." In *Perspectives in Psychological Theory: Essays in Honor of Heinz Werner*, pp. 209-55. Edited by Bernard Kaplan and Seymour Wapner. New York: International Uni-versities Press.

## Rapaport, David, and Gill, Merton M.

1959. "The Points of View and Assumptions of Metapsychology." *The International Journal of Psycho-Analysis*, 40:153-62.

# Reik, Theodor

1940. *From Thirty Years with Freud.* Translated by Richard Winston, New York: Farrar & Rinehart.

# Renterghem, Albert Willem Van

1898. *Liébeault en zijne School.* Amsterdam: F. van Rossen.

# Ribot, Théodule

1881. *Les Maladies de la mémoire.* Paris: Germer Baillière et Cie.

1896. *La Psychologie des sentiments.* Paris: Félix Alcan. *Trans.:* Ribot (1897).

1897. *The Psychology of the Emotions.* The Contemporary Science Series. London: Walter Scott; New York: Charles Scribner's Sons. *French Text:* Ribot (1896).

# Ricoeur, Paul

1970. *Freud and Philosophy: An Essay on Interpretation.* Translated by Denis Savage. New Haven and London: Yale University Press.

# Riebold, Georg

1908. "Der Nachweis des Vorhandenseins somatischer Perioden im weiblichen Organismus und ihrer Abhängigkeit von kosmischen Perioden." *Archiv für Gynaekologie,* 84:182–97.

1942. *Einblick in den periodischen Ablauf des Lebens, mit besonderer Berücksichtigung des Menstruationsvorganges.* Stuttgart: Hippokrates-Verlag, Marquardt & Cie.

# Rieff, Philip

1959. *Freud: The Mind of a Moralist.* New York: Viking Press; Garden City, N.Y.: Doubleday & Co., 1961.

# Rieger, Konrad

1896. "Über die Behandlung 'Nervenkranker.'" *Schmidt's Jahrbücher der in- und ausländischen gesammten Medicin,* 251:193–98, 273–76.

1929. "Konrad Rieger." In *Die Medizin der Gegenwart in Selbstdarstellungen,* 8:125–74. Edited by L. R. Grote. Leipzig: Felix Meiner.

# Ries, Emil

1903. "A New Treatment for Dysmenorrhea." *American Gynecology,* 3:375–79.

# Ritvo, Lucille B.

1965. "Darwin as the Source of Freud's Neo-Lamarckianism." *Journal of the American Psychoanalytic Association,* 13:499–517.

1972. "Carl Claus as Freud's Professor of the New Darwinian Biology." *The International Journal of Psycho-Analysis,* 53:277–83.

1974. "The Impact of Darwin on Freud." *The Psychoanalytic Quarterly*, 43:177–92.

## ROAZEN, PAUL

1968. Freud: *Political and Social Thought*. New York: Alfred A. Knopf.

1969. *Brother Animal: The Story of Freud and Tausk*. New York: Alfred A. Knopf; London: Allen Lane, 1970.

1975. *Freud and His Followers*. New York: Alfred A. Knopf; London: Allen Lane, 1976.

## ROBERT, MARTHE

1966. *The Psychoanalytic Revolution: Sigmund Freud's Life and Achievement*. Translated by Kenneth Morgan. London: George Allen & Unwin; New York: Harcourt, Brace & World.

## ROBERT, W.

1886. *Der Traum als Naturnothwendigkeit erklärt*, 2nd ed. Hamburg: Hermann Seippel.

## ROBINSON, VICTOR

1919. *The Don Quixote of Psychiatry*. New York: Historico-Medical Press.

1953. Introduction to *Psychopathia Sexualis: A Medico-Forensic Study*, by Richard von Krafft-Ebing. New York: Pioneer Publications.

## ROEDER, H.

1914. 20 March discussion of "Die Nase in ihren Beziehungen zu den Sexual-organen," a lecture delivered by Max Senator (1914) before the Ärzt-liche Gesellschaft für Sexualwissenschaft und Eugenik in Berlin on 20 February. *Zeitschrift für Sexualwissenschaft*, 1:76–77.

## ROEMER, AUGUST

1891. "Ueber psychopathische Minderwerthigkeiten des Säuglingsalters." *Medicinisches Correspondenz-Blatt des Württembergischen ärztlichen Landes-vereins*, 61:265–269, 273–79, 281–85, 289–92.

## ROGER, JACQUES

1963. *Les Sciences de la vie dans la pensée française du XVIII$^e$ siècle: La Génération des animaux de Descartes à l'Encyclopédie*. Paris: Armand Colin.

## ROHLEDER, HERMANN

1899. *Die Masturbation: Eine Monographie für Ärzte und Pädagogen*. Berlin: Fischer's Medicinische Buchhandlung, H. Kornfeld.

1901. *Vorlesungen über Sexualtrieb und Sexualleben des Menschen*. Berlin: Fischer's Medicinische Buchhandlung, H. Kornfeld.

1907. *Vorlesungen über Geschlechtstrieb und gesamtes Geschlechtsleben des Menschen.* 2 vols. 2nd ed. Berlin: Fischer's Medicinische Buchhandlung, H. Kornfeld. First ed. published as Rohleder (1901).

## ROMANES, MRS. ETHEL, ED.

1896. *The Life and Letters of George John Romanes Written and Edited by His Wife.* London and New York: Longmans, Green, and Co.

## ROMANES, GEORGE JOHN

1873. "Permanent Variation of Colour in Fish." (Letter to the Editor.) *Nature,* 8:101.

1881. "The Struggle of Parts in the Organism." Review of *Der Kampf der Theile im Organismus,* by Wilhelm Roux (1881). *Nature,* 24:505-6.

1883. *Mental Evolution in. Animais. With a Posthumous Essay on Instinct by Charles Darwin.* London: Kegan Paul, Trench & Co.

1888. *Mental Evolution in Man: Origin of Human Faculty.* London: Kegan Paul, Trench & Co.

1892-97. *Darwin and After Darwin: An Exposition of the Darwinian Theory and a Discussion of Post-Darwinian Questions.* 3 vols. London: Longmans, Green, and Co.

## ROSENTHAL, MORITZ

1870. *Handbuch der Diagnostik und Therapie der Nervenkrankheiten.* Erlangen: Ferdinand Enke.

1875. *Klinik der Nervenkrankheiten nach seiner an der Wiener Universität gehaltenen Vorträgen.* 2and ed. Stuttgart: Ferdinand Enke. First ed. published as Rosenthal (1870).

## ROSS, DOROTHY

1972. *G. Stanley Hall: The Psychologist as Prophet.* Chicago and London: University of Chicago Press.

## ROUX, WILHELM

1881. *Der Kampf der Theile im Organismus: Ein Beitrag zur Vervollständigung der mechanischen Zweckmässigkeitslehre.* Leipzig: Wilhelm Engelmann.

## RUBLE, DIANE N.

1977. "Premenstrual Symptoms: A Reinterpretation." *Science,* 197:291-92.

## RUNKLE, ERWIN W.

1899. Review of *Studien über' Hysterie,* by Josef Breuer and Sigmund Freud (1895). *The American Journal of Psychology,* 10:592-94.

## RUSSELL, EDWARD STUART

1916. *Form and Function: A Contribution to the History of Animal Morphology.* London: John Murray.

1930. *The Interpretation of Development and Heredity: A Study in*

*Biological Method.* Oxford: Clarendon Press.

## RY. [DR. BENJAMIN RISCHAWY?]
1898. Review of *Die Beziehungen zwischen Nase und weiblichen Geschlechts-organen,* by Wilhelm Fliess (1897). *Wiener klinische Rundschau,* 12: 240.

## SAALER, BRUNO
1912. "Eine Hysterie-Analyse und ihre Lehren." *Allgemeine Zeitschrift für Psychiatrie und psychisch-gerichtliche Medizin,* 69: 866–911.

1914. "Die Fliess'sche Periodizitätslehre und ihre Bedeutung für die Sexualbiologie." *Zentralblatt für Psychoanalyse und Psychotherapie,* 4:337–46.

1921. "Neue Wege der Familienforschung: Die Fließschen Periodizitätslehre." *Zeitschrift für Sexualwissenschaft,* 7:353–60, 369–79.

## SABLIK, K.
1968. "Sigmund Freud und die Gesellschaft der Ärzte in Wien." *Wiener klinische Wochenschrift,* 80:107–10.

## SACHS, HANNS
1944. *Freud, Master and Friend.* Cambridge: Harvard University Press; London: Imago Publishing Co., 1945.

## SADGER, ISIDOR
1907. "Die Bedeutung der psychoanalytischen Methode nach Freud." *Centralblatt für Nervenheilkunde und Psychiatrie,* n.s., 18:41–52.

## SAMPSON, E. E.
1962. "Birth Order, Need Achievement, and Conformity." *Journal of Abnormal and Social Psychology,* 64:155–59.

## SAUL, LEON J.
1958. "Freud's Death Instinct and the Second Law of Thermodynamics." *The International Journal of Psycho-Analysis,* 39:323–25.

## SCHAEFER
1891. Review of "Ein Beitrag zur Lehre von der konträren Sexualempfindung," by A. Peyer. *Zeitschrift für Psychologie,* 2:128.

## SCHATZ, FRIEDRICH
1904–6. "Wann tritt die Geburt an? (Vorausbestimmung des Geburtstages)." *Archiv für Gynaekologie,* 72:168–260; 80:558–680.

## SCHATZMANN, MORTON

1973. "Paranoia or Persecution: The Case of Schreber." *History of Childhood Quarterly*, 1:62-88.

## Scherner, Karl Albert

1861. *Das Leben des Traums.* Berlin: Heinrich Schindler.

## Schiff, Arthur

1901. "Über die Beziehungen zwischen Nase und weiblichen Sexualorganen." A lecture dielivered before the K. k. Gesellschaft der Ärtze in Vienna on 11 January 1901. *Deutsche Medizinal-Zeitung*, 22:128. For the ensuing discussion, see pp. 152-53, 177, and 202.

## Schlessinger, Nathan; Gedo, John E.; Miller, Julian; Pollock, George H.; Sabshin, Melvin; and Sadow, Leo

1967. "The Scientific Style of Breuer and Freud in the Origins of Psycho-analysis." *Journal of the American Psychoanalytic Association*, 15:404-22.

## Schlieper, Hans

1909. *Der Rhythmus des Lebendigen: Zur Entdeckung von W.* Fliess. Jena: Eugen Diederichs.

1928. "Wilhelm Fliess." *Vossische Zeitung*, 14 October, [p. 32].

## Schnitzler, Arthur

1886. Account of 15 October 1886 lecture by Sigmund Freud, "Ueber männliche Hysterie," delivered at the K. k. Gesellschaft der Ärzte, and of the discus-sion that followed. *Wiener medizinische Presse*, 27:1407-9.

## Schoenwald, Richard L.

1955. "Recent Studies of the Younger Freud." *Bulletin of the History of Medicine*, 29:261-68.

1956. *Freud, the Man, and His Mind*, 1856-1956. New York: Alfred A. Knopf.

## Scholz, Friedrich

1891. *Die Charakterfehler des Kindes: Eine Erziehungslehre für Haus und Schule.* Leipzig: E. H. Mayer.

## Schopenhauer, Arthur

1844. *Die Welt als Wille und Vorstellung*, 2nd ed. Reprinted in Sämmtliche Werke, 1-2. Edited by Julius Frauenstädt. Leipzig: F. A. Brockhaus, 1873-74. First ed., 1819.

## Schopf, Thomas J. M.

1976. "Paleontological Clocks." *Review of Growth Rhythms and the*

*History of the Earth's Rotation*, G. D. Rosenberg and S. K. Runcorn, eds, Science, 191:375-76.

## Schorske, Carl E.

1973. "Politics and Patricide in Freud's *Interpretation of Dreams.*" *The American Historical Review*, 78:328-47.

## Schreber, Daniel Paul

1903. *Denkwürdigkeiten eines Nervenkranken*. Leipzig: Oswald Mütze.
*Trans.:* Schreber (1955).

1955. *Memoirs of My Nervous Illness*. Translated and edited, with Introduction, notes and discussion, by Ida Macalpine and Richard A. Hunter. London: .Wm. Dawson and Sons.
*German Text:* Schreber (1903).

## Schrenck-Notzing, Albert von

1889. "Un Cas d'inversion sexuelle amélioré par la Suggestion hypnotique." *In Premier congres international de l'hypnotisme expérimental et thérapeutique: Comptes rendus*, pp. 319-22. Edited by Edgar Bérillon. Paris: Octave Doin.

1892. *Die Suggestions-Therapie bei krankhaften Erscheinungen des Geschlechts-sinnes: Mit besonderer Berücksichtigung der conträren Sexualempfindung*. Stuttgart: Ferdinand Enke.
*Trans.:* Schrenck-Notzing (1895).

1895. *Therapeutic Suggestion in Psychopathia Sexualis (Pathological Manifestations of the Sexual Sense), with Especial Reference to Contrary Sexual Instinct*. Translated by Charles Gilbert Chaddock. Philadelphia: F. A. Davis Co.
*German Text:* Schrenck-Notzing (1892).

1898-99. "Beiträge zur forensischen Beurtheilung von Sittlichkeitsvergehen mit besonderer Berücksichtigung der Pathogenese psychosexueller Anomalien." *Archiv für Kriminal-Anthropologie und Kriminalistik*, 1:5-25, 137-82.

1899. "Literaturzusammenstellung über die Psychologie und Psychopathologie der vita sexualis." *Zeitschrift für Hypnotismus*, 8:40-53, 275-91.

## Schur, Max

1965. Introduction to Drives, *Affects, Behavior*. Vol. 2. Edited by Max Schur. New York: International Universities Press.

1972. *Freud: Living and Dying*. The International Psycho-Analytic Library. London: Hogarth Press and The Institute of Psycho-Analysis; New York: In-ternational Universities Press.

## Schur, Max, and Ritvo, Lucille B.

1970. "The Concept of Development and Evolution in Psychoanalysis." In *Development and Evolution of Behavior: Essays in Memory of T. C. Schneirla*, pp. 600-619. Edited by Lester R. Aronson et al. San Francisco: W. H. Free-man and Co.

## SEMON, FELIX

1900. "A Lecture on Nasal Reflex-Neuroses." *The Clinical Journal*, 15:241-47.

## SENATOR, MAX

1914. "Die Nase in ihren Beziehungen zu den Sexualorganen." A lecture de-livered before the Arztliche Gesellschaft für Sexualwissenschaft und Eu-genik in Berlin on 20 February. *Zeitschrift für Sexualwissenschaft*, 1:37-38.

## SHAKOW, DAVID, AND RAPAPORT, DAVID

1964. *The Influence of Freud on American Psychology. Psychological Issues*, 4, no. 1 (Monograph 13).

## SHERWOOD, STEPHEN L,

1962. Review of *Sigmund Freuds Akademische Laufbahn im Lichte der Doku-mente*, by Josef Gicklhorn and Renée Gicklhorn (1960). *Diseases of the Nervous System*, 23:235-37.

## SIEGMUND, A.

1914. 20 March discussion of "Die Nase in ihren Beziehungen zu den Sexual-organen," a lecture delivered by Max Senator (1914) before the Ärztliche Gesellschaft für Sexualwissenschaft und Eugenik in Berlin on 20 February. *Zeitschrift für Sexualwissenschaft*, 1:77.

## SIMPSON, GEORGE GAYLORD

1974. "Darwin's Crucial Years." Review of *Darwin on Man*, by Howard E. Gruber and Paul H. Barrett (1974). Science, 186:133-34.

## SMITH, W. ROBERTSON

1894. *Lectures on the Religion of the Semites*. New [2nd] ed. London: A. and C. Block. First ed., 1889.

## SMITH-ROSENBERG, CARROLL

1972. "The Hysterical Woman: Sex Roles and Role Conflict in 19th-Century America." *Social Research*, 39:652-78.

## SNYDER, FREDERICK

1966. "Toward an Evolutionary Theory of Dreaming." *The American Journal of Psychiatry*, 123:121-36.

## SOLLIER, PAUL

1891. *Psychologie de l'idiot et de l'imbécile*. Paris: Félix Alcan.

1900. *Le Problème de la mémoire: Essai de psycho-mécanique*. Paris: Félix Alcan.

## SOYKA, OTTO

1905. "Zwei Bücher." Review of *Drei Abhandlungen zur Sexualtheorie*, by Sigmund Freud (1905d). *Die Fackel*, 21 December, pp. 6-11.

## Spalding, Douglas A.

1873. "Instinct: With Original Observations on Young Animals." *Macmillan's Magazine*, 27:282-93.

## Spehlmann, Rainer

1953. *Sigmund Freuds neurologische Schriften: Eine Untersuchung zur Vorgeschichte der Psychoanalyse*. Berlin: Springer.

## Spemann, Friedrich Wilhelm, Ed.

1948. *Hans Spemann, Forschung und Leben*. Stuttgart: Verlag Ad. Spemann.

## Spencer, Herbert

1855. *The Principles of Psychology*. London: Longmans, Brown, Green, and Longmans.

1862. *First Principles*. London: Williams and Norgate.

1864-67. *The Principles of Biology*. 2 vols. London: Williams and Norgate.

1870-72. *The Principles of Psychology*. 2 vols. 2nd ed. London: Williams and Norgate.

## Sperber, Hans

1912. "über den Einfluss sexueller Momente auf Entstehung und Entwicklung der Sprache." *Imago*, 1:405-53.

## Sperber, Manès

1970. *Alfred Adler, oder das Elend der Psychologie*. Translated from the French by Wolfgang Kraus, Reinhard Urbach, and Hans Weigel. Vienna, Munich, and Zurich: Fritz Molden.

## Spiegel, Leo A.

1976. Letter to the Editor. *The New York Review of Books*, 14 October, p. 54.

## Spitzka, Edward Charles

1881. "Note in Regard to 'Primitive Desires.'" *Science: A Weekly Journal of Scientific Progress*, 2:302.

## Stark, Werner

1958. *The Sociology of Knowledge: An Essay in Aid of a Deeper Understanding of the History of Ideas*. London: Routledge and Kegan Paul; Glencoe, Ill.: Free Press.

## Stekel, Wilhelm

1895. "Ueber Coitus im Kindesalter: Eine hygienische Studie." *Wiener medizinische Blätter,* 18:247–49.

1902. Review of *Die Traumdeutung,* by Sigmund Freud (1900a). *Neues Wiener Tagblatt,* 29 and 30 January.

1908. *Nervöse Angstzustände und ihre Behandlung.* Foreword by Sigmund Freud (1908f). Berlin and Vienna: Urban & Schwarzenberg.
*Trans.:* Stekel (1923).

1911. *Die Sprache des Traumes: Eine Darstellung der Symbolik und Deutung des Traumes in ihren Beziehungen zur kranken und gesunden Seele, für Ärzte und Psychologen.* Wiesbaden: J. F. Bergmann.

1912. *Nervöse Angstzustände und ihre Behandlung.* 2nd ed. Berlin and Vienna: Urban & Schwarzenberg.
*Trans.:* Stekel (1923).

1923. *Conditions of Nervous Anxiety and Their Treatment.* Translated by Rosalie Gabler. London: Kegan Paul, Trench, Trubner & Co.
*German Text:* Stekel (1908 and later eds.).

1950. *The Autobiography of Wilhelm Stekel: The Life Story of a Pioneer Psychoanalyst.* Edited by Emil A. Gutheil. New York: Liveright Publishing Co.

## STENGEL, ERWIN

1953. Introduction to *On Aphasia: A Critical Study,* by Sigmund Freud (1953a). Translated by Erwin Stengel. London: Imago Publishing Co.; New York: International Universities Press.

1954. "A Re-Evaluation of Freud's Book 'On Aphasia': Its Significance for Psycho-Analysis." *The International Journal of Psycho-Analysis,* 35:85–89.

1963. "Hughlings Jackson's Influence in Psychiatry." *British Journal of Psychi-atry,* 109:348–55.

## STERN, WILLIAM

1901. Review of Die Traumdeutung, by Sigmund Freud (1900a). *Zeitschrift für Psychologie und Physiologie der Sinnesorgane,* 26:130–33.

## STEWART, LARRY

1977. "Freud before Oedipus: Race and Heredity in the Origins of Psychoanalysis." *Journal of the History of Biology,* 9:215–28.

## STEWART, WALTER A.

1967. *Psychoanalysis: The First Ten Years,* 1888–1898, New York: Macmillan Co.; London: George Allen & Unwin, 1969.

## STOCKERT-MEYNERT, DORA

1930. *Theodor Meynert und seine Zeit.* Vienna and Leipzig: Oesterreichischer Bundesverlag.

## STOODLEY, BARTLETT H.

1959. *The Concepts of Sigmund Freud.* Glencoe, Ill.: Free Press.

## STORR, ANTHONY

1973. *C. G. Jung.* Modern Masters Series. New York: Viking Press; London: Fontana Books.

1977. "Checking Out Freud's Ideas." Review of *The Scientific Credibility of Freud's Theories and Therapy,* by Seymour Fisher and Roger P. Greenberg (1977). *The New York Review of Books,* 22 May, pp. 10, 30.

## STRICKER, SALOMON

1894. "Über das medicinische Unterrichtswesen." *Wiener klinische Wochenschrift,* 7:86-88, 105-8, 143-45, 161-63, 198-200.

## STRÜMPELL, ADOLF VON

1892. *Ueber die Entstehung und die Heilung von Krankheiten durch Vorstellungen.* Erlangen: Junge & Sohn.

1896. Review of *Studien über Hysterie,* by Josef Breuer and Sigmund Freud (1895). *Deutsche Zeitschrift für Nervenheilkunde,* 8:159-61.

## STRÜMPELL, LUDWIG

1877. *Die Natur und Entstehung der Träume.* Leipzig: Von Veit & Co.

## SULLY, JAMES

1884. *Outlines of Psychology: With Special Reference to the Theory of Education.* London: Longmans, Green, and Co.

1892. *The Human Mind: A Text-book of Psychology.* 2 vols. New York: D. Appleton and Co.

1893. "The Dream as a Revelation." *Fortnightly Review,* 59:354-65.

1896. *Studies of Childhood.* New York: D. Appleton and Co.

1918. *My Life and Friends: A Psychologist's Memories.* London: T. Fisher Unwin.

## SUTTON-SMITH, BRIAN, AND ROSENBERG, B. G.

1970. *The Sibling.* New York: Holt, Rinehart, and Winston.

## SWOBODA, HERMANN

1904. *Die Periode des menschlichen Organismus in ihrer psychologischen und biologischen Bedeutung.* Leipzig and Vienna: Franz Deuticke.

1905. *Studien zur Grundlegung der Psychologie.* Leipzig and Vienna: Franz Deuticke.

1906. *Die gemeinnützige Forschung und der eigennützige Forscher.* Vienna and Leipzig: Wilhelm Braumüller.

1909. *Die kritischen Tage des Menschen und ihre Berechnung mit dem Periodenschieber.* Leipzig: Franz Deuticke.

1917. *Das Siebenjahr: Untersuchungen über die zeitliche Gesetzmässigkeit des Menschenlebens.* Vienna and Leipzig: Orion-Verlag.

# TAINE, HIPPOLYTE

1876. "Note sur l'acquisition du langage chez les enfants et dans l'espèce humaine," *Revue Philosophique*, 1:5-23.
    *Partial Trans.:* Taine (1877).

1877. "M. Taine on the Acquisition of Language by Children." *Mind*, 2:252-59.
    *French Text:* Taine (1876).

# TARNOWSKY, BENJAMIN

1886. *Die krankhaften Erscheinungen des Geschlechtssinnes: Eine forensisch-psychiatrische Studie.* Berlin: August Hirschwald.
    *Trans.:* Tarnowsky (1898).

1898. *The Sexual Instinct and Its Morbid Manifestations from the Double Stand-point of Jurisprudence and Psychiatry.* Translated by W. C. Costello and Alfred Allinson. Paris: Charles Carrington.
    *German Text:* Tarnowsky (1886).

# TELEKY, [LUDWIG?]

1895. 11 November discussion of "Über Hysterie," three lectures delivered by Sigmund Freud (1895g) before the Wiener medicinische Doctorencollegium on 14, 21, and 28 October 1895. Wiener medizinische Presse, 36:1757-58; *Wiener klinische Rundschau*, 9:728.

# TERMAN, LEWIS M.

1905. "A Study in Precocity and Prematuration." *The American Journal of Psychology*, 16:145-83.

# THACKRAY, ARNOLD

1972. *John Dalton: Critical Assessments of His Life and Science.* Harvard, Mono-graphs in the History of Science, Cambridge: Harvard University Press.

# THOMMEN, GEORGE S.

1964. *Is This Your Day?: How Biorhythm Helps You Determine Your Life Cycles.* New York: Crown Publishers.

1973. *Is This Your Day?: How Biorhythm Helps You Determine Your Life Cycles.* New rev. ed. New York: Crown Publishers.

# THOMSEN, R., AND OPPENHEIM, H.

1884. "Ueber das Vorkommen und die Bedeutung der sensorischen Anästhesie bei Erkrankungen des centralen Nervensystems." *Archiv für Psychiatrie*, 15:559-83, 633-80.

# THORNDIKE, EDWARD L.

1904. Review of *Adolescence*, by G. Stanley Hall (1904). Science, n.s., 20:144.

1912. Introduction to *The Sexual Life of the Child*, by Albert Moll (1912a).

New York: Macmillan Co.

## Trivers, Robert L., and Willard, Dan E.

1973. "Natural Selection of Parental Ability to Vary the Sex Ratio of Offspring." *Science*, 179:90–92.

## Trosman, Harry, and Simmons, Roger Dennis

1973. "The Freud Library." *Journal of the American Psychoanalytic Association*, 21:646–87.

## Turkle, Sherry

1978. *Psychoanalytic Politics: Freud's French Revolution*. New York: Basic Books.

## Ulrichs, Carl Heinrich [Numa Numantius]

1864a. *"Vindex": Sozial-juristische Studien über mannmännliche Geschlechtsliebe*. Leipzig: Otto und Kadler. Reprinted in Forschungen (1898, 1).

1864b. *"Inclusa": Anthropologische Studien über mannmännliche Geschlechtsliebe*. Leipzig: Otto und Kadler. Reprinted in Forschungen (1898, 2).

1868. *"Memnon": Die Geschlechtsnatur des mannliebenden Urnings. Schleiz*. Reprinted in Forschungen (1898, 7).

1898. *Forschungen über das Rätsel der mannmännlichen Liebe*. 12 vols. Leipzig: Max Spohr.

## Venturi, Silvio

1892. *Le Degenerazioni psico-sessuali nella vita degli individui e nella storia delle società*. Turin: Fratelli Bocca.
    *Trans.:* Venturi (1899).

1899. *Corrélations psycho-sexuelles*. Paris: A. Maloine.
    *Italian Text:* Venturi (1892).

## Veszy-Wagner, Lilla

1966. "Ernest Jones (1879-1958)." In *Psychoanalytic Pioneers*, pp. 87–141. Edited by Franz Alexander, Samuel Eisenstein, and Martin Grotjahn. New York: Basic Books.

## Voss, Georg

1901. Review of *Ueber den Traum*, by Sigmund Freud (1901a). *St. Petersburger medicinische Wochenschrift*, n.s., 18:325.

## Wagner-Jauregg, Julius

1950. *Lebenserinnerungen*. Edited by L. Schönbauer and M. Jantsch. Vienna: Springer.

## Waldeyer, Wilhelm

1891. "Ueber einige neuere Forschungen im Gebiete der Anatomie des Central-nervensystems." *Berliner klinische Wochenschrift*, 28:691.

## WALTON, G. L.

1883. "Case of Typical Hysterical Hemianesthesia in a Man Following Injury." *Archives of Medicine*, 10:88-95.

1884. "Case of Hysterieal Hemianaesthesia, Convulsions and Motor Paralysis Brought on by a Fall." *Boston Medical and Surgical Journal*, 111: 558-59.

## WASSERMANN, IZYDOR

1958. Letter to the Editor. *American Journal of Psychotherapy*, 12:623-27.

## WATSON, ANDREW S.

1958. "Freud the Translator: Some Contacts with Philosophy." *The International Journal of Psycho-Analysis*, 39:326-27.

## WEBER, LUDWIG WILHELM

1907. Review of *Drei Abhandlungen zur Sexualtheorie*, by Sigmund Freud (1905d). *Deutsche medizinische Wochenschrift*, 33:276-77.

## WEININGER, OTTO

1903. *Geschlecht und Charakter; Eine prinzipielle Untersuchung.* Vienna: Wilhelm Braumüller.
    *Trans.:* Weininger (1906).

1906. *Sex and Character.* Translated from the 6th German ed. London: W. Heine-mann; New York: G. P. Putnam's Sons.
    *German Text:* Weininger (1903).

## WEISMANN, AUGUST

1892. *Das Keimplasma; Eine Theorie der Vererbung.* Jena: Gustav Fischer.

## WEISS, EDWARD, AND ENGLISH, O. SPURGEON

1943. *Psychosomatic Medicine: The Clinical Application of Psychopathology to General Medical Problems.* Philadelphia and London: W. B. Saunders Co.

## WEISS, HEINRICH

1895. 11 November discussion of "Über Hysterie," three lectures by Sigmund Freud (1895g) before the Wiener medicinische Doctorencollegium on 14, 21, and 28 October 1895. *Wiener medizinische Presse*, 36:1757-58; *Wiener klinische Rundschau*, 9:728.

## WEISZ, GEORGE

1975. "Scientists and Sectarians: The Case of Psychoanalysis." *Journal of the History of the Behavioral Sciences*, 11:350-64.

## WEIZSAECKER, VIKTOR VON

1957. "Reminiscences of Freud and Jung." In *Freud and the 20th Century*,
pp. 59-75. Edited and selected by Benjamin Nelson. New York:
Meridian Books.

## WELLS, HARRY K.

1960. *Pavlov and Freud, vol. 2: Sigmund Freud: A Pavlovian Critique.* New
York: International Publishers.

## WERNLI, HANS J.

[1959]. *Biorhythmisch Leben.* Zurich: Bio-Rit-Verlag,
Trans.; Wernli, (1961).

1961. *Biorhythm: A Scientific Exploration into the Life Cycles of
the Individual.* Translated by Rosemary Colmers. Technical
Supervisor, George S. Thommen. New York: Crown Publishers.
*German Text:* Wernli (1959).

## WESTPHAL, CARL

1870. "Die conträre Sexualempfindung: Symptom eines neuropathischen
(psychopathischen) Zustandes." *Archiv für Psychiatrie*, 2:73-108.

1876. "Zur conträren Sexualempfindung." *Archiv für Psychiatrie*, 6:620-
21.

## WETTLEY, ANNEMARIE, AND LEIBBRAND, W.

1959. *Von der 'Psychopathia sexualis' zur Sexualwissenschaft.* Stuttgart:
Ferdinand Enke.

## WEYGANDT, WILHELM

1901. Review of Die Traumdeutung, by Sigmund Freud (1900a).
*Centralblatt für Nervenheilkunde und Psychiatrie*, n.s., 12:548-
49.

1907. "Kritische Bemerkungen zur Psychologie der Dementia Praecox."
*Monatsschrift für Psychiatrie und Neurologie*, 22:289-302.

## WHEELER, WILLIAM MORTON

1920-21 [1917]. "On Instincts." *The Journal of Abnormal Psychology*,
15:295-318,

## WHYTE, LANCELOT LAW

1960. *The Unconscious before Freud.* New York: Basic Books; London:
Tavistock Publications, 1962.

## WILSON, EDWARD O.

1975. *Sociobiology: The New Synthesis.* Cambridge and London: Harvard
University Press, Belknap Press.

1977. "Biology and the Social Sciences." *Dædalus*, Fall, pp, 127-40.

1978. *On Human Nature*. Cambridge and London: Harvard University Press.

## WLNNICOTT, D. W.

1958. "Ernest Jones." *The International Journal of Psycho-Analysis*, 39:298-302.

## WITTELS, FRITZ

1912. *Alles um Liebe: Eine Urweltdichtung*. Berlin: E. Fleischel & Co.

1924a. *Sigmund Freud: Der Mann, die Lehre, die Schule*. Leipzig: E. P. Tal & Co.
　　　*Trans.:* Wittels(1924b),

1924b. *Sigmund Freud: His Personality, His Teaching, and His School*. Translated by Eden and Ceder Paul. London: George Allen & Unwin. *German Text:* Wittels (1924a).

1933. "Revision of a Biography." *The Psychoanalytic Review*, 20:361-74.

1948. "Brill-the Pioneer." *The Psychoanalytic Review*, 35:394-918.

## WOLLHEIM, RICHARD

1971. *Sigmund Freud*. Modern Masters Series. New York: Viking Press; London: Fontana Books.

## WORTIS, JOSEPH

1954. *Fragments of an Analysis with Freud*. New York: Simon and Schuster.

## WRIGHT, SEWALL

1966. "Mendel's Ratios." In *The Origin of Genetics: A Mendel Source Book*, pp. 173-75. Edited by Curt Stern and Eva R. Sherwood. San Francisco. W. H. Freeman and Co.

## WYSS, WALTER VON

1958. *Charles Darwin: Ein Forscherleben*. Zurich and Stuttgart: Artemis-Verlag.

## YAZMAJIAN, RICHARD V.

1967. "Biological Aspects of Infantile Sexuality and the Latency Period." *The Psychoanalytic Quarterly*, 36:203-29.

## YOUNG, ROBERT M.

1970. *Mind, Brain and Adaptation in the Nineteenth Century: Cerebral Localization and Its Biological Context from Gail to Ferrier*. Oxford: Clarendon Press.

## ZETZEL, ELIZABETH R.

1958. "Ernest Jones: His Contribution to Theory," *The International Journal of Psycho-Analysis*, 39:311-18.

# ZIEHEN, THEODOR

1902a. Review of *Ueber den Traum*, by Sigmund Freud (1901a). *Jahresbericht über die Leistungen und Fortschritte auf dem Gebiete der Neurologie und Psychiatrie,* 5 (1901) :829.

1902b. *Psychiatrie für Arzte und Studierende bearbeitet,* 2nd ed. Leipzig: S. Hirzel.

# ZILBOORG, GREGORY

1951. *Sigmund Freud: His Exploration of the Mind of Man.* New York: Charles Scribner's Sons.